Disfrute gratuitamente **DURANTE UN AÑO** de los eBook y audiolibros de las obras de Editorial Colex*

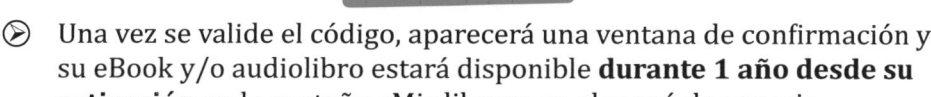

- Acceda a la página web de la editorial **www.colex.es**

- Identifíquese con su usuario y contraseña. En caso de no disponer de una cuenta regístrese.

- Acceda en el menú de usuario a la pestaña «Mis códigos» e introduzca el que aparece a continuación:

RASCAR PARA VISUALIZAR EL CÓDIGO

La solución extrajudicial de disputas transfronterizas en el Reglamento europeo

- Una vez se valide el código, aparecerá una ventana de confirmación y su eBook y/o audiolibro estará disponible **durante 1 año desde su activación** en la pestaña «Mis libros» en el menú de usuario.

---

* Los audiolibros están disponibles en las ediciones más recientes de nuestras obras. Se excluyen expresamente las colecciones «Códigos comentados», «Biblioteca digital» y los productos de www.vademecumlegal.es.

¡Gracias por confiar en nosotros!

La obra que acaba de adquirir incluye de forma gratuita la versión electrónica. Acceda a nuestra página web para aprovechar todas las funcionalidades de las que dispone en nuestro lector.

Funcionalidades eBook

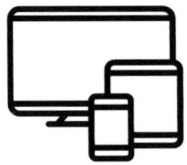

Acceso desde cualquier dispositivo con conexión a internet

Idéntica visualización a la edición de papel

Navegación intuitiva

Tamaño del texto adaptable

Síguenos en: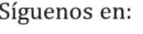

COLECCIÓN
DERECHO INTERNACIONAL PRIVADO

1

LA SOLUCIÓN EXTRAJUDICIAL DE DISPUTAS TRANSFRONTERIZAS EN EL REGLAMENTO EUROPEO DE SERVICIOS DIGITALES

COLECCIÓN
DERECHO INTERNACIONAL PRIVADO

1

LA SOLUCIÓN EXTRAJUDICIAL DE DISPUTAS TRANSFRONTERIZAS EN EL REGLAMENTO EUROPEO DE SERVICIOS DIGITALES

Rosa Pla Almendros

Contratada predoctoral FPU en el Departamento de Derecho Internacional
«Adolfo Miaja de la Muela» de la Universitat de València

COLEX 2025

Este trabajo se ha elaborado en el marco de los Proyectos I+D: PID2021-123170OB-I00 ("Claves para una justicia digital y algorítmica con perspectiva de género") y TED2021-129307A-I00 ("Hacia una transición digital centrada en la persona en la Unión Europea").

Copyright © 2025

© Rosa Pla Almendros

© Editorial Colex, S.L.
Calle Costa Rica, número 5, 3.º B (local comercial)
A Coruña, C.P. 15004
info@colex.es
www.colex.es

I.S.B.N.: 978-84-1194-926-2
Depósito legal: C 279-2025

SUMARIO

PRIMERA PARTE
EL MARCO JURÍDICO DE LOS ODR COMO MEDIO DE PROTECCIÓN DEL USUARIO DIGITAL EN LA UNIÓN EUROPEA

SEGUNDA PARTE

UN ESTUDIO INDIVIDUALIZADO Y CONTEXTUALIZADO DE LOS ODR DEL REGLAMENTO DE SERVICIOS DIGITALES

AGRADECIMIENTOS

Con la publicación de esta monografía pongo fin a mi etapa académica previa al doctorado. Volviendo la vista atrás, me doy cuenta de que ha sido una fase exigente y desafiante cuyos retos me han permitido crecer personal y profesionalmente más de lo que hubiera podido imaginar antes de embarcarme en ella. He tenido la oportunidad de adquirir conocimientos, conocer a nuevas personas y descubrir la importancia de ciertos principios, pero sin duda, entre todos esos aprendizajes me quedo con uno: el valor de la ayuda y del apoyo.

Con estas palabras, la primera persona que asocio con aquella idea es indiscutiblemente el Prof. Dr. Guillermo Palao Moreno, catedrático de Derecho Internacional privado de la Universitat de València, pero, sobre todo, mi querido maestro. Primero como director del Trabajo Fin de Máster —cuyas líneas constituyeron el germen de la publicación que ahora ve la luz—, y actualmente como director de tesis doctoral, es quien me inició en esta aventura académica y a quien ahora quiero dar las gracias. Sin su inestimable ayuda, su incesante apoyo, su infinita atención y su contagioso optimismo e ilusión ni estas líneas ni el trabajo que las precede habrían sido posibles.

Asimismo, me gustaría hacer extensivo mi agradecimiento a la Facultat de Dret de la Universitat de València —donde cursé mis estudios de grado y máster, y ahora hago lo propio con el doctorado—, y de modo singular a algunos de sus miembros. En primer lugar, al Prof. Dr. Carlos Esplugues Mota, a la Prof.ª. Dra. Patricia Llopis Nadal y al Prof. Dr. Jose Juan Castelló Pastor, quienes compusieron el tribunal que juzgó mi Trabajo Fin de Máster y cuyos comentarios han contribuido de modo significativo a reforzar el contenido de esta monografía. Y, en segundo lugar, a los miembros del área de Derecho Internacional privado del Departamento de Derecho Internacional «Adolfo Miaja de la Muela» de aquella universidad, a quienes agradezco sinceramente su cálida acogida. Dentro de ellos, me gustaría resaltar de forma especial al Prof. Dr. Carlos Esplugues Mota por su genuina atención y por convertirse en un modelo de excelencia, disciplina, rigor, constancia y dedicación, así como a la Profa. Dra. María González Marimón, quien me ofrece con honestidad la cercanía, empatía y consejos necesarios en los momentos más oportunos.

Para finalizar, de forma sincera doy las gracias al soporte inestimable que durante este tiempo han significado mis amigos y amigas, que siempre son una fuente de alegría, y, sobre todo, mi familia —entendida en sentido amplio—, dentro de la que querría señalar a mis padres y hermanos. A mi madre, por mostrar una dedicación y atención inigualables y por contagiar una energía y resiliencia únicas. A mi padre, por cuidarme y por transmitirme serenidad y luz en los momentos de mayor oscuridad. A mi hermano Javier, por su especial complicidad, afinidad y comprensión. Y a mi hermano Edu, por ser un ejemplo de superación y enseñarnos la importancia del altruismo, la solidaridad y la humildad.

Valencia, a 2 de enero de 2025

PRÓLOGO

Me produce un inmenso placer iniciar el año 2025 prologando esta magnífica obra que el lector tienen en sus manos en estos momentos. 2024 ha sido un año agridulce que, a pesar de todos los acontecimientos positivos que han tenido lugar durante el mismo, nos deja a todos —y señaladamente a los valencianos— con tristes imágenes ya imborrables tras el verdadero tsunami en forma de cruel riada que sufrieron diversas poblaciones de la provincia de Valencia. Vaya pues mi primer y sentido recuerdo a las poblaciones y a las familias damnificadas.

Sin embargo, en estas líneas toca celebrar, al menos desde una perspectiva académica, por la primera monografía publicada por la doctoranda Rosa Pla Almendros —reciente becaria FPU del Ministerio de Innovación, Ciencia y Universidades—; y ello por varios motivos. Para empezar y tras un brillante doble grado en Administración de Empresas y Derecho por la Universitat de València [obteniendo el premio extraordinario en ambos], Rosa Pla Almendros se incorporó al Máster Universitario de Derecho, Empresa y Justicia de esta Facultad en el curso académico 2023/2024 —que, como la Universitat, este año cumple sus primeros 525 años—, obteniendo la máxima calificación por su Trabajo Fin de Máster que, a la postre, constituye el origen de esta publicación. Un estudio que, a su vez, se vio posteriormente enriquecido con motivo de una estancia de investigación disfrutada en la *London School of Economics* —gracias a una beca de excelencia obtenida por la Fundación Cañada Blanch—, donde pudo entrar en contacto con los ricos fondos bibliográficos que aloja, al igual que con expertos señeros en su ámbito de trabajo en la mencionada reputada institución académica. Además, junto a lo expuesto, también constituye un justo motivo de satisfacción que este estudio fuera merecedor del I Premio Colex de su Colección científica de Derecho Internacional privado. Sin duda, un destacado mérito que pone de manifiesto la seriedad e importantes conclusiones alcanzadas en este estudio.

La temática abordada en este completo análisis, además de su evidente interés y actualidad, asimismo se integra perfectamente en dos de las líneas de investigación desarrolladas desde el equipo en el que está llamada a integrase: la resolución alternativa/complementaria de los litigios privados internacionales, así como los desafíos legales que suscita la digitalización y algoritmización de la Justicia en situaciones transfronterizas. En este sentido, el título del libro es ya de por sí suficientemente elocuente como ponerlo de manifiesto. Así las cosas, de entre los diversos aspectos que actualmente plantea el Reglamento [UE] 2022/2065 del Parlamento Europeo y del Consejo de 19 de octubre de 2022 relativo a un mercado único de servicios digitales y por el que se modifica la Directiva 2000/31/CE [Reglamento de Servicios Digitales], el estudio elaborado por la becaria Pla Almendros se centra en el análisis de cómo se incorporan y privilegian este tipo de mecanismos de resolución de litigios —fundamentalmente en línea— en el Reglamento de Servicios Digitales. Un destacado instrumento europeo que, como el resto de las conocidas como «Leyes digitales», poseen una gran relevancia en la consolidación del «mercado único Digital» UE y cuya «ejecución privada» suscita destacados retos legales, de forma señalada para aquéllos que cuenten con una naturaleza transfronteriza.

En este sentido, el resultado alcanzada por medio de la investigación llevada a cabo por Rosa Pla Almendros constituye un profundo estudio entorno al novedoso Reglamento de Servicios Digitales —plenamente aplicable desde el 17 de febrero de 2024—, resultando una destacada aportación en su análisis desde una perspectiva que posee una evidente dimensión científica, pero igualmente unas señaladas repercusiones desde un punto de vista práctico desde la dimensión de la «ejecución privada» del instrumento europeo, contando así con una gran alcance; resultando extrapolables las conclusiones alcanzadas, en gran medida, al resto de «leyes» digitales, donde igualmente se privilegia el recurso a mecanismos de naturaleza extrajudicial para atender a los conflictos intra-europeos que surjan en su ámbito. En este sentido, la estructura y la elección de contenidos resultan de lo más adecuados para alcanzar los objetivos que se marca la autora desde un inicio. Así las cosas, tras analizar el marco jurídico europeo en materia de resolución alternativa/ en línea de litigios [RAL/ RLL] en el contexto de la consolidación del «Mercado único Digital» en la actual economía de las plataformas digitales —en constante evolución y cambio desde hace más de tres décadas—, la autora se focaliza en estudiar el resultado de este marcado interés del legislador europeo en relación con la tutela de los intereses y derechos de los usuarios digitales el marco Reglamento de Servicios Digitales—.

En resumidas cuentas, con este libro Rosa Pla Almendros no se limita únicamente a analizar las respuestas previstas en el mencionado Reglamento, así como su comparación con las respuestas ofrecidas desde el Derecho de la UE, en vistas a proteger a este tipo de usuarios con anterioridad a su publicación; sino que igualmente contextualiza su estudio con el resto de soluciones normativas de origen europeo con las que coexiste y están llamadas a aplicarse conjuntamente para lograr una correcta disciplina legal de la actuación de los prestadores de servicios digitales. Y ello, con el objetivo de así cumplir con los fines propios del instrumento europeo y, en último extremo, con los deseados por el legislador europeo para el avance y consolidación del mercado interior. Por lo tanto, lejos de lo pudiera pensarse, el estudio resultante no se limita a una mera exégesis de los preceptos incorporados en el Reglamento de Servicios Digitales, sino que se lleva a cabo desde una perspectiva más amplia y completa, que responde de forma global a la problemática que suscita la defensa de los derechos de los usuarios en este nuevo contexto de la economía de las plataformas. De ahí que deba subrayarse, junto a su innegable interés, su extraordinaria proyección.

En definitiva y por los motivos señalados, no cabe duda de que la doctoranda Pla Almendros ha iniciado su carrera académica con buen pie con esta su primera monografía. Por lo que le auguro un brillante futuro académico que, a su vez, se ve avalado por su extraordinaria capacidad de trabajo, su buen hacer y su vocación universitaria. Brindemos pues en este inicio de 2025, por que sea este el primero de sus —confiamos— muchos éxitos académicos futuros.

Valencia, a 2 de enero de 2025

Guillermo Palao Moreno
Catedrático de Derecho Internacional privado
Universitat de València

SIGLAS Y ABREVIATURAS

ADR	Alternative Dispute Resolution
Art[s].	Artículo[s]
BOE	Boletín Oficial del Estado
CDFUE	Carta de Derechos Fundamentales de la Unión Europea
Cdo[s].	Considerando[s]
CEDH	Convenio Europeo de Derechos Humanos
DCA	Directiva de servicios de comunicación audiovisual
DCE	Directiva de comercio electrónico
DO	Diario Oficial de la Unión Europea
Ed.	Edición
Íbid.	Íbidem
ICANN	Corporación de Internet para la asignación de nombres y números
LGCA	Ley General de Comunicación Audiovisual
LSSI	Ley de servicios de la sociedad de la información y de comercio electrónico
núm.	Número
ODR	Online Dispute Resolution
OMPI	Organización Mundial de Propiedad Intelectual
Op. cit.	Obra citada
PIDCP	Pacto Internacional de Derechos Civiles y Políticos
PODR	Private Online Dispute Resolution
Pág[s].	Página[s]
RSD	Reglamento de Servicios Digitales
S.	Sentencia
ss.	Siguientes
TCE	Tratado Constitutivo Europeo
TEDH	Tribunal Europeo de Derechos Humanos

TFUE	Tratado de Funcionamiento de la Unión Europea
TIC	Tecnologías de la información y comunicación
TJUE	Tribunal de Justicia de la Unión Europea
TS	Tribunal Supremo
TUE	Tratado de la Unión Europea
UE	Unión Europea
UNCITRAL	Comisión de las Naciones Unidas para el Derecho Mercantil Internacional
Vid.	Véase
Vol.	Volumen

INTRODUCCIÓN

1. La rápida y radical transformación digital experimentada en los últimos años ha traído consigo nuevas realidades económicas y conceptos como las plataformas en línea, la inteligencia artificial o los *Smart contracts*. Esta mutación tecnológica de notoria relevancia internacional ha impulsado de forma considerable el trabajo del legislador comunitario europeo, quien ha elaborado una «Estrategia para crear el Mercado Único Digital» [2015][1], ha convertido la adaptación de Europa a la Era Digital en una prioridad [2019][2], y pretende hacer de esta la «Década Digital» de Europa[3], tomando como base la última estrategia en la materia, esto es, la «Brújula Digital 2030»[4].

Dicho de otro modo, el recentísimo cambio de paradigma del mundo digital se está trasladando paulatina pero inexorablemente a su regulación, tanto en cantidad como en alcance. De esta forma, la Unión Europea [UE], en su papel de líder en la regulación digital, no solo está emitiendo más instrumentos normativos, sino que además está cambiando su enfoque, dejando de lado el liberalismo digital para adscribirse a un modelo más restrictivo de control del comportamiento de los operadores del ámbito digital. Con este fin, la UE está creando nuevos organismos comunitarios de control, igual que obligaciones y sanciones, y está sustituyendo las Directivas por Reglamentos, capaces de abandonar la fragmentación jurídica hasta ahora existente y de conseguir la ansiada uniformidad en todos los Estados miembros para fortalecer el mercado interior.

En línea de lo anterior, los Reglamentos a los que la UE está abriendo paso son en esencia los recientemente aprobados Reglamento 2022/868,

---

1. Comunicación de la Comisión, de 6 de mayo de 2015, sobre Una Estrategia para el Mercado Único Digital de Europa, COM [2015] 192 final.

2. COMISIÓN EUROPEA, «Orientaciones políticas para la próxima Comisión Europea 2019-2024», 2019. Versión en línea accesible en: https://commission.europa.eu/document/download/063d44e9-04ed-4033-acf9-639ecb187e87_es?filename=political-guidelines-next-commission_es.pdf, último acceso el 13 de septiembre de 2024, pág. 4.

3. Decisión del Parlamento Europeo, de 14 de diciembre de 2022, por la que se establece el programa estratégico de la Década Digital para 2030, *DO núm. L 323 de 19 de diciembre de 2022.*

4. Comunicación de la Comisión, de 9 de marzo de 2021, sobre la Brújula Digital 2030: el enfoque de Europa para el Decenio Digital, COM [2021] 118 final.

de gobernanza de datos[5]; Reglamento 2022/1925, de Mercados Digitales[6]; Reglamento 2022/2065, de Servicios Digitales[7]; Reglamento 2023/2854, de Datos[8], y Reglamento 2024/1689, de Inteligencia Artificial[9]. El conjunto de estos destacados instrumentos, conocidos como «leyes digitales europeas», ilustran el cambio de rumbo en la regulación de la UE, que le está permitiendo consolidar su posición de soberana y líder en la regulación del mundo digital a escala global.

2. En el marco de este contexto normativo novedoso, complejo y de cambio, el objeto principal de la presente monografía es analizar ciertos aspectos —los medios de solución extrajudicial— de una de las mencionadas leyes digitales europeas: el Reglamento de Servicios Digitales [RSD].

3. De los múltiples retos que plantea el entorno digital actual, el RSD pretende centrarse en los suscitados por las [grandes] plataformas en línea basadas en los contenidos generados por los usuarios, como Facebook, Youtube, Amazon, Booking o LinkedIn. Plataformas estas que han adquirido un poder que ningún otro actor no estatal había conseguido con anterioridad, hasta el punto de que se ha afirmado que vivimos actualmente en la economía de las plataformas[10]. En este sentido, las plataformas en línea son empleadas a diario por todos los ciudadanos —sean empresarios o consumidores—, quienes se convierten en usuarios digitales de aquellas para beneficiarse de formas más fáciles de comunicarse, viajar, encontrar trabajo o hacer negocios tanto a nivel nacional como transfronterizo, gracias a unos menores costes de transacción.

---

5. Reglamento [UE] 2022/868 del Parlamento Europeo y del Consejo de 30 de mayo de 2022 relativo a la gobernanza europea de datos y por el que se modifica el Reglamento [UE] 2018/1724 [Reglamento de Gobernanza de Datos], DO núm. L 152 de 03 de junio de 2022.

6. Reglamento [UE] 2022/1925 del Parlamento Europeo y del Consejo de 14 de septiembre de 2022 sobre mercados disputables y equitativos en el sector digital y por el que se modifican las Directivas [UE] 2019/1937 y [UE] 2020/1828 [Reglamento de Mercados Digitales], DO núm. L 265 de 12 de octubre de 2022.

7. Reglamento [UE] 2022/2065 del Parlamento Europeo y del Consejo de 19 de octubre de 2022 relativo a un mercado único de servicios digitales y por el que se modifica la Directiva 2000/31/CE [Reglamento de Servicios Digitales], DO núm. L 277 de 27 de octubre de 2022.

8. Reglamento [UE] 2023/2854 del Parlamento Europeo y del Consejo de 13 de diciembre de 2023 sobre normas armonizadas para un acceso justo a los datos y su utilización, y por el que se modifican el Reglamento [UE] 2017/2394 y la Directiva [UE] 2020/1828 [Reglamento de Datos], DO núm. L 2023/2854, de 22 de diciembre de 2023.

9. Reglamento [UE] 2024/1689 del Parlamento Europeo y del Consejo de 13 de junio de 2024 por el que se establecen normas armonizadas en materia de inteligencia artificial y por el que se modifican los Reglamentos [CE] n.º 300/2008, [UE] n.º 167/2013, [UE] n.º 168/2013, [UE] 2018/858, [UR] 2018/1139 y [UE] 2019/2144 y las Directivas 2014/90/UE, [UE] 2016/797 y [UE] 2020/1828 [Reglamento de Inteligencia Artificial], DO núm. L 2024/1689, de 12 de julio de 2024.

10. Rodríguez de las Heras Ballell, T, «The background of the Digital Services Act: looking towards a platform economy», en Era Forum, núm. 22, 2021, pág. 77.

Sin embargo, en paralelo a estas ventajas, las plataformas constituyen asimismo una fuente de riesgos para sus destinatarios, quienes se hallan en una posición de debilidad frente a ellas en términos contractuales. Prueba de ello es que los usuarios digitales no resuelven sus relaciones contractuales con las plataformas en línea, pese a que ello comporte su sometimiento diario a prácticas comerciales desleales, a decisiones unilaterales de las plataformas frente a las que en muchas ocasiones no disponen de recursos, y a otros riesgos derivados de la venta de productos o servicios falsos o ilegales a través de las plataformas o de la difusión de noticias falsas *[fake news]* o contenidos ilícitos sobre los que no ostentan control alguno. Sin duda, el conjunto de estos —y muchos otros— riesgos desemboca en un entorno digital inseguro, alborotado y dominado por las plataformas en línea.

Así las cosas, el Reglamento de Servicios Digitales pretende mitigar dichos riesgos y hacer del ámbito digital un entorno en línea seguro, predecible y fiable, que proteja los derechos fundamentales y que garantice a los usuarios digitales control y protección frente a los productos y contenidos a los que acceden en línea desde cualquier Estado miembro. Para lograrlo, el Reglamento —incorporando en ocasiones soluciones jurisprudenciales del Tribunal de Justicia de la Unión Europea [TJUE]— reproduce y actualiza el régimen de responsabilidad de los prestadores de servicios intermediarios que introdujo la Directiva 2000/31/CE, de comercio electrónico[11] [Capítulo II], y lo completa con obligaciones de diligencia debida que impone a los distintos tipos de prestadores de servicios intermediarios —en especial, a las plataformas en línea— [Capítulo III], así como con mecanismos de tutela jurídico pública y privada que garanticen la aplicación efectiva del instrumento [Capítulo IV].

En resumidas cuentas, nos enfrentamos a un instrumento que, sin duda, condicionará el desarrollo del panorama digital de los próximos años. De hecho, es la primera norma del mundo que obliga a los prestadores de servicios digitales como las plataformas en línea a rendir cuentas por los contenidos a través de ellas publicados, razón por la que fue concebida como una «Constitución Digital para Europa»[12] incluso antes de entrar en completo funcionamiento el pasado 17 de febrero de 2024.

4. El carácter reciente del Reglamento de Servicios Digitales, junto con el turbulento contexto global y de cambio en que se ha dictado, ha conducido a la doctrina a confirmar que este instrumento, largo y complejo, será fuente de amplios debates en la academia, muchos de los cuales contarán con un tinte *iusprivatista*, habida cuenta de que las relaciones del ámbito digital en

---

11. Directiva 2000/31/CE del Parlamento Europeo y del Consejo, de 8 de junio de 2000, relativa a determinados aspectos jurídicos de los servicios de la sociedad de la información, en particular el comercio electrónico en el mercado interior [Directiva sobre el comercio electrónico]. *DO núm. L 178 de 17 de julio de 2000.*

12. HOBOKEN, J. y otros, *Putting the DSA into practice: Enforcement, Access to Justice and Global Implications*, Verfassungsbooks, 2023, versión en línea.

muchas ocasiones se caracterizan por un evidente componente transfronterizo. De todos esos debates, en nuestro caso la atención se centrará en los medios de solución extrajudicial de conflictos instaurados en los arts. 20 y 21 del Reglamento de Servicios Digitales, previstos para proteger a los usuarios digitales frente a las decisiones de moderación de contenidos adoptada unilateralmente por las plataformas en línea. Se trata de herramientas que jugarán mayoritariamente en la solución de controversias que se extienden más allá de las fronteras nacionales, y a través de las que el legislador europeo pretende mejorar la confianza de los usuarios digitales en el mercado interior y fomentar de este modo las transacciones transfronterizas, fortaleciendo el mercado único.

5. En este sentido, escoger como foco de atención los medios de solución extrajudicial de controversias no ha sido casualidad, sino el resultado de una elección basada en dos razones de peso. En primer lugar, las plataformas en línea se han convertido en verdaderos espacios públicos en los que las libertades de expresión e información han encontrado un amplio escenario para su ejercicio. Habida cuenta del dominio de las plataformas, que determinan unilateralmente el contenido e información que a través de ellas pueden difundir los usuarios, son necesarias herramientas que permitan cuestionar sus decisiones para evitar una limitación injustificada de derechos y libertades tan cruciales como la de expresión. En la medida en que el acceso de los usuarios —muchas veces consumidores— a los costosos y lentos procesos judiciales es prácticamente imposible e inviable, los medios de solución extrajudicial, caracterizados por su rapidez y bajo coste, constituyen la única forma de garantizar que la decisión de determinar el contenido que circula por las plataformas en línea no quede a la discrecionalidad de estas últimas, protegiendo así la calidad de vida digital de los europeos.

En segundo lugar, la incorporación de medios de solución extrajudicial de conflictos en línea específicos en el Reglamento de Servicios Digitales no constituye un caso aislado, sino uno que se suma a la progresiva y creciente apuesta de la UE por el desarrollo de los mecanismos de solución extrajudicial en línea u ODR por sus siglas en inglés *[Online Dispute Resolution]*. En particular, desde finales del siglo pasado, el legislador europeo está esforzándose por emitir distintos instrumentos que fomenten sobre todo a nivel transfronterizo el desarrollo de los ODR, que cada vez son más sofisticados gracias al desarrollo tecnológico y la inteligencia artificial. A esta tendencia se han unido recientemente numerosas normativas sectoriales dictadas en la economía de las plataformas —como el Reglamento de Servicios Digitales—, que están incorporando medios de solución extrajudicial en línea *ad hoc* en sus respectivos ámbitos de actuación como forma de proteger a la parte débil [usuario digital] frente a la fuerte [plataformas en línea] en supuestos tanto nacionales como internacionales.

En este contexto, la presente contribución pretende analizar los medios de solución extrajudicial incorporados por el Reglamento de Servicios Digitales, así como el marco y circunstancias que lo rodean, con la meta de dilucidar si efectivamente constituyen una medida eficaz de protección del usuario digital.

6. Para cumplir con el mencionado fin, el presente trabajo se estructura en dos partes. La primera funcionará como una suerte de marco teórico en el que se aborde el papel de los medios extrajudiciales de solución de conflictos en línea en el comercio electrónico, y el marco jurídico que les ha ofrecido la Unión Europea en ese ámbito desde finales del siglo pasado hasta la actual economía de las plataformas. Tras sentar este contexto conceptual y regulatorio, la segunda parte se centrará en explorar los medios de solución extrajudiciales regulados por el Reglamento de Servicios Digitales, individualmente y también en su contexto.

Más en concreto, la primera parte se divide en tres capítulos. En el primero de ellos se dedica a estudiar las bases de los ODR como medios de solución extrajudicial especialmente concebidos para resolver disputas surgidas en el comercio electrónico global, examinando su concepto, sus tipos y sus ventajas e inconvenientes frente a los procesos judiciales, que permitirán justificar por qué los ODR constituyen la vía más adecuada para resolver conflictos surgidos en transacciones en línea transfronterizas. El segundo de los capítulos examinará la regulación europea de los medios de solución extrajudicial en el contexto de la UE, abordando su origen y su desarrollo y haciendo especial hincapié en aquellos instrumentos europeos cuya finalidad exclusiva es la regulación de medios de solución extrajudicial que, aunque no dictados en exclusiva para el ámbito digital, también se aplican a este.

Con todo ello se pretende demostrar que estos instrumentos, dictados con anterioridad al Reglamento de Servicios Digitales, no están adaptados a la solución de los conflictos —esencialmente transfronterizos— de los mercados digitales. Dada esta deficiencia, y ante el auge de las plataformas en línea, el tercer capítulo se centrará en la solución extrajudicial de litigios en el ámbito digital. Para ello, primero se explicará a modo de contexto por qué se habla de la economía de las plataformas, y más tarde se expondrán los motivos por los que distintas regulaciones europeas se han visto recientemente en la necesidad de incorporar ODRs en este contexto. El capítulo finalizará con el análisis de la norma de origen europeo que, por primera vez, hizo referencia a la solución extrajudicial de litigios en línea en el ámbito digital, es decir, la Directiva de comercio electrónico, que constituye el antecedente directo del Reglamento de Servicios Digitales.

Por otro lado, la segunda parte queda a su vez dividida en tres capítulos. El primero de ellos se dedica al estudio del Reglamento de Servicios Digitales, y dentro de él, se aborda su origen, su contenido y el régimen jurídico que otorga a las dos partes que participarán en sus mecanismos de solución extrajudicial de litigios, esto es, las plataformas en línea y los usuarios digitales. Acto seguido, se profundizará en los medios de solución extrajudicial que incorpora el Reglamento en sus arts. 20 y 21, estudiando su razón de ser, su funcionamiento y el rol que pueden jugar los códigos de conducta para fomentarlos. Este análisis individual servirá de antesala para el último de los capítulos, cuyo objeto consiste en examinar cómo encajan los ODR del Reglamento de Servicios Digitales, con los medios de solución extrajudicial en línea incorporados por otras normas en el contexto de la economía de las plataformas. Así se conseguirá un estudio contextualizado de los ODR del RSD que permitirá detectar ineficiencias y proponer soluciones para promover su empleo en el contexto del mercado único digital.

PRIMERA PARTE

EL MARCO JURÍDICO DE LOS ODR COMO MEDIO DE PROTECCIÓN DEL USUARIO DIGITAL EN LA UNIÓN EUROPEA

7. El objetivo de la primera parte de la presente contribución se centra en poner de manifiesto que los medios de solución extrajudicial en línea u ODRs constituyen una buena medida para proteger al usuario digital de la que se ha servido el legislador europeo. Con la finalidad de demostrar esta premisa, primero se expondrá el concepto y las características de los mecanismos de solución extrajudicial en línea, que los convierten en especialmente apropiados para resolver conflictos de carácter transfronterizo del entorno en línea. En los siguientes apartados, se abordará el marco jurídico actual de los ODR en la Unión Europea, poniendo el foco en los instaurados a raíz de la economía de las plataformas. De esta manera, se analizará el origen de los ODRs en la UE, así como las normas europeas dirigidas en exclusiva a regular mecanismos para la solución extrajudicial de los litigios transfronterizos de naturaleza privada. Por último, el tercer apartado se dedicará a examinar los ODRs que determinadas normas sectoriales europeas han incorporado en la economía de las plataformas. Con todo ello, se pretende comprender el contexto en el que el Reglamento de Servicios Digitales incorpora dos medios de solución extrajudicial de litigios.

1. Los ODR como forma de solución de conflictos transfronterizos en el comercio electrónico europeo

8. El comercio electrónico ha experimentado un crecimiento extraordinario en el presente siglo, que se ha visto acentuado por la digitalización impulsada por la crisis pandémica del COVID-19[13]. En efecto, si en 2010 tan solo

---

13. E-COMMERCE EUROPE, «2021. European e-commerce report», 2021. Versión en línea accesible en: https://ecommerce-europe.eu/wp-content/uploads/2021/09/2021-European-E-commerce-Report-LIGHT-VERSION.pdf, último acceso el 12 de septiembre de 2024, pág. 7.

un 27 % de los particulares de la UE hicieron compras a través de internet[14], en 2023 esta cifra se situó en casi un 70 %[15].

A pesar de que estos datos resulten indiciarios de una expansión económica del mercado de la Unión Europea, el legislador europeo se ha mostrado tradicionalmente preocupado porque la mayoría de las transacciones electrónicas mencionadas poseen una dimensión nacional, en detrimento de una transfronteriza, lo cual obstaculiza el fortalecimiento del mercado interior, que no crece a la misma intensidad que la que señalan las cifras antes expuestas. En este sentido, resulta revelador que en 2010 tan solo un 9 % de particulares en la UE adquirieron bienes o servicios en línea a empresarios situados en un Estado miembro distinto al de su residencia[16], y aunque debe reconocerse que esta cifra se ha ido incrementando con el paso de los años hasta alcanzar el 39 % en 2022[17], la proporción sigue siendo insuficiente.

9. En el marco de esta inquietud europea, los medios de solución extrajudicial en línea adquieren una singular relevancia al constituir una forma de incrementar el número de transacciones electrónicas transfronterizas. Así las cosas, en este epígrafe, tras sentar el concepto de medios de solución extrajudicial en línea u ODR y sus tipos, se pondrá de relieve que estos resultan más ventajosos que los procesos judiciales para resolver las disputas surgidas en el entorno en línea al ser más rápidos, sencillos, flexibles, económicos y eficaces[18], razón por la que incrementan la confianza de los usuarios en el comercio electrónico transfronterizo y, por ende, las operaciones que en él efectúan.

1.1. Concepto de ODR

10. Definir los medios de solución extrajudicial de litigios, ya sean en línea o fuera de línea, no es una tarea sencilla, toda vez que no constituyen conceptos legales, sino vertidos por una doctrina que a veces puede ser incluso

---

14.   EUROSTAT, «Internet purchases by individuals [until 2019]», accesible en: https://ec.europa.eu/eurostat/databrowser/view/isoc_ec_ibuy/default/table?lang=en, último acceso el 12 de septiembre de 2024.

15.   EUROSTAT, «Individuals using the internet for buying goods or services», accesible en: https://ec.europa.eu/eurostat/databrowser/view/tin00096/default/table?lang=en, último acceso el 12 de septiembre de 2024.

16.   COMISIÓN EUROPEA, «Consumer Conditions Scoreboard. Consumers at home in the single market», 2011. Versión en línea disponible en: https://data.europa.eu/doi/10.2772/57578, último acceso el 12 de septiembre de 2024, pág. 14.

17.   COMISIÓN EUROPEA, «Consumer Conditions Scoreboard», 2023. Versión en línea disponible en: https://commission.europa.eu/system/files/2023-10/consumer_conditions_scoreboard_2023_v1.1.pdf, último acceso el 12 de septiembre de 2024, pág. 19.

18.   COMISIÓN EUROPEA, «Consumer Conditions Scoreboard», 2023. Versión en línea disponible en: https://commission.europa.eu/system/files/2023-10/consumer_conditions_scoreboard_2023_v1.1.pdf, último acceso el 12 de septiembre de 2024, pág. 23.

contradictoria[19]. Pese a ello, sí que hay un consenso doctrinal en que los ODR resultan en cierto modo de añadir a los ADR la tecnología. Por consiguiente, para poder definir de forma apropiada los ODR [o resolución alternativa de litigios en línea], es necesario previamente conceptualizar los ADR [o resolución alternativa de litigios].

1.1.1. Definición de ADR

11. Ante la falta de una definición legal de los ADR, existen distintas aproximaciones doctrinales[20]. Por ejemplo, CAPPELLETTI los define como «mecanismos que intentan resolver disputas principalmente al margen de los tribunales, o mediante medios no judiciales»[21]; WARE considera que los ADR son todos aquellos procedimientos de resolución de disputas legalmente permitidos y distintos a la litigación[22], y HÖRNLE los concibe como «una expresión colectiva para todos los mecanismos de solución de disputas que interponen a un tercero neutral pero que se desarrollan fuera de los tribunales»[23].

Sobre la base de lo anterior, y partiendo de los aspectos comunes en la doctrina[24], se podría decir que los ADR constituyen medios extrajudiciales a

---

19. BLAKE, S., BROWNE, J. y SIME, S., *A Practical Approach to Alternative Dispute Resolution*, Oxford University Press, Oxford, 4.ª ed., 2016, pág. 5.

20. Debe aclararse que las definiciones doctrinales, así como cualquier otro texto presentado en la presente contribución cuyo idioma original es distinto del castellano, han sido objeto de traducción propia de la autora.

21. CAPPELLETTI, M., «Alternative Dispute Resolution Processes within the Framework of the World-Wide-Access-to-Justice Movement», en *The Modern Law Review*, vol. 56, núm. 3, 1993, pág. 282.

22. WARE, S. J., *Principles of alternative dispute resolution*, MN: Thomson/West, St. Paul, 2.ª ed., 2007, pág. 5.

23. HÖRNLE, J., *Cross-Border Internet Dispute Resolution*, Cambridge University Press, Cambridge, 2009, pág. 48.

24. Existe una noción esencial subyacente a prácticamente toda la doctrina que conviene aclarar. Según la línea mayoritaria, los ADR son medios para resolver disputas, distintos al proceso judicial. Sin embargo, ello no debe conducir a afirmar que los ADR son «todo menos litigación". Y es que, aunque en sus inicios en los años setenta los medios extrajudiciales nacieron con una vocación inicial de «alternatividad» con respecto a los órganos judiciales, de modo progresivo dejaron de concebirse como sustitutos de los tribunales. En particular, su objetivo común de resolver los conflictos, junto con la integración de los medios extrajudiciales en el proceso judicial en algunos casos, hicieron que los ADR pasaran a convertirse en una vía más de la justicia estatal, dando lugar al sistema de justicia de puertas múltiples o *multi-door-Justice System*. La finalidad es que los ciudadanos puedan elegir, según sus necesidades, el medio más adecuado o apropiado para resolver sus controversias. Por este motivo, la «A» de «ADR» no debería BARONA VILAR, S., *Nociones y principios de las ADR. Solución extrajurisdiccional de conflictos*, Tirant lo Blanch, Valencia, 1.ª ed., 2018, págs. 19 y 20, y BARONA VILAR, S., «Justicia integral y tutela sin proceso», en *Las transformaciones del proceso civil*, obra colectiva, director HERRERO PEREZAGUA, J., Thomson Reuters Aranzadi, Pamplona, 2016, pág. 24.

los que las partes acuden voluntariamente para conseguir resolver sus disputas —con o sin ayuda de un tercero— a través de procedimientos confidenciales, rápidos, baratos, informales, flexibles y controlados por sus partes, y en los que no se aplica necesariamente el derecho sustantivo[25].

12. En función de si interviene o no un tercero, y según cuál sea su función si así lo hace, los procedimientos de ADR pueden incardinarse en dos modalidades de tutela: autocompositiva y heterocompositiva[26].

i] Los métodos autocompositivos son aquellos cuyo objeto consiste en que las partes solucionen el conflicto llegando por sí mismas —con o sin la ayuda de un tercero— a un acuerdo. Si interviene un tercero, este nunca impondrá la solución al conflicto, sino que se situará *inter partes* para ayudarlas en la consecución del acuerdo. Acuerdo que tendrá carácter contractual, si bien los ordenamientos jurídicos pueden dotarle de ejecutividad bajo el cumplimiento de ciertos requisitos [p. ej. elevándolos a escritura pública].

El ejemplo más claro en el que no interviene un tercero es la negociación, mientras que la mediación o la conciliación constituyen paradigmas de métodos autocompositivos en los que sí participa un tercero neutral.

ii] Los métodos heterocompositivos, por su parte, son aquellos procedimientos en los que existe un tercero que se sitúa *supra partes* para resolver el conflicto imponiendo una solución [ejecutiva]. La vía heterocompositiva por excelencia es el arbitraje, que se diferencia del otro medio de tutela heterocompositivo —proceso judicial— según su origen, privado o público[27], respectivamente.

13. De la comparación de ambas modalidades de tutela se desprenden algunas diferencias, de las que se destacan principalmente dos[28]. Primero, el método heterocompositivo desemboca en una resolución ejecutiva frente al carácter en principio contractual de la solución autocompositiva. Y segundo, ambos métodos difieren en la manera de abordar el conflicto. Mientras que los medios autocompositivos buscan una solución que satisfaga los intereses y necesidades de las partes *[solution-oriented methods]*, los mecanismos heterocompositivos se caracterizan por la imposición por parte de un tercero

---

25. BRUNET, E., «Questioning the quality of alternative dispute resolution», en *Tulane Law Review,* vol. 62, núm. 1, 1987, págs. 11-14.

26. Para más detalle, consúltese BARONA VILAR, S., *Nociones y principios de las ADR. Solución extrajurisdiccional de conflictos, op. cit.*, págs. 40 y ss.

27. ALCALÁ-ZAMORA Y CASTILLO, N., y otros, *Proceso, autocomposición y autodefensa: contribución al estudio de los fines del proceso*, Ediciones Olejnik, Santiago de Chile, 2019, pág. 19.

28. Los diferentes principios que rigen los procesos heterocompositivos y los procedimientos autocompositivos también conforman una diferencia considerable. Para más profundidad, consúltese VILALTA NICUESA, A.E., «Resolución electrónica de conflictos», en *Principios de derecho de la sociedad de la información*, obra colectiva, coordinadores PEGUERA POCH, M. y BELTRÁN DE HEREDIA RUIZ, I., Aranzadi Thomson Reuters, Cizur Menor [Navarra], 2010, págs. 417-418.

de una solución según las posturas exteriorizadas por las partes, pero sin tener en cuenta los intereses que hay detrás *[blame-oriented techniques]*.

En consecuencia, únicamente los métodos autocompositivos —que a salvo del arbitraje son prácticamente todos los tipos de ADR— pueden alcanzar una solución que consiga una combinación *win-win* en vez de *win-lose*[29], siendo esta última propia de los métodos heterocompositivos, que consiguen resolver el conflicto, pero no solucionarlo[30].

1.1.2. Definición de ODR

14. Cuando los procedimientos de ADR se desarrollan a través de medios tecnológicos surgen los ODR *[Online Dispute Resolution]*, también conocidos como iDR *[Internet Dispute Resolution]*, eADR o eDR *[electronic Dispute Resolution]*[31], oADR *[online ADR]*[32], o TMDR *[Technology Mediated Dispute Resolution]*[33].

Como ya se apuntó con carácter previo, no existe una definición legal del concepto de ODR y es la doctrina la que se ha aventurado a formular distintas definiciones. Por ejemplo, LODDER y ZELEZNIKOW lo definen como «el procedimiento de resolución de disputas que tiene lugar como mínimo parcialmente en línea, con independencia de la tecnología que se utilice»[34]; FANGFEI lo

---

29. CORTÉS, P., *Online Dispute Resolution for Consumers in the European Union*, Taylor & Francis, Abingdon, 2011, pág. 53. En el mismo sentido, *vid.* BROWN, H. J., y MARRIOTT, A. L., *ADR Principles and Practice*, Sweet & Maxwell, Londres, 2.ª ed., 1999, pág. 13.

30. La diferencia entre solución y resolución resulta trascendental en este contexto. Se resuelve un conflicto cuando un tercero impone, con base en las posturas mostradas por las partes en el proceso, la forma de atajarlo [métodos heterocompositivos]. Por el contrario, se soluciona un conflicto cuando las propias partes lo abordan, atendiendo a sus intereses y necesidades. De esta manera, los órganos judiciales ponen fin a la divergencia de posiciones entre las partes, pero al pasar por alto los intereses y necesidades de las mismas, es posible que el conflicto de intereses persista tras finalizar el proceso judicial. Para más información, véase BARONA VILAR, S., *Nociones y principios de las ADR. Solución extrajurisdiccional de conflictos, op. cit.*, págs. 35 y ss.

31. BLAKE, S., BROWNE, J. y SIME, S., *A Practical Approach to Alternative Dispute Resolution, op. cit.*, pág. 74.

32. POBLET, M. y ROSS, G., «ODR in Europe», en *Online Dispute Resolution: theory and practice*, obra colectiva, coordinadores WAHAB, M. A., KATSH, E., y RAINEY, D., Eleven international publishing, The Netherlands, 2012, pág. 454.

33. LARSON, D. A., «Technology Mediated Dispute Resolution [TMDR]: Opportunities and Dangers», en *University of Toledo law review*, vol. 38, núm. 1, 2006, págs. 213-238, y ORJI, U.J., «Technology mediated dispute resolution: challenges and opportunities for dispute resolution in Nigeria», en *Computer and Telecommunications Law Review*, vol. 18, núm. 5, 2012, págs. 124-134.

34. LODDER, A., y ZELEZNIKOW, J., *Enhanced dispute resolution through the use of information technology*, Cambridge University Press, Cambridge, 2010, pág. 79.

equipara al «equivalente al ADR electrónico y a los cibertribunales»[35], HÖRNLE engloba dentro de este «nombre colectivo» a todas aquellas «técnicas de solución de disputas fuera de los tribunales usando las TIC y, en particular, el poder de los ordenadores para procesar eficientemente enormes cantidades de datos, almacenar y organizarlos y comunicarlos a través de internet de forma global y rápida»[36], y UNCITRAL lo conceptualiza como «la solución por vía informática de controversias, que constituye un mecanismo facilitado para resolver controversias, mediante el empleo de las comunicaciones electrónicas y demás tecnologías de la información y de las comunicaciones»[37].

De lo anterior podría inferirse que, simplificando, los ODR no son más que los ADR en línea. Es decir, los ODR resuelven disputas igual que los ADR, pero a través de medios distintos, esto es, electrónicamente. Esta razón explicaría que los ODR exporten múltiples características de los ADR: confidencialidad, flexibilidad, rapidez, sencillez y baratez del procedimiento; carácter consensual; la posibilidad de acudir a ellos con independencia de que la transacción de la que se deriva la disputa haya surgido o no en un entorno en línea[38]; soluciones hechas a medida de las necesidades de las partes[39], y la posibilidad de no solo resolver el conflicto —lo que ocurriría en los tribunales— sino también de prevenirlo.

No obstante, y sin perjuicio de estos rasgos compartidos, es necesario aclarar que los ODR van más allá del mero traslado de los ADR al mundo digital[40]. Y es que, aunque en un primer momento los procedimientos de ODR

---

35. FANGFEI WANG, F., *Internet Jurisdiction and choice of law*, Cambridge University Press, Cambridge, 2010, pág. 1.

36. HÖRNLE, J., *Cross-Border Internet Dispute Resolution, op. cit.*, pág. 75.

37. Art. 2.1 de la Nota de la Secretaría relativa a la «Solución de controversias por vía informática en las operaciones transfronterizas de comercio electrónico: proyecto de reglamento», enmarcada en el 28.º periodo de sesiones del Grupo de Trabajo III de UNCITRAL. A/CN.9/WG.III/WP. 123.

38. Entre otros muchos, SELA, A., «The effect of online technologies on dispute resolution system design: antecedents, current trends and future directions», en *Lewis & Clark Law Review,* vol. 21, núm. 18, 2017, pág. 646, o CONLEY TYLER, M. y BRETHERTON, D., «Developing an online mediation culture: the fourth generation of online ADR», 2003, págs. 1-19. Versión en línea accesible en: http://www.asiapacificmediationforum.org/resources/2003/tyler.pdf, último acceso el 12 de septiembre 2024. En contra, otros autores han argumentado que los ODR están enfocados en exclusiva a la resolución de disputas derivadas de una transacción celebrada en línea. En este sentido se pronuncia CALLIESS, G.P., «Online Dispute Resolution: Consumer Redress in a Global Market Place», en *German Law Journal,* vol. 7, núm. 8, 2006, pág. 650.

39. VILALTA NICUESA, A. E., *Mediación y arbitraje electrónicos*, Thomson Reuters Aranzadi, Cizur Menor [Navarra], 1.ª ed., 2013, pág. 44.

40. En este sentido, BARRAL VIÑALS, I., «La mediación y el arbitraje de consumo: explorando sistemas de ODR», en *Revista de Internet, Derecho y Política*, núm. 11, 2010, pág. 8; FRANCO CONFORTI, O. D., «Mediación on-line: de dónde venimos, dónde estamos y a dónde vamos», en *InDret Revista para el análisis del derecho*, núm. 4, 2015, pág. 5; EDWARDS,

trataron de replicar en el ciberespacio el funcionamiento de los mecanismos de ADR[41], el desarrollo tecnológico pronto hizo que los ODR desarrollaran funciones autónomas [p. ej. organización de información, envío de mensajes automáticos…][42] que se tradujeron, por un lado, en la creación de nuevos procedimientos inimaginables fuera de línea [p. ej. es el caso de los llamados ODR *sui generis* como la negociación automatizada o *blind-bidding* que se explicará en el siguiente epígrafe][43] y, por otro lado, en una mayor efectividad, accesibilidad y justicia que los ADR[44]. Por tanto, los ADR constituyen la base de los ODR, pero estos no pueden reducirse a meros ADR en línea.

15. En relación con lo anterior, resulta irrefutable que no se puede hablar de ODR sin hacer referencia a su componente tecnológico. Sin embargo, se discute cuál debe ser la intensidad o grado de uso de la tecnología para que un procedimiento de ODR se pueda calificar como tal[45]. La respuesta de la doctrina en este sentido es clara. Esto es, si bien no es necesario que el procedimiento se desarrolle íntegramente en línea, el uso de la tecnología debe ser significativo[46] y no meramente residual, de modo que la vinculación de un

---

L. y WILSON, C., «Redress and Alternative Dispute Resolution in EU Cross-Border E-Commerce Transactions», en *International Review of Law Computers & Technology*, vol. 21, núm. 3, 2007, pág. 316.

41. Prueba de ello es que en sus inicios los ODR fueran conocidos como *online ADR*. Por ejemplo, véase CONLEY TYLER, M. y BRETHERTON, D., «Developing an online mediation culture: the fourth generation of online ADR», *op. cit.*, págs. 1-19.

42. ESTEBAN DE LA ROSA, F., «ADR-Rooted ODR Design in Europe – A Bet for the Future», en *International Journal on Online Dispute Resolution*, núm. 5, 2018, pág. 155.

43. Entre muchos otros, RABINOVICH-EINY, O., y KATSH, E., «Reshaping Boundaries in an Online Dispute Resolution Environment», en *International Journal of Online Dispute Resolution*, vol. 1, núm. 1, 2014, pág. 29; CORTÉS, P., *Online Dispute Resolution for Consumers in the European Union, op. cit.*, pág. 54, y GILLIÉRON, P., «From Face-to-Face to Screen-to-Screen: Real Hope or True Fallacy?», en *Ohio State Journal on Dispute Resolution*, vol. 23, núm. 2, 2008, pág. 304.

44. En concreto, las razones que justifican el efecto transformador son varias. Por ejemplo, los ODR permiten sortear las distancias físicas, mejorar la comunicación gracias a las ayudas tecnológicas [p. ej. acompañar la explicación de imágenes…], se reducen los costes humanos porque algunas de sus tareas se automatizan [p. ej. traducción automática], se reduce la escalada del conflicto gracias a la no presencialidad y a la comunicación asíncrona, se evitan los problemas del derecho internacional privado y la información se puede procesar más rápido. Así, HÖRNLE, J., *Cross-Border Internet Dispute Resolution, op. cit.*, págs. 86 y ss. Dicho de otro modo, las ventajas que se desprenden de los ODR —explicadas en mayor profundidad en el apartado 1.3—, son las que explican el carácter transformador de los ODR.

45. WING, L., «Mapping the Parameters of Online Dispute Resolution», en *International Journal of Online Dispute Resolution,* vol. 1, núm. 9, 2022, pág. 12. Esta discusión ha cobrado especial importancia desde la pandemia del COVID-19, que ha comportado la incorporación de las tecnologías en prácticamente todos los ámbitos de la vida, incluyendo la justicia.

46. FANGFEI WANG, F., *Internet Jurisdiction and choice of law, op. cit.*, pág. 145.

procedimiento extrajudicial de litigios con la tecnología no lo enmarca directamente dentro de los ODR [p. ej. el envío de correos electrónicos no convierte un procedimiento de ADR en ODR][47]. Debe tratarse de una tecnología dedicada específicamente a la resolución de litigios[48], que verdaderamente condicione el procedimiento y la interacción entre las partes[49]. Esta tecnología es la que fuera elevada a la categoría de «cuarta parte» por primera vez por KATSH y RIFKIN[50].

Los sistemas tecnológicos que configuran esta cuarta parte permiten generalmente poner en contacto a las partes con el tercero, brindándoles la posibilidad de generar, enviar, recibir e intercambiar comunicaciones electrónicas y ayudándoles a alcanzar un acuerdo[51]. Asimismo, el elemento tecnológico es capaz de llevar a cabo algunas funciones que tradicionalmente corresponderían al tercero neutral[52]. Todo depende de su nivel de sofisticación, que puede oscilar desde tecnologías de la comunicación que permiten la mensajería instantánea, hasta algoritmos e inteligencia artificial. En este sentido, se puede diferenciar entre los sistemas tecnológicos que se basan

---

47. En la misma línea, ALZATE y VÁZQUEZ exigen que todo ODR debe tener todos los elementos necesarios para desarrollar todo el procedimiento en línea, con independencia de que las partes o el tercero imparcial decidan combinar esa posibilidad con el desarrollo presencial. ALZATE SÁEZ DE HEREDIA, R., y otros, *Resolución de disputas en línea [RDL]: las claves de la mediación electrónica*, Reus, Madrid, 2014, pág. 175.

48. BERETTA, R., «The use of technology in dispute resolution; a framework for the study of ODR», en *Vilnius University Open Series*, 2023. Versión en línea accesible en: https://www.researchgate.net/publication/370245479_The_use_of_technology_in_dispute_resolution_A_framework_for_the_study_of_ODR, último acceso el 12 de septiembre de 2024, pág. 25.

49. SELA, A., «The effect of online technologies on dispute resolution system design: antecedents, current trends and future directions», *op. cit.*, pág. 649.

50. KATSH, E., y RIFKIN, J., *Online Dispute Resolution. Resolving Conflicts in Cyberspace*, Jossey-Bass, San Francisco, 2001, pág. 93.

51. KATSH, E., «Bringing Online Dispute Resolution to Virtual Worlds: Creating Processes Through Code», en *New York Law School Review*, vol. 49, núm. 1, 2004, pág. 275.

52. MOREK, R., «The regulatory framework for online dispute resolution: a critical view», en *University of Toledo Law Review*, vol. 38, núm. 1, pág. 181. También LODDER, A. R., «The Third Party and Beyond. An Analysis of the Different Parties, in particular the Fifth, Involved in Online Dispute Resolution», en *Information & Communications Technology Law*, vol. 2, núm. 15, 2006, pág. 146, y SELA, A., «Can Computers Be Fair? How Automated and Human-Powered Online Dispute Resolution Affect Procedural Justice in Mediation and Arbitrarion», en *Ohio State Journal on Dispute Resolution*, vol. 33, núm. 1, 2018, págs. 99-101. En particular, SELA distingue entre los ODR instrumentales o principales, en función de la autonomía del software que se utilice. Mientras que los ODR instrumentales cuentan con un software que asiste o ayuda al tercero a actuar como tal, los ODR principales tienen un software que sustituye al tercero, de manera que actúa al mismo tiempo como tercera y cuarta parte. A pesar de esta clara distinción, el autor admite que la mayoría de las plataformas de ODR utilizan un modelo híbrido que resulta de combinar ambos modelos de software.

en el texto *[lean media]*, aquellos que se basan en el vídeo *[rich media]*, y aquellos que se basan en la inteligencia artificial *[Artificial intelligence knowledge-based systems* o incluso *AI-DR]*[53].

16. Además de la cuarta parte, en los procedimientos de ODR también participan otros dos profesionales, entidades o instituciones que no se hallan en un procedimiento de ADR.

De un lado, intervienen los proveedores de tecnología o plataformas ODR, cuya función es alojar servicios de ODR gestionados por otros proveedores, y asistirles en el funcionamiento tecnológico de los mismos[54]. Dicho de otro modo, proporcionan a las partes «la cuarta parte»[55], esto es, la plataforma tecnológica. Aunque este proveedor de plataforma ODR no constituye una parte «legal», sino «técnica»[56] del procedimiento, su papel es tal que han sido bautizados como la «quinta parte»[57].

De otro lado, también pueden existir proveedores de servicios de ODR[58]. Estos están directamente implicados en la resolución del conflicto, ya que o bien ofrecen a las partes los medios automatizados para que ellas resuelvan el conflicto, o bien les prestan los servicios de solución extrajudicial de litigios en línea [p. ej. mediación electrónica][59].

---

53. La inteligencia artificial puede ayudar enormemente en la resolución del conflicto, ofreciendo herramientas que controlen la presencia de *hackers,* el respeto a los principios de privacidad, confidencialidad, integridad, protección de datos o secreto de las comunicaciones y la accesibilidad de las partes al litigio. ARMENTA DEU, T., «ODR: otra mirada sobre la eficacia, los ADR y la tecnología disruptiva», en *Hacia una tutela efectiva de consumidores y usuarios,* obra colectiva, coordinadora ROMERO PRADAS, M.I., Tirant lo Blanch, Valencia, 2022, pág. 556. Sin embargo, la aplicación de esta inteligencia artificial también suscita dudas, como la existencia de sesgos, sus elevados costes o su complejidad. Para más información sobre el uso de la IA en los ODR, consúltese KATSH, E. y RABINOVICH-EINY, O., «Artificial Intelligence and the Future of Dispute Resolution: The Age of AI-DR», en *Online Dispute Resolution: Theory and Practice*, obra colectiva, editores WAHAB, M.A., RAINEY, D., y KATSH, E., Eleven International Publishing, The Netherlands, 2021, págs. 7-8 y 20.

54. VILALTA NICUESA, A.E., «Resolución electrónica de conflictos», *op. cit.*, pág. 404.

55. Ello no quiere decir que no pueda haber cuarta parte sin quinta parte. Por ejemplo, si las partes deciden resolver su disputa haciendo uso en exclusiva de sus correos electrónicos, no habría un proveedor de ODR. Por el contrario, siempre que haya quinta parte tiene que haber cuarta, puesto que aquella es una plataforma que se dedica precisamente a proveer de tecnología a las partes.

56. BERETTA, R., «The use of technology in dispute resolution; a framework for the study of ODR», *op. cit.*, pág. 147.

57. LODDER, A. R., «The Third Party and Beyond. An Analysis of the Different Parties, in particular the Fifth, Involved in Online Dispute Resolution», *op. cit.*, pág. 145.

58. Los proveedores de servicios de ODR pueden contar o no con una plataforma ODR. En cualquiera de los casos, el proveedor puede ser un comerciante [p. ej. E-Bay], una institución pública [p. ej. ECODIR] o privada [p. ej. SmartSettle, ODREurope], una entidad de ADR o incluso un tribunal —*cibertribunal*—.

59. VILALTA NICUESA, A.E., «Resolución electrónica de conflictos», *op. cit.*, pág. 404.

En cualquier caso, pese a que así se ha diferenciado entre proveedores de plataformas ODR y proveedores de servicios ODR, es posible que este último cuente con su propia plataforma ODR, en cuyo caso ambas categorías se confundirían en un mismo sujeto, que puede ser una persona física o una institución[60]. Y cuando ello ocurre y se trata de una persona física, es frecuente que esta también sea la tercera parte[61].

1.2. Tipos de ODR

17. Debido a su naturaleza de medios de solución extrajudicial, los procedimientos de ODR se pueden agrupar[62] en métodos heterocompositivos o autocompositivos. A continuación, se muestran los procedimientos más ilustrativos de cada uno de los grupos, teniendo en cuenta que en la práctica suelen combinarse[63], dando lugar a procedimientos mixtos [p. ej. med-arb] e híbridos [p. ej. *Ombudsman scheme*[64]][65].

---

60. *Ídem*, pág. 24.

61. Bol, S. H., «An analysis of the role of different players in e-mediation: the [legal] implications», en *Second International ODR Workshop*, obra colectiva, coordinadores Zelezni-kow, J., y Lodder, A. R., Wolf Legal Publishers, Tilburg, 2005, pág. 23.

62. Desde sus inicios, los ODR suelen agruparse en dos grandes categorías según su objetivo: *dispute avoidance* y *dispute resolution*, o lo que es lo mismo, *soft* ODR y *hard* ODR. Mientras que la finalidad de los primeros es impedir o prevenir el surgimiento de disputas, los segundos tienen por objeto resolver las controversias. Según esta diferenciación, los ODR estudiados en el presente trabajo se incardinarían dentro de los *hard* ODR. Sin embargo, debe advertirse de que cada vez es más difícil encasillar los tipos de ODR en esta clasificación porque los ODR tienden a expandirse, porque es frecuente encontrar los distintos tipos combinados, y porque el desarrollo de la tecnología está difuminando la distinción entre *dispute avoidance* y *dispute resolution*. Para más detalle sobre sus diferencias y problemas, véase Cortés, P., *Online Dispute Resolution for Consumers in the European Union*, *op. cit.*, pág. 56. También en este sentido, Vilalta, A. E., «ODR and e-commerce», en *Online dispute resolution: theory and practice*, obra colectiva, coordinadores Wahab, M. A., Katsh, E., y Rainey, D., Eleven international publishing, The Netherlands, 2012, págs. 114-115; Edwards, L. y Wilson, C., «Redress and Alternative Dispute Resolution in EU Cross-Border E-Commerce Transactions», *op. cit.*, pág. 316; Rabinovich-Einy, O., y Katsh, E., «Reshaping Boundaries in an Online Dispute Resolution Environment», *op. cit.*, pág. 27, y Sela, A.: Sela, A., «Can Computers Be Fair? How Automated and Human-Powered Online Dispute Resolution Affect Procedural Justice in Mediation and Arbitrarion», *op. cit.*, pág. 102.

63. Goldberg, S. B., *Dispute Resolution: Negotiation, Mediation and Other Processes*, Wolters Kluwer & Business/Aspen Publishers, Austin, 5.ª ed., 2007, pág. 3.

64. El Ombudsman *scheme* es una persona prestigiosa vinculada a una institución, que facilita e incluso propone una solución a las controversias surgidas entre esa institución y un tercero. Su decisión es vinculante para la institución, pero no para el tercero.

65. La diferencia entre los métodos mixtos y los híbridos es que, si bien ambos integran modalidades de ODR distintas, en los métodos mixtos estas se utilizan de forma sucesiva y sin cambiar su naturaleza, mientras que en los métodos híbridos no se utilizan de

1.2.1. ODR heterocompositivos

18. Dos son los ejemplos más paradigmáticos de ODR heterocompositivos o adjudicativos: el arbitraje en línea y la Política uniforme de resolución de conflictos en materia de nombres de dominio del ICANN[66].

I] Arbitraje en línea. Es un mecanismo de solución extrajudicial sustentado total o parcialmente en línea, en el que las partes eligen a un tercero imparcial —o a una institución que lo elija— para que resuelva una disputa de forma vinculante y aplicando principios procesales fundamentales[67]. El primer proveedor de arbitraje en línea fue *The Virtual Magistrate*[68]. En la actualidad, se pueden ofrecer otros ejemplos como la plataforma net-arb.com[69], o la Cámara de Comercio de Madrid, que es la primera Corte Arbitraje española que ha creado un procedimiento de arbitraje en línea que recibe el nombre de TAO-OAM [2011].

II] Política uniforme de resolución de conflictos en materia de nombres de dominio del ICANN *[Uniform Domain Name Dispute Resolution Policy]*. Se trata de una suerte de arbitraje en línea cuya resolución, sin embargo, no es en principio vinculante[70]. Fue adoptado por la ICANN en 1999 para resolver principalmente las disputas relativas a la usurpación cibernética *[cybersquatting]*, entendiéndose por estas las surgidas entre el titular de una marca y aquel que ha registrado un nombre de dominio relativo a esa marca de mala fe para aprovecharse de su reputación. Aunque este medio de solución extrajudicial no impide que se desarrollen procesos judiciales paralelos, si tras diez días desde que se dicta la decisión ninguna de las partes interpone una reclamación judicial, la decisión tomada por el proveedor de ODR se ejecuta automáticamente, de manera que el nombre de dominio se transfiere o se

---

forma sucesiva, sino que se mezclan las características de las modalidades combinadas de manera simultánea. En este sentido, vid. VILALTA NICUESA, A. E.: *Mediación y arbitraje electrónicos, op. cit*, pág. 300.

66. Otros ejemplos serían la *adjudication*, el *dispute review board*, el *expert determination* o el *judicial appraisal. Vid.* VILALTA NICUESA, A.E., «Resolución electrónica de conflictos», *op. cit.,* págs. 429-430.

67. SCHULTZ, T., «Online Arbitration: Binding or Non-Binding?», en *ADR Online Monthly*, 2002. Versión en línea disponible en: https://www.ombuds.org/center/adr2002-11-schultz.html, último acceso el 12 de septiembre de 2024.

68. Para más información sobre el funcionamiento, véase CONA, F.A., «Application of Online Systems in Alternative Dispute Resolution», en *Buffalo Law Review*, vol. 45, núm. 3, 1997, págs. 987-988.

69. https://net-arb.com/, último acceso el 12 de septiembre de 2024.

70. En Europa es frecuente que esta *«non-binding arbitration»* no pueda considerarse como un arbitraje en sentido estricto, puesto que la decisión no es necesariamente, sino opcionalmente vinculante —esto es, ejecutable por los tribunales—. Para más información sobre este tipo de arbitraje y sus ventajas, véase SCHULTZ, T.: «Online Arbitration: Binding or Non-Binding?», *op. cit.*

cancela[71]. A pesar del carácter limitado de su ámbito de aplicación material, este medio de solución extrajudicial de conflictos —gestionado hoy en día por la OMPI— tuvo un éxito abrumador desde el principio.

Para acabar, hay quien considera que también debe incluirse en la categoría de ODR heterocompositivos a los cibertribunales, que desarrollan procesos judiciales que tienen lugar predominantemente en línea[72]. Sin embargo, aquí no defendemos esa postura, toda vez que una de las razones que motivó el desarrollo de los ODR fue, precisamente, la incapacidad de los tribunales para abordar un elevado número de disputas de escaso valor[73]. Además, a la vista de que el creciente desarrollo tecnológico está ya permitiendo el desarrollo de los procesos judiciales en línea, este planteamiento equivaldría a considerar que una gran cantidad de tribunales son cibertribunales y, por ende, ODR, lo cual resultaría inadmisible.

1.2.2. ODR autocompositivos[74]

19. Siguiendo la tipología básica de POBLET, los procedimientos básicos de ODR autocompositivos o no adjudicativos serían los siguientes[75].

I] Negociación asistida. Se refiere a un procedimiento de solución extrajudicial en virtud del que las partes involucradas en la disputa se comunican entre sí para conseguir un acuerdo, estando para ello asistidas por herramientas tecnológicas que lo facilitan. No interviene un tercero imparcial, sino que son las partes las que deben alcanzar un acuerdo por sí mismas, con la ayuda de la tecnología —normalmente un *software* complejo[76]—, que mejora su comunicación. En particular, les envía recordatorios y formula preguntas, consiguiendo que las partes se den cuenta de lo realístico [o no] de sus

---

71. Para más información, https://www.icann.org/resources/pages/policy-2012-02-25-en, último acceso el 12 de septiembre de 2024.

72. Esta afirmación es propia sobre todo de los países del *common law*. En este sentido, véase SCHULTZ, T., «An Essay on the Role of the Government for ODR: Theoretical Considerations about Future of ODR», *op. cit.,* pág. 5. También KATSH, E. y RABINOVICH-EINY, O., KATSH, E. y RABINOVICH-EINY, O., «Artificial Intelligence and the Future of Dispute Resolution: The Age of AI-DR», *op. cit.,* págs. 5-6.

73. Véase BERETTA, R., «The use of technology in dispute resolution; a framework for the study of ODR», *op. cit.,* págs. 20-21.

74. Otros ejemplos distintos a los aquí expuestos serían la facilitación, el *mini-trial*, la *neutral evaluation*, la *early neutral evaluation*, el *expert fact-finding*, el *joint fact-finding* o el *ombudsman schemes*. VILALTA NICUESA, A.E., «Resolución electrónica de conflictos», *op. cit.*, págs. 421-423.

75. POBLET, M., «Introduction: Bringing a New Vision to Online Dispute Resolution», en *Institute of Law and Technology, Autonomous University of Barcelona*, 2008, pág. 2.

76. GILLIÉRON, P., «From Face-to-Face to Screen-to-Screen: Real Hope or True Fallacy?», *op. cit.*, págs. 304 y 334-340.

pretensiones y lleguen a soluciones constructivas. El ejemplo más famoso del proveedor de esta negociación asistida ha sido *SquareTrade*[77], operativo desde 1999 hasta 2008. En la actualidad, ya existen herramientas de negociación asistida por inteligencia artificial, como *Negobrain*[78].

II] Negociación automatizada *[blind-bidding negotiation]*. Es una técnica de comunicación en línea y a ciegas utilizada para resolver disputas dinerarias. Cada una de las partes implicadas comunica al sistema informático un rango de cantidades por el que estarían dispuestos a llegar a un acuerdo, sin conocer la oferta de la otra parte. Si las cantidades ofertadas por las partes coinciden dentro de un margen o porcentaje prefijado, la solución es dada automáticamente por la plataforma por la media de ambas ofertas. Si con las primeras ofertas no se consigue solución, la plataforma no revela a ninguna de las partes la cantidad ofrecida por la contraria, y simplemente informa de que pueden volver a realizar una ronda de ofertas.

A diferencia de lo que ocurre en la negociación asistida, aquí es el sistema informático —y no las partes— el que establece la solución[79]. El primer proveedor y más famoso de negociación automatizada fue *CyberSettle* [1998], y hoy en día existe, por ejemplo, *SmartSettle ONE*[80].

III] Mediación en línea. Es un procedimiento de solución extrajudicial por el que las partes intentan alcanzar un acuerdo con la ayuda de un tercero imparcial [mediador] y de la tecnología [cuarta parte], los cuales aproximan y acercan las posturas de las partes, pero nunca resuelven ni realizan propuestas o recomendaciones formales. Por tanto, el mediador cuenta con el mismo rol que en una mediación fuera de línea, pero cambia las técnicas que emplea para ejecutarlo[81]. Debe puntualizarse que las comunicaciones entre las partes y entre estas y el tercero pueden tener lugar de manera asincrónica [a través de chats[82]] o sincrónica [por videoconferencia]. Una de las primeras plataformas que ofreció este servicio fue el OOO *[Online Ombuds Office]* a finales del siglo pasado[83], si bien el más conocido ha sido *SquareTrade*. Algu-

---

77. SquareTrade proveía mecanismos de ODR para resolver las disputas de eBay. En 2004, esta plataforma en línea creó su propio procedimiento de ODR.

78. https://negobrain.ai/es/, último acceso el 12 de septiembre de 2024.

79. Dicho de otro modo, ello implica que la «tercera parte» desaparece y es sustituida por la «cuarta parte» en el *blind bidding*. Así, Katsh, E., y Rifkin, J., *Online Dispute Resolution, op. cit.*, pág. 94.

80. https://go.smartsettle.com/, último acceso el 12 de septiembre de 2024.

81. Cortés, P, «Can I Afford Not to Mediate? Mandatory Online Mediation for European Consumers: Legal Constraints and Policy Issues», en *Rutgers University Computer & Technology Law Journal*, 2008, pág. 3.

82. Ortega Hernández, R. J., *Mecanismos alternativos de resolución de conflictos por medios electrónicos*, JM Bosch Editor, Barcelona, 2019, pág. 334.

83. Para mayor profundidad, Cona, F.A., «Application of Online Systems in Alternative Dispute Resolution», *op. cit.,* págs. 988-990.

nas plataformas que actualmente permiten el desarrollo de mediación en línea serían *Modria*[84] y *ODREurope*[85].

IV] Conciliación en línea. Se trata de un procedimiento de solución extrajudicial prácticamente idéntico a la mediación, aunque en este caso el tercero imparcial está facultado no solo para acercar las posturas de las partes, sino también para actuar activamente y proponerles soluciones de manera formal.

1.3. Ventajas e inconvenientes de los ODR frente a los órganos judiciales

20. Tal y como ha habido ocasión de comprobar, el término ODR se emplea a modo de paraguas dentro del cual se incardinan distintos tipos de procedimientos[86]. Como es natural, todos ellos guardan en común aquellos rasgos que les permiten ser definidos como ejemplos de ODR. Sin embargo, debe advertirse que su diversidad hace posible que las ventajas e inconvenientes que les caracterizan frente a los procesos judiciales —y que a continuación se muestran— no se puedan predicar en la misma intensidad de todos ellos[87].

21. Las ventajas de los procedimientos de ODR con respecto a la solución judicial de conflictos se pueden resumir como sigue:

I] Rapidez. La disponibilidad ininterrumpida de internet permite a las partes comunicarse en cualquier momento más allá de las horas hábiles[88]. Ello, unido a la simplicidad de los procedimientos en línea, desemboca en una reducción probada de la duración del procedimiento de los ODR en comparación con los procesos judiciales e incluso los ADR[89].

II] Bajo coste. La tecnología de los ODR permite a las partes comunicarse entre sí desde distintas zonas geográficas, eliminando el coste de desplazamiento y de acomodación en otro país[90], razón por la que esta ventaja se pone de relieve de modo más destacado en las controversias de naturaleza internacional[91].

---

84. https://aaa-nynf.modria.com/, último acceso el 12 de septiembre de 2024.

85. https://www.odreurope.com/, último acceso el 12 de septiembre de 2024.

86. FRANCO CONFORTI, O. D., Mediación on-line, *op.cit.*, pág. 7.

87. WARE, S. J., *Principles of alternative dispute resolution, op.cit.*, pág. 11.

88. GILLIÉRON, P., «From Face-to-Face to Screen-to-Screen: Real Hope or True Fallacy?», *op. cit.*, pág. 312.

89. GARCÍA ÁLVARO, J.A., «Online Dispute Resolution Uncharted Territory», en *The Vindobona Journal of International Commercial Law and Arbitration*, núm. 175, 2003, pág. 3.

90. ALLEN LARSON, D., «"Brother, Can You Spare a Dime?" Technology Can Reduce Dispute Resolution Costs When Times Are Tough and Improve Outcomes», en *Nevada Law Journal*, vol. 11, núm. 2, 2011, pág. 524.

91. Otros costes que también evitan los procedimientos de ODR son los derivados de adquirir vestimenta para acudir a un encuentro presencial o de tener que contratar a alguien para

De igual manera, los procedimientos de solución extrajudicial en línea evitan muchos de los costes en los que incurren los procesos judiciales. En particular, esquivan los costes derivados de postulación [representación], cuentan con tasas inferiores a las de acudir a los tribunales[92] y, aunque las partes también pueden verse en la necesidad de recurrir a un abogado, la rapidez del procedimiento extrajudicial permite que el tiempo de asesoramiento legal sea menor e, inevitablemente, su precio también[93].

III] Eficiencia. Los procedimientos de ODR devienen más eficientes que los órganos judiciales en la solución de controversias principalmente por dos razones. De un lado, los asuntos se tratan por órganos especializados[94] y, de otro lado, las nuevas tecnologías pueden facilitar la prueba y reconstrucción de los hechos [p. ej. mediante traductores simultáneos o uso de imágenes o bases de datos][95].

IV] Conveniencia. Además de que los medios extrajudiciales tienen un carácter menos agresivo que los tribunales[96], el posible carácter asincrónico de la comunicación de los ODR evita que las partes se tengan que reunir cara a cara o responder de forma inmediata si no lo desean. De este modo, las partes tienen tiempo para reflexionar y elaborar mejor sus respuestas, reduciendo su agitación y nerviosismo antes de contestar[97].

---

que se encargue del cuidado de familiares, tal y como pone de relieve SCHMITZ, A. J., «"Drive-Thru" Arbitration in the Digital Age: Empowering Consumers Through Regulated ODR», en *University of Colorado Law Legal Studies Research Paper*, vol. 62, núm. 10-18, 2010, pág. 200.

92. COMISIÓN EUROPEA, «Study on the Transparency of Costs of Civil Judicial Proceedings in the European Union», 2007. Versión en línea disponible en: https://e-justice.europa. eu/content_costs_of_proceedings-37-en.do, último acceso el 12 de septiembre de 2024, págs. 86 y 93.

93. Lo anterior impide compartir la postura [minoritaria] de aquellos que defienden que existe un *trade-off* entre el coste del ADR y su calidad, de manera que la reducción del coste de los ADR tan solo se consigue en detrimento de su calidad. WARE, S. J., *Principles of alternative dispute resolution*, *op. cit.*, pág. 13. Por esta razón KAUFFMAN-KOHLER y SCHULTZ consideran que los ODR no son apropiados para grandes disputas, donde el objetivo no es conseguir un procedimiento de solución barato, sino de calidad. KAUFFMAN-KOHLER, G. y SCHULTZ, T., *Online Dispute Resolution: Challenges for Contemporary Justice*, Kluwer Law International, The Hague, 2004, pág. 56.

94. CONA, F.A., «Application of Online Systems in Alternative Dispute Resolution», *op. cit.*, pág. 985.

95. VILALTA NICUESA, A. E., *Mediación y arbitraje electrónicos, op. cit.*, pág. 290.

96. SHAH, A., «Using ADR to Resolve Online Disputes», en *Richmond Journal of Law and Technology*, vol. 10, núm. 3, 2004, pág. 7.

97. A cambio, es cierto que ello resta espontaneidad a las intervenciones de las partes, dificultando la expresión de emociones. En este sentido, SULISTIANINGSIH, D., y otros, «Online Dispute Resolution: Does the system actually enhance the mediation framework?», en *Cogent Social Sciences*, núm. 9, 2023, pág. 11.

V] Sencillez. Dependiendo del tipo de ODR, su procedimiento será más o menos sencillo, pero todos tienen en común que su autorregulación evita las difíciles cuestiones clásicas del Derecho Internacional privado como la competencia judicial internacional[98]. En consecuencia, las partes pueden elegir una sede que atienda mejor sus intereses, especialmente en supuestos transfronterizos[99]. Asimismo, al no tener que aplicar necesariamente las normas de derecho sustantivo, las partes pueden centrarse en sus intereses en lugar de en los derechos que las normas les reconocen[100].

VI] Flexibilidad y control. Frente a los procesos judiciales, las partes guardan mayor control sobre el procedimiento y la decisión —sobre todo cuando no hay tercero imparcial— en los procedimientos extrajudiciales. Ello se explica gracias al carácter contractual del acuerdo por el que se someten a la solución extrajudicial[101], en el que configuran el procedimiento, que pueden adaptar a sus necesidades, quedando más satisfechas[102].

VII] Privacidad y confidencialidad. Los procedimientos extrajudiciales en línea se caracterizan por el carácter privado y confidencial tanto del procedimiento como de su resolución, para así proteger los datos frente a un acceso y un uso no autorizado[103].

VIII] Transparencia. Compartir los documentos a través de una plataforma ODR permite incrementar la transparencia sobre el contenido del procedimiento y la confianza de las partes en él, que además en todo momento pueden controlar la eventual intervención del tercero[104].

IX] Poder igualatorio de la tecnología. La comunicación a través de la pantalla —característica de los ODR— elimina la presencialidad, y con ella, la importancia de diferencias como el estatus social, la edad, el género o los

---

98. De hecho, esta fue la principal razón por la que según CALLIESS la OCDE lanzó las primeras Directrices para la protección de los consumidores en el contexto del comercio electrónico en 1999. CALLIESS, G.P., «Online Dispute Resolution: Consumer Redress in a Global Market Place», *op. cit.*, pág. 654.

99. PALAO MORENO, G., «Mediación y Derecho internacional privado», en *El arreglo pacífico de las controversias internacionales. XXIV Jornadas de la Asociación española de Profesores de Derecho Internacional y Relaciones Internacionales [AEPDIRI]*, obra colectiva, coordinadores VÁZQUEZ GÓMEZ, E.M., ADAM MUÑOS, M.D. y CORNAGO PRIETO, N., Tirant lo Blanch, Valencia, 2013, pág. 654.

100. CORTÉS, P., «Online dispute resolution for consumers», *op. cit.*, pág. 157.

101. BLAKE, S., BROWNE, J. y SIME, S., *A Practical Approach to Alternative Dispute Resolution*, *op. cit.*, pág. 15.

102. *Ídem*, pág. 17.

103. VAN ARSDALE, S., «User Protections in Online Dispute Resolution», en *Harvard Negotiation Law Review*, vol. 21, núm. 1, 2015, pág. 130.

104. RABINOVICH-EINY, O., y KATSH, E., «Reshaping Boundaries in an Online Dispute Resolution Environment», *op.cit.*, pág. 28.

ingresos[105]. Así se consigue eliminar prejuicios y sesgos, alcanzando un escenario más justo[106] [p. ej. se elimina el efecto halo, u otros sesgos de religión, sexo, nacionalidad]. Esta circunstancia favorece a las partes más débiles, que se atreven con argumentos que no hubieran comentado de haber tenido a la otra persona físicamente enfrente[107].

Es cierto, no obstante, que esta ventaja se encuentra limitada en aquellos supuestos en que la solución de disputas en línea se desarrolle por escrito, en cuyo caso las partes con mayor nivel educativo contarían con ventaja.

X] Compatibilidad con los procesos judiciales. El uso de los medios de solución extrajudicial en línea —distintos al arbitraje— no excluye el recurso a los órganos judiciales —recuérdese el sistema de justicia de puertas múltiples *[multi-door-Justice System]*—. Por consiguiente, si tras acudir a aquellos cualquiera de las partes no queda satisfecha con la solución, puede acceder a estos para obtener una resolución judicial que prevalecerá sobre la extrajudicial. Esta necesaria compatibilidad garantiza el derecho fundamental a la tutela judicial efectiva [consagrado en el art. 24 de nuestra Constitución española y en otros textos de naturaleza internacional[108]], y también el uso de los procedimientos de ADR, que se vería disminuido en caso de que la solución en ellos vertida fuera definitiva.

22. Con respecto a los inconvenientes generados por el empleo de medios de solución extrajudicial en línea en comparación con la solución —generalmente presencial— de los procesos judiciales, cabe citar los siguientes:

I] Obstáculos a la negociación. En ocasiones, el uso de las tecnologías puede comportar, frente a la presencialidad, una pérdida de la calidad en la escucha y en la comunicación no verbal, que constituyen aspectos clave en los medios de solución extrajudicial en línea para crear confianza entre las partes y facilitar el acuerdo entre ellas[109].

Sin embargo, cabe reconocer que la comunicación en línea no equivale a la pérdida de la comunicación no verbal, sino a su adaptación al entorno en línea[110], al que cada vez somos más adeptos[111] [p. ej. las emociones se

---

105. ALZATE SÁEZ DE HEREDIA, R., y otros, *Resolución de disputas en línea [RDL]: las claves de la mediación electrónica, op.cit.*, pág. 41.

106. ORTEGA HERNÁNDEZ, R. J., *Mecanismos alternativos de resolución de conflictos por medios electrónicos, op. cit.*, pág. 313.

107. ALZATE SÁEZ DE HEREDIA, R., y otros, *Resolución de disputas en línea [RDL]: las claves de la mediación electrónica, op.cit.*, pág. 71.

108. Destacando el art. 6 del Convenio Europeo de Derechos Humanos [CEDH] y el art. 47 de la Carta de Derechos Fundamentales de la Unión Europea [CDFUE].

109. SCHULTZ, T., y otros, «Electronic Communication Issues Related to Online Dispute Resolution Systems», en *The Eleventh International World Wide Web Conference*, 2002, pág. 4.

110. KATSH, E., y RIFKIN, J., *Online Dispute Resolution, op. cit.*, pág. 140.

111. SCHMITZ, A. J., «Evolution and Emerging Issues in Consumer Online Dispute Resolution [ODR]», en *Ohio State Legal Studies*, núm. 714, 2022, págs. 4-5.

expresan a través de videoconferencias, emoticonos y cambios en el tipo de letra]. De esta manera, aunque sea más complicado, el uso de las tecnologías no impide captar los sentimientos y emociones de las partes[112], sobre todo gracias al desarrollo de las videoconferencias[113]. Junto con lo anterior, y dejando de lado la comunicación no verbal, se ha mostrado que una palabra correctamente escrita puede ser la forma más persuasiva de transmitir los sentimientos[114].

II] Barreras de acceso. La brecha digital que afecta a las personas que no cuentan con conocimientos o medios para acceder a internet puede obstaculizar el acceso a los ODR[115].

III] Problemas de seguridad y confidencialidad[116]. Los ciberataques o los ataques de seguridad de las redes pueden poner en peligro la validez de la firma o de documentos, el carácter confidencial y la integridad de las comunicaciones y la protección de datos. Por consiguiente, ello puede afectar a la protección al honor, intimidad, propia imagen y datos personales, igual que a la honestidad de las intervenciones de las partes[117], las cuales deberían tener derecho a conocer los riesgos que en este sentido puede originar la tecnología empleada[118].

IV] Falta de estándares legales uniformes de procedimientos y de supervisión de los terceros neutrales[119]. Pese a la creciente normativa internacional, regional y nacional con la que se están abordando los procedimientos de ODR, su nivel de autorregulación sigue siendo considerable dada la vague-

---

112. Incluso eliminar muchos comportamientos no verbales ayuda a eliminar sesgos. HAMMOND, A. G., «How do you write "yes"?: A study on the effectiveness of Online Dispute Resolution», en *Conflict resolution quarterly*, vol. 20, núm. 2, 2003, pág. 283.

113. BARRERA ORELLANA, F., «Traditional mediation versus e-mediation: does online technology have a negative impact in the effectiveness of mediation?», en *Revista Chilena de Derecho*, vol. 50, núm. 1, 2023, pág. 40.

114. EVANS, H.F.G., y otros, «Enhancing worldwide understanding through ODR: Designing Effective Protocols for Online Communications», en *University of Toledo Law Review*, vol. 38, núm. 1, 2006, págs. 424-425.

115. ARMENTA DEU, T., «ODR: otra mirada sobre la eficacia, los ADR y la tecnología disruptiva», *op. cit.,* pág. 552. También habla de esta «inaccesibilidad potencial» GOODMAN, J., «The Pros and Cons of Online Dispute Resolution: An Assessment of Cyber-Mediation Websites», en *Duke Law & Technology Review*, núm. 2, 2003, pág. 12.

116. SHAH, A., «Using ADR to Resolve Online Disputes», *op. cit.,* pág. 8.

117. ALZATE SÁEZ DE HEREDIA, R., y otros, *Resolución de disputas en línea [RDL]: las claves de la mediación electrónica, op. cit.,* pág. 71; y BARRERA ORELLANA, F., «Traditional mediation versus e-mediation: does online technology have a negative impact in the effectiveness of mediation?», *op. cit.,* pág. 40.

118. SCHULTZ, T., y otros, «Electronic Communication Issues Related to Online Dispute Resolution Systems», *op. cit.,* pág. 11.

119. BLAKE, S., BROWNE, J. y SIME, S., *A Practical Approach to Alternative Dispute Resolution, op. cit.,* pág. 14.

dad de dichas normas y la dificultad de aplicarlas[120], tal y como se podrá comprobar en los ejemplos más adelante analizados. En la medida en que la protección de las partes no es la prioridad en la autorregulación, la calidad de los procedimientos extrajudiciales puede ser inferior en lo referente a los principios básicos del debido proceso, incluyendo la transparencia o la independencia[121].

V] Dificultades de financiación[122]. El coste económico de desarrollar procedimientos de ODR puede llegar a ser elevado —debido al desarrollo y mantenimiento de la tecnología— y difícil de financiar. En este sentido, resulta oportuno aclarar que la financiación puede provenir de distintas fuentes, tanto públicas [p. ej. subvenciones] como privadas [p. ej. pago de los usuarios o publicidad]. Pese a que sería preferible optar por una financiación pública para evitar poner en peligro la imparcialidad del órgano de resolución y el bajo coste del uso de ODR para los usuarios, este tipo de financiación no siempre es posible ni satisfactoria [p. ej. ECODIR tenía financiación pública y fracasó porque se desconocía su existencia].

VI] Compleja ejecución forzosa de las resoluciones en caso de incumplimiento[123]. Puede ocurrir que, después de haber seguido un sencillo procedimiento de ODR, una parte incumpla con el acuerdo, siendo la única forma de ejecutarlo acudir a los órganos judiciales, con lo que se desvanecen las ventajas derivadas de acudir a un ODR[124]. Aunque este problema también se suscitaría si la solución inicial fuera judicial, es más acusado en los ODR, puesto que sus disputas [casi] siempre tienen un carácter transfronterizo[125].

VII] Falta de concienciación y de información sobre los medios de solución extrajudicial. El motivo principal que explica que las partes no recurran de forma frecuente a mecanismos de ADR u ODR para la solución de sus controversias se debe a que no entienden su funcionamiento[126] ni conocen su

---

120   CLARK, E., GEORGE, C., y HOYLE, A., «Online Dispute Resolution: Present Realities, Pressing Problems and Future Prospects», en *International Review of Law, Computers & Technology*, vol. 17, núm. 1, 2003, pág. 18.

121.   GARCÍA ÁLVARO, J.A., «Online Dispute Resolution Uncharted Territory», *op. cit.,* pág. 8.

122.   CORTÉS, P., «Online dispute resolution for consumers», *op. cit.,* págs. 144 y ss.

123.   COLÓN-FUNG, I., «Protecting the New Face of Entrepreneurship: Online Appropriate Dispute Resolution and International Consumer-to-Consumer Online Transactions», en *Fordham Journal of Corporate and Financial Law*, vol. 12, núm. 1, 2007, págs. 250-251. También en este sentido, CORTÉS, P., «Accredited online dispute resolution services: creating European legal standards for ensuring fair and effective processes», en *Information & communications technology law*, vol. 17, núm. 3, 2008, pág. 223.

124.   Ahora bien, hay que reconocer que los acuerdos son respetados y los laudos arbitrales cumplidos en mayor proporción que las sentencias.

125.   KAUFFMAN-KOHLER, G. y SCHULTZ, T., *Online Dispute Resolution: Challenges for Contemporary Justice, op. cit.,* págs. 210-211.

126.   VAN ARSDALE, S., «User Protections in Online Dispute Resolution», *op. cit.,* pág. 126.

existencia[127], que tampoco suele ser apuntada cuando aquellas cuentan con asesoramiento legal.

VIII] Falta de confianza en los ODR. En relación con lo anterior, ciertos países europeos —especialmente los mediterráneos—, cuentan con una marcada cultura del litigio. Por consiguiente, con carácter general sus ciudadanos desconfían de los procedimientos de ADR y ODR[128], y se muestran reticentes a participar en ellos, llegando incluso a ser calificados como cauces «de segunda mano»[129].

23. Una vez expuestas las ventajas y desventajas más ilustrativas de la solución extrajudicial frente a una de carácter judicial, debe puntualizarse que los inconvenientes no son tan sólidos como parecen, puesto que, en su mayoría se deben a la falta de desarrollo de la tecnología y de estándares nacionales e internacionales en materia de ODR[130]. Por lo tanto, sin dejar de lado esas desventajas, la doctrina coincide en que tan solo es cuestión de tiempo superarlas[131], destacando la bondad de los medios de solución extrajudicial en línea frente a los procesos judiciales.

1.4. La idoneidad de los ODR para resolver disputas transfronterizas del entorno digital

24. La rapidez, flexibilidad, bajo coste, simplicidad y el resto de las ventajas previamente mencionadas sobre los medios de solución extrajudicial en línea frente a los procedimientos judiciales, conducen a que pueda resultar más atractivo resolver disputas acudiendo a aquellos que a estos. Sin embargo, ello no implica que los ODR puedan ni deban utilizarse para poner fin a cualquier tipo de conflicto, sino tan solo a aquellos en que su uso resulte posible y más oportuno que el recurso a otras vías de tutela como los tribunales. Un tipo de disputas donde se verifican estas dos condiciones de posibilidad y de oportunidad son las surgidas en el entorno en línea, para las que la solución extrajudicial es notoriamente más ventajosa que la judicial, y más aún cuando cuentan con una naturaleza internacional.

---

127. GOLDBERG, S. B., *Dispute Resolution: Negotiation, Mediation and Other Processes, op. cit.,* pág. 592.

128. En este sentido es muy ilustrativo PAPPAS, al admitir que *«It is often hard to teach "old dogs" new tricks, and some disputes may even be harmed by moving them online».* PAPPAS, B. A., «ONLINE COURT: Online Dispute Resolution and the Future of Small Claims», en *UCLA Journal of Law & Technology,* vol. 12, núm. 2, 2008, pág. 7.

129. BARONA VILAR, S., *Nociones y principios de las ADR. Solución extrajurisdiccional de conflictos, op. cit.,* pág. 58.

130. Al respecto, BLAKE, S., BROWNE, J. y SIME, S., *A Practical Approach to Alternative Dispute Resolution op. cit.*, pág. 76.

131. SHAH, A., «Using ADR to Resolve Online Disputes», *op. cit.,* pág. 15.

25. En cuanto a la posibilidad, resulta apremiante recordar que los ODR, en su calidad de medios de solución extrajudicial de litigios, únicamente pueden emplearse para resolver disputas pertenecientes a materias de libre disposición, las cuales, si bien constituyen un concepto jurídico indeterminado, incluyen todo el Derecho privado[132]. Al respecto, en líneas generales los conflictos más frecuentes que se suscitan en el contexto digital pueden incardinarse en dicha categoría, toda vez que se derivan de los desacuerdos entre las partes participantes en el comercio electrónico, pudiendo merecer un carácter tanto contractual como extracontractual[133].

26. Por otra parte, se pueden esgrimir diversas razones que, además de posible, justifican que sea especialmente ventajoso y apropiado acudir a los medios de solución extrajudicial en línea para resolver las disputas surgidas en el entorno digital.

En primer lugar, los ODR ofrecen la posibilidad de poner fin a los conflictos de forma rápida, adaptándose a la acusada celeridad con que funciona el mercado en línea y surgen en él los conflictos. En este contexto, resultan necesarios medios rápidos y eficaces de solución de conflictos, en especial, tras la complejidad que a estos ha añadido el ascenso de las grandes plataformas en línea y su actuación global[134]. En cambio, los procedimientos judiciales han adquirido una duración desmedida por la sobrecarga derivada del aumento de la conflictividad social[135]. En este sentido, el tiempo en que los tribunales tardan en ofrecer una solución en primera instancia en litigios civiles y mercantiles se estima, dependiendo del país, entre los 100 y los 700 días, superando la media de 200 días en doce países de la UE[136]. En contraposición, la duración de los procedimientos extrajudiciales es por lo general más breve [p. ej. en el art. 21 del Reglamento de Servicios Digitales se consigna que la solución extrajudicial debe dictarse en un máximo de 90 días].

En segundo lugar, los ODR otorgan a las partes la posibilidad de resolver la disputa de la misma manera que ha surgido, esto es, en línea[137]. Tal vez sea este

132. Vilalta Nicuesa, A.E., «Resolución electrónica de conflictos», *op. cit.,* págs. 408-409.

133. Para más detalle sobre los tipos de conflictos, véase Zhao, Y., *Dispute Resolution in Electronic Commerce*, Martinus Nijhoff Publishers, Leiden, págs. 26-30.

134. Esplugues Mota, C.: «Consumo, consumidor, derecho del consumo... Nuevos retos ¿nuevas respuestas?», en *Derecho del consumo y protección del consumidor sustentable en la sociedad digital del siglo XXI*, obra colectiva, editora Barona Vilar, S., Universidad Autónoma de Chile, Chile, 2023, pág. 62.

135. Barona Vilar, S., *Nociones y principios de las ADR. Solución extrajurisdiccional de conflictos, op. cit.*, pág. 21.

136. Comisión Europea, «Consumer Conditions Scoreboard», 2023. Versión en línea disponible en: https://commission.europa.eu/system/files/2023-10/consumer_conditions_scoreboard_2023_v1.1.pdf, último acceso el 12 de septiembre de 2024, pág. 25.

137. Martínez Rodríguez, N., «Un paso adelante en la protección del consumidor en el comercio electrónico: la resolución de litigios en línea», en *Revista Doctrinal Aranzadi Civil-Mercantil,* núm. 1, Pamplona, 2018, versión en línea.

el argumento que explica con mayor contundencia la adecuación de los medios de solución extrajudicial en línea para solucionar conflictos de internet, toda vez que en ellos las partes suelen encontrarse a cierta distancia —normalmente en jurisdicciones distintas—, resultándoles más cómoda y sencilla la resolución de la disputa en línea, dado que evita la necesidad de desplazamientos. A mayor abundamiento, el empleo de las tecnologías permite a las partes sortear los problemas derivados de las diferencias lingüísticas gracias al empleo de herramientas tecnológicas que favorecen rápidas traducciones, al igual que les facilita la subida de documentos electrónicos a la plataforma de ODR[138].

En tercer lugar, como se ha subrayado desde un inicio, las controversias nacidas en internet cuentan habitualmente con un carácter transfronterizo, encontrándose relacionadas con más de un ordenamiento jurídico. En estos supuestos, en caso de que fueran los órganos judiciales los encargados de solucionar la disputa, deberían enfrentarse a diferentes cuestiones internacional-privatistas relacionadas con la competencia judicial internacional, ley aplicable o los regímenes de notificación y de reconocimiento y ejecución, cuya resolución añadiría dificultad y lentitud al proceso judicial[139]. A la inversa, los ODR serían capaces de poner fin al conflicto sin necesidad de dar respuesta a dichos problemas *iusprivatistas*.

Por último, los conflictos derivados del ámbito digital involucran en la mayoría de los supuestos a consumidores, para los cuales el recurso a los medios de solución extrajudicial de controversias cobra especial utilidad. Y es que, los litigios de consumo suelen caracterizarse por un escaso valor económico, que contrasta con los elevados costes requeridos para asistir al proceso judicial, en especial, si el conflicto cuenta con carácter transfronterizo[140]. En este sentido, la desproporción del coste derivado de resolver las controversias ante los tribunales ordinarios, junto con la complejidad de sus

---

138. Por el contrario, los métodos adjudicativos resultan especialmente útiles cuando existe un desequilibrio patente en detrimento de una de las partes a la que conviene proteger, cuando las partes son incapaces de llegar a un acuerdo, o cuando sea necesario revisar las decisiones. Así, CORTÉS, P., «Developing Online Dispute Resolution for Consumers in the EU: A proposal for the Regulation of Accredited Providers», en *International Journal of Law and Information Technology*, vol. 19, núm. 1, 2010, pág. 18.

139. *Vid.* HÖRNLE, J., *Cross-Border Internet Dispute Resolution*, *op. cit.,* pág. 44.

140. Para más detalle sobre los costes, véase GAWITH, D., «Litigation for International Online Consumer Transactions is not Cost Effective – A case for reform?», en *eLaw Journal: Murdoch University Electronic Journal of Law,* vol. 14, núm. 1, 2007, págs. 196-244. También consúltese COMISIÓN EUROPEA, «Study on the Transparency of Costs of Civil Judicial Proceedings in the European Union», 2007. Versión en línea disponible en: https://e-justice.europa.eu/content_costs_of_proceedings-37-en.do, último acceso el 12 de septiembre de 2024, págs. 50 y ss. Este informe realiza un análisis muy detallado de los costes de acudir a los órganos judiciales en todos los Estados miembros. El estudio sintetiza en cinco las principales fuentes de coste derivadas de resolver judicialmente los litigios: tasas judiciales, honorarios de los abogados, honorarios de peritos, costes derivados de ejecutar la sentencia y gastos de traducción cuando el litigio es transfronterizo.

procedimientos, desincentiva a los consumidores a acudir a los tribunales para resolver las disputas en las que estos se ven envueltos[141]. En esta tesitura, los medios de solución extrajudicial se alzan como una vía capaz de tutelar de forma efectiva, económica y rápida sus derechos.

27. En conclusión, el empleo de medios de solución extrajudicial en línea en la resolución de controversias derivadas del ámbito digital no solo resulta posible sino sobre todo idóneo, habida cuenta de que, a diferencia de los procesos judiciales, se adaptan a la celeridad y agilidad que demanda el cambiante entorno en línea, así como a su carácter transfronterizo y al bajo coste y simplicidad que caracterizan a la mayoría de sus disputas. No en vano, por tanto, ciertas voces doctrinales han hablado de una correlación simbiótica entre los ODR y el comercio electrónico[142].

28. Todo lo anterior ha conducido al legislador europeo a considerar que los medios de solución extrajudicial en línea son imprescindibles para conseguir un comercio electrónico fiable, considerando que constituyen el *«heart of a trustworthy online shopping environment»*[143]. Por este motivo, tal y como a continuación se detallará, en las últimas décadas el legislador de la UE ha trabajado de forma decidida en el desarrollo de mecanismos extrajudiciales con la finalidad de mejorar la confianza de los consumidores y usuarios en el mercado interior e incrementar sus transacciones transfronterizas, especialmente en línea, fortaleciendo el mercado único digital.

2. La regulación europea de los ODR para la solución de conflictos privados transfronterizos: origen, evolución y situación actual

29. El legislador europeo ha sido consciente desde finales del siglo pasado de que los medios de solución extrajudicial en línea, en comparación con el recurso a los órganos judiciales, resultan ventajosos para resolver las disputas privadas transfronterizas derivadas del comercio electrónico. Y ello, no

---

141. Por el contrario, los empresarios no necesariamente huyen de los tribunales, dado que además de imponer unilateralmente en los términos y condiciones contractuales el lugar y la ley conforme a la que se resolverá el litigio, el resultado del litigio no es tan crítico para él, quien ya cuenta con experiencia en disputas similares *[repeat player vs. One-shotter]*. Véase en este sentido HÖRNLE, J., *Cross-Border Internet Dispute Resolution*, op. cit., pág. 31 y GALANTER, M., «Why the "Haves" Come out Ahead: Speculations on the Limits of Legal Change», *op. cit.*, pág. 97.

142. WAHAN, M., «Globalisation and ODR: Dynamics of Change in E-Commerce Dispute Settlement», en *International Journal of Law and Information Technology*, vol. 12, núm. 1, 2004, pág. 126.

143. E-COMMERCE EUROPE, «Cross-border ADR roundtable discussion», 2022. Versión en línea accesible en: https://commission.europa.eu/system/files/2022-08/digitalisation_in_cross-border_adr.pdf, último acceso el 12 de septiembre de 2024, pág. 1.

solo por su capacidad de tener en cuenta los intereses de las partes involucradas, sino igualmente porque sus características les permiten adaptarse a la celeridad y a la agilidad que demanda el cambiante entorno digital, así como al bajo coste y simplicidad que necesitan los consumidores y usuarios digitales. En consonancia con ello, la Unión Europea ha impulsado el recurso a los medios de solución extrajudicial de controversias —también en línea— para incrementar la confianza en el mercado interior y, por extensión, el número de transacciones transfronterizas.

30. La regulación europea relativa a los mecanismos extrajudiciales ha sido progresiva, pudiéndose dividir en dos etapas: en la primera, las normas se limitaban a fomentar el uso de los ADR-ODRs, mientras que en la segunda ya comenzaron a instaurarlos y a exigir su desarrollo a nivel europeo. Dentro de esta segunda etapa, que suscita mayor atención por ser la actual, se pueden diferenciar, a su vez, dos tipos de normas: las que se dirigen a abordar en exclusiva medios de solución extrajudicial [principalmente, la Directiva 2008/52 y la Directiva 2013/11 y Reglamento 524/2013], y aquellas otras que proporcionan una regulación sustantiva de ámbitos o sectores concretos y dentro de su articulado incorporan uno o dos preceptos que instauran medios de solución extrajudicial específicos para la materia que les ocupa.

De hecho, un ejemplo de este último tipo de normas lo constituyen las nuevas leyes digitales europeas[144], de las cuales el Reglamento de Servicios Digitales es un ejemplo. Se trata de normas que, ante la necesidad de reforzar la seguridad del entorno en línea en la recién bautizada como «economía de las plataformas»[145], han incorporado medios de solución extrajudicial en línea con el fin de proteger al usuario digital, facilitando así la solución de [ciertos] conflictos transfronterizos online.

31. En el marco de la segunda etapa antes referida, en este apartado se pretende abordar el primer tipo de normas —es decir, la Directiva 2008/52 y la Directiva 2013/11 y Reglamento 524/2013—, no para realizar un análisis exhaustivo de las mismas —lo cual resultaría superfluo dada la extensa doctrina que se puede encontrar al respecto—, sino para poner de relieve que estos instrumentos, a pesar de que incluyen en su ámbito de aplicación conflictos también surgidos en línea[146], no están adaptadas al mercado digital. Y ello, precisamente, ha provocado la incorporación en las leyes digitales europeas de medios de solución extrajudicial en línea, los cuales serán objeto de análisis en el siguiente apartado.

---

144. López-Tarruella Martínez, A., «El futuro Reglamento de Inteligencia Artificial y las relaciones con terceros estados», en *Revista electrónica de Estudios Internacionales*, núm. 45, 2023, pág. 3.

145. Rodríguez de las Heras Ballell, T, «The background of the Digital Services Act: looking towards a platform economy», en *Era Forum*, núm. 22, 2021, pág. 77.

146. De hecho, esta convergencia puede dar lugar a solapamientos que serán objeto de análisis y coordinación al final del estudio.

2.1. El origen de los ODR en el contexto de la UE: la tutela transfronteriza del consumidor

32. El objetivo principal de la UE —antes Comunidad Económica Europea— ha sido y es garantizar el buen funcionamiento del mercado interior [art. 26 TFUE]. Sin embargo, a partir de los años 70 del siglo pasado, la UE comenzó a cerciorarse de que los consumidores realizaban relativamente pocas transacciones transfronterizas [intracomunitarias]. Así lo manifestó la UE en el «Programa preliminar de la Comunidad Económica Europea para una política de protección e información de los consumidores»[147], y en muchas otras resoluciones que le siguieron[148]. Según ellas, el reducido número de transacciones se explicaba por la desconfianza de los consumidores hacia el mercado único.

33. Consciente de que «sin consumidores, simplemente no hay mercado»[149], la UE necesitaba incrementar la confianza de estos en el mercado interior[150]. Por este motivo, comenzó a promulgar legislación protectora del consumidor, confiriéndole un «estatus específico» que se inició con el Programa preliminar de 1975 antes citado[151].

34. La protección del consumidor se confeccionó haciendo uso de una doble vía. Por una parte, el legislador comunitario pretendía asegurar derechos sustantivos mínimos a los consumidores[152], especialmente en aquellas

---

147. Resolución del Consejo, de 14 de abril de 1975, relativa a un programa preliminar de la Comunidad Económica Europea para una política de protección e información de los consumidores, *DO núm. C 092 de 25 de abril de 1975.*

148. Resoluciones del Consejo de 19 de marzo de 1981 *[DO núm. C 133 de 03 de junio de 1981]*, de 23 de junio de 1986 *[DO núm. C 167 de 05 de julio de 1986]*, de 25 de junio de 1987 *[DO núm. C 176 de 04 de julio de 87]*, de 9 de noviembre de 1989 *[DO núm. C 294 de 22 de noviembre de 1989]*, y de 7 de diciembre de 1992 *[DO núm. C 334 de 18 de diciembre de 1992]*. También las Comunicaciones de la Comisión Europea, de 4 de enero de 1985 [COM [84] 692 final], de 7 de mayo de 1987 [COM [87] 210 final] y de 10 de marzo de 1992.

149. ESCAJEDO SAN EPIFANIO, L., «La base jurídico-constitucional de la protección de los consumidores en la UE», en *Revista de Derecho Político*, núm. 70, 2007, pág. 226.

150. Un sector doctrinal considera que hasta principios del s. XXI la UE enfatizaba los ADR para facilitar el acceso de los consumidores a la justicia [movimiento consumerista], mientras que entrado el s. XXI, el fin principal de la promoción de los ADR era fomentar la confianza de los consumidores en el mercado interior. En este sentido, CATALÁN CHAMORRO, M. J., «El derecho a la información de las ADR de consumo tras el caso c-380/19», en *Cuadernos de Derecho Transnacional*, vol. 13, núm 1, 2021, pág. 818. PALAO MORENO también confirma que la UE protege al consumidor para fomentar con ello la cohesión económica y social de la UE. PALAO MORENO, G., «Mercado único y consumidores», en *GPS Consumo*, obra colectiva, coordinador PAJÍN ECHEVARRÍA, P., 6.ª ed., Tirant lo Blanch, Valencia, 2023, pág. 33.

151. ESCAJEDO SAN EPIFANIO, L., «La base jurídico-constitucional de la protección de los consumidores en la UE», *op. cit.,* pág. 2.

152. Sin ánimo de detenerse en esta cuestión, que ha sido tratada de forma extensa por la doctrina, sí es necesario apuntar que la definición de *consumidor* que ha barajado la UE en

situaciones específicas en las que requerían de una protección especial[153]. Por otra parte, de nada servía garantizar derechos a los consumidores si estos no contaban con medios eficaces y adecuados para hacerlos valer. Y es que, aunque tenían la puerta abierta a los procesos judiciales, ya hubo ocasión de demostrar que estos no constituyen los medios más apropiados para resolver las controversias caracterizadas por un escaso valor económico como son las de consumo.

35. Consciente de la necesidad de ofrecer vías de solución más rápidas y sencillas al consumidor, en especial en sus relaciones transfronterizas, el legislador comunitario se planteó en los años 80-90 la posibilidad de mejorar

---

los distintos instrumentos no ha sido uniforme. La razón es que las normas europeas dictadas en materia de consumo no son consecuencia de una aproximación general sino de estrategias sectoriales, que han desembocado en definiciones de consumidor distintas. A pesar de ello, parece que la definición más seguida de consumidor ha sido la adoptada por la Directiva 85/577/CEE del Consejo y la Directiva 97/7/CE del Parlamento Europeo y del Consejo, *DO núm. L 304, de 22 de noviembre de 2011*, que posteriormente fue replicada por otros instrumentos legales, y que caracteriza al consumidor con dos notas esenciales: debe ser una persona física que actúe con una finalidad ajena a la de su ámbito empresarial. Contribuciones que abordan de forma excelente esta cuestión son algunas como: PALAO MORENO, G., «La protección de los consumidores en el ámbito comunitario europeo», en *Derecho de consumo*, obra colectiva, coordinadora REYES LÓPEZ, M.J., Tirant lo Blanch, Valencia, 2002, pág. 47; REYES LÓPEZ, M.J., «Noción de consumidor y usuario», en *GPS Consumo*, obra colectiva, coordinador PAJÍN ECHEVARRÍA, P., 6.ª ed., Tirant lo Blanch, Valencia, 2023, págs. 81-108; ESPLUGUES MOTA, C., «Consumo, consumidor, derecho del consumo... Nuevos retos ¿nuevas respuestas?», *op. cit.,* pág. 57, y ARGUELICH COMELLES, C., «Del consumidor vulnerable de la Ley 4/2022 y el derecho europeo de consumo al «consumidor vulnerable digital» y su protección», págs. 1-11, 2022, versión en línea disponible en https://papers.ssrn.com/sol3/papers.cfm?abstract_id=4434578, último acceso el 12 de septiembre de 2024.

153. ESCAJEDO SAN EPIFANIO, L., «La base jurídico-constitucional de la protección de los consumidores en la UE», *op. cit.,* págs. 4-6. La UE no concibió al consumidor como *débil* de forma estructural, sino coyuntural, de modo que decidió tan solo intervenir legislativamente para protegerlo en situaciones concretas y permitir que se beneficiara de la autorregulación del mercado en el resto de los supuestos. De esta manera, la legislación comunitaria se centró en un primer momento en proteger al consumidor en el ámbito de la publicidad engañosa [Directiva 84/450/CEE del Consejo, de 10 de septiembre de 1984, relativa a la aproximación de las disposiciones legales, reglamentarias y administrativas de los Estados Miembros en materia de publicidad engañosa. *[DO núm. L 250 de 19 de septiembre de 1984]*, de las cláusulas abusivas [Directiva 93/13/CEE del Consejo, de 5 de abril de 1993, sobre las cláusulas abusivas en los contratos celebrados con consumidores. *DO núm. L 95 de 21 de abril de 1993]*, de los contratos negociados fuera de los establecimientos comerciales [Directiva 85/577/CEE del Consejo, de 20 de diciembre de 1985, referente a la protección de los consumidores en el caso de contratos negociados fuera de los establecimientos comerciales. *DO núm. L 372 de 31 de diciembre de 1985]* o del comercio electrónico [Directiva 2000/31/CE del Parlamento Europeo y del Consejo, de 8 de junio de 2000, relativa a determinados aspectos jurídicos de los servicios de la sociedad de la información, en particular el comercio electrónico en el mercado interior [Directiva sobre el comercio electrónico]. *DO núm. L 178 de 17 de julio de 2000]*, entre muchos otros.

los cauces de tutela del consumidor ya existentes [judiciales] y de incorporar otros nuevos [extrajudiciales][154].

i] Por una parte, en lo relativo a la tutela judicial, pronto surgieron debates sobre la necesidad de crear instrumentos de protección individual que redujeran la complejidad de las reclamaciones en materia de deudas no impugnadas[155], de litigios de escasa cuantía[156], y más tarde, de cualquier litigio transfronterizo en materia de consumo[157]. Al mismo tiempo, se consideró conveniente crear mecanismos de tutela colectivos que permitieran aunar los esfuerzos de distintos consumidores afectados[158].

---

154. DE LUCCHI LÓPEZ-TAPIA, Y., «Armonización europea de la tutela colectiva de personas consumidoras y usuarias: la proyectada transposición al ordenamiento jurídico español de la Directiva [UE] 2020/1828 sobre acciones de representación», en *Últimos avances en el camino hacia un Derecho procesal civil de la Unión Europea*, obra colectiva, coordinadora ROMERO PRADAS, M.I., Tirant lo Blanch, Valencia, 2024, págs. 146-147.

155. Ya la Recomendación del Consejo de Europa núm. R [81] 7, de 14 de mayo de 1981, sobre medios que faciliten el acceso a la justicia, aludía a la necesidad de adoptar disposiciones en esta materia. Posteriormente, destacó la Comunicación de la Comisión, de 20 de diciembre de 1992, Libro Verde sobre el proceso monitorio europeo y las medidas para simplificar y acelerar los litigios de escasa cuantía, COM [2002] 746 final, que abogaba por crear un proceso monitorio europeo para facilitar la reclamación de deudas líquidas, exigibles y no impugnadas, el cual culminó en el Reglamento [UE] 1896/2006 del Parlamento Europeo y del Consejo, de 12 de diciembre de 2006, por el que se establece un proceso monitorio europeo, *DO núm. L 339, de 30 de diciembre de 2006*, surgido para facilitar la tutela transfronteriza del crédito. Para más información sobre el proceso monitorio europeo, consúltese ORTEGA GIMÉNEZ, A., *El procedimiento monitorio europeo y el de escasa cuantía europeo*, Tirant lo Blanch, Valencia, 2022, págs. 79 y ss.

156. Por primera vez en la UE, el Consejo Europeo de Tampere de octubre de 1999 puso de manifiesto la necesidad de «instaurar normas especiales de procedimiento comunes para la tramitación simplificada y acelerada de litigios transfronterizos relativos a demandas de consumidores o de índole mercantil de menor cuantía» [conclusión 30]. Este fragmento fue el germen del posterior Reglamento [CE] 861/2007 del Parlamento Europeo y del Consejo, de 11 de julio de 2007, por el que se establece un proceso europeo de escasa cuantía, *DO núm. L 199, de 31 de julio de 2007*, posteriormente modificado por el Reglamento [UE] 2015/2421 del Parlamento Europeo y del Consejo, de 16 de diciembre de 2015, por el que se modifican el Reglamento [CE] nº 861/2007 por el que se establece un proceso europeo de escasa cuantía, y el Reglamento [CE] nº 1896/2006 por el que se establece un proceso monitorio europeo, *DO núm. L 341, de 24 de diciembre de 2015*. Para saber más sobre el proceso de escasa cuantía y sus modificaciones, véase BELTRÁN MONTOLIU, A., *Proceso europeo de escasa cuantía: El derecho procesal de la Unión Europea*, Tirant lo Blanch, Valencia, 2022.

157. Es el caso, por ejemplo, de los arts. 17 a 19 del Reglamento [UE] 1215/2012 del Parlamento Europeo y del Consejo, de 12 de diciembre de 2012, relativo a la competencia judicial, el reconocimiento y la ejecución de resoluciones judiciales en materia civil y mercantil, *DO núm. L 351, de 20 de diciembre de 2012*.

158. En el Libro Verde de 1993 ya aparecen referencias que aludían a la necesidad de actuar a nivel comunitario en el ámbito de las acciones colectivas. Poco después, se aprobó la primera Directiva en este ámbito, esto es, la Directiva 98/27/CEE del Parlamento Europeo y del Consejo de 19 de mayo de 1998 relativa a las acciones de cesación en materia de

ii] Por otra parte, y de forma paralela, los medios extrajudiciales de solución de conflictos comenzaron a tomar protagonismo en las propuestas comunitarias de los años 80. Asimismo, de forma más reciente se han intentado impulsar los mecanismos de tutela extrajudiciales colectivos[159].

36. De los dos grupos de cauces de tutela disponibles para el consumidor, el extrajudicial es el que desde su origen ha devenido más idóneo para resolver disputas transfronterizas del mercado interior, precisamente por las ventajas que ya se expusieron con respecto a los procesos judiciales. Por el contrario, y pese a los esfuerzos legislativos desarrollados en el seno de la UE, ni la normativa europea en materia de acciones colectivas[160], ni el proceso

---

protección de los intereses de los consumidores, *DO núm. L 166 de 11 de junio de 1998*, que fue seguida por la Directiva 2009/22/CE del Parlamento Europeo y del Consejo, de 23 de abril de 2009, relativa a las acciones de cesación en materia de protección de los intereses de los consumidores, *DO núm. L 110, de 1 de mayo de 2009*, la cual ha sido derogada por la reciente Directiva [UE] 2020/1828 del Parlamento Europeo y del Consejo de 25 de noviembre de 2020 relativa a las acciones de representación para la protección de los intereses colectivos de los consumidores, y por la que se deroga la Directiva 2009/22/CE, *DO núm. L 409 de 4 de diciembre de 2020*. Para más información sobre la evolución de las acciones colectivas en el contexto europeo, véase PLANCHADELL GARGALLO, A., «*Collective Redress:* acceso a la justicia y representación de los miembros del grupo», en *Revista de la Asociación de profesores de Derecho Procesal de las universidades españolas*, núm. 5, 2022, págs. 273-306, y FERNÁNDEZ MASIÁ, E., «Protección de los intereses colectivos de los consumidores y actividades ilícitas transfronterizas en la Unión Europea», en *Estudios sobre consumo*, núm. 56, 2001, págs. 9-26.

159. Con la aprobación de la Directiva 2009/22/CE de 23 de abril de 2009 relativa a las acciones de cesación en materia de protección de los consumidores, la UE intentó promover el uso de los ADR colectivos en sus cdos. 14 y 15. En el mismo sentido, la Recomendación de la Comisión 2013/396/UE, de 11 de junio de 2013 sobre los principios comunes aplicables a los mecanismos de recurso colectivo de cesación o de indemnización en los Estados miembros en caso de violación de los derechos reconocidos por el Derecho de la Unión, *DO núm. L 201 de 26 de julio de 2013*, establece en su considerando 16 que «Los procedimientos alternativos de solución de conflictos pueden ser un medio eficaz para obtener reparación en caso de daños masivos. Deberían estar siempre disponibles junto con el recurso judicial colectivo, o como elemento facultativo de este». Sin embargo, más allá de lo anterior, no existen normas a nivel europeo que regulen el uso de medios de solución extrajudicial en reclamaciones colectivas. Aun así, se argumenta que ello no impide que los mecanismos que regulan las normas europeas en materia de ADR para reclamaciones individuales se puedan aplicar *mutatis mutandi* a las demandas colectivas. Así, MONTESINOS GARCÍA, A., *Las acciones colectivas en el marco de un arbitraje*, Tirant lo Blanch, Valencia, 2019, págs. 29-33. De todos modos, ello no quita que existan voces doctrinales que estén solicitando la adopción de medidas legislativas en esta materia. Por ejemplo, es el caso de CATALÁN CHAMORRO, M.J., «El ODR de consumo colectivo: una herramienta de futuro», en *La tutela de los derechos e intereses colectivos en la justicia del siglo XXI,* obra colectiva, directora MONTESINOS GARCÍA, A., Tirant lo Blanch, Valencia, 2020, págs. 285-302.

160. Pese a los esfuerzos legislativos europeos, la normativa europea en materia de acciones colectivas no ha funcionado conforme a lo esperado. Prueba de este fracaso es la reciente aprobación de la Directiva 2020/1828, dirigida a «reforzar los mecanismos procesales de protección de los intereses colectivos de los consumidores» derogando la Directiva precedente de 2009 [cdo. 5]. PLANCHADELL GARGALLO concreta algunos de los motivos del redu-

europeo de escasa cuantía[161] han funcionado conforme a lo esperado[162]. En medio de este panorama, la doctrina ha admitido que los ADR-ODR, con todos sus beneficios, han contado con un desarrollo más intenso, cobrando una fuerza especial como medio de tutela del consumidor[163].

2.2. Del fomento al desarrollo de los ADR-ODR

37. La UE lanzó un proceso público de consulta a través del Libro Verde de 1993[164], que planteaba la posibilidad de desarrollar medios extrajudiciales de litigios inspirándose en las experiencias previas de los Estados miembros[165].

---

cido éxito, entre los cuales destacan los estrictos requisitos de admisibilidad, la complejidad de los procesos civiles, la duración del proceso y la falta de financiación o de cultura ciudadana al respecto, entre otros. PLANCHADELL GARGALLO, A., *Las acciones colectivas en el ordenamiento jurídico español: un estudio comparado*, Tirant lo Blanch, Valencia, 2014, pág. 484.

161. Tampoco el proceso europeo de escasa cuantía, cuyo principal objetivo era facilitar el acceso de los consumidores a la justicia en asuntos transfronterizos de escasa cuantía, ha triunfado demasiado. MARCHAL ESCALONA achaca el desastre al carácter oneroso y engorroso del proceso, y BELTRÁN MONTOLIU a la falta de conocimiento del proceso por parte de los operadores implicados. Véase, MARCHAL ESCALONA, N., «Las relaciones entre las entidades RAL de consumo y los sistemas judiciales en las reclamaciones transfronterizas: especial referencia al proceso europeo de escasa cuantía», en *La resolución de conflictos de consumo: la adaptación del derecho español al marco europeo de resolución alternativa [ADR] y en línea [ODR]*, obra colectiva, director ESTEBAN DE LA ROSA, F. y coordinador OLARIU, O., Thomson Reuters Aranzadi, Cizur Menor [Navarra], 2018, versión en línea, y BELTRÁN MONTOLIU, A., *Proceso europeo de escasa cuantía: el derecho procesal de la Unión Europea, op. cit.*, págs. 38-39 y 170.

162. Aunque el proceso monitorio europeo parece haber tenido más éxito que los anteriores, este solo abarca los litigios relativos a deudas pecuniarias y no al resto, de modo que la tutela que ofrecen al consumidor resulta incompleta.

163. PLANCHADELL GARGALLO, A., *Las acciones colectivas en el ordenamiento jurídico español: un estudio comparado, op. cit.*, pág. 490 y MORENO CORDERO, G., «La tutela alternativa en los conflictos colectivos de consumo: directrices del derecho europeo y orientaciones para un nuevo modelo en el sistema español», en *La resolución de conflictos de consumo: la adaptación del derecho español al marco europeo de resolución alternativa [ADR] y en línea [ODR]*, obra colectiva, director ESTEBAN DE LA ROSA, F. y coordinador OLARIU, O., Thomson Reuters Aranzadi, Cizur Menor [Navarra], 2018, versión en línea. En el mismo sentido véase PALAO MORENO, G., «Stress-Testing EU Law in the Field of Consumer Redress», en *EU Law after the Financial Crisis*, obra colectiva, editores SCHMIDT, J., ESPLUGUES, C. y ARENAS, R., Intersentia, Cambridge, 2016, págs. 133-146.

164. Comunicación de la Comisión, de 16 de noviembre de 1993, relativa al Libro Verde sobre acceso de los consumidores a la justicia y solución de litigios en materia de consumo en el mercado único, COM [93] 576 final.

165. Países como Dinamarca, Suecia, Finlandia o Países Bajos empezaron a instaurar medios de solución extrajudicial de litigios en los años 70. En España, hubo que esperar a 1993, año en el que se creó el Sistema Arbitral de Consumo. Además, es destacable que acompañaron estos medios con el desarrollo de procedimientos judiciales simplificados para asuntos con valor inferior a determinada cuantía.

El resultado de la consulta se plasmó en el Plan de Acción de 1996[166], desde el cual la UE se marcó como objetivo el impulso de los ADR para facilitar el acceso de los consumidores a la justicia e incrementar su confianza en el mercado interior. Un impulso cuya necesidad también fue destacada posteriormente en el Consejo Europeo de Tampere de 1999[167] y, en materia de medios de solución extrajudicial en línea, en el Consejo Europeo de Lisboa, de 23 y 24 de marzo del 2000[168], el Consejo Europeo de Santa María da Feira de junio del 2000[169], la Comunicación de la Comisión 161/2001[170] — que por primera vez trajo a colación el término «ODR»— y el Libro Verde de 2002[171].

En un primer momento, la falta de competencias legislativas al respecto[172] provocó que el legislador comunitario no pudiera abordar los ADR-ODR más que por medio de instrumentos que se limitaban a fomentar el uso de los mecanismos extrajudiciales regulados a nivel nacional. Una vez adquiridas las competencias correspondientes, tal y como se expondrá a continuación, se aprobaron instrumentos dirigidos a imponer y desarrollar medios de ADR y ODR a nivel europeo. Por tanto, el nuevo título competencial en la materia supuso un antes [fomento] y un después [desarrollo] en la regulación europea de los medios extrajudiciales.

---

166. Comunicación de la Comisión Europea, de 14 de febrero de 1996, relativa a un Plan de Acción sobre el acceso de los consumidores a la justicia y la solución de litigios en materia de consumo en el mercado interior, [COM [96]13 final].

167 CONSEJO EUROPEO, «Conclusiones de la Presidencia del Consejo Europeo de Tampere de 15 y 16 de octubre de 1999». Versión en línea disponible en https://www.europarl.europa. eu/summits/tam_es.htm, último acceso el 12 de septiembre de 2024.

168. CONSEJO EUROPEO, «Conclusiones de la Presidencia del Consejo Europeo de Lisboa de 23 y 24 de marzo de 2000». Versión en línea disponible en https://www.europarl.europa.eu/ summits/lis1_es.htm, último acceso el 12 de septiembre de 2024. En él, se solicitó al Consejo y a la Comisión que se plantearan «cómo promover la confianza de los consumidores en el comercio electrónico, en particular mediante sistemas alternativos de solución de diferencias»

169. CONSEJO EUROPEO, «Conclusiones de la Presidencia del Consejo Europeo de Santa Maria da Feira de 19 y 20 de junio de 2000». Versión en línea disponible en: https://www.europarl.europa.eu/summits/fei2_es.htm, último acceso el 12 de septiembre de 2024.

170. Comunicación de la Comisión, de 4 de abril de 2001, relativa a la mejora del acceso de los consumidores a mecanismos alternativos de solución de litigios, [COM [2001] 161 final].

171. Comunicación de la Comisión, de 19 de abril de 2002, relativo al Libro Verde sobre las modalidades alternativas de solución de conflictos en el ámbito del derecho civil y mercantil, COM [2002] 196 final.

172. Primero, el Tratado de Ámsterdam [1999] introdujo un nuevo art. 73 M —art. 65 TCE en la versión consolidada— que permitía a la UE elaborar normas en el ámbito de resolución extrajudicial de litigios siempre que fuera en materia de reconocimiento y ejecución de resoluciones y hubiera un elemento transfronterizo. Más tarde, el Tratado de Lisboa [2009] sustituyó el art. 65 TCE por el nuevo y actual art. 81.2 TFUE que, en su apartado g], permite a la UE *«el desarrollo de métodos alternativos de resolución de litigios».*

2.2.1. Fomento

38. La falta de competencias legislativas inicial propició que el legislador comunitario no pudiera desarrollar los ADR-ODR[173], teniéndose que limitar a su promoción. En particular, lo hizo a través de dos tipos de instrumentos: normas de *soft law* e instrumentos sectoriales vinculantes que tan solo fomentaban el uso de los ADR-ODR previstos en la legislación nacional.

I] De un lado, el legislador comunitario dictó dos recomendaciones que aconsejaron el seguimiento de principios mínimos que garantizaran una calidad mínima de los procedimientos de resolución extrajudicial nacionales. Fueron las Recomendaciones de la Comisión 98/257, de 30 de marzo de 1998[174] y 2001/310, de 4 de abril de 2001[175]. Enfocadas en los métodos de resolución extrajudicial heterocompositivos y autocompositivos, respectivamente[176], estas Recomendaciones aconsejaban el seguimiento de principios mínimos que garantizaran una calidad mínima de sus procedimientos[177] y una consiguiente confianza en ellos.

Cabe destacar que, a pesar de que ninguna de las recomendaciones hiciera mención expresa a los medios de solución extrajudicial en línea, ciertas voces doctrinales consideraron que les son igualmente aplicables[178].

---

173. HODGES, C. J. S., *Consumer ADR in Europe, op. cit.,* pág. 5.

174. Recomendación de la Comisión 98/257/CE, de 30 de marzo de 1998, relativa a los principios aplicables a los órganos responsables de la solución extrajudicial de los litigios en materia de consumo. *DO núm. L 115 de 17 de abril de 1998.*

175. Recomendación de la Comisión 2001/310, de 4 de abril de 2001, relativa a los principios aplicables a los órganos extrajudiciales de resolución consensual de litigios en materia de consumo. *DO núm. L 109 de 19 de abril de 2001.*

176. La Resolución del Consejo, de 25 de mayo del 2000, relativa a una red comunitaria de órganos nacionales responsables de solución extrajudicial de los litigios en materia de consumo, *DO núm. C 155 de 25/05/2000,* criticó que la Recomendación 98/257/CE dejara fuera los procedimientos extrajudiciales en los que la solución era consensual [entre ellos, entraría el concepto español de mediación], puesto que estos también eran de utilidad para el consumidor.

177. En concreto, la Recomendación de 1998 establece siete principios [independencia, transparencia, contradicción, eficacia, legalidad, libertad, representación], frente a los cuatro de la Comunicación de 2001 [imparcialidad, transparencia, efectividad y justicia]. Se trata de un conjunto de principios que de forma recomendada debe cumplir todo órgano de resolución extrajudicial de litigios de consumo para generar confianza a las partes en el litigio. Para un mayor desarrollo sobre los mismos, véase ESTEBAN DE LA ROSA, F., «Principios de protección del consumidor para una iniciativa europea en el ámbito de la resolución electrónica de diferencias [ODR] de consumo transfronterizas», en *Revista General de Derecho Europeo,* núm. 25, 2011, págs. 19 y ss.

178. Entre ellos, ESTEBAN DE LA ROSA, F., «Régimen europeo de la resolución electrónica de litigios [ODR] en la contratación internacional de consumo», en *Mediación y arbitraje de consumo. Una perspectiva española, europea y comparada,* obra colectiva, directores ESTEBAN DE LA ROSA, F., y OROZCO PARDO, G., Tirant lo Blanch, Valencia, 2010, pág. 192.

II] De otro lado, la UE también se sirvió de normas vinculantes para impulsar los ADR-ODR ya contemplados en la regulación nacional, si bien las limitaciones competenciales hicieron que tan solo pudiera llevarse a cabo a través de preceptos singulares incorporados en normas vinculantes sectoriales. Fue el caso de la anterior Directiva de mediación de seguros [art. 11][179], la Directiva MiFID I [art. 53][180] o incluso la vigente Directiva de comercio electrónico. La mayoría de estas normas comunitarias exigían el desarrollo de ADR-ODR en servicios esenciales, en especial[181], para los consumidores[182]. Se concebían, por tanto, como una medida protectora de la parte débil.

39. Con el tiempo, y pese a que debe admitirse que las Recomendaciones incluso tuvieron cierta influencia en los Estados miembros[183], la normativa no vinculante o de mero fomento devino insuficiente para promover el uso de los sistemas de ADR-ODR en el comercio europeo, ya que seguían contando con una fuerte autorregulación.

2.2.2. Desarrollo

40. Una vez adquirido el título competencial necesario para ello, se promulgaron normas vinculantes que superaron el mero fomento de los ADR-ODR para pasar a imponer su desarrollo y la mejora de su calidad[184], siendo esta la situación actual. En particular, se han elaborado documentos de *hard law* de dos tipos.

---

179. Directiva 2002/92/CE del Parlamento Europeo y del Consejo, de 9 de diciembre de 2002, sobre la mediación en los seguros. *DO núm. L 9 de 15 de enero de 2003*.

180. Directiva 2004/39/CE del Parlamento Europeo y del Consejo, de 21 de abril de 2004, relativa a los mercados de instrumentos financieros, por la que se modifican las Directivas 85/611/CEE y 93/6/CEE del Consejo y la Directiva 2000/12/CE del Parlamento Europeo y del Consejo y se deroga la Directiva 93/22/CEE del Consejo. *DO núm. L 145 de 30 de abril de 2004.* Esta directiva obligaba a los EEMM en su art. 53 a *«fomentar»* el establecimiento de ADR.

181. Sin embargo, no todos los servicios esenciales en los que se exigía este desarrollo de ADR no iban dirigidos a proteger al consumidor, tal y como ocurre, por ejemplo, en los sectores de telecomunicaciones o energía. En este sentido se pronuncia PAREDES PÉREZ J. I., «La Directiva 2013/11/UE, relativa a la resolución alternativa de litigios en materia de consumo y su futura incorporación al ordenamiento jurídico español», en *Anuario Español de Derecho Internacional Privado,* núm. 14-15, 2014-2015, pág. 606.

182. CATALÁN CHAMORRO, M. J., «El derecho a la información de las ADR de consumo tras el caso c-380/19», *op. cit.,* pág. 819.

183. En especial, fue el caso de la Recomendación 2001/310/CE, que fue seguida por las legislaciones nacionales, produciendo así un efecto *drag along* o de arrastre. Así, VILALTA NICUESA, A. E., *Mediación y arbitraje electrónicos, op. cit.,* pág. 334.

184. Además de los instrumentos vinculantes y no vinculantes, el interés de la UE en fomentar los ADR y ODR también se manifestó en otro tipo de iniciativas como el *Consumer Complaint Form, el Electronic Consumer Dispute Resolution Platform* [ECODIR], la *European Extrajudicial Network* [EEJ-Net], la Red de Centros Europeos del Consumidor [ECC-Net] y la Red de Resolución de Disputas Financieras [FIN-Net].

I] Por una parte, se han dictado instrumentos vinculantes que se dedican a regular medios de solución extrajudicial en exclusiva a nivel de la UE y sin quedar estos limitados a una materia específica[185].

Estas normas son fundamentalmente la Directiva 2008/52/CE de mediación[186], aplicable a la solución de cualquier conflicto civil o mercantil, y el tándem compuesto por la Directiva 2013/11/UE[187] y el Reglamento 524/2013[188], aplicable a litigios relacionados con compraventas y prestación de servicios contratados entre consumidores y empresarios de la UE[189]. Debe admitirse que estos instrumentos han constituido verdaderos hitos en materia de ADR-ODR en la Unión Europea, suponiendo significativos avances en su empleo, no solo en el ámbito fuera de línea, sino también en línea.

II] Junto con lo anterior, las normas sectoriales que se referían de modo puntual al fomento de medios de solución extrajudicial en sectores específicos han ido sustituyendo el fomento por el desarrollo, hasta el punto de que distinguir entre unas normas [fomento] y otras [desarrollo] ya no tiene sentido[190].

---

185. Ahora bien, que a partir del Tratado de Lisboa la UE pudiera dictar instrumentos vinculantes no supuso que se dejaran de lado los no vinculantes en la materia. Por ejemplo, aludió a los medios de solución extrajudicial en el Programa de Estocolmo 2010-2014, en el Plan de Acción plurianual 2014-2018 y en la Nueva Agenda de Protección del Consumidor 2020.

186. Directiva 2008/52/CE del Parlamento Europeo y del Consejo, de 21 de mayo de 2008, sobre ciertos aspectos de la mediación en asuntos civiles y mercantiles. *DO núm. L 136 de 24 de mayo de 2008.*

187. Directiva 2013/11/UE del Parlamento Europeo y del Consejo, de 21 de mayo de 2013, relativa a la resolución alternativa de litigios en materia de consumo y por la que se modifica el Reglamento [CE] n o 2006/2004 y la Directiva 2009/22/CE [Directiva sobre resolución alternativa de litigios en materia de consumo]. *DO núm. L 165 de 18 de junio de 2013.*

188. Reglamento [UE] 524/2013 del Parlamento Europeo y del Consejo, de 21 de mayo de 2013, sobre resolución de litigios en línea en materia de consumo y por el que se modifica el Reglamento [CE] núm. 2006/2004 y la Directiva 2009/22/CE. *DO núm. L 165 de 18 de junio de 2013.*

189. Mientras que la Directiva de mediación tan solo aborda este método autocompositivo, el tándem regulatorio se refiere cualquier medio extrajudicial de controversias —incluso heterocompositivo—. Otra diferencia sustancial es que la Directiva de mediación no se dicta en exclusiva en el ámbito de consumo, como sí ocurre con el tándem, o el título competencial que toman como base: la Directiva de mediación se dictó tomando como fundamento el art. 81.2.g] TFUE, mientras que las dos regulaciones restantes se basaron en los arts. 169.1 y 2.a] en relación con el art. 114 TFUE, enfocándose así —a diferencia de la directiva de mediación— en la protección del consumidor [cdo. 1 de la Directiva ADR y del Reglamento ODR].

190. Así ocurre en materia de mediación de seguros, de mercados en instrumentos financieros y de servicios postales, entre otras. En contra, el sector de comercialización a distancia de servicios financieros constituye una excepción. En particular, la Directiva 2002/65/CE exigía que los EEMM estimularan la creación y desarrollo de ADR para resolver los

Sin ánimo de exhaustividad, algunos ejemplos de estas normas —que ahora se refieren al desarrollo— son la actual Directiva de distribución de seguros [art. 15][191], la Directiva MiFID II[192], la actual Directiva de servicios postales [art. 19] [193], la Directiva de servicios universales [art. 34][194], la Directiva de servicios de pago [art. 101] [195], la Directiva de contratos de crédito al consumo [art. 24] [196], la Directiva de inversión colectiva en valores mobiliarios [art. 100.1][197], la Directiva sobre electricidad [art. 26][198], o la Directiva sobre

---

litigios de consumidores relativos a los servicios financieros prestados a distancia [art. 14]. Sin embargo, esta Directiva acaba de ser derogada por la Directiva [UE] 2023/2673 del Parlamento Europeo y del Consejo, de 22 de noviembre de 2023, por la que se modifica la Directiva 2011/83/UE en lo relativo a los contratos de servicios financieros celebrados a distancia y se deroga la Directiva 2002/65/CE, *DO núm. L de 28 de noviembre de 2023*, que elimina la obligación de promover los medios extrajudiciales de solución de conflictos, a los cuales solo se refiere para exigir que en los contratos a distancia de servicios financieros destinados a los consumidores el comerciante proporcione al consumidor con antelación a la vinculación del contrato acerca de *«la posibilidad de utilizar un mecanismo extrajudicial de reclamación y recurso, al que esté obligado el comerciante, y los métodos para acceder a dicho mecanismo»*.

191. Directiva [UE] 2016/97 del Parlamento Europeo y del Consejo de 20 de enero de 2016 sobre la distribución de seguros. *DO núm. L 26 de 02 de febrero de 2016.*

192. Directiva 2014/65/UE del Parlamento Europeo y del Consejo, de 15 de mayo de 2014, relativa a los mercados de instrumentos financieros y por la que se modifican la Directiva 2002/92/CE y la Directiva 2011/61/UE, *DO núm. L 173 de 12 de junio de 2014.*

193. Directiva 2008/6/CE del Parlamento Europeo y del Consejo, de 20 de febrero de 2008, por la que se modifica la Directiva 97/67/CE en relación con la plena realización del mercado interior de servicios postales comunitarios. DO *núm.* L 52 de 27 de febrero de 2008.

194. Directiva 2009/136/CE del Parlamento y del Consejo de 25 de noviembre de 2009 por la que se modifican la Directiva 2002/22/CE relativa al servicio universal y los derechos de los usuarios en relación con las redes y los servicios de comunicaciones electrónicas, la Directiva 2002/58/CE relativa al tratamiento de los datos personales y a la protección de la intimidad en el sector de las comunicaciones electrónicas y el Reglamento [CE] no 2006/2004 sobre la cooperación en materia de protección de los consumidores. *DO núm. L 337 de 18 de diciembre de 2009.*

195. Directiva [UE] 2015/2366 del Parlamento Europeo y del Consejo de 25 de noviembre de 2015 sobre servicios de pago en el mercado interior y por la que se modifican las Directivas 2002/65/CE, 2009/110/CE y 2013/36/UE y el Reglamento [UE] no 1093/2010 y se deroga la Directiva 2007/64/CE. *DO núm. L 337 de 23 de diciembre de 2015.*

196. Art. 24 Directiva 2008/48/CE del Parlamento Europeo y del Consejo, de 23 de abril de 2008, relativa a los contratos de crédito al consumo y por la que se deroga la Directiva 87/102/CEE del Consejo. *DO núm. L 133 de 22 de mayo de 2008.*

197. Art. 100.1 Directiva 2009/65/CE del Parlamento Europeo y del Consejo, de 13 de julio de 2009, por la que se coordinan las disposiciones legales, reglamentarias y administrativas sobre determinados organismos de inversión colectiva en valores mobiliarios [OICVM]. *DO núm. L 302 de 17 de noviembre de 2009.*

198. Art. 26 Directiva [UE] 2019/944 del Parlamento Europeo y del Consejo, de 5 de junio de 2019, sobre normas comunes para el mercado interior de la electricidad y por la que se modifica la Directiva 2012/27/UE. *DO núm. L 158 de 14 de junio de 2019.*

gas [arts. 3.9 y art. 1.f] Anexo I][199]. Asimismo, a esta lista deberían añadirse las leyes digitales europeas que, ante la falta de adaptación de los medios de solución extrajudicial existentes a los mercados digitales, han decidido introducir ODRs específicos en algunos de sus preceptos, como es el caso del Reglamento de Servicios Digitales.

Sentado este panorama normativo de solución extrajudicial en la Unión Europea, y habida cuenta de que ha dejado de lado el fomento para desarrollar e instaurar medios de solución extrajudicial a nivel europeo, la atención se centrará a continuación en estas últimas normas. Para ello, y según lo apuntado con anterioridad, primero se analizarán las líneas principales de las normas dedicadas en exclusiva a regular los medios de solución extrajudicial en exclusiva, algo que permitirá dar cuenta de sus deficiencias para la solución de conflictos en el ámbito digital. Y tras ello, se expondrán en conjunto las normas sectoriales que han proliferado en la economía de las plataformas y que han instaurado medios de solución extrajudicial en algunos de sus artículos, haciendo especial hincapié en la Directiva de comercio electrónico. De este modo quedará claro el contexto en el que posteriormente se analizarán los medios de solución extrajudicial de litigios en el Reglamento de Servicios Digitales.

2.3. La Directiva 2008/52 de mediación

41. El primer instrumento vinculante dictado por la UE con el objetivo específico de regular medios de solución extrajudicial de litigios fue la Directiva 2008/52/CE, de mediación en asuntos civiles y mercantiles, cuya promulgación contó con dos finalidades muy claras[200]. En primer lugar, se pretendía facilitar el acceso a la justicia[201], el cual seguía obstaculizado por el incremento exponencial de litigios transfronterizos —cada vez más complejos— y consecuente saturación de los tribunales[202]. En segundo lugar, buscaba garantizar el correcto funcionamiento del mercado interior [cdo. 1], que podía verse mermado por el fraccionamiento legal en materia de mediación

---

199. Art. 3.9 y art. 1.f] Anexo I Directiva 2009/73/CE del Parlamento Europeo y del Consejo de 13 de julio de 2009 sobre normas comunes para el mercado interior del gas natural y por la que se deroga la Directiva 2003/55/CE. *DO núm. L 211 de 14 de agosto de 2009.*

200. A ellas se les puede añadir la búsqueda de una relación equilibrada entre la mediación y el proceso judicial [cdo. 19].

201. El cdo. 5 de la propia Directiva reza que el objetivo de asegurar un mejor acceso a la justicia «debe abarcar el acceso tanto a métodos judiciales como extrajudiciales».

202. Para más detalle, véase ESPLUGUES MOTA, C., «El régimen jurídico de la mediación civil y mercantil en conflictos transfronterizos en España tras la Ley 5/2012, de 6 de julio», en *Boletín Mexicano de Derecho Comparado*, núm. 136, 2013, págs. 166-174.

de los Estados Miembros[203]. Para alcanzarlas, la Directiva, aplicable a litigios transfronterizos en materia civil y mercantil —lo cual plantea numerosas cuestiones iusprivatistas—[204], se configuró como una norma de mínimos, limitándose a imponer requisitos de calidad mínima a los procedimientos de mediación de cada uno de los Estados miembros [cdo. 16 y art. 4][205] para asegurar un marco jurídico flexible y previsible [cdo. 7].

42. Debe destacarse que la Directiva de mediación no se dictó con el propósito de proteger a los consumidores, a pesar de que este hubiera sido el objetivo inicial de la instauración de los ADR-ODR a nivel europeo. Si bien en un primer momento existió una fuerte discusión en torno a esta cuestión, más tarde se aclaró que la Directiva de mediación resulta en efecto aplicable a las reclamaciones de consumo, pero no cuenta con disposiciones específicas dirigidas a proteger al consumidor como parte vulnerable[206].

43. Por último, hay que destacar que la Directiva no presta demasiada atención al empleo de la mediación en la solución de disputas surgidas en el entorno en línea, a pesar de que su ámbito de aplicación no las excluye.

---

203. Para más detalle sobre la transposición en los distintos Estados miembros, véase ESPLUGUES MOTA, C., «Hacia una nueva noción de «acceso a la justicia» en la Unión Europea a través del fomento del recurso a los mecanismos de ADR. La Directiva 2008/52/CE y su transposición en los diversos Estados miembros», en *Entre Bruselas y La Haya: Estudios sobre la unificación internacional y regional del Derecho Internacional privado. Liber amicorum Alegría Borras*, obra colectiva, coordinadores FORNER I DELAYGUA, J.J., GONZÁLEZ BEILFUSS, C. y VIÑAS FARRÉ, R., Marcial Pons, Madrid, 2013, págs. 351-376.
   En concreto, tan solo cuatro Estados miembros se vieron obligados a adoptar por primera vez sistemas de mediación al transponer la Directiva. El resto ya contaba con sistemas de este tipo. Véase COMISIÓN EUROPEA, Informe de la Comisión Europea, de 26 de agosto de 2016, sobre la aplicación de la Directiva 2008/52/CE del Parlamento Europeo y del Consejo sobre ciertos aspectos de la mediación en asuntos civiles y mercantiles, [COM [2016] 542 final], pág. 4 y, para más detalle, COMISIÓN EUROPEA, «Study for an evaluation and implementation of Directive 2008/52/EC – the Mediation Directive», 2016. Versión en línea disponible en https://op.europa.eu/en/publication-detail/-/publication/bba3871d-223b-11e6-86d0-01aa75ed71a1/language-en, último acceso el 12 de septiembre de 2024.

204. La mediación con elementos extranjeros plantea interrogantes propios del Derecho Internacional privado que se analizan en PALAO MORENO, G., «Mediación y Derecho internacional privado», *op. cit.*, págs. 663 y ss.

205. Se pueden consultar las diferencias de los procedimientos de mediación en los distintos Estados miembros como consecuencia de la transposición de la Directiva en el Informe del Parlamento Europeo, de 15 de julio de 2011, sobre la aplicación de la Directiva sobre la mediación en los Estados miembros, su impacto en la mediación y su aceptación por los Tribunales. 2011/2026/[INI].

206. Véase ESTEBAN DE LA ROSA, F., «Principios de protección del consumidor para una iniciativa europea en el ámbito de la resolución electrónica de diferencias [ODR] de consumo transfronterizas», *op. cit.*, pág. 16; FRANCO CONFORTI, O. D. F., «Mediación electrónica [e-Mediación]», en *La Ley*, 2015, pág. 11, y BUJOSA VADELL, L., y PALOMO VÉLEZ, D., «Mediación electrónica: perspectiva Europea», en *Ius et Praxis*, vol. 23, núm. 2, 2017, págs. 51-78.

Prueba de ello es la desatención de la mediación electrónica, clave para resolver las disputas en línea[207], a la que ni siquiera la define[208]. Lo más que hace es referirse a ella en el cdo. 9: «La Directiva no debe impedir en modo alguno la utilización de las nuevas tecnologías de comunicaciones en los procesos de mediación»[209]. De esta exigua regulación se desprenden dos observaciones.

En primer lugar, la Directiva tan solo posibilita el uso de las TIC en la mediación relativa a las disputas transfronterizas, pero no lo promueve activamente[210] ni lo recomienda[211] ni mucho menos establece un régimen particularizado. En consecuencia, la mediación electrónica deberá quedar sometida a los principios y reglas previstos en la Directiva para toda mediación[212], aun cuando ello pueda conllevar dificultades derivadas en ocasiones de las peculiaridades de las disputas surgidas en el entorno en línea. Por ejemplo,

---

207. VÁZQUEZ DE CASTRO considera que la falta de alusión a los medios electrónicos tiene que ver con el ámbito de aplicación en que la mediación se utilizaba en la práctica, que en el momento de promulgar la Directiva era tan solo el ámbito familiar. En la medida en que el conflicto familiar es especialmente sensible y emocional, se concebía que la mediación presencial era más adecuada para solucionar conflictos familiares, y al ser estos los que más utilizaban la mediación, no se dio tanta importancia a la mediación electrónica. En este sentido, VÁZQUEZ DE CASTRO, E., «Las nuevas previsiones de mediación electrónica en España», en *Estudios jurídicos en homenaje a Vicente L. Montés Penadés*, obra colectiva, coordinadores BLASCO, F. y otros, Tomo II, Tirant lo Blanch, Valencia, 2011, pág. 2747. De hecho, en esta misma línea, el Informe de la Comisión Europea, de 26 de agosto de 2016, sobre la aplicación de la Directiva 2008/52/CE del Parlamento Europeo y del Consejo sobre ciertos aspectos de la mediación en asuntos civiles y mercantiles, [COM [2016] 542 final], confirmaba que «si bien el Derecho de familia parece ser en la práctica el ámbito en el que la mediación se utiliza en mayor medida, la Directiva se aplica a todos los asuntos civiles y mercantiles», pág. 5.

208. En este sentido, HÖRNLE la define como «una mediación en la que el mediador asiste a las partes al negociar su disputa utilizando medios electrónicos como las páginas web especialmente designadas, que proveen con aulas virtuales en las que las partes se pueden comunicar en línea». HÖRNLE, J., *Cross-Border Internet Dispute Resolution, op. cit.*, pág. 79.

209. Esta escasa atención a la mediación electrónica choca con el Programa de Estocolmo que, tan solo un año después a la Directiva de mediación, expresó que «a medio plazo, algunos procedimientos transfronterizos europeos y nacionales podrían tratarse en línea [por ejemplo, [...] la mediación]». *Vid.* CONSEJO EUROPEO, «Programa de Estocolmo – Una Europa abierta y segura que sirva y proteja al ciudadano». *DO núm. C 115, de 4 de mayo de 2010*, pág. 9.

210. CORTÉS, P., «Developing Online Dispute Resolution for Consumers in the EU: A proposal for the Regulation of Accredited Providers», *op. cit.*, pág. 13.

211. PAZ-PEÑUELAS BENEDÉ, M.P., *Conflicto y técnicas de gestión. En especial, la mediación en asuntos civiles y mercantiles y su versión electrónica*, Tirant lo Blanch, Valencia, 2017, pág. 116.

212. En este sentido, VILALTA NICUESA, A. E., «Análisis crítico del procedimiento simplificado de mediación en línea para reclamaciones de cantidad de la Ley 5/2012, de mediación civil y mercantil», en *Revista d'internet, dret i política*, núm. 25, 2017, pág. 72.

será difícil determinar el lugar en que se entiende celebrada la mediación en línea[213]; cumplir con el principio de confidencialidad se tornará más complejo ante la dificultad de evitar que terceras personas accedan —de forma no autorizada— a la información en línea[214], y ejecutar el acuerdo de mediación electrónico resultará más tedioso al haber de acudir a una autoridad pública de forma presencial[215].

En segundo lugar, la falta de concreción del cdo. 9 se traduce en un amplio margen para los Estados miembros a la hora decidir acerca de la intensidad del uso de las nuevas tecnologías en el procedimiento de mediación[216]. Por ejemplo, el legislador español ha transformado la obligación de «no impedir» del cdo. 9 en una previsión positiva, permitiendo a las partes el uso de medios electrónicos en el procedimiento de mediación[217]. En particular, la Ley 5/2012[218], por la cual se transpone en España la Directiva de mediación, distingue entre dos procedimientos de mediación electrónica distintos: el tradicional —que equivaldría a un procedimiento de mediación presencial trasladado al entorno en línea— [art. 24.1] y un procedimiento simplificado, previsto para reclamaciones de cantidad inferiores a 600 euros [Disposición Final 7.ª] y desarrollado mínimamente por el RD 980/2013 [arts. 30 y ss.][219].

44. En definitiva, aunque la Directiva de mediación supuso grandes avances para este procedimiento autocompositivo, lo cierto es que resultó muy parca en la solución de controversias suscitadas en línea, limitándose a una

---

213. Al final, no es una cuestión baladí, puesto que determina la competencia judicial de los tribunales encargados de conocer de las acciones contra el incumplimiento del acuerdo de mediación, la ley aplicable a esos casos, o la inmunidad o responsabilidad del mediador, entre otros.

214. GARCÍA DEL POYO, R., «La mediación electrónica», en *Revista jurídica de Castilla y León*, núm. 29, 2013, pág. 13.

215. ORTEGA HERNÁNDEZ, R. J., *Mecanismos alternativos de resolución de conflictos por medios electrónicos, op. cit.,* pág. 291.

216. AZCÁRRAGA MONZONÍS, C.: «Medios electrónicos en los sistemas extrajudiciales de resolución de controversias. Novedades impulsadas desde Europa», en *Los nuevos instrumentos europeos en materia de conciliación, mediación y arbitraje de consumo. Su incidencia en España, Irlanda y Reino Unido*, obra colectiva, editor PALAO MORENO, G. y coordinadora AZCÁRRAGA MONZONÍS, C., Tirant lo blanch, Valencia, 2016, pág. 21.

217. SANDE MAYO, M.J., «Artículo 24. Actuaciones desarrolladas por medios electrónicos», en Comentarios a la Ley 5/2012, de mediación en asuntos civiles y mercantiles, obra colectiva, director CASTILLEJO MANZANARES, R. y coordinadores ALONSO SALGADO, C. y RODRÍGUEZ ÁLVAREZ, A., Tirant lo Blanch, Valencia, pág. 247.

218. Ley 5/2012, de 6 de julio, de mediación en asuntos civiles y mercantiles, *BOE núm. 162 de 7 de julio de 2012.*

219. Real Decreto 980/2013, de 13 de diciembre, por el que se desarrollan determinados aspectos de la Ley 5/2012, de 6 de julio, de mediación en asuntos civiles y mercantiles, *BOE núm. 310 de 17 de diciembre de 2013.*

breve mención a la mediación electrónica, a pesar del interés de la UE por los ADR y las TIC[220]. En consecuencia, no fue un instrumento determinante para incrementar la confianza en el mercado digital.

2.4. El tándem compuesto por la Directiva 2013/11 y el Reglamento 524/2013

45. La Directiva 2013/11/UE, también conocida como Directiva ADR, y el Reglamento 524/2013, al que también se ha acuñado como Reglamento ODR, son dos normas complementarias que supusieron un hito en la regulación de los medios de solución extrajudicial —sobre todo en línea— en materia de consumo. Sin embargo, y como se comprobará, el transcurso de una década desde que empezaron a funcionar ha puesto de relieve sus fallos y su incapacidad para adaptarse al cambiante entorno en línea, habiendo ello conducido al legislador europeo a presentar propuestas de reforma que, pendientes de ser aprobadas en algunos casos, tendrán una considerable incidencia en las transacciones en línea que celebren los consumidores y las controversias que de ellas eventualmente se puedan derivar.

2.4.1. El contexto de su aprobación

46. Las normas de la UE dictadas hasta ahora no habían sido capaces de remover los obstáculos que disuadían a los consumidores de utilizar los ADR-ODR como medios para resolver sus conflictos privados, especialmente en entornos en línea[221]. En particular, diversos estudios[222], junto con distintas resoluciones del Parlamento Europeo[223] y de la Comisión Europea[224] pusieron de manifiesto las siguientes cinco trabas:

---

220. PAZ-PEÑUELAS BENEDÉ, M.P., *Conflicto y técnicas de gestión. En especial, la mediación en asuntos civiles y mercantiles y su versión electrónica, op. cit.,* pág. 116.

221. Resolución del Parlamento Europeo, de 25 de octubre de 2011, sobre modalidades alternativas de solución de conflictos en el ámbito del Derecho civil, mercantil y de familia. 2011/2117[INI]], pág. 8.

222. Entre ellos, destaca el DG SANCO, «Study on the use of Alternative Dispute Resolution in the European Union». Versión en línea accesible en https://www.civic-consulting.de/reports/adr_study.pdf, último acceso el 12 de septiembre de 2024, págs. 56-63, 112-115, y 120-121.

223. Resolución del Parlamento Europeo, de 20 de mayo de 2010, sobre cómo ofrecer un mercado único a los consumidores y los ciudadanos. *2010/2011[INI]],* y Resolución del Parlamento Europeo, de 25 de octubre de 2011, sobre modalidades alternativas de solución de conflictos en el ámbito del Derecho civil, mercantil y de familia [2011/2117[INI]].

224. Comunicación de la Comisión Europea, de 13 de abril de 2011, relativa al Acta del Mercado Único. Doce prioridades para estimular el crecimiento y reforzar la confianza «Juntos por un nuevo crecimiento», [COM [2011] 206 final].

I] Los sistemas de ADR-ODR de los distintos Estados miembros no cubrían ni todos los sectores ni todas sus regiones geográficas[225].

II] Ni la mayoría de los consumidores ni de los empresarios estaban al tanto de la existencia de los sistemas ADR-ODR [falta de *awareness*].

III] Muchos de los sistemas de ADR-ODR instaurados en los distintos EEMM —muy dispares entre ellos[226]— no cumplían con los principios de calidad mínima establecidos en Recomendaciones de 1998 y 2001[227].

IV] Los ODR no estaban adaptados a las nuevas tendencias protagonizadas por el uso de internet[228].

V] Las normas de ADR-ODR existentes no preveían una protección especial para el consumidor [p. ej. Directiva de mediación]. De hecho, el Programa de Estocolmo, promulgado tan solo un año después de esta norma, ya expresaba que debían «seguir mejorándose los métodos alternativos de resolución de conflictos, concretamente en la legislación sobre consumo»[229].

Bajo el propósito de superar estos obstáculos, la UE promulgó la Directiva 2013/11/UE [Directiva ADR] y el Reglamento 524/2013 [Reglamento ODR] en el contexto de la Agenda Digital para Europa de 2010[230].

2.4.2. Funcionamiento y complementariedad de la Directiva 2013/11 y el Reglamento 524/2013

47. Desde el inicio, la Directiva ADR y el Reglamento ODR se concibieron como complementarias, hasta el punto de que fueron bautizadas como «propuestas gemelas» *[twinned proposals]* [cdo. 12 Directiva y cdo. 16 Reglamento]. Pese a ello, es necesario examinarlas por separado para comprender dicha complementariedad.

---

225. Resolución del Parlamento Europeo, de 25 de octubre de 2011, sobre modalidades alternativas de solución de conflictos en el ámbito del Derecho civil, mercantil y de familia. 2011/2117[INI]], pág. 5.

226. DG SANCO, «Study on the use of Alternative Dispute Resolution in the European Union», *op. cit.*, pág. 11.

227. Resolución del Parlamento Europeo, de 25 de octubre de 2011, sobre modalidades alternativas de solución de conflictos en el ámbito del Derecho civil, mercantil y de familia. 2011/2117[INI]], pág. 4.

228 Resolución del Parlamento Europeo, de 20 de mayo de 2010, sobre cómo ofrecer un mercado único a los consumidores y los ciudadanos. 2010/2011[INI]], pág. 6.

229. CONSEJO EUROPEO, «Programa de Estocolmo – Una Europa abierta y segura que sirva y proteja al ciudadano». *DO núm. C 115, de 4 de mayo de 2010,* pág. 15.

230. Comunicación de la Comisión, de 19 de mayo de 2010, sobre una Agenda Digital para Europa, [COM [2010] 245 final], pág. 13.

a] La Directiva 2013/11

48. Con los objetivos de asegurar una cobertura completa en todas las áreas geográficas y sectores de la UE y de proteger a los consumidores brindándoles sistemas de ADR de calidad, la Directiva ADR obliga a los Estados miembros a garantizar que cualquier litigio derivado de compraventa de mercaderías o prestación de servicios, entre consumidores residentes en la UE y comerciantes establecidos en la UE, se pueda someter a una entidad de ADR cuyos procedimientos cumplan con garantías mínimas de calidad. De esta manera se garantiza que cualquier consumidor que resida en un Estado miembro pueda acudir a una entidad de ADR de calidad cuando se vea envuelto en un litigio derivado de una compraventa de mercaderías o prestación de servicios efectuada con un comerciante establecido en la UE.

Así, la Directiva ADR, basada en las Recomendaciones de 1998 y 2001 —cuyo contenido adquiere a través de esta Directiva carácter vinculante—, se adoptó con un enfoque de armonización mínima que se limita a exigir requisitos mínimos de calidad a las entidades nacionales de ADR. Es decir, respeta los sistemas de ADR existentes en cada Estado y se limita a armonizarlos a nivel de principios[231], basándose en el principio *no one-size-fits-all*[232]. Se trata de una base mínima sobre la cual los Estados miembros pueden regular aspectos como el tipo de procedimiento a seguir [vinculante o no], el carácter público o privado de las entidades de ADR o el carácter voluntario u obligatorio para los empresarios en la participación en el procedimiento de ADR[233].

49. Las medidas que implanta la Directiva ADR para conseguir todo lo anterior se pueden agrupar en tres ejes de actuación.

I] Los procedimientos de ADR deben tramitarse a través de entidades de ADR acreditadas por cumplir un conjunto de requisitos de calidad mínima [arts. 6 a 11]. Cada Estado miembro debe nombrar una autoridad encargada de acreditar a estos órganos[234] [art. 18 y cdo. 55] y los notifica a la Comisión

---

231. MARTÍNEZ RODRÍGUEZ, N., «Un paso adelante en la protección del consumidor en el comercio electrónico: la resolución de litigios en línea», *op. cit.,* pág. 164.

232. COMISIÓN EUROPEA, «Comission Staff Working Document impact assessment report accompanying the document Proposal for a Directive of the European Parliament and of the Council amending Directive 2013/11/EU on alternative dispute resolution for consumer disputes, as well as Directives [EU] 2015/2302, [EU] 2019/2161 and [EU] 2020/1828, SWD [2023] 335 final [Part II]». Versión en línea accesible en: https://commission.europa. eu/system/files/2023-10/SWD_2023_335_1_EN_impact_assessment_part2_v3.pdf, último acceso el 12 de septiembre de 2024, pág. 3.

233. Como bien se ha apuntado, este sistema estaba llamado a provocar disparidades legislativas en el mercado interior. Así, PALAO MORENO, G., «Stress-Testing EU Law in the Field of Consumer Redress», *op. cit.*, pág. 139.

234. En España, la autoridad competente es, con carácter general, la Presidencia de la Agencia Española de Consumo, Seguridad Alimentaria y Nutrición [AECOSAN], si bien también se nombran a autoridades específicas para la acreditación de entidades de ADR en el sector financiero y del transporte aéreo.

Europea, que ha creado una lista agrupando los acreditados en los distintos Estados miembros [art. 20][235].

II] Para incrementar el conocimiento de los sistemas de ADR entre los consumidores, la Directiva obliga a los empresarios a informarles sobre las entidades de ADR acreditadas a las que están sometidos [arts. 13 y 4.1.h], e insta a los organismos del art. 14.2 a asistirles en la resolución extrajudicial de sus disputas transfronterizas y a mostrar en sus páginas *web* el listado de las entidades de ADR acreditadas [arts. 15 y 20].

III] Bajo el propósito de agilizar la resolución de disputas transfronterizas, las entidades de ADR deben cooperar entre sí y con las autoridades nacionales encargadas de aplicar los actos jurídicos de la UE en materia de protección de consumidores [arts. 16 y 17].

50. Por último, aunque la Directiva ADR no regule de forma expresa a los ODR —tarea que queda a cargo del Reglamento ODR—, lo cierto es que sí se refiere a ellos. En concreto, el art. 5 Directiva ADR obliga a que las entidades de ADR a que «*hagan posible el intercambio de información entre las partes por vía electrónica* [...]».

b] El Reglamento 524/2013

51. El Reglamento ODR, tras reconocer que «en la actualidad, faltan mecanismos que permitan a los consumidores y comerciantes resolver este tipo de litigios por medios electrónicos» [cdo. 8][236], creó una plataforma de resolución de litigios en línea a modo de ventanilla única *[one-stop shop*[237]*]*, a la que pue-

---

235. Los Estados miembros deben garantizar, por tanto, que haya entidades acreditadas según lo dispuesto en la Directiva. Estas entidades pueden ser nueva creación o ya existentes [cdo. 24], y pueden ser una o varias. Las entidades acreditadas en España son principalmente las Juntas Arbitrales de consumo, si bien también está acreditada una entidad de carácter privado: «Confianza Online», cuyo funcionamiento queda reflejado en SANCHÍS CRESPO, C., «La economía de plataforma y la entidad Confianza Online», en *Plataformas digitales: aspectos jurídicos*, obra colectiva, coordinadora MARTÍNEZ NADAL, A., Thomson Reuters Aranzadi, Cizur Menor [Navarra], 2021, págs. 435-449. Para consultarlas y también ver las del resto de países, véase la siguiente web: https://ec.europa.eu/consumers/odr/main/?event=main.adr.show, último acceso el 12 de septiembre de 2024.

236. La inquietud de desarrollar medios extrajudiciales en línea para resolver las disputas surgidas en el comercio electrónico no atañía en exclusiva al legislador europeo. Por el contrario, la CNUDMI también la compartía y ello la condujo a aprobar, con carácter no vinculante, las Notas técnicas sobre la solución de controversias en línea en 2016. Para más información en este sentido, véase PALAO MORENO, G., «De la contratación comercial electrónica a la incorporación de lo «electrónico» en la mediación en los trabajos de la Comisión de Naciones Unidas para el Derecho Mercantil Internacional [CNUDMI/UNCITRAL]», en *Justicia poliédrica en periodo de mudanza. [Nuevos conceptos, nuevos sujetos, nuevos instrumentos y nueva intensidad]*, obra colectiva, editora BARONA VILAR, S., Tirant lo Blanch, Valencia, 2022, págs. 291-312.

237. CORTÉS, P., «Using technology and ADR Methods to Enhance Access to Justice», *International Journal of Online Dispute Resolution*, núm. 5, 2018, pág. 104.

den acudir los consumidores y [a veces] los comerciantes establecidos en la UE para resolver extrajudicialmente disputas derivadas de contratos de compraventa o prestación de servicios celebrados en línea a través de las entidades ADR que estén acreditadas según lo dispuesto en la Directiva ADR.

52. En comparación con el ámbito de aplicación de la Directiva ADR, el del Reglamento ODR difiere en un doble sentido. De un lado, el Reglamento tan solo se aplica a las disputas surgidas de contratos de compraventa o de prestación de servicios que se hayan celebrado en línea, mientras que la Directiva también se aplica si se han celebrado fuera de línea [cdo. 15 y art. 2.1 Reglamento ODR]. De otro lado, los procedimientos tramitados a través de la plataforma del Reglamento ODR pueden ser iniciados por el consumidor —como en la Directiva ADR—, pero también por el comerciante, siempre y cuando la ley del Estado miembro de residencia habitual del consumidor lo admita [art. 2.3 y cdos. 9 y 10][238].

53. La función de la plataforma no consiste en resolver directamente las disputas, sino poner en contacto a reclamante y reclamado y, en su caso, al órgano de solución extrajudicial[239]. En concreto, su funcionamiento está descrito en los arts. 8 y siguientes: el reclamante envía a través de la plataforma una reclamación, rellenando el formulario electrónico que la plataforma pone a su disposición. La plataforma transmite la reclamación al reclamado, añadiendo la información relativa a las entidades ADR que pueden ser competentes para resolver el litigio. Entonces, las partes tienen dos posibilidades: intentar llegar a un acuerdo por ellas mismas en un máximo de 90 días[240], o solucionar la contro-

---

238. En la actualidad, tan solo Bélgica, Alemania, Luxemburgo y Polonia permiten que un empresario pueda presentar una reclamación contra un consumidor que resida en sus respectivos territorios. Para más información, véase https://ec.europa.eu/consumers/odr/main/?event=main.home.howitworks, último acceso el 28 de diciembre de 2023. Tal y como expone PAREDES, la exclusión del comerciante en la Directiva se justificó porque este ya contaba con medios suficientes para resolver las reclamaciones, sin necesidad de acudir a los ADR. Es decir, el comerciante no necesitaba la misma protección que el consumidor. *Vid.* PAREDES PÉREZ, J.I., «La directiva 2013/11/UE, relativa a la resolución alternativa de litigios en materia de consumo y su futura incorporación al ordenamiento jurídico español», *op. cit.,* pág. 612.

239. La plataforma ODR también ofrece a los consumidores un sistema de comentarios en el que pueden verter su opinión sobre el funcionamiento de la plataforma ODR y de la entidad que haya resuelto su litigio, además de que constituye un punto de información donde los consumidores aprenden sobre sus derechos u sobre la posibilidad de protegerlos [art. 5.4]. Por ejemplo, en el siguiente enlace, cualquier consumidor puede exponer el origen de su disputa para que le asesoren sobre las formas más idóneas de resolverla. https://ec.europa.eu/consumers/odr/main/?event=main.home.selfTest, último acceso el 7 de enero de 2024.

240. La posibilidad de que los consumidores y empresarios hicieran uso de la plataforma para intercambiar mensajes fue introducida en julio de 2019. Hasta entonces, se criticaba que la Directiva ADR dejara fuera de su ámbito de aplicación la negociación bilateral entre las partes, puesto que los ADR y ODR funcionan de forma más eficiente con un procedimiento escalonado o *tiered procedure* que, antes de llegar a la mediación o conciliación pase por la negociación. Así, *vid.* HÖRNLE, J., «Encouraging Online Dispute Resolution in the EU and Beyond – Keeping Costs Low or Standards High?», en *Queen Mary School of Law Legal Studies Research Paper,* núm. 122, 2012, pág. 18.

versia con la ayuda de un órgano de solución extrajudicial. En este último caso, las partes deben ponerse de acuerdo en el órgano que va a resolver su disputa en treinta días a contar desde la presentación de la reclamación. Si las partes consiguen acordar una entidad de ADR y esta consiente tramitar la reclamación, deberá resolver en 90 días, sin requerir la comparecencia de las partes, a no ser que las normas de procedimiento lo contemplen y las partes lo consientan.

El resto del procedimiento se tramita según las normas internas de la entidad de ADR que, en todo caso, habrán de respetar los mínimos de calidad de la Directiva ADR y los requisitos del Reglamento ODR.

54. Expuesto lo anterior, resulta evidente la complementariedad entre ambos instrumentos: las entidades de ADR que resuelven extrajudicialmente los conflictos a través de la plataforma ODR son los organismos acreditados según la Directiva ADR [art. 20 Directiva ADR]. Así se consigue integrar un conjunto de sistemas de ODR procedentes de todos los Estados miembros en una única plataforma de resolución de litigios en línea de consumo para toda la Unión Europea.

55. En otro orden de cosas, para garantizar la popularidad de la plataforma, se obliga a las entidades de ADR y a los centros de la Red de Centros Europeos del Consumidor [CEC][241] a mostrar en sus páginas *web* un enlace a la plataforma[242] [cdo. 30 y arts 14.1, 2 y 6]. Esta obligación también se exige a los comerciantes de la UE que celebren contratos de compraventa o de prestación de servicios en línea, los cuales, además, deben facilitar a los consumidores su dirección de correo electrónico para que estos tengan un primer punto de contacto [art. 14.1 y cdo. 30][243]. Asimismo, se exige a cada

---

241. La Red de Centros Europeos del Consumidor surgió en 2005 y sigue funcionando en la actualidad. Está formada por oficinas públicas situadas en distintos Estados miembros, Islandia y Noruega, las cuales informan a los consumidores sobre sus derechos, les asisten en sus reclamaciones transfronterizas contra empresas para que consigan un acuerdo amistoso y, de no conseguirlo, les informan sobre otras vías para resolver sus reclamaciones, ya sea por vía judicial o extrajudicial. Para más información, PAREDES PÉREZ, J.I., «La participación del centro europeo del consumidor en España en la resolución de litigios transfronterizos de consumo: ¿cambio de funciones? O ¿nuevas funciones?», en *La resolución de conflictos de consumo: la adaptación del derecho español al marco europeo de resolución alternativa [ADR] y en línea [ODR]*, obra colectiva, director ESTEBAN DE LA ROSA, F. y coordinador OLARIU, O., Thomson Reuters Aranzadi, Cizur Menor [Navarra], 2018, versión en línea. El acceso a la Red se puede efectuar a través del siguiente enlace: https://www.eccnet.eu/, último acceso el 12 de septiembre de 2024.

242. Esta plataforma en línea, desarrollada y financiada por la Comisión Europea [arts. 12 y 13 y cdo. 19] es accesible en todas las lenguas oficiales de la UE y de forma gratuita a través del portal electrónico «Tu Europa» [cdo. 21 y art. 5], accesible en el siguiente enlace: https://ec.europa.eu/consumers/odr/main/?event=main.complaints.screeningphase, último acceso el 12 de septiembre de 2024. Tal y como habrá ocasión de comprobar, el acceso tan solo se permitirá hasta el 20 de marzo de 2025, fecha a partir de la que la plataforma no podrá seguir empleándose.

243. Es criticable que estas obligaciones de información se impongan a todos los comerciantes, con independencia de que estén dispuestos u obligados a someterse a entidades de

Estado miembro el nombramiento de un punto de contacto de resolución de litigios en línea, que incorpore dos o más asesores para prestar asistencia a las partes en el procedimiento [art. 7] [244].

56. Por último, debe aclararse que el hecho de que exista la plataforma ODR no quiere decir que las partes no puedan acudir a un órgano de solución extrajudicial —incluso acreditado— directamente sin pasar por la plataforma. En concreto, los consumidores que quieran reclamar contra los comerciantes tienen cinco vías distintas: [1] fuera de línea, ante un órgano de solución extrajudicial acreditado [art. 5.2.c] Directiva ADR]; [2] en línea, ante un órgano de solución extrajudicial acreditado pero sin pasar por la plataforma [art. 5.2.a] Directiva ADR]; [3] en línea, a través de la plataforma ODR, [4] fuera de línea o en línea, ante un órgano de solución extrajudicial no acreditado y por tanto fuera del ámbito de aplicación de la Directiva ADR y Reglamento ODR, pero dentro del de las Recomendaciones de 1998 y 2001, y [5] acudiendo a la Red de Centros Europeos del Consumidor.

2.4.3. La situación actual: propuesta de reforma de la Directiva 2013/11 y derogación del Reglamento 524/2013

57. Con carácter general, la doctrina dio la bienvenida[245] a la promulgación de la Directiva ADR y el Reglamento ODR[246], aplaudiendo sus dos principales novedades. La primera se tradujo en la protección que ofrecen a los consumidores, garantizándoles un sistema de ADR de calidad en prácticamente

---

solución de conflictos en línea, ya que puede generar confusión al consumidor, que cree que el empresario se va a someter a la plataforma en línea. HODGES, C. J. S., *Consumer ADR in Europe, op. cit.*, pág. 22.

244. En España —como en la mayoría de los países— es el Centro Europeo del Consumidor. Para más detalle, consúltese: https://ec.europa.eu/consumers/odr/main/?event=main. complaints.odrList, último acceso el 12 de septiembre de 2024. De hecho, la función de estos puntos de contacto no es muy distinta a la de los CEC, de ahí que el Reglamento ODR prevea la posibilidad de que se les designe como punto de contacto.

245. HODGES, C. J. S., *Consumer ADR in Europe, op. cit.*, pág. 22. En el mismo sentido, MARQUES CEBOLA se atrevió incluso a vislumbrar que «la Plataforma Europea ODR podrá convertirse en un elemento dinamizador de la solución de litigios originados fuera de línea». Véase MARQUES CEBOLA, C., «La resolución en línea de litigios de consumo en la nueva plataforma europea ODR: perspectiva desde los sistemas español y portugués», en *La resolución de conflictos de consumo: la adaptación del derecho español al marco europeo de resolución alternativa [ADR] y en línea [ODR]*, obra colectiva, director ESTEBAN DE LA ROSA, F. y coordinador OLARIU, O., Thomson Reuters Aranzadi, Cizur Menor [Navarra], 2018, versión en línea.

246. A pesar de que se aprobaron en 2013, la plena transposición de la Directiva no tuvo lugar hasta finales de 2018 —16 Estados miembros se retrasaron en este cometido— y la plataforma no empezó a operar hasta el 15 de febrero de 2016. España fue uno de los últimos países en transponer la Directiva, y lo hizo a través de la Ley 7/2017, de 2 de noviembre, por la que se incorpora al ordenamiento jurídico español la Directiva 2013/11/UE, del Parlamento Europeo y del Consejo, de 21 de mayo de 2013, relativa a la resolución alternativa de litigios en materia de consumo. *BOE núm. 268 de 4 de noviembre de 2017.*

todos los sectores de todos los EEMM y en operaciones tanto en línea. Con respecto al segundo avance, destacó la integración de todos aquellos en una única plataforma de ODR que funciona a modo de ventanilla única para efectuar una reclamación en línea[247], generalizando los ODR en especial en los Estados Miembros que no contaban antes con una cultura de ADR.

Es más, el informe de 2019 que la Comisión Europea elaboró con base en el art. 26 de la Directiva ADR y al art. 21 Reglamento ODR, reconoció que estos instrumentos mejoraron la transparencia de las entidades y de los procedimientos de ADR, igual que redujeron la duración de estos últimos. También promovieron la formación del personal y la satisfacción de los usuarios, los cuales se encontraban con un acceso más fácil a las entidades de ADR y más información[248].

58. Sin embargo, este reconocimiento no ha sido obstáculo para que tanto la UE como la doctrina hayan detectado en las dos normas ciertas deficiencias, fruto de las cuales el pasado 17 de octubre de 2023, la Comisión dictó una propuesta de Directiva por la que se modifica la Directiva 2013/11/UE[249], una propuesta de Reglamento por el que se deroga el Reglamento 524/2013[250], y una Recomendación acerca de los requisitos de calidad que deberían cumplir los sistemas de ADR ofrecidos por los mercados en línea y por las asociaciones de empresarios[251].

Las dos propuestas mencionadas se acogieron al procedimiento legislativo ordinario de la UE, si bien su desarrollo no ha sido igual de rápido. En el momento de redactar estas líneas, la propuesta de Directiva todavía no se ha aprobado, estando pendiente la primera lectura del Consejo Europeo[252]. Por

247. HÖRNLE, J., «Encouraging Online Dispute Resolution in the EU and Beyond – Keeping Costs Low or Standards High?», *op. cit.,* pág. 26.

248. COMISIÓN EUROPEA, Informe de la Comisión Europea, de 25 de septiembre de 2019, sobre la aplicación de la Directiva 2013/11/UE del Parlamento Europeo y del Consejo, relativa a la resolución alternativa de litigios en materia de consumo, y del Reglamento [UE] 524/2013 del Parlamento Europeo y del Consejo sobre resolución de litigios en línea en materia de consumo, COM [2019] 425 final, pág. 8.

249. Propuesta de Directiva del Parlamento Europeo y del Consejo, de 17 de octubre de 2023, por la que se modifica la Directiva 2013/11/UE, relativa a la resolución alternativa de litigios en materia de consumo, así como las Directivas [UE] 2015/2302, [UE] 2019/2161 y [UE] 2020/1828, COM [2023] 649 final.

250. Propuesta de Reglamento del Parlamento Europeo y del Consejo, de 17 de octubre de 2023, por el que se deroga el Reglamento [UE] n.º 524/2013 y se modifican los Reglamentos [UE] 2017/2394 y [UE] 2018/1724 en lo que respecta a la desaparición de la plataforma europea de resolución de litigios en línea, COM [2023] 647 final.

251. Recomendación [UE] 2023/2211 de la Comisión de 17 de octubre de 2023 relativa a los requisitos de calidad de los procedimientos de resolución de litigios ofrecidos por los mercados en línea y las asociaciones empresariales, C [2023] 7019 final, *DO núm. L de 19 de octubre de 2023*.

252 A este respecto, el Parlamento Europeo ha sido el único que, por el momento, ha aprobado su primera lectura, añadiendo 57 enmiendas al texto. Para más detalle, véase la Resolución del Parlamento Europeo, de 13 de marzo de 2024, sobre la propuesta de Directiva del Parlamento

el contrario, el Reglamento ya ha devenido definitivo. En particular, el pasado 19 de diciembre se publicó el Reglamento (UE) 2024/3228[253], por el que se deroga el Reglamento (UE) 524/2013 y, con él, la plataforma ODR.

a] Motivos de reforma

59. Los tres instrumentos que conforman la propuesta de reforma emitida por la Comisión Europea, junto con otros informes publicados de forma complementaria[254], detallan los tres obstáculos que principalmente han frustrado el correcto funcionamiento de la Directiva ADR y Reglamento ODR.

I] La participación de los consumidores y de los empresarios en los sistemas de ADR y en la plataforma ODR ha sido muy reducida. Prueba de ello es que la plataforma recibe muchas visitas, pero pocas resultan en una reclamación [de los 2,5 millones de visitas a la plataforma en 2022, tan solo 17000 se tradujeron en reclamaciones, lo cual equivale a menos de un 1 %[255]].

Europeo y del Consejo por la que se modifica la Directiva 2013/11/UE, relativa a la resolución alternativa de litigios en materia de consumo, así como las Directivas [UE] 2015/2302, [UE] 2019/2161 y [UE] 2020/1828 [COM[2023]0649–C9-0384/2023 –2023/0376[COD]].

253 Reglamento (UE) 2024/3228 del Parlamento Europeo y del Consejo, de 19 de diciembre de 2024, por el que se deroga el Reglamento (UE) n. o 524/2013 y se modifican los Reglamentos (UE) 2017/2394 y (UE) 2018/1724 en lo que respecta a la supresión de la plataforma europea de resolución de litigios en línea. *DO núm. L de 30 de diciembre de 2024.*

254. En particular, estos informes son tres:
1] COMISIÓN EUROPEA, Informe de la Comisión Europea, de 17 de octubre de 2023, sobre la aplicación de la Directiva 2013/11/UE del Parlamento Europeo y del Consejo, relativa a la resolución alternativa de litigios en materia de consumo y del Reglamento [UE] 524/2013 del Parlamento Europeo y del Consejo sobre resolución de litigios en línea en materia de consumo, COM [2023] 648 final.
2] COMISIÓN EUROPEA, «Comission Staff Working Document impact assessment report accompanying the document Proposal for a Directive of the European Parliament and of the Council amending Directive 2013/11/EU on alternative dispute resolution for consumer disputes, as well as Directives [EU] 2015/2303, [EU] 2019/2161 and [EU] 2020/1828, SWD [2023] 335 final [Part I]». Versión en línea accesible en: https://commission.europa. eu/system/files/2023-10/SWD_2023_335_1_EN_impact_assessment_part1_v2.pdf, último acceso el 12 de septiembre de 2024.
3] COMISIÓN EUROPEA, «Comission Staff Working Document impact assessment report accompanying the document Proposal for a Directive of the European Parliament and of the Council amending Directive 2013/11/EU on alternative dispute resolution for consumer disputes, as well as Directives [EU] 2015/2302, [EU] 2019/2161 and [EU] 2020/1828, SWD [2023] 335 final [Part II]». Versión en línea accesible en: https://commission.europa. eu/system/files/2023-10/SWD_2023_335_1_EN_impact_assessment_part2_v3.pdf, último acceso el 12 de septiembre de 2024.

255. Para más datos, consúltese COMISIÓN EUROPEA, «Comission Staff Working Document impact assessment report accompanying the document Proposal for a Directive of the European Parliament and of the Council amending Directive 2013/11/EU on alternative dispute resolution for consumer disputes, as well as Directives [EU] 2015/2303, [EU] 2019/2161 and [EU] 2020/1828, SWD [2023] 335 final [Part I]». Versión en línea accesible en: https://commission. europa.eu/system/files/2023-10/SWD_2023_335_1_EN_impact_assessment_part1_v2.pdf, último acceso el 12 de septiembre de 2024, págs. 110 y ss.

En particular, los consumidores no han participado en la plataforma por motivos varios: falta de concienciación y entendimiento de los ADR y de la plataforma, ausencia de conocimientos necesarios para interponer una reclamación en línea, elevado coste del procedimiento[256] o, sencillamente, la no necesidad de acudir a la plataforma, pudiendo someter la queja directamente ante uno de los ODR privados [PODR o *Private Online Dispute Resolution*] que han empezado a ofrecer —de manera voluntaria hasta la entrada en vigor del RSD— plataformas en línea como Amazon[257] o Airbnb[258] con objeto de incrementar la confianza en ellas. Estos PODR resultan atractivos para el consumidor, ya que ofrecen una respuesta más rápida y con menores costes de transacción que la plataforma ODR [p. ej. los datos sobre el litigio ya están disponibles para el sistema, de manera que el consumidor no tiene ni siquiera que volverlos a relatar al efectuar la reclamación].

En la misma línea, tampoco los empresarios se han mostrado a favor del uso de la plataforma ODR: de las reclamaciones interpuestas en la plataforma en 2022, un 80-85 % se archivó de forma automática porque el empresario no respondió a la solicitud de la plataforma, de modo que de las 17000 reclamaciones interpuestas ese año, solo 107 acabaron en solución[259], es decir, menos de un 1 %.

En este caso, las razones que explican la baja participación de los empresarios han sido el desconocimiento de la plataforma ODR y de los ADR en general, y sobre todo, el coste que les supone. En concreto, salvo en los tres

---

256. Son los Estados miembros los que deberán decidir si el procedimiento de ADR tiene un coste gratuito o simbólico para los consumidores. Aunque en doce Estados miembros el procedimiento de ADR es totalmente gratuito para ellos, en el resto el coste oscila entre los 10 y los 300 euros, llegando incluso a los 1000 euros en ocasiones. Ello, unido a otros costes de tiempo, traducción o dificultad de encontrar un sistema de ADR adecuado, hacen que el coste del procedimiento pueda superar el valor de la disputa —la cual, de media, oscila en torno a los 185 euros—. Para más información, véase COMISIÓN EUROPEA, «Comission Staff Working Document impact assessment report accompanying the document Proposal for a Directive of the European Parliament and of the Council amending Directive 2013/11/EU on alternative dispute resolution for consumer disputes, as well as Directives [EU] 2015/2303, [EU] 2019/2161 and [EU] 2020/1828, SWD [2023] 335 final [Part I]». Versión en línea accesible en: https://commission.europa.eu/system/files/2023-10/SWD_2023_335_1_EN_impact_assessment_part1_v2.pdf, último acceso el 12 de septiembre de 2024, págs. 14 y 21.

257. Consúltese, en este sentido, https://pay.amazon.es/help/201212320, último acceso el 12 de septiembre de 2024.

258. La plataforma *Airbnb* cuenta con un Centro de Ayuda, accesible a través del siguiente enlace, iniciando sesión previamente en la plataforma: https://www.airbnb.es/help/article/1542#section-heading-2-2, último acceso el 12 de septiembre de 2024.

259. COMISIÓN EUROPEA, Informe de la Comisión Europea, de 17 de octubre de 2023, sobre la aplicación de la Directiva 2013/11/UE del Parlamento Europeo y del Consejo, relativa a la resolución alternativa de litigios en materia de consumo y del Reglamento [UE] 524/2013 del Parlamento Europeo y del Consejo sobre resolución de litigios en línea en materia de consumo, COM [2023] 648 final, págs. 9 y 10.

Estados miembros en los que los procedimientos de ADR gozan de financiación pública [Hungría, Lituania y Letonia], en el resto el coste debe ser soportado por los empresarios y, según el caso, también por los consumidores. Y a lo anterior se le añaden otros costes, como son los costes financieros y de recursos humanos, de asesoría legal o de tiempo.

Junto con lo anterior, hay que destacar que tanto consumidores como empresarios tienen dificultades cuando hay más de una entidad que potencialmente puede resolver sus disputas a través de la plataforma, ya que no saben cuál de ellas pueden o deben escoger.

II] El uso de los sistemas de ADR es especialmente reducido en las disputas transfronterizas. El motivo principal se vincula al hecho de que tanto los comerciantes como las entidades de ADR rechazan estas controversias en mayor medida por la complejidad que las caracteriza frente a las domésticas. Complejidad que se deriva, por un lado, del contexto organizacional y legal —recuérdese que las normas en cuestión son de mínimos y por tanto las reglas de procedimiento siguen quedando al albur del derecho nacional[260]—, y, por otro lado, de los problemas lingüísticos o incluso de las dificultades para las entidades de ADR para determinar el marco legal aplicable[261].

III] Ni la Directiva ADR ni el Reglamento ODR son adecuados para funcionar en los actuales modernos mercados digitales. En particular, ninguno de los instrumentos ha sido modificado sustancialmente desde que se promulgaron en 2013, ni tampoco la propia plataforma, que se creó teniendo en cuenta los avances tecnológicos de aquel momento. Desde entonces ha transcurrido más de una década, en la que el comportamiento de aquella ha venido desafiado por distintas novedades digitales, de entre las que se pueden destacar tres principales.

En primer lugar, las disputas que se derivan del entorno en línea ya no se limitan a faltas de conformidad u otros aspectos contractuales relacionados con la entrega de bienes o la prestación de servicios —que son los subsumidos en el ámbito de aplicación del tándem aquí analizado—, sino que los intermediarios en línea y la publicidad digital han hecho aflorar disputas relacionadas con aspectos no contractuales, como la falta de información precontractual, el carácter confuso de ofertas limitadas que en realidad no lo son, o los anuncios publicitarios escondidos.

---

260. PALAO MORENO, G., «Stress-Testing EU Law in the Field of Consumer Redress», *op. cit.*, págs. 138-139.

261. Debe tenerse en cuenta que la entidad de ADR competente para reconocer la reclamación del consumidor no es la de su domicilio —tal y como hubiera resultado en caso de seguir la lógica subyacente al Reglamento 1215/2012— sino la del domicilio del empresario [art. 5.1 Directiva ADR]. Ello supone una dificultad añadida para la entidad de ADR, que deberá determinar la normativa de protección del consumidor aplicable, la cual en la mayoría de los supuestos no coincidirá con la de su jurisdicción.

En segundo lugar, el rápido crecimiento del comercio electrónico ha aumentado las compras transfronterizas, incluyendo aquellas efectuadas con comerciantes de fuera de la UE, los cuales quedan fuera del ámbito de aplicación del tándem aquí analizado.

En tercer lugar, los PODR a los que antes se hacía alusión tampoco están incardinados en la esfera de actuación de la Directiva ADR y el Reglamento ODR. En consecuencia, no se garantiza a los muchos consumidores que los utilizan el cumplimiento de los requisitos de calidad mínima que aquellos instrumentos estipulan.

60. Estas novedades conducen inevitablemente a dos conclusiones. La primera se traduce en que la plataforma ODR ha quedado obsoleta tecnológicamente y, si cabe, más infrautilizada aún como consecuencia de la aparición de los PODR. La segunda se refiere a que el ámbito de aplicación de ambos instrumentos ha devenido deficiente, puesto que no incluyen las disputas que se puedan derivar de aspectos no contractuales ni de relaciones con empresarios establecidos fuera de la UE, dejando a los consumidores desprotegidos en esos casos.

b] Propuesta de reforma

61. Gracias a todos los obstáculos más arriba mencionados[262], el legislador de la UE ha tomado conciencia de que la plataforma ODR no ha triunfado y que previsiblemente no lo va a hacer si no lo ha hecho ya en diez años. En consecuencia, ante los costes generados por la misma[263] y tras explorar distintas alternativas[264], el pasado 17 de octubre de 2023 la Comisión Europea dictó

---

262. En paralelo a la opinión del legislador europeo, también la doctrina ha detectado deficiencias. Por todos, muy explícito ha sido en este sentido ESPLUGUES MOTA al asegurar que «El sistema, amplio y también disperso, se ha probado insuficiente hasta el momento para ofrecer a los consumidores europeos una solución rápida, efectiva, segura y accesible para resolver sus disputas de consumo, máxime en relación con aquellas de naturaleza transfronteriza. Tampoco parece especialmente bien preparado para hacer frente a los específicos problemas planteados por la actual realidad digital». ESPLUGUES MOTA, C., «Consumo, consumidor, derecho del consumo… Nuevos retos ¿nuevas respuestas?», *op. cit.*, pág. 61.

263. Los dos instrumentos conllevan costes significativos para la Comisión —que debe mantener la plataforma—, para los EEMM —que deben mantener la red de facilitadores— y para los empresarios —que cuentan con obligaciones de información, las cuales equivalen a 310 euros anuales por empresario—.

264. La Comisión Europea barajaba cuatro soluciones distintas, que oscilaron desde una intervención no normativa hasta un incremento de la armonización de los procedimientos de ADR de los distintos EEMM. De entre ellas, se eligió la tercera opción por ser la que mejor cumple con los requisitos de eficiencia, efectividad y coherencia en relación con los objetivos que se pretenden alcanzar. Para más detalle, *vid.* COMISIÓN EUROPEA, «Comission Staff Working Document impact assessment report accompanying the document Proposal for a Directive of the European Parliament and of the Council amending Directive 2013/11/EU on alternative dispute resolution for consumer disputes, as well as Directives [EU] 2015/2303, [EU] 2019/2161 and [EU] 2020/1828, SWD [2023] 335 final

una propuesta de reforma traducida —de momento— en la publicación de una Propuesta de Directiva que modifica la Directiva 2013/11/UE, del Reglamento (UE) 2024/3228 que deroga el Reglamento ODR y la plataforma por él creada, y de una Recomendación sobre los requisitos de calidad mínimos de los PODR[265].

En esencia, el conjunto de los tres instrumentos referidos pretende implementar un repertorio de medidas dirigidas a solucionar los tres problemas antes expuestos[266]:

I] Con objeto de mejorar la participación de consumidores en los ADR[267], se elimina la plataforma ODR[268] y, en su lugar, se propone sustituirla por herramientas —p. ej. *chatbots*— que orienten a los consumidores a elegir la entidad de ADR más idónea para resolver una disputa y les remitan mediante enlaces directamente a órganos competentes para resolver sus litigios [art. 20 Propuesta de Directiva]. Asimismo, se impondrá a los empresarios la obligación de informar no solo en su *web*, sino también en sus condiciones generales y facturas sobre las entidades de ADR a las cuales queden sometidas [art. 13 Propuesta de Directiva]. Junto a ello, también se garantizará que en todo caso el procedimiento de resolución alternativa sea gratuito para el consumidor, bien porque ya lo sea desde el principio, bien porque de no serlo las autoridades nacionales quedarán obligadas a reembolsar el precio abonado una vez resuelto el litigio [art. 8.1.c] Propuesta Directiva].

Por otra parte, bajo el propósito de incentivar a los empresarios, se les impone un deber de contestar a las solicitudes que les transmitan las entidades de ADR en un periodo genérico de 15 días hábiles [art. 5.8 Propuesta de Directiva]. También se reducen sus cargas administrativas —y sus costes— porque a aquellas

---

[Part I]». Versión en línea accesible en: https://commission.europa.eu/system/files/2023-10/SWD_2023_335_1_EN_impact_assessment_part1_v2.pdf, último acceso el 12 de septiembre de 2024, págs. 28 y ss, y 64 y ss.

265. Ha de apuntarse que la UE ya se había dado cuenta con anterioridad de que la plataforma no funcionaba en la frecuencia en la que se pretendía. Por ello, llevó a cabo campañas de comunicación sobre ADR y ODR entre 2016 y 2018 para mejorar la sensibilización y el conocimiento de los mismos entre los ciudadanos, y rediseñó la plataforma ODR entre 2017 y 2018, agilizando el procedimiento y adoptando un lenguaje más claro y específico. Sin embargo, estas medidas no fueron sustanciales ni suficientes para evitar el fracaso.

266. Téngase en cuenta que la regulación que aquí se expone incorpora las últimas enmiendas realizadas en la normativa por el Parlamento Europeo el pasado 13 de marzo de 2024.

267. La necesidad de incrementar los incentivos en el uso de ADR tanto para consumidores como para comerciantes fue ya señalada por Palao Moreno en Palao Moreno, G., «Stress-Testing EU Law in the Field of Consumer Redress», *op. cit.*, pág. 139.

268. Consciente del escaso uso de la plataforma, que tan solo conseguía conocer de 200 asuntos por año en toda la Unión (cdo. 4), el nuevo instrumento europeo pone de relieve la ineficiencia económica que ello supone (cdo 5), y considera que la plataforma debe desaparecer, derogando el Reglamento 524/2013 (cdo. 6), así como todas las referencias que otras leyes hicieran a aquella (cdo. 8, arts. 3 y 4). Se acuerda que la mencionada derogación tenga efecto a partir del 20 de julio de 2025 (art. 1), así como que no se puedan presentar más reclamaciones desde el 20 de marzo de ese mismo año (art. 2.2).

empresas que no tengan la intención ni obligación de participar en un sistema de ADR se les eliminan las obligaciones de informar sobre los sistemas de ADR[269] y porque para todos los empresarios desaparece la obligación de proporcionar un enlace directo a la plataforma ODR, [art. 13 Propuesta de Directiva][270].

II] Con la finalidad de incrementar la utilización de los ADR en disputas transfronterizas, se atribuye una nueva función a los Centros Europeos del Consumidor. Estos ya no solo deberán asistir a los consumidores y empresarios para acceder a la entidad de ADR, sino que además absorberán los puntos de contacto de la plataforma ODR, debiendo acarrear nuevas tareas de asistencia tanto a consumidores y empresarios [p. ej. explicando los diferentes procedimientos, asistiendo en la presentación de la reclamación o traduciendo la información] como a las entidades de ADR [p. ej. a efectos de determinar el derecho nacional aplicable] [cdo. 15 y art. 14 Propuesta de Directiva].

III] Por último, son distintas las medidas que pretenden adoptarse para adaptar la resolución extrajudicial a los mercados digitales.

Primero, se amplía el ámbito de aplicación de la Directiva ADR en una doble dirección. De un lado, abarcará no solo las disputas contractuales —en las cuales aclara se incardinan las relativas a contenidos y servicios digitales—, sino también las extra, pre y poscontractuales [art. 2 Propuesta de Directiva]. Segundo, los consumidores de la UE también podrán reclamar frente a empresarios situados en terceros estados[271], pudiendo estos decidir voluntariamente si participar en el procedimiento de ADR o no —igual que los empresarios domiciliados en la UE, aunque sin deber de responder en 15 días— [art. 4.f] Propuesta de Directiva]. Y tercero, se emite una Recomendación en la que se aconseja a los PODR de los mercados en línea que cumplan

---

269. Se estima que el coste de responder a cada reclamación es de 20 euros, mientras que el coste de proporcionar la información del art. 14 se estima en 310 euros al año. COMISIÓN EUROPEA, «Comission Staff Working Document impact assessment report accompanying the document Proposal for a Directive of the European Parliament and of the Council amending Directive 2013/11/EU on alternative dispute resolution for consumer disputes, as well as Directives [EU] 2015/2303, [EU] 2019/2161 and [EU] 2020/1828, SWD [2023] 335 final [Part I]». Versión en línea accesible en: https://commission.europa.eu/system/files/2023-10/SWD_2023_335_1_EN_impact_assessment_part1_v2.pdf, último acceso el 12 de septiembre de 2024, págs. 19 y 37.

270. También se reduce la carga administrativa de las entidades ADR. En concreto, ven reducida la periodicidad con la que deben publicar informes de ellas [art. 7 Propuesta de Directiva] y se les elimina la obligación de informar sobre la cooperación en las redes de entidades de ADR [art. 7.2.h] Propuesta de Directiva], y la obligación de informar a las entidades competentes de ADR sobre ciertos extremos [art. 19 Propuesta de Directiva].

271. Según la doctrina, esta extensión del ámbito de aplicación merece una valoración positiva «de cara a favorecer la tutela de los derechos de los consumidores y usuarios que residan en la UE, frente a comerciantes establecidos en terceros países, alineándose de algún modo a la aproximación jurisdiccional ya existente en el art. 17 del Reglamento Bruselas I bis». Así se afirma por PALAO MORENO, G., «Avances en el sistema de resolución alternativa de litigios de consumo europeo adaptado a las controversias transfronterizas en el mercado digital», en *Revista e-mercatoria*, vol. 23, núm. 2, 2024, pág. 93.

con los requisitos de calidad mínimos establecidos en la Directiva ADR, que son los esperados por los consumidores[272].

c] Valoración preliminar

62. Sin duda, conviene aplaudir la aprobación del Reglamento 2024/3228, por el que se elimina la plataforma ODR. Se trata de una medida lógica, eficiente y sensata ante los elevados costes de aquella y su uso reducido en la práctica. Asimismo, los avances legislativos encabezados por la Propuesta de Directiva deben ser bien recibidos: la extensión de su ámbito de aplicación deviene necesaria para lograr una adaptación normativa al entorno digital, y la reducción de las cargas administrativas para los empresarios resulta interesante a fin de incentivar su participación en los sistemas ODR. Igualmente, la Recomendación sobre los PODR contribuiría a mejorar la reputación de los mercados en línea frente a los consumidores.

63. A pesar de lo anterior, la iniciativa de la Comisión Europea merece algunas críticas que pueden hacer que la reforma no evite un nuevo fracaso de la UE en materia de ADR y ODR. Primero, la Recomendación PODR es interesante porque permitiría asegurar que los medios extrajudiciales de solución de conflictos que utilizan la mayoría de los consumidores cumplieran con mínimos de calidad. Sin embargo, no deja de ser una recomendación no vinculante, de modo que no garantiza un resultado certero[273].

Asimismo, es cuestionable que estas medidas vayan a ser suficientes para incentivar el uso de los sistemas de ADR, sobre todo en relación con los empresarios, quienes tendrán que seguir soportando el coste del procedimiento con carácter general [art. 8.c] Directiva ADR]. Además, estos costes pueden ser incluso mayores porque la Propuesta de reforma les obliga a explicar a las partes por escrito el procedimiento de resolución alternativa cuando no se atengan al resultado [art. 11 bis y cdo. 2.ter Propuesta Directiva] y les exige habilitar una dirección de correo electrónico a modo de punto de contacto para los consumidores [art. 13.2.bis Propuesta de Directiva][274]. Ante esta situación, debería valorarse la posición de quien sostiene que la participación empresa-

---

272. COMISIÓN EUROPEA, Documento de trabajo de los servicios de la Comisión, de 17 de octubre de 2023, Resumen del informe de la evaluación de impacto que acompaña al documento Propuesta de Directiva del Parlamento Europeo y del Consejo por la que se modifica la Directiva 2013/11/UE, relativa a la resolución alternativa de litigios en materia de consumo, así como las Directivas [UE] 2015/2302, [UE] 2019/2161 y [UE] 2020/1828, SWD [2023] 337 final.

273. Sería positivo, en este sentido, que la Recomendación provoque un efecto considerable al estilo de la Recomendación de 2001 *[drag along effect]*. *Vid.* nota a pie 183.

274. Estas últimas exigencias han sido incorporadas por las enmiendas que el Parlamento Europeo hizo el 13 de marzo de 2024 a la Propuesta de Directiva de la Comisión Europea. Aunque pretenden proteger al consumidor, estas obligaciones deben valorarse seriamente porque su coste puede ser significativo y excesivo especialmente para los pequeños y medianos comerciantes.

rial en los medios extrajudiciales de solución de litigios no se va a incrementar de forma significativa hasta que no se haga obligatoria su participación en los sectores en los que todavía no lo es y hasta que no se impongan multas por no participar en los ADR de los sectores en los que sí lo sea[275].

Por último, ninguno de los documentos de la propuesta de reforma aborda nuevos desafíos relacionados con la inteligencia artificial y el *big data*, lo cual ya fue criticado con respecto a los todavía vigentes Directiva ADR y Reglamento ODR[276]. Ahora bien, igualmente es cierto que estas novedades deberían tratarse con cautela para poder asegurar la compatibilidad con el principio de neutralidad tecnológica[277].

64. Cualquiera que sea el devenir futuro de esta materia, las actualizaciones legales que el legislador europeo pretende conseguir a través de las normas analizadas demuestran que el fracaso continuado de la UE al intentar consolidar una cultura de solución extrajudicial no constituye un obstáculo para seguir poniendo esfuerzos en alcanzar dicho fin. Todo ello, con el objetivo final de mejorar la confianza en el Mercado Único Digital y fortalecerlo.

3. Los ODR en la economía de las plataformas

65. Los rápidos avances tecnológicos de los últimos años han conducido al nacimiento de las plataformas en línea, que han adquirido un poder tan suficientemente grande como para que la doctrina haya considerado que nos encontramos sumergidos en la economía de las plataformas[278]. La autoridad de la que gozan las plataformas también impregna las relaciones contractuales que estas entablan con sus usuarios, sean empresarios o consumidores, quienes en consecuencia se hallan en una posición de debilidad frente a aquellas. En este contexto, resultan necesarias medidas que reestablezcan

---

275. CORTÉS, P., «Using technology and ADR Methods to Enhance Access to Justice», *op. cit.,* pág. 110.

276. Por ejemplo, KATSH, E. y RABINOVICH-EINY, O., «Promesas y desafíos para la resolución en línea en Europa», en *La resolución de conflictos de consumo: la adaptación del derecho español al marco europeo de resolución alternativa [ADR] y en línea [ODR],* obra colectiva, director ESTEBAN DE LA ROSA, F. y coordinador OLARIU, O., Thomson Reuters Aranzadi, Cizur Menor [Navarra], 2018, versión en línea.

277. En este sentido, CASTILLO critica que las normas últimamente emitidas por la UE se basen en la tecnología digital, pues la informática la sustituirá por la computación cuántica en un par de décadas, lo cual servirá para demostrar que no son tecnológicamente neutrales. CASTILLO PARRILLA, J.A., «El impulso normativo europeo en el marco de la estrategia para el mercado único digital de Europa y los principios de la contratación electrónica en España. Especial referencia al contrato para el suministro de contenidos digitales», en *Contratación electrónica y protección de los consumidores —una visión panorámica—,* obra colectiva, coordinador PÉREZ GALLARDO, L.P., Editorial Reus, Madrid, 2017, pág. 111.

278. RODRÍGUEZ DE LAS HERAS BALLELL, T, «The background of the Digital Services Act: looking towards a platform economy», *op. cit.,* pág. 77.

ese desequilibrio de poderes, incrementando la confianza de los usuarios digitales en las plataformas en particular y en el entorno online en general.

66. Una de las medidas oportunas para alcanzar dicho propósito es mejorar el acceso a la justicia del usuario digital[279], ofreciéndole medios efectivos de solución extrajudicial de controversias que le confieran la posibilidad de resolver las disputas surgidas con las plataformas de forma sencilla, rápida, económica y eficaz.

Sin embargo, ya ha habido ocasión de comprobar que las normas europeas reguladoras de los medios de solución extrajudicial no están adaptadas a la solución de conflictos surgidos en el ámbito digital. Así lo prueba la parca regulación de la Directiva de mediación en la materia y más aún la última propuesta de reforma de la Directiva ADR y el Reglamento ODR. En consecuencia, para colmar esta deficiencia el legislador europeo se ha servido recientemente de diversas normas sectoriales dictadas en el contexto de las plataformas en línea para instaurar, a través de algunos de sus preceptos, mecanismos de solución extrajudicial que protejan al usuario digital frente a las plataformas en línea.

Mediante este *modus operandi*, la UE ha puesto de moda el binomio UE-ODR, apostando decididamente por el desarrollo de mecanismos de ODR para impulsar el comercio electrónico a escala transfronteriza. Debe admitirse, no obstante, que la Directiva de comercio electrónico ya se refirió a principios de siglo a los medios extrajudiciales para resolver los conflictos entre los usuarios digitales y los prestadores de servicios, entre los cuales se incluyen las plataformas en línea[280].

67. Bajo este marco, a continuación, se abordará el auge de las plataformas en línea para poner de manifiesto la necesidad de proteger, frente a ellas, a los usuarios digitales. Más tarde, se expondrá una de las medidas dirigidas a alcanzar esa protección, es decir, la instauración de medios de solución extrajudicial en línea en las normas dirigidas a regular el entorno digital europeo. Por último, se analizará la primera norma que se dictó en este sentido, la Directiva de comercio electrónico, por constituir el antecedente directo del Reglamento de Servicios Digitales. Con todo este análisis se conseguirá una imagen completa del contexto en que el citado Reglamento incorpora ODRs.

---

279. Recuérdese que esta es una de las cuestiones más preocupantes en la economía de las plataformas, tal y como afirma PALAO MORENO, G., «Avances en el sistema de resolución alternativa de litigios de consumo europeo adaptado a las controversias transfronterizas en el mercado digital», *op. cit.*, pág. 98.

280. De hecho, en referencia a lo apuntado con anterioridad, la Directiva de comercio electrónico y el Reglamento de Servicios Digitales se incardinan, respectivamente en las fases de *fomento* y *desarrollo* de los medios extrajudiciales de solución de conflictos europeos. En particular, como más tarde se explicará, la Directiva de comercio electrónico tan solo exige que no se obstaculice el uso de los medios de solución extrajudicial existentes en el ámbito nacional [art. 17]. A la inversa, el Reglamento de Servicios Digitales obliga a crear y desarrollar dos tipos de medios de solución extrajudicial de litigios a nivel europeo [arts. 20 y 21 RSD].

3.1. Por qué se habla de la economía de las plataformas

68. El desarrollo del comercio electrónico y de las nuevas tecnologías en los últimos años ha propiciado la aparición de las plataformas en línea, que permiten a empresas y consumidores incrementar de forma significativa su demanda y su oferta, respectivamente, reduciendo los costes de transacción[281]. De ahí que recurramos a ellas a diario para adquirir bienes o servicios [Amazon o Aliexpress], vender productos de segunda mano [Wallapop o Vinted], compartir fotografías y vídeos [Instagram, X, TikTok o Facebook] o consumir contenido audiovisual en línea [Netflix, HBOMax].

69. El origen de estas plataformas se remonta a la economía colaborativa —también conocida como *sharing economy* o *gig economy*— que nació después de la crisis financiera de 2007. En aquel momento, la función de las plataformas en línea consistió, en esencia, en servir de punto de encuentro gratuito a aquellos que en un contexto de recesión económica querían compartir e intercambiar recursos, bienes y servicios[282].

70. El arranque no lucrativo y meramente intermediario de las plataformas en línea contrasta con su situación actual, en la que redes sociales, plataformas de vídeos o mercados en línea ya no limitan su función a intermediar entre las partes, sino que promueven e incentivan con ánimo de lucro la contratación a través de ellas, aportando datos del perfil del oferente, estableciendo sistemas para valorar su reputación, sistemas de gestión de pagos, seguros de responsabilidad civil o de pago, orientación sobre condiciones contractuales y facilidades para la comunicación entre usuarios[283]. Las plataformas también imponen unilateralmente a sus usuarios sus sistemas legales privados *[take it or leave it]* en los que incorporan normas de supervisión y sanción y mecanismos propios de solución extrajudicial[284], y a veces incluso les prestan directamente bienes y servicios. Es decir, las plataformas, inicial-

---

281. ÁLVAREZ MORENO, M.T., *La contratación electrónica mediante plataformas en línea: Modelo negocial [B2C], régimen jurídico y protección de los contratantes [proveedores y consumidores]*, Editorial Reus, Madrid, 2021, págs. 14-16.

282. ALFONSO SÁNCHEZ, R. y BURILLO SÁNCHEZ, F.J., «La economía llamada "colaborativa"», en *Retos jurídicos de la economía colaborativa en el contexto digital*, obra colectiva, coordinadores ALFONSO SÁNCHEZ, R. y VALERO TORRIJOS, J., Thomson Reuters Aranzadi, Cizur Menor [Navarra], 2017, versión en línea.

283. CUENA CASAS, M.: «La contratación a través de plataformas intermediarias en línea», en *Cuadernos de Derecho Transnacional*, 2020, vol. 12, núm. 2, págs. 303 y 334.

284. RODRÍGUEZ DE LAS HERAS BALLELL, T., «Las plataformas: nuevos actores [y reguladores] de la actividad económica», en *Afduam extraordinario*, 2021, pág. 408.
Por ejemplo, los siguientes enlaces dirigen a las condiciones generales de Facebook [https://es-la.facebook.com/legal/terms], Instagram [https://help.instagram.com/581066165581870?helpref=page_content], Google [https://policies.google.com/terms?hl=es] y Twitter [https://help.twitter.com/es/rules-and-policies/x-rules]. Última consulta de todos ellos el 12 de septiembre de 2024.

mente meras intermediarias, se han convertido en verdaderas reguladoras, supervisoras, generadoras de confianza y facilitadoras de resolución de conflictos de las partes que interactúan a través de ellas[285].

Así las cosas, a medida que se han ido consolidando, estos gigantes tecnológicos han acaparado el protagonismo del entorno en línea y han adquirido un estatus y poder que ningún otro actor no estatal había alcanzado antes[286], algo que ha llevado a la doctrina a confirmar que están actuando como verdaderos «cuasi-Estados»[287]. El dominio alcanzado por las plataformas, junto con su ánimo de lucro[288], impiden seguir asociándolas con la economía colaborativa[289] y exigen hablar de nuevos términos como la «economía de las plataformas»[290] o incluso «sociedad de las plataformas»[291].

71. La consolidación y la concentración de poder en las plataformas en línea se ha traducido en beneficios, al igual que en considerables riesgos como la desinformación o la difusión del contenido ilícito. Ello ha suscitado una fuerte preocupación en el legislador de la UE, quien ha cambiado su enfoque respecto a la regulación de las plataformas, dejando de lado el apoyo a la autorregulación o liberalismo digital [*«too big to regulate them»*], para adscribirse a un modelo más restrictivo de control [*«how to regulate them»*][292], en consonancia con el constitucionalismo digital al que se hará referencia más adelante.

---

285. RODRÍGUEZ DE LAS HERAS BALLELL, T., «Las plataformas: nuevos actores [y reguladores] de la actividad económica», *op. cit.*, pág. 407.

286. COROADO, S., «Leviathan vs. Goliath or States vs. Big Tech and what the digital services act can do about it», en *Working Papers, Forum Transregionale Studien*, núm. 25, 2023, pág. 19.

287. *Ídem*, págs. 8 y ss. En concreto, las plataformas en línea, igual que los Estados, tienen concentrado el poder empresarial, geopolítico y tecnológico, invierten en bienes públicos [educación, sanidad, urbanismo] y crean sus propias leyes e incluso medios de solución extrajudicial de litigios.

288. Las plataformas en línea en la actualidad suelen obtener sus ganancias a través de dos vías no necesariamente incompatibles. De un lado, existen plataformas que cobran una comisión a uno o los dos usuarios que gracias a ella consiguen concertar una relación jurídica. De otro lado, hay plataformas que obtienen sus ingresos a través de la publicidad.

289. Muy ilustrativa es CUENA CASAS, M.: «La contratación a través de plataformas intermediarias en línea», pág. 290: «Y es que el término economía colaborativa genera cierta confusión por cuanto denota un componente altruista que no existe».

290. RODRÍGUEZ DE LAS HERAS BALLELL, T, «The background of the Digital Services Act: looking towards a platform economy», *op. cit.*, pág. 77.

291. VAN DIJCK, J., POELL, T. y DE WAAL, M., *The Platform Society*, Oxford University Press, Oxford, 2018.

292. Así lo ha confirmado COROADO, S., «Leviathan vs. Goliath or States vs. Big Tech and what the digital services act can do about it», *op. cit.*, pág. 14. En el mismo sentido, RODRÍGUEZ DE LAS HERAS BALLELL, T, «The background of the Digital Services Act: looking towards a platform economy», *op. cit.*, pág. 77.

En este sentido, si en un primer momento la UE no procedió a regular el comportamiento de las plataformas e incluso apoyaba su crecimiento[293], en los últimos años hemos asistido a la aprobación de numerosas normas europeas que inciden en el régimen jurídico de las plataformas en línea, incluyendo las leyes digitales europeas antes mencionadas[294] —entre ellas el Reglamento de Servicios Digitales—, pero también normas dictadas desde otras disciplinas del Derecho. Todas estas normas guardan en común el objetivo final de proteger al usuario digital, ya sea empresario o consumidor, frente a las plataformas en línea, y una de las medidas que adoptan bajo dicho propósito consiste en la puesta a disposición de medios de solución extrajudicial de litigios en línea[295].

3.2. La proliferación de los ODR en el entorno en línea como medio de protección del usuario digital

72. La revolución digital que han provocado las plataformas se ha trasladado también a las relaciones contractuales surgidas en el entorno digital, habitualmente con una naturaleza internacional[296]. En este sentido, y sin perjuicio de que más adelante se detalle en mayor profundidad, las plataformas cuentan con la peculiaridad de que generan una relación contractual triangular, también bautizada como casada de acuerdos[297], donde como mínimo intervienen tres personas diferentes: la plataforma y los dos usuarios entre los que intermedia. Cada uno de los usuarios, normalmente uno comprador y otro vendedor —no necesariamente equivalentes a consumidor y empresario—

---

293. La Comunicación de la Comisión, de 25 de mayo de 2016, sobre Las plataformas en línea y el mercado único digital. Retos y oportunidades para Europa, COM [2016] 288 final, manifestó que «para poder desarrollar e impulsar en Europa la emergencia de nuevas plataformas en línea y para poder conservarlas, es esencial establecer las condiciones marco y el entorno en línea que les sean adecuados» [pág. 4], así como que «El marco reglamentario correcto de la economía digital ha de ser propicio para impulsar el desarrollo sostenible y la expansión del modelo de negocio de las plataformas en Europa» [pág. 5].

294. A modo de recordatorio, se expuso que estas son el Reglamento de Servicios Digitales, el Reglamento de Mercados Digitales, el Reglamento de Datos, el Reglamento de Gobernanza de Datos y el Reglamento de Inteligencia Artificial.

295. LÓPEZ-TARRUELLA MARTÍNEZ, A., «El futuro Reglamento de Inteligencia Artificial y las relaciones con terceros estados», en *Revista electrónica de Estudios Internacionales*, núm. 45, 2023, pág. 3.

296. ÁLVAREZ MORENO, M.T., *La contratación electrónica mediante plataformas en línea: Modelo negocial [B2C], régimen jurídico y protección de los contratantes [proveedores y consumidores], op. cit.*, pág. 9.

297. TEIXERA PEDRO, R., «¿Tres es una multitud? La contratación a través de plataformas online y los desafíos a la ortodoxia contractual», en *Innovación tecnológica, mercado y protección de los consumidores,* obra colectiva, coordinadora ÁLVAREZ MORENO, M.T., Editorial Reus, Madrid, 2018, pág. 118.

celebra un contrato con la plataforma aceptando sus términos y condiciones, y posteriormente los usuarios celebran a través de la plataforma el contrato jurídico de prestación del servicio o compraventa del bien en cuestión.

73. Dejando de lado las dificultades de calificación que plantean las relaciones jurídicas entabladas por los usuarios digitales[298], que no van a ser objeto de estudio en nuestro caso, debe aclararse que la relación que la plataforma en línea entabla con los usuarios digitales será de consumo cuando el usuario digital sea un consumidor, mientras que se calificará como celebrada entre empresarios en los supuestos en que el usuario digital actúe como usuario profesional. Pese a ello, en cualquiera de los dos casos, la naturaleza del contrato firmado entre la plataforma y el usuario digital será la misma[299], ya que en ambos casos el usuario digital, sea profesional o consumidor, se encontrará en una posición de debilidad frente a aquella, tal y como se ejemplifica a continuación.

I] De un lado, los consumidores llevan años siendo víctimas de numerosas prácticas desleales desarrolladas por las plataformas. En este sentido, la COMISIÓN EUROPEA ha dedicado esfuerzos a estudiar las prácticas desleales más comunes a las que se enfrentaron los consumidores en sus compras en línea en 2022. En orden de importancia cuantitativa, estas fueron: publi-

---

298. Las relaciones que los usuarios digitales pueden entablar a través de las plataformas en línea se pueden clasificar en dos grupos: las que se producen entre «pares» [economía colaborativa], y las que se producen entre consumidores y prestadores de servicio profesionales [capitalismo de plataforma]. En el primer grupo se incardinan las relaciones *Business to Business* [B2B] y *Consumer to Consumer* [C2B]. A ninguna de ellas resulta de aplicación la normativa de consumo, por cuanto no existe desequilibrio entre las partes. En el segundo grupo, por su parte, se incardinan las relaciones *Business to Consumer* [B2C] —que son las que serán regidas por la normativa de consumo— y *Consumer to Business* [C2B], que tendrán lugar cuando sea el consumidor el que preste el servicio al empresario. En este último caso, sin embargo, no se aplicará la normativa de consumo, toda vez que el consumidor no actúa como parte débil sino como prosumidor, que es aquel usuario que actúa al mismo tiempo como productor y consumidor de un servicio [es, por ejemplo, un consumidor que vende un artículo de segunda mano a un consumidor o a un empresario de forma ajena a su actividad profesional]. El *prosumidor* interviene, por tanto, en las relaciones C2B y C2C, y a ellos no se les aplica la legislación de consumo, ni tampoco la correspondiente al empresario. El problema que se suscita en esta sede es que no siempre resulta sencillo diferenciar entre la figura del prosumidor y el empresario, razón por la que la UE emitió algunos criterios que pretendieron facilitar la diferenciación de estas figuras en la Comunicación de la Comisión Europea sobre «Una Agenda Europea para la economía colaborativa», de 2 de junio de 2016, págs. 10-11. Los criterios, en síntesis, son tres: la frecuencia con la que se presta el servicio, el ánimo de lucro y el nivel de volumen de negocio. Para más información sobre todo lo anterior, véase, por todos, DE ARTÍÑANO MARRA, P., *Régimen jurídico de las plataformas de mediación electrónica: Nuevas perspectivas para un fenómeno en constante desarrollo*, Thomson Reuters Aranzadi, Cizur Menor [Navarra], 2024, págs. 32-35 y SANCHÍS CRESPO, C., «La economía de plataforma y la entidad Confianza Online», págs. 435-436.

299. CUENA CASAS, M.: «La contratación a través de plataformas intermediarias en línea», *op. cit.,* pág. 328. La única salvedad será la aplicación de las normas de consumo cuando un usuario sea consumidor.

cidad en línea personalizada [76 %], anuncios escondidos entre los resultados de búsqueda [75 %], opiniones de consumidores que no parecen auténticas [69 %], descuentos en línea tan grandes que no parecen auténticos [55 %], *influencers* que anuncian una publicidad pagada sin que lo advierta de forma clara [55 %], explicación poco clara del uso de los datos personales [55 %], falta de entendimiento del orden de los resultados de búsqueda [52 %], insuficiente información sobre el funcionamiento de los servicios en línea «gratuitos» [51 %], diferentes precios a los de otros consumidores [39 %] y la compra de un producto de reventa a un precio superior porque en la página web de la marca oficial está agotado [21 %][300]. De hecho, la frágil situación del consumidor que ilustran todas estas prácticas ha llevado a parte de la doctrina a calificarlo como «vulnerable digital»[301].

---

300   COMISIÓN EUROPEA, «Consumer Conditions Scoreboard», 2023. Versión en línea disponible en: https://commission.europa.eu/system/files/2023-10/consumer_conditions_scoreboard_2023_v1.1.pdf, último acceso el 12 de septiembre de 2024, pág. 19.

301. Ha sido el caso de ARGUELICH COMELLES, C., «Del consumidor vulnerable de la Ley 4/2022 y el derecho europeo de consumo al "consumidor vulnerable digital" y su protección», *op. cit.,* pág. 10. Esta caracterización del consumidor del entorno digital como consumidor *siempre* vulnerable puede resultar, a nuestro modo de ver, en cierto modo atrevida, puesto que la dinámica de la UE no consiste en generalizar el calificativo de vulnerable a todo consumidor —que de por sí ya se considera una parte débil—, sino tan solo a aquellos consumidores que cuenten con rasgos, endógenos o exógenos, que los sometan a una situación de indefensión especial y singularmente agravada. Parece, por tanto, que aunque el consumidor digital también es una parte débil que requiere protección, no se puede considerar vulnerable en todos los casos, sino tan solo en algunos concretos, como podrían ser la falta de conocimientos tecnológicos o la especial vulnerabilidad que niños y adolescentes pueden mostrar a la publicidad y a las prácticas comerciales agresivas, tal y como ha señalado la UE en la Resolución del Parlamento Europeo de 22 de mayo de 2012, sobre una estrategia de refuerzo de los consumidores vulnerables, 2011/2272[INI], considerando C y en COMISIÓN EUROPEA, «Consumer vulnerability across the key markets in the European Union», 2016, versión en línea accesible en: https://commission.europa.eu/system/files/2018-04/consumers-approved-report_en.pdf, último acceso el 12 de septiembre de 2024.
      Más acertada parece la opinión de GONZÁLEZ CAMPO, quien ha afirmado que «en el ámbito de la transformación digital, se ha acreditado una vulnerabilidad más sutil derivada de que una persona puede ser competente digital y usar medios y servicios digitales, pero no estar alfabetizado digitalmente, es decir, no disponer de la solvencia necesaria con las nuevas formas de lectura y escritura. […]. Debe pues, garantizarse a las personas vulnerables las debidas condiciones de accesibilidad a la Administración de justicia […]. Su participación debe darse en igualdad de condiciones que para los sujetos no vulnerables o que las existentes en un entorno no electrónico». GONZÁLEZ CAMPO, F.A., «Acceso a la justicia por el vulnerable digital: la comprensibilidad», en *Los vulnerables ante el proceso civil*, Obra colectiva, directores HERRERO PEREZAGUA, J.F. y LÓPEZ SÁNCHEZ, J., Atelier, Barcelona, 2022, pág. 92.
      Para más detalle sobre la vulnerabilidad del consumidor, véase BOZO HAURI, S. y REMESEIRO REGUERO, R., «El consumidor vulnerable: una categoría a considerar para evitar su sobreendeudamiento», en *Derecho del consumo y protección del consumidor sustentable en la sociedad digital del siglo XXI*, obra colectiva, editora BARONA VILAR, S., Universidad Autónoma de Chile, Chile, 2023, pág. 136, y PÉREZ ESCOLAR, M., «El viajero, consumidor

II] De otro lado, la situación de los empresarios no se puede calificar de preferible. Estos se benefician de las plataformas en línea para distribuir sus bienes y servicios a un mercado mucho más amplio del que podrían alcanzar de otra manera[302], hasta el punto de que necesitan de las plataformas en línea para alcanzar un número elevado de ventas[303]. Resulta revelador en este sentido que, en 2023, un 75 % de los europeos afirmó que habían comprado bienes o servicios en línea el año anterior, que un 61 % de las empresas europeas utilizaron redes sociales el año anterior y un 23 % vendió bienes o servicios en línea el año anterior[304].

Sin embargo, esta dependencia económica provoca que el poder negociador que ostentan los empresarios —sobre todo, pymes y microempresas— frente a las plataformas y motores de búsqueda se vuelva insignificante, algo que les sitúa en una posición de fuerte debilidad. Conscientes de esta asimetría, las plataformas y los motores de búsqueda someten a algunos empresarios a condiciones impuestas de forma unilateral y a prácticas comerciales potencialmente desleales, injustas y contrarias a la buena fe[305].

---

vulnerable. Consideraciones a la luz del moderno Derecho comunitario europeo», *Revista de Derecho Patrimonial*, núm. 44, 2017, págs. 33-67, y Comunicación de la Comisión, de 13 de noviembre de 2020, sobre una Nueva Agenda del Consumidor, Reforzar la resiliencia del consumidor para una recuperación sostenible, COM [2020] 696 final.

302. En esta línea, la UE ha confirmado que las plataformas en línea conforman puntos de entrada importantes, e incluso principales, para que pymes y microempresas puedan tener acceso a ciertos mercados y datos. Comunicación de la Comisión, de 25 de mayo de 2016, sobre Las plataformas en línea y el mercado único digital. Retos y oportunidades para Europa, COM [2016] 288 final, pág. 14.

303. KHAN, L.M., «Amazon's Antitrust Paradox», en *The Yale Law Journal*, núm. 126, 2017, pág. 779. En el mismo sentido, CASTELLÓ PASTOR habla aquí de la dependencia de los empresarios con respecto a los motores de búsqueda, quienes determinan el orden en el posicionamiento de las páginas web de aquellos en las búsquedas y, con ello, condicionan su capacidad de conseguir ventas. CASTELLÓ PASTOR, J.J., «El ranquin de los resultados ofrecidos por buscadores, asistentes digitales y altavoces inteligentes. Un problema no resuelto», *Actas de derecho industrial y derecho de autor*, Tomo 40, 2019-2020, pág. 285.

304. EUROSTAT, «Digitalisation in Europe – 2024 edition», 2024. Accesible en: https://ec.europa. eu/eurostat/web/interactive-publications/digitalisation-2024#businesses-online, último acceso el 12 de septiembre de 2024.

305. La Comunicación de la Comisión, de 25 de mayo de 2016, sobre Las plataformas en línea y el mercado único digital. Retos y oportunidades para Europa, COM [2016] 288 final, pág. 14, ejemplifica algunas de las prácticas comerciales desleales, entre las cuales destacan la imposición de cláusulas y condiciones desleales para acceder a bases de usuarios o datos, la modificación unilateral de estas condiciones de acceso o la falta de transparencia. Otro ejemplo que de forma patente muestra cómo las plataformas aprovechan su poder sobre los empresarios que desarrollan su actividad a través de ellas es el relativo a *Amazon Marketplace*. A través de esta plataforma, la empresa *Amazon*, además de funcionar como intermediaria entre empresarios que venden bienes o servicios y consumidores/empresarios que los contratan, también vende sus propios bienes y servicios. De este modo, *Amazon* no solo cobra entre el 50 y 60 % de las ventas que los empresarios realizan a través de él, sino que utiliza los datos de todas esas ventas para conocer cuáles son los

74. En medio de este panorama, en que los usuarios digitales —consumidores y empresarios— se encuentran en una posición cada vez más débil sobre todo frente a las plataformas en línea, y en que las transacciones online transfronterizas en las que se proyecta esa debilidad y los conflictos que de ellas se derivan son cada vez más comunes, resulta imprescindible instaurar medidas de protección que reequilibren el poder de los usuarios digitales frente a las plataformas en línea. Una de estas medidas la constituyen los medios de solución extrajudicial de litigios en línea, que, como se ha podido apreciar, ofrecen a los usuarios mecanismos rápidos, eficaces, sencillos, flexibles y económicos para resolver sus controversias [generalmente transfronterizas] sin necesidad de acudir a los costosos y largos procesos judiciales.

75. La regulación europea, sin embargo, hasta hace poco no ha brindado mecanismos de ODR adecuados a los usuarios digitales, con independencia de que fueran empresarios o consumidores. Por un lado, ya se ha comprobado que ni la Directiva de mediación ni la Directiva ADR ni Reglamento ODR permiten la adecuada solución extrajudicial de litigios en el entorno digital.

Y por otro lado, con carácter sectorial, aunque la Directiva de comercio electrónico exige que los destinatarios del servicio puedan acudir a *«mecanismos de solución extrajudicial, existentes con arreglo a la legislación nacional para la solución de litigios»* [art. 17], la cuestión es que si los Estados miembros no los preveían —como ocurría sobre todo en el caso de los empresarios— los usuarios digitales no disponían de medios de solución extrajudicial garantistas en contextos transfronterizos. En efecto, las legislaciones nacionales no concebían todavía los ADR-ODR como mecanismos de protección del usuario profesional[306], y pese a que sí lo hacían con respecto a los consumidores, ya se vio que no los tutelaban en el específico ámbito del entorno digital.

---

comportamientos de compra de sus usuarios y tomar sus propias decisiones. Esta práctica conduce a que Amazon se espere a que los empresarios que operan a través de él vendan productos exitosos, y más tarde los copie y los venda a un menor precio gracias a su mayor poder negociador. De este modo, *Amazon* incrementa sus ventas sin riesgo alguno, aprovechándose de que sus clientes son también sus competidores. Y estos, aun conscientes de la situación, siguen vendiendo sus bienes a través de Amazon porque reconocen que de no hacerlo su volumen de ventas sería muy inferior. Para una explicación más detallada de esta práctica véase KHAN, L.M., «Amazon's Antitrust Paradox», *op. cit.,* págs. 780-783.

306. Así lo confirma el cdo. 5 del Reglamento 2019/1150: «La naturaleza de la relación entre los proveedores de servicios de intermediación en línea y los usuarios profesionales también puede conducir a situaciones en las que estos últimos disponen, con frecuencia, de posibilidades limitadas de solicitar reparación cuando las acciones unilaterales de los proveedores de tales servicios desembocan en un litigio. En muchos casos, los proveedores no presentan sistemas internos accesibles y efectivos con que tramitar reclamaciones. Los mecanismos alternativos actuales de resolución extrajudicial de litigios también pueden resultar ineficaces por varias razones, incluida una falta de mediadores especializados y el miedo de los usuarios profesionales a las represalias».

76. Así las cosas, el legislador de la UE ha tratado de paliar esta deficiencia en los últimos años invirtiendo esfuerzos significativos en desarrollar e impulsar medios de solución extrajudicial de controversias en el ámbito europeo destinados a proteger a todo usuario digital, ya fuera empresario o consumidor, sobre todo frente a las poderosas plataformas en línea[307]. En este sentido, se pueden citar mecanismos de ODR incorporados en distintas normas como la Directiva de servicios de comunicación audiovisual [art. 28.ter.7], la Directiva de derechos de autor [art. 17.9], el Reglamento 2019/1150 [arts. 11 y 12], el Reglamento de lucha contra la difusión en línea de contenido terrorista [art. 10] y el Reglamento de Servicios Digitales [arts. 20 y 21].

De esta forma, y sin perjuicio de que más adelante se profundice en los ODR adoptados por las normas antedichas, todas ellas guardan dos interesantes aspectos en común.

En primer lugar, las anteriores son las únicas normas sectoriales europeas —con dos salvedades[308]— que hacen referencia expresa a los medios de solución extrajudicial en línea. Ello es una muestra más de que la UE apuesta por ellos dado que son especialmente adecuados para resolver conflictos derivados del entorno en línea: permiten a las partes resolver sus conflictos —normalmente transfronterizos— sin necesidad de desplazamiento y de forma rápida y sencilla, evitando cuestiones de Derecho Internacional privado.

En segundo lugar, la legitimación activa para recurrir a los ODR previstos en esas normas se otorga a los usuarios digitales, pero no a las plataformas, que tendrán la condición de legitimadas pasivas. En particular, el Reglamento de Servicios Digitales, como se verá, concibe como legitimados activos a los destinatarios del servicio [arts. 20 y 21], la Directiva de servicios de comunicación audiovisual obliga a los Estados miembros a velar por la existencia de ODR que permitan a los usuarios resolver ciertos litigios frente a los prestadores de plataformas de intercambio de vídeos [art. 28.ter.7], la Directiva de derechos de autor obliga a los prestadores de servicios para compartir contenidos en línea a poner a disposición de los usuarios de sus servicios

---

307. De esta situación también da cuenta Fernández Masiá, al reseñar que «hemos de resaltar que, dentro del elenco de obligaciones específicas de diligencia debida previstas para las plataformas en línea, se potencia por parte del legislador europeo las soluciones alternativas a la jurisdicción estatal para resolver los litigios entre los destinatarios del servicio y dichas plataformas, tal y como viene siendo especialmente norma habitual en estos últimos años, en otros casos afines dentro del ámbito digital». Fernández Masiá, E., «Medios alternativos de solución de controversias entre las plataformas en línea y los destinatarios del servicio en el Reglamento europeo de servicios digitales», en *Análisis del Reglamento [UE] de servicios digitales y su interrelación con otras normas de la Unión Europea*, obra colectiva, director Castelló Pastor, J.J., Thomson Reuters Aranzadi, Cizur Menor [Navarra], 2024, pág. 143.

308. Con anterioridad a estos instrumentos encontramos dos que ya hacían referencia a la solución extrajudicial en línea a nivel sectorial: la Directiva de comercio electrónico [art. 17] y, en materia de servicios universales, la Directiva 2002/22 y posterior Directiva 2009/136 [art. 34.2].

mecanismos eficaces de reclamación [art. 17.9], el Reglamento 2019/1150 pone a disposición de usuarios profesionales medios de ODR para impugnar las actuaciones de los proveedores de servicios de intermediación en línea [arts. 11 y 12], y el Reglamento de lucha contra la difusión en línea del contenido terrorista establece un mecanismo eficaz y accesible que ofrece a los usuarios que provean contenidos a los prestadores de servicios de alojamiento de datos [art. 10].

77. De lo anterior se desprende una clara conclusión: a pesar de que el origen de los ADR-ODR en el ámbito europeo de los años 70-80 obedeció a la necesidad de proteger a los consumidores e incrementar su confianza en el mercado interior, los medios de solución extrajudicial creados en el ámbito digital han ido más allá ya, toda vez que extienden su legitimación activa a un concepto más amplio que el de consumidor. Se trata de los usuarios digitales o destinatarios del servicio, un término que, como ya se aclaró, engloba tanto a personas físicas como jurídicas y tanto a consumidores como a empresarios[309].

Así, nos hallamos ante una prueba de que la legislación europea, como mínimo en el ámbito digital, está rebajando la preponderancia que tradicionalmente otorgaba a la figura del consumidor para pasar a proteger jurídicamente también a otros contratantes —con independencia de su condición de consumidor— que se encuentran en situaciones de desequilibrio contractual[310].

Ahora bien, ello no quiere decir que se esté equiparando la figura del empresario débil a la del consumidor. Por el contrario, el legislador de la UE mantiene invariable la definición de consumidor —persona física[311]—, al que sigue protegiendo con mayor intensidad[312], y lo único que hace es pre-

---

309. Extender la protección frente a las plataformas en línea del consumidor al usuario profesional es razonable, teniendo en cuenta que ambos tipos de usuarios se relacionan con las plataformas a través de un contrato de idéntica naturaleza de los que se derivan los mismos problemas [p. ej. parámetros de clasificación en motores de búsqueda], de modo que debe huirse de una «doble regulación de una misma realidad». Cuena Casas, M.: «La contratación a través de plataformas intermediarias en línea», *op. cit.,* pág. 346.

310. Gómez Cardona, G.A., «De la protección de los consumidores a la protección del empresario débil de las cláusulas abusivas», 2015. Versión en línea accesible en https://repository.upb.edu.co/bitstream/handle/20.500.11912/2933/Germ%C3%A1n%20Andr%-C3%A9s%20G%C3%B3mez.pdf?sequence=2, último acceso el 12 de septiembre de 2024, pág. 22.

311. Recuérdese que, a diferencia de lo que ocurre en la legislación europea, en España puede actuar como consumidor tanto una persona física como jurídica, según el art. 3.1 del Real Decreto Legislativo 1/2007, de 16 de noviembre, por el que se aprueba el texto refundido de la Ley General para la Defensa de los Consumidores y Usuarios y otras leyes complementarias, *BOE núm. 287 de 30 de noviembre de 2007.*

312. Así lo confirma Palao Moreno, quien ha asegurado que el interés por proteger al consumidor se ha visto recientemente relanzado con la publicación de la Comunicación de la UE «Nueva Agenda del Consumidor: Reforzar la resiliencia del consumidor para una recuperación sostenible» [COM [2020] 696 final. Palao Moreno, G., «Mercado único y consumidores», *op. cit.,* pág. 33. En el ámbito más concreto del entorno digital europeo, el

ver medidas orientadas a la protección de personas jurídicas, algunas de las cuales son réplicas de las previstas para los consumidores. Es cierto que, aunque esta postura ha sido defendida tanto por el TJUE[313] como por ciertos autores[314], algunas voces doctrinales optan directamente por aconsejar la revisión del concepto de «consumidor»[315], especialmente tras la transformación de tales roles provocada por el entorno digital.

78. Por último, debe señalarse que, pese a que la instauración de medios de solución extrajudicial en línea a nivel europeo que protejan a todo usuario digital frente a las plataformas en línea constituye un motivo de celebración, resulta necesario apuntar que la manera en que se han incorporado en la normativa europea no ha sido la idónea. En este sentido, los ODRs se han incluido en múltiples normas sectoriales europeas dictadas descoordinadamente, lo cual ha conducido a reprochables solapamientos entre ellas y consecuentes ineficacias, que serán expuestos en el último epígrafe de la presente contribución.

3.3. El antecedente: los ODR de la Directiva 2000/31 de comercio electrónico

79. La Directiva 2000/31/CE de comercio electrónico [DCE] constituye una norma de gran relevancia en nuestro estudio por constituir, en el entorno en línea y con carácter horizontal —esto es, aplicable a todos los sectores—, la primera que introdujo una mención a la solución extrajudicial de litigios en línea en uno de sus preceptos. El instrumento en cuestión constituye la antesala del Reglamento de Servicios Digitales. De ahí que vaya a merecer una atención en cierto modo profunda, algo que exige no tanto ceñir su análisis a los medios extrajudiciales, sino ampliarlo a otras cuestiones que sentarán los cimientos para más tarde comprender el citado Reglamento.

En particular, se hace aquí necesario abordar los antecedentes y el contexto en que se dicta la Directiva de comercio electrónico, así como el contenido de esta. Dentro de la regulación sustantiva que ofrece, se profundizará

---

consumidor sigue siendo objeto de intensa protección. En particular, y como se verá en el apartado 1.4 de la segunda parte, el Reglamento de Servicios Digitales ha seguido la línea de la preocupación que mostró la Directiva de comercio electrónico por el consumidor [vid. arts. 10, 11 y 16.2 y cdos. 9, 11, 32, 55 y 65 DCE], incorporando de forma expresa entre sus objetivos *«el principio de protección de los consumidores»*.

313. STJUE de 22 de noviembre de 2001, en los asuntos acumulados C-541/99 y C-542/99, asunto *Cape Snc e Idealservice Srl* [ECLI:EU:C:2001:625].

314. GÓMEZ CARDONA, G.A., «De la protección de los consumidores a la protección del empresario débil de las cláusulas abusivas», *op. cit.,* pág. 25.

315. BASEDOW, J., *EU Private Law: Anatomy of a Growing Legal Order*, Intersentia, Cambridge, 2021, págs. 513 y ss.

en dos cuestiones que suscitan especial relevancia: la responsabilidad de los prestadores de servicios de intermediación, por su estrecha relación con el Reglamento de Servicios Digitales, y la solución extrajudicial de litigios, por razones obvias.

3.3.1. El origen de la Directiva de comercio electrónico

80. Ante los avances tecnológicos de finales del siglo pasado y una sociedad de la información en marcha, la UE vio la necesidad de aprovechar las oportunidades del ámbito digital «sin demora» para obtener «grandes ventajas competitivas»[316] e impulsar el crecimiento económico. Esta intención quedó plasmada en varios documentos[317], que marcaron el crecimiento rápido del comercio electrónico como una de las medidas a seguir.

Para conseguirlo, la UE se enfrentaba a diferentes desafíos[318], constituyendo el primero de ellos la necesidad de superar la fragmentación jurídica a que había dado lugar la distinta respuesta de los Estados miembros a esta nueva realidad consistente en el comercio electrónico. Ello exigía un marco jurídico europeo armonizado en la materia, cuyo resultado fue la aprobación de la Directiva de comercio electrónico, acompañada de otras normas jurídicas reguladoras de otras cuestiones relacionadas, como la firma elec-

---

316. COMISIÓN EUROPEA, «Libro blanco sobre crecimiento, competitividad y empleo. Retos y pistas para entrar en el siglo XXI», en Boletín de las Comunidades Europeas, Suplemento 6/93, Luxemburgo, 1993. Versión en línea accesible en: https://cefyca.catedu.es/wp-content/uploads/sites/203/2019/10/LB1993CrecimientoCompetitividadYEmpleoI.pdf, último acceso el 12 de septiembre de 2024, págs. 25 y 104.

317. Además del antes citado Libro Blanco, algunas de estas iniciativas fueron la Comunicación de la Comisión, de 19 de julio de 1994, sobre una Europa en marcha hacia la sociedad de la información. Plan de actuación, COM [94] 347 final; la Comunicación de la Comisión, de 24 de julio de 1996, sobre la sociedad de la información: las nuevas prioridades surgidas entre Corfú y Dublín, COM [96] 395 final; la Comunicación de la Comisión, de 27 de noviembre de 1996, sobre «Europa en la vanguardia de la sociedad mundial de la información. Plan de actuación móvil», COM [96] 607 final; la Comunicación de la Comisión, de 16 de octubre de 1996, sobre contenidos ilícitos y nocivos en Internet, COM [96] 487 final; la Comunicación de la Comisión, de 16 de octubre de 1996, libro verde sobre la protección de los menores y de la dignidad humana en los nuevos servicios audiovisuales y de información, COM [96] 483 final; la Comisión de la Comisión, de 8 de octubre de 1997, sobre el fomento de la seguridad y la confianza en la comunicación electrónica, COM [97] 503 final; la Comunicación de la Comunicación, de 16 de abril de 1997, sobre iniciativa europea de comercio electrónico, COM [97] 157 final, y la Comunicación de la Comisión, de 4 de febrero de 1998, sobre la mundialización y la sociedad de la información. Necesidad de reforzar la coordinación internacional, COM [1998] 50 final.

318. Los otros dos retos eran garantizar el acceso a las tecnologías a todos los ciudadanos e incrementar la confianza de estos en el comercio electrónico. Para afrontar el primero se previeron medidas como la liberalización de los mercados de telecomunicaciones y TIC. En relación con el segundo, se implantaron tecnologías que dotaran de seguridad a las transacciones, como las firmas y certificados digitales.

trónica[319], los derechos de propiedad intelectual[320], la protección de datos e intimidad[321] o los contratos a distancia[322].

81. Cabe señalar que el conjunto de esta nueva normativa partió del principio de no alteración de la regulación preexistente. En consecuencia, no sustituyó al derecho contractual aplicable al ámbito fuera de línea —legislación civil, mercantil, de consumo—, sino que lo mantuvo en el entorno en línea, añadiéndole una nueva regulación cuyo objeto era disciplinar el comercio electrónico, dadas las peculiaridades técnicas que comportaba[323] [art .1.3 y cdo. 21 DCE].

---

319. Directiva 1999/93/CE del Parlamento Europeo y del Consejo, de 13 de diciembre de 1999, por la que se establece un marco comunitario para la firma electrónica, *DO núm. L 13, de 19 de enero de 2000,* ya derogada por el Reglamento [UE] 910/2014 del Parlamento Europeo y del Consejo, de 23 de julio de 2014, relativo a la identificación electrónica y los servicios de confianza para las transacciones electrónicas en el mercado interior y por la que se deroga la Directiva 1999/93/CE, *DO núm. L 257, de 28 de agosto de 2014.*

320. Directiva 2001/29/CE del Parlamento Europeo y del Consejo, de 22 de mayo de 2001, relativa a la armonización de determinados aspectos de los derechos de autor y derechos afines a los derechos de autor en la sociedad de la información, *DO núm. L 167, de 22 de junio de 2001*, modificada por la Directiva [UE] 2019/790 del Parlamento Europeo y del Consejo, de 17 de abril de 2019, sobre los derechos de autor y derechos afines en el mercado único digital y por la que se modifican las Directivas 96/9/CE y 2001/29/CE, *DO núm. L 130, de 17 de mayo de 2019.*

321. Directiva 2002/58/CE del Parlamento Europeo y del Consejo, de 12 de julio de 2002, relativa al tratamiento de los datos personales y a la protección de la intimidad en el sector de las comunicaciones electrónicas [Directiva sobre la privacidad y las comunicaciones electrónicas], *DO núm. L 201 de 31 de julio de 2002*; y Directiva 95/46/CE del Parlamento Europeo y del Consejo, de 24 de octubre de 1995, relativa a la protección de las personas físicas en lo que respecta al tratamiento de datos personales y a la libre circulación de estos datos, *DO núm. L 281, de 23 de noviembre de 1995*, derogada por el Reglamento [UE] 2016/679 del Parlamento Europeo y del Consejo, de 27 de abril de 2016, relativo a la protección de las personas físicas en lo que respecta al tratamiento de datos personales y a la libre circulación de estos datos y por el que se deroga la Directiva 95/46/CE [Reglamento general de protección de datos], *DO núm. L 119, de 04 de mayo de 2016.*

322. Directiva 97/7/CE del Parlamento Europeo y del Consejo de 20 de mayo de 1997, relativa a la protección de los consumidores en materia de contratos a distancia, *DO núm. L 144, de 04 de junio de 1997*, derogada por la Directiva 2011/83/UE del Parlamento Europeo y del Consejo, de 25 de octubre de 2011 , sobre los derechos de los consumidores, por la que se modifican la Directiva 93/13/CEE del Consejo y la Directiva 1999/44/CE del Parlamento Europeo y del Consejo y se derogan la Directiva 85/577/CEE del Consejo y la Directiva 97/7/CE del Parlamento Europeo y del Consejo, *DO núm. L 304, de 22 de noviembre de 2011.*

323. Ahora bien, hay quien señala que este principio no siempre se respeta, y prueba de ello es la regulación *ad hoc* que del contrato de suministro de contenidos digitales realiza la Directiva [UE] 2019/770 del Parlamento Europeo y del Consejo, de 20 de mayo de 2019, relativa a determinados aspectos de los contratos de suministro de contenidos y servicios digitales, *DO núm. L 136 de 22 de mayo de 2019*. CASTILLO PARRILLA, J.A., «El impulso normativo europeo en el marco de la estrategia para el mercado único digital de Europa y los principios de la contratación electrónica en España. Especial referencia al contrato para el suministro de contenidos digitales», *op. cit.,* pág. 124.

3.1.2. Una breve recapitulación de la Directiva de comercio electrónico

82. Sin ánimo de exhaustividad, resulta de interés destacar algunos de los elementos esenciales de la Directiva de comercio electrónico. Para empezar, la Directiva tiene como principal objetivo garantizar *«la libre circulación de los servicios de la sociedad de la información entre los Estados miembros»* [art. 1][324]. Es decir, pretende asegurar que todas las empresas y ciudadanos puedan prestar y recibir libremente servicios de la sociedad de la información por encima de las fronteras[325], para así fortalecer el mercado interior.

Bajo este marco, el prestador de servicios de la sociedad de la información establecido en un Estado miembro deberá cumplir con la legislación correspondiente de ese Estado miembro —incluyendo la norma de transposición de la DCE— [art. 3], siendo ello suficiente para poder prestar sus servicios en todos los Estados miembros, sin necesidad de contar con autorización previa[326] y con independencia de los requisitos impuestos por la regulación del Estado receptor de los servicios [art. 4]. Ello conlleva dos implicaciones fundamentales.

De un lado, la DCE no afecta a la situación de las empresas de terceros países, manteniendo el *statu quo* por lo que respecta al panorama jurídico que encuentran las empresas no europeas que realizan negocios en Europa[327]. De otro lado, los Estados miembros han de tener confianza mutua en su legislación [heterogénea] relativa al ámbito coordinado[328] y, en concreto, han de aceptar que la protección concedida por la legislación del país de origen en materia de comercio electrónico y relacionadas es suficiente para proteger a sus propios ciudadanos[329].

---

324. Recuérdese, en este punto, que el derecho digital europeo regula de forma separada los servicios de la sociedad de la información de la infraestructura de telecomunicaciones [redes] que los transportan. Para más detalle, véase MENÉNDEZ MATO, J.C. y BRECCIA, H., *El contrato vía Internet*, Bosch Editor, Barcelona, 2005, págs. 105 y ss.

325. PALACIO, A., «La Unión Europea y el comercio electrónico», en *Arbor*, núm. 690, junio de 2003, pág. 829.

326. Ahora bien, evidentemente sí podrá exigirse esta autorización cuando la prestación del mismo servicio por vías no electrónicas exija autorización [art. 4.2 DCE].

327. PALACIO, A., «La Unión Europea y el comercio electrónico», *op. cit.,* pág. 832.

328. El ámbito coordinado equivale al conjunto de requisitos que debe cumplir el prestador de servicios de la información para iniciar la actividad [autorizaciones o similares] y ejercerla [calidad del servicio, publicidad, responsabilidad, entre otras] [art. 2.h] DCE]. Estos requisitos o exigencias que conforman el ámbito coordinado serán siempre regulados por la ley del país donde el prestador del servicio esté establecido, a salvo de las excepciones relacionadas con el orden público del art. 3.4.

329. PALACIO, A., «La Unión Europea y el comercio electrónico», *op. cit.,* pág. 829. Este «recíproco conocimiento legislativo» ha sido bautizado como un principio exclusivo del ámbito europeo. ILLESCAS, R., *Derecho de la contratación electrónica*, Aranzadi Thomson Reuters, Cizur Menor [Navarra], 3.ª ed., 2019. Versión en línea. Otros lo conciben

Como resultado, la combinación de la aplicación de la ley del país de origen y la prohibición de autorización previa, junto con las exenciones de responsabilidad de los prestadores de servicios intermediarios [arts. 12 a 15], hicieron de internet una de las industrias menos reguladas en el momento de aprobación de la DCE[330].

83. Ahora bien, la flexibilidad resultante del principio de libre prestación de servicios se ve en cierto modo atenuada por las obligaciones generales que la DCE impone a los prestadores de servicios de la sociedad de la información, dirigidas a asegurar que la prestación de estos servicios sea acorde a la protección de intereses generales como la protección de los consumidores[331]. Por tanto, la DCE apuesta por una armonización de mínimos, de modo que no sienta un régimen jurídico completo de prestación de los servicios de la sociedad de la información en los distintos Estados miembros [p. ej. no regula normas de seguridad, de etiquetado o de distribución][332], sino que se limita a imponer ciertos requisitos u obligaciones generales[333] relacionadas con la información general a divulgar [art. 5], las comunicaciones comerciales [arts. 6 a 8] y la contratación por vía electrónica [arts. 9 a 11].

3.1.3. El ámbito de aplicación subjetivo de la DCE y, en especial, los prestadores de servicios intermediarios

84. La DCE tan solo se aplica a relaciones surgidas entre un prestador de servicios de la sociedad de la información y su destinatario[334].

---

como un principio de reconocimiento mutuo. DÍAZ FRAILE, J.M., «Aspectos jurídicos más relevantes de la directiva y del proyecto de ley español de comercio electrónico» en *Contratación y comercio electrónico*, obra colectiva, director ORDUÑA MORENO, F.J. y coordinadores CAMPUZANO LAGUILLO, A.B. y PLAZA PENADÉS, J., Tirant lo Blanch, Valencia, pág. 86.

330. SAVIN, A., «Designing EU digital laws», en *Research Handbook on EU Internet Law*, 2.ª ed., obra colectiva, coordinadores SAVIN, A. y TRZASKOWSKI, J., Edward Elgar Publishing, Reino Unido, 2023, pág. 64.

331. GARCÍA COSO, E., «Las bases legales del comercio electrónico en la UE», en *Revista de estudios jurídicos, económicos y sociales*, vol. 1, 2003, pág. 2.

332. BARRIO ANDRÉS, M., *Manual de Derecho Digital*, Tirant Lo Blanch, Valencia, 2.ª ed., 2022, pág. 148.

333. Ahora bien, la DCE no es la única normativa aplicable a los servicios de la sociedad de la información. En particular, estos también pueden ser incardinados en otras categorías de servicios [p. ej. audiovisuales, de transporte, alojamiento…] y quedar sometidos también a ese régimen. Por tanto, las obligaciones impuestas al prestador de servicios no dependen de su condición de tal, sino del tipo de servicios que presta, pudiendo someterse a distintas obligaciones para cada uno de los servicios [además de la normativa aplicable sobre protección de datos, consumo, propiedad industrial…].

334. MENÉNDEZ MATO, J.C. y BRECCIA, H., *El contrato vía Internet, op. cit.*, pág. 207.

El prestador de servicios se define como cualquier persona física [p. ej. empresario individual, incluyendo *influencers* o *bloggers*][335] o jurídica [p. ej. sociedades de capital] que *«suministre un servicio de la sociedad de la información»* [art. 2.b] DCE], definiéndose este último como *«todo servicio prestado normalmente a cambio de una remuneración, a distancia, por vía electrónica y a petición individual de un destinatario de servicios»* [art. 1.1.b] y Anexo I Directiva 2015/1535[336], por remisión del art. 2.a] DCE]. Dicho de otro modo, los prestadores de servicios de la sociedad de la información son aquellos que prestan, siguiendo a DE MIGUEL ASENSIO, «actividades típicas de los prestadores de servicios de Internet y de los suministradores de servicios y de contenidos en línea, incluida la actividad de los prestadores de servicios de redes sociales y la organización de subastas»[337].

Por su parte, el destinatario de servicios es *«cualquier persona física o jurídica que utilice un servicio de la sociedad de la información por motivos profesionales o de otro tipo y, especialmente, para buscar información o para hacerla accesible»* [art. 2.d] DCE]. De este modo, el concepto de destinatario del servicio es más amplio que el del consumidor[338], pues engloba tanto a personas físicas como jurídicas y tanto a consumidores como a empresarios[339], pudiéndose afirmar que todo consumidor es destinatario del servicio, pero no del revés.

---

335. BARRIO ANDRÉS, M., *Manual de derecho digital, op. cit.,* pág. 145.

336. Directiva [UE] 2015/1535 del Parlamento Europeo y del Consejo, de 9 de septiembre de 2015 por la que se establece un procedimiento de información en materia de reglamentaciones técnicas y de reglas relativas a los servicios de la sociedad de la información [versión codificada]. *DO núm. L 241, de 17 de septiembre de 2015.* Más en concreto, su art. 1.1.b] define tres de los cuatro requisitos que deben concurrir en cualquier servicio de la sociedad de la información:
I] «a distancia», un servicio prestado sin que las partes estén presentes simultáneamente,
II] «por vía electrónica», un servicio enviado desde la fuente y recibido por el destinatario mediante equipos electrónicos de tratamiento [incluida la compresión digital] y de almacenamiento de datos y que se transmite, canaliza y recibe enteramente por hilos, radio, medios ópticos o cualquier otro medio electromagnético,
III] «a petición individual de un destinatario de servicios», un servicio prestado mediante transmisión de datos a petición individual.
Además, en el Anexo I se incluye una lista de servicios que en ningún caso serán considerados servicios de la sociedad de la información por no cumplir alguno de los tres requisitos más arriba definidos [p. ej. reserva de billetes de avión a través de una red de ordenadores realizada en una agencia de viajes en presencia física del cliente, servicios de telefonía vocal, servicios de radiodifusión televisiva y sonora].

337. DE MIGUEL ASENSIO, P.A., *Derecho privado de internet*, Thomson Reuters Aranzadi, Cizur Menor [Navarra], 6.ª ed., 2022, pág. 156.

338. Según el art. 2.e] DCE, el consumidor se define como *«cualquier persona física que actúa con un propósito ajeno a su actividad económica, negocio o profesión»*.

339. VEGA VEGA, J.A., *Contratos electrónicos y protección de los consumidores,* Editorial Reus, Madrid, 2005, pág. 93.

Con ello, la DCE deja de lado la dicotomía empresario-consumidor para pasar a regular las relaciones prestador del servicio-destinatario del servicio, que normalmente equivaldrán a relaciones empresario-empresario [B2B] o empresario-consumidor [B2C][340]. A efectos expositivos, se debe aclarar que, en ocasiones, en lugar de destinatario del servicio, se hará referencia al usuario digital o, sencillamente, al usuario, pudiendo utilizar ambos términos de manera indistinta[341].

85. Los prestadores de servicios de la sociedad de la información se pueden agrupar en dos categorías[342], en función del tipo de servicio de la sociedad de la información que presten, esto es, de intermediación o no. Esta clasificación, que trae como origen la distinta posición que unos y otros mantienen con respecto al control del contenido a cuya transmisión contribuyen, resulta singularmente relevante dado que se mantiene en el Reglamento de Servicios Digitales.

Así, la primera categoría es la de los prestadores de servicios que realizan actividades de contratación electrónica, compuesta por aquellos prestadores dedicados al desarrollo de actividades de contratación electrónica [p. ej. dedicados a la venta de bienes y servicios en línea].

La segunda categoría, por su parte, está comprendida por los prestadores de servicios de intermediación, que son aquellos terceros ajenos a la relación contractual de contratación de bienes y servicios[343], pero necesarios para utilizar el resto de los servicios de la sociedad de la información. La DCE, pese a referirse a ellos, no los define, a diferencia de la LSSI, que los concibe en su Anexo.b] como *«servicio de la sociedad de la información por el que se facilita la prestación o utilización de otros servicios de la sociedad de la información o el acceso a la información»*.

---

340. *Ídem*, pág. 104.

341. De hecho, la Recomendación [UE] 2018/334 de la Comisión, de 1 de marzo de 2018, sobre medidas para combatir eficazmente los contenidos ilícitos en línea, *DO núm. L 63, de 6 de marzo de 2018*, define al usuario en su apartado 4.c] del Capítulo I como «cualquier persona física o jurídica que sea el destinatario de los servicios prestados por un prestador de servicios de alojamiento de datos».

342. A esta categoría se le puede añadir una tercera, que es la de prestadores de servicios de certificación de firma electrónica, que se dedican a prestar servicios relacionados con ella. Sin embargo, cuentan con una regulación propia y por tanto no quedan bajo la DCE, sino bajo el Reglamento [UE] 910/2014 del Parlamento Europeo y del Consejo, de 23 de julio de 2014, relativo a la identificación electrónica y los servicios de confianza para las transacciones electrónicas en el mercado interior y por la que se deroga la Directiva 1999/93/CE. *DO núm. L 257 de 28 de agosto de 2014.*

343. MORENO NAVARRETE, M.A., *DERECHO-e. Derecho del Comercio Electrónico,* Marcial Pons, Madrid, 2002, pág. 30.

A su vez, los prestadores de esta segunda categoría se pueden agrupar en tres clases distintas[344], según el tipo de servicio de intermediación que prestan[345].

I] Los prestadores de servicios intermediarios dedicados a la transmisión de datos [*routing* o *mere conduit*], que pueden subdividirse, al mismo tiempo, en dos. Por una parte, los proveedores de acceso son los encargados de facilitar el acceso a la red de telecomunicaciones. Por otra parte, los operadores de redes son aquellos que se dedican a transmitir la información por las redes de telecomunicaciones. Al respecto, ambas actividades incluyen el almacenamiento automático, provisional y transitorio de los datos, siempre que exclusivamente sirva para permitir su transmisión a través de la red de telecomunicaciones.

II] Los proveedores de servicios dedicados a realizar copias temporales de los datos solicitados por los usuarios son el segundo grupo de prestadores de servicios intermediarios [*caching*], quienes realizan copias temporales de la información y las almacenan de forma automática, provisional y temporal en sus sistemas para incrementar la eficacia de la transmisión ulterior de los datos a otros destinatarios que los soliciten, ya que la información no deberá solicitarse de nuevo a los servidores de origen, sino a servidores intermediarios más cercanos.

III] Los proveedores de servicios de alojamiento o almacenamiento de datos conforman la última categoría. En particular, estos se dedican a albergar de forma no temporal los datos proporcionados por el destinatario del servicio, que puede consultarlos y utilizarlos cuando quiera [*hosting*].

86. Aunque la DCE impone un conjunto de obligaciones generales a todos los prestadores de servicios de la sociedad de la información —incluyendo ambas categorías— [arts. 5 a 11 DCE], la norma presta una atención especial a los prestadores de servicios intermediarios, para los cuales configura un régimen de exención de responsabilidad legal *ad hoc* [arts. 12 a 15 DCE]. La idea de base —en síntesis— es la siguiente: a diferencia de los prestadores de servicios de la sociedad de la información que realizan actividades

---

344. GRAMUNT FOMBUENA, M.D., «El estatuto jurídico de los prestadores de servicios de la sociedad de la información», en *La regulación del comercio electrónico*. Totalmente adaptado a la LSSICE y a la modificación de la ley del comercio minorista, obra colectiva, coordinadora BARRAL VIÑALS, I., Dykinson, Madrid, 2003, págs. 33 y ss. La LSSI incorpora un cuarto tipo de prestador de servicios intermediarios, dedicado a posibilitar el acceso a enlaces de contenidos o instrumentos de búsqueda [*linking*] [art. 17], el cual, sin embargo, no se menciona en la DCE.

345. Como se verá, el Reglamento de Servicios Digitales tampoco otorga una definición en sentido estricto de servicio intermediario, pues se limita a equipararlos a los tipos de servicios intermediarios [mera transmisión, memoria caché y alojamiento de datos], sin ofrecer una definición del concepto que los engloba a todos [art. 3.g]. Como mucho, el cdo. 28 del Reglamento se refiere a ellos como «los prestadores de servicios que establecen y facilitan la arquitectura lógica subyacente y el correcto funcionamiento de internet».

de contratación electrónica —quienes actúan como meros proveedores de contenido—, los prestadores de servicios intermediarios no proporcionan su propio contenido a través de internet, sino que en principio se limitan a proveer de acceso a internet y a transmitir y alojar la información proveída por terceros, ya sea de forma temporal o permanente.

De esta manera, resulta lógico que la responsabilidad sobre el daño que pueda causar la información que estos prestadores transportan y a cuya circulación contribuyen de modo directo[346] no recaiga sobre ellos sino sobre los terceros titulares de ella. De ahí que la DCE prevea como regla general la exención de responsabilidad de los prestadores de servicios intermediarios —los cuales en principio no controlan la información que transmiten o alojan[347]—.

Con base en lo anterior, la DCE quiso incorporar en toda la UE «una base adecuada para elaborar mecanismos rápidos y fiables que permitan retirar información ilícita y hacer que sea imposible acceder a ella» [cdo. 40][348], pero que también tuviera en cuenta los intereses de los proveedores de servicios intermediarios [cdo. 41], ya que responsabilizarles de los daños causados por los contenidos y actividades ilícitas realizadas por terceros obstaculizaría su buen funcionamiento[349].

87. De este modo, la DCE prohíbe a los Estados miembros que impongan a los prestadores de servicios intermediarios obligaciones generales de supervisar la información que transmitan o de realizar búsquedas activas de hechos o actividades ilícitas —lo cual sería extremadamente gravoso para ellos— [art. 15 DCE], pero configura un régimen que impide a los prestadores de servicios intermediarios eximirse de responsabilidad por la información ilícita que transportan o almacenan cuando la conozcan o tengan un comportamiento activo en relación con la misma [arts. 12 a 15 DCE]. Por el contrario, cuando la actividad de intermediación se lleve a cabo de forma neutra y técnica [cdo. 42], de modo que ni controlen ni tengan la posibilidad de conocer la actividad o el contenido ilícito, los prestadores de servicios intermediarios no serán responsables por los daños causados por esa ilicitud, accediendo así a los puertos seguros *[safe harbours]* o exenciones de los arts. 12 a 14 DCE.

---

346. ILLESCAS, R., *Derecho de la contratación electrónica, op. cit.,* versión en línea. Estos daños pueden producirse porque la propia información lesione derechos e intereses ajenos, o porque se destruya, altere o inutilice información ajena. Para más detalle sobre los daños, véase CLEMENTE MEORO, M.E., «La responsabilidad civil de los prestadores de servicios de la sociedad de la información», *op. cit.*, pág. 17.

347. DE MIGUEL ASENSIO, P.A., *Derecho privado de internet, op. cit.,* págs. 297-298.

348. Estas y otras razones, explicadas en mayor extensión por CLEMENTE MEORO, llevaron a la jurisprudencia primero y al legislador después a responsabilizar a los intermediarios por la información que transmiten o alojan. Véase CLEMENTE MEORO, M.E., *«La responsabilidad civil de los prestadores de servicios de la sociedad de la información», op.cit.,* pág. 34.

349. CUENA CASAS, M.: «La contratación a través de plataformas intermediarias en línea», *op. cit.*, pág. 314.

En concreto, la DCE detalla cuáles son los requisitos que los prestadores de servicios intermediarios deben cumplir para poder exonerarse de la responsabilidad, los cuales son distintos para cada uno de los tres tipos de prestadores de servicios intermediarios.

I] Los prestadores de servicios de mera transmisión de datos [proveedores de acceso y operadores de redes] podrán exonerarse de responsabilidad por el contenido que transmitan cuando mantengan una posición neutra respecto de este, esto es, cuando no hayan originado la transmisión, no seleccionen al destinatario ni tampoco seleccionen ni modifiquen el contenido que se transmite [art. 12 DCE]. Por lo tanto, por mucho que transmitan datos que por ejemplo vulneren un derecho de autor, no serán responsables de dicha vulneración a no ser que no lleven a cabo una actividad técnica, automática y pasiva.

II] Los prestadores de servicios de copia temporal deben cumplir con un doble comportamiento, activo y pasivo, para no ser responsables por la información que almacenan[350]. El comportamiento o requisito pasivo consiste en no modificar la información y no interferir en la utilización lícita de tecnología ampliamente reconocida y utilizada por el sector. Por su parte, el comportamiento activo consiste en tan solo permitir el acceso a la información a los destinatarios que cumplan con las condiciones impuestas [el prestador responde si pudo y debió evitar que la información llegara a estos destinatarios], cumplir con las normas relativas a la actualización de la información, así como actuar con prontitud para retirar la información que haya almacenado cuando tenga conocimiento efectivo de que se ha retirado del lugar de la red en que se encontraba inicialmente, que se ha imposibilitado su acceso o que una autoridad ha ordenado retirarla [art. 13 DCE].

III] Los prestadores de servicios de alojamiento de datos no serán responsables por el contenido que alojan siempre y cuando no conozcan que el mismo es ilícito y, en cuanto tenga conocimiento de ello, actúe con prontitud para retirarlo o impedir el acceso al mismo [art. 14 DCE][351]. Se trata así de una responsabilidad que requiere la culpa o negligencia del alojador de datos, al no conocer ni retirar oportunamente la información ilícita[352].

---

350. GRAMUNT FOMBUENA, M.D., «El estatuto jurídico de los prestadores de servicios de la sociedad de la información», *op. cit.,* pág. 34.

351. Se cuestiona si este régimen de responsabilidad puede excluirse mediante pacto entre las partes. Según ILLESCAS, ello debería admitirse al amparo de la libertad contractual y la buena fe, siempre y cuando las partes sean profesionales [en ningún caso consumidores], se haga de forma expresa y no se exonere de forma absoluta de responsabilidad a los intermediarios. ILLESCAS, R., *Derecho de la contratación electrónica, op.cit.,* versión en línea.

352. Ahora bien, hay que tener en cuenta que la responsabilidad de los intermediarios no siempre es subjetiva, puesto que en algunos supuestos se prescinde de la negligencia; por ejemplo, cuando el proveedor de acceso no lo provee por un problema técnico fortuito, en cuyo caso también responde. Así, CLEMENTE MEORO, M.E, *«La responsabilidad civil de los prestadores de servicios de la sociedad de la información», op.cit.,* págs. 99 y 116.

88. Cuando los prestadores de servicios intermediarios se ajusten a los requisitos anteriores que les corresponda, quedarán exentos de responsabilidad por la información proporcionada por terceros que transmiten, almacenan temporalmente o alojan, ya se trate de una responsabilidad contractual o extracontractual. Conviene precisar que, en el caso de los prestadores de servicios de alojamiento de datos —que en nuestro estudio son los más relevantes porque las plataformas en línea lo son—, la responsabilidad de la que se suelen eximir suele ser extracontractual, que es aquella a la que se enfrenta la plataforma cuando el contenido ilícito proporcionado por tercero y alojado por ella ocasiona un daño a una víctima con la que la plataforma en línea no está vinculada contractualmente [no es usuaria] o, estándolo, el daño no se deriva de un incumplimiento contractual[353]. Algunos ejemplos son infracciones de derechos de propiedad intelectual, de protección de datos o difamación.

A la inversa, el incumplimiento de los requisitos de los arts. 12 a 14 DCE, según corresponda, por parte de los prestadores de servicios intermediarios, aunque obstaculiza la aplicación de la exención no conduce necesariamente a la responsabilidad por el contenido, que solo surgirá si así lo establece la ley nacional aplicable[354].

89. No obstante, debe admitirse que, a la vista de todos los requisitos expuestos, y teniendo en cuenta que en el momento de aprobar la DCE los prestadores de servicios eran verdaderos intermediarios y nada más, estos por lo general quedaban alejados de toda responsabilidad por la información transmitida o alojada, salvo que ejercieran un control editorial sobre la misma[355].

3.1.4. Los ODR en la Directiva de comercio electrónico

90. El comercio electrónico, igual que su homólogo fuera de línea, constituye un escenario donde pueden surgir conflictos entre sus participantes

---

353. Para más detalle sobre la responsabilidad civil contractual y extracontractual a la que hacen frente las plataformas en línea, véase el excelente análisis de DE ARTÍÑANO MARRA, P., *Régimen jurídico de las plataformas de mediación electrónica: Nuevas perspectivas para un fenómeno en constante desarrollo, op. cit.*, págs. 141-232.

354. PEGUERA POCH, M.: «Solo sé que no sé nada [efectivamente]: la apreciación del conocimiento efectivo y otros problemas en la aplicación judicial de la LSSI» en, *Revista de Internet, Derecho y Política*, núm. 5, 2007, pág. 10: «El hecho de no poder invocar dicha exclusión tampoco significa que el prestador vaya a ser automáticamente responsable de los contenidos. Esto es así porque los artículos 14 a 17 no son normas de atribución de responsabilidad, sino de exclusión de responsabilidad. Que el prestador no puede valerse de dicha exclusión no significa necesariamente que se le pueda declarar responsable. Para esto último, es preciso que alguna norma del ordenamiento anude a la conducta de dicho prestador la consecuencia del deber legal de responder de los contenidos. Para que surja dicho deber, naturalmente, deberán concurrir todos los requisitos que esa norma de atribución de responsabilidad haya dispuesto para ello. En el caso de la responsabilidad civil, deberá considerarse tanto la negligencia como la existencia del daño, así como la relación de causalidad».

355. SAVIN, A., «Designing EU digital laws», *op. cit.*, pág. 63.

—prestadores y destinatarios de los servicios de la sociedad de la información—. Estas controversias suelen contar con un alcance transfronterizo y escaso valor económico, de modo que las soluciones judiciales —lentas, burocráticas y costosas— no parecen ser oportunas para su resolución[356]. Y si no se resuelven, el comercio electrónico no es sostenible a largo plazo[357].

En este contexto, tal y como hubo ocasión de apuntar más arriba, los medios extrajudiciales de solución de conflictos en línea se alzan como las fórmulas más adecuadas con las que resolver los conflictos derivados del comercio electrónico, incrementando la confianza de los operadores del entorno digital. Resulta razonable, entonces, que la DCE incorpore dos vías distintas para promocionar el uso de los ADR-ODR[358]: el art. 17 que lleva por rúbrica *«Solución extrajudicial de litigios»* y, tal vez de forma más implícita, el art. 16, referido a los códigos de conducta.

I] En primer lugar, el art. 17 reza que *«Los Estados miembros velarán por que, en caso de desacuerdo entre un prestador de servicios de la sociedad de la información y el destinatario del servicio, su legislación no obstaculice la utilización de los mecanismos de solución extrajudicial, existentes con arreglo a la legislación nacional para la solución de litigios, incluso utilizando vías electrónicas adecuadas»*. Además, los Estados miembros deberán alentar a los órganos encargados de la solución extrajudicial de litigios a ofrecer un procedimiento con garantías, especialmente a los consumidores[359]. En consonancia con ello, el cdo. 51 traduce lo anterior exigiendo que los Estados miembros ajusten su legislación que pueda «entorpecer la utilización de los mecanismos de solución extrajudicial de conflictos por vías electrónicas adecuadas» para «hacer posible el funcionamiento de tales mecanismos de forma real y efectiva».

En pocas palabras, el art. 17 obliga a los Estados miembros a asegurar que los conflictos surgidos en el contexto de la DCE puedan resolverse acudiendo a los mecanismos extrajudiciales de solución de conflictos previstos en la legislación nacional, tal y como ocurriría cuando un conflicto análogo surge

---

356. GONZÁLEZ MALABIA, S., *Tutela judicial del comercio electrónico*, Tirant lo Blanch, Valencia, 2004, pág. 67.

357. ZHAO, Y., *Dispute Resolution in Electronic Commerce, op. cit.,* pág. 7.

358. Recuérdese que la DCE se incardina en la primera fase de la evolución de los medios de solución extrajudiciales, limitándose a fomentar su uso o, en este caso, a no impedirlo.

359. En vez de exigir un procedimiento con garantías, la propuesta de Directiva de comercio electrónico explicitaba estas garantías, al requerir que a estos procedimientos se les apliquen «los principios de independencia, transparencia, contradicción, eficacia del procedimiento, legalidad de la decisión, libertad de las partes y representación» [art. 17.2 de la Propuesta de directiva del Parlamento Europeo y del Consejo relativa a determinados aspectos jurídicos del comercio electrónico en el mercado interior, COM [1998] 586 final — 98/0325[COD]. *DO núm. C de 05 de febrero de 1999.*

en el comercio fuera de línea[360]. La peculiaridad, en este caso, es la última coletilla última del precepto, que incide en la conveniencia de resolver los litigios surgidos en línea también online.

Lo anterior conduce a una situación paradójica. Mientras que los principios de control en origen y libre prestación de servicios de la DCE [arts. 3 y 4] hacen de la Unión Europea el mercado de las empresas participantes en el comercio electrónico —las cuales sustituyen su mercado nacional por el mercado único[361]—, la DCE no unifica en ningún caso la resolución de controversias a nivel europeo, sino que el marco de solución extrajudicial —igual que el judicial— seguirá siendo nacional[362]. De esta manera, es cada Estado miembro el que decide, imponiendo su legislación, cuáles son los medios judiciales y extrajudiciales que pone a disposición de los participantes en el comercio electrónico para resolver los conflictos que surjan entre ellos y qué garantías les ofrecen. El único límite con el que cuentan se refiere a que no obstaculicen la utilización y el desarrollo de los ADR[363].

II] En segundo lugar, la DCE también pretende —y si esta no era su intención, así lo consiguió— incentivar el uso de los medios extrajudiciales de solución de controversias ofreciendo la posibilidad de autorregularlos a través de códigos de conducta.

Por su parte, el art. 16 DCE fomenta la elaboración y la participación en códigos de conducta en la contratación electrónica, de modo que las distintas empresas u organizaciones comerciales, profesionales o de consumidores o un conjunto de ellas pueden regular su propio comportamiento en el escenario del comercio electrónico. En mayor profundidad, el citado precepto promueve los códigos de conducta —tanto nacionales como de la UE— en dos ámbitos concretos: la correcta aplicación de los arts. 5 a 15 DCE, y la protección de los menores y la dignidad humana [art. 16.1.a] y e], respectivamente]. Sin embargo, este listado no constituye un *numerus clausus,* y ello permite que los códigos de conducta se empleen también para fomentar y regular el empleo de los medios de solución extrajudicial en el comercio electrónico.

---

360. Por el contrario, hay quien ha llegado a considerar que el art. 17 exige la creación por parte de los Estados miembros de entidades virtuales que sean capaces de resolver en línea los conflictos surgidos a raíz del comercio electrónico. GARCÍA COSO, E., «Las bases legales del comercio electrónico en la UE», en *Revista de estudios jurídicos, económicos y sociales, op. cit.*, pág. 6. Sin embargo, no nos mostramos de acuerdo con esta interpretación, en la medida en que la literalidad del art. 17 tan solo alude a los medios de solución extrajudicial *«existentes con arreglo a la legislación nacional para la solución de litigios».*

361. PALACIO, A., «La Unión Europea y el comercio electrónico», en *Arbor*, núm. 690, junio de 2003, *op. cit.*, pág. 833.

362. MALUQUER DE MOTES, C.J., «La solución extrajudicial de los conflictos: códigos de conducta y arbitraje electrónico», en *La regulación del comercio electrónico. Totalmente adaptado a la LSSICE y a la modificación de la ley del comercio minorista*, obra colectiva, coordinadora BARRAL VIÑALS, I., Dykinson, Madrid, 2003, pág. 112.

363. *Íbid.*

Esta posibilidad ha sido admitida por documentos legales[364], doctrinales[365] e institucionales[366], y avalada por la práctica[367].

En especial, resulta habitual que empresarios y mercados *[marketplaces]* del comercio electrónico se adhieran a marcas de confianza *[trustmark schemes]* creadas por asociaciones de consumidores o empresarios, así como a distintivos públicos cuya admisión u obtención exige incorporar medios de solución extrajudicial de controversias de calidad mínima para resolver eventuales conflictos[368]. Ello suele traducirse en la incorporación de condiciones generales de la contratación en los contratos celebrados en el comercio electrónico entre prestadores y destinatarios del servicio, a partir de las cuales, en caso de conflicto, las partes se someten a mecanismos de solución extrajudicial de litigios[369].

91. Del análisis conjunto de las dos vías a través de las cuales la DCE pretende fomentar el uso de ADR-ODR en el comercio electrónico se desprende que esta configura los medios de solución extrajudicial a través de un balance entre la regulación y la autorregulación. En concreto, obliga legalmente a prever la posibilidad de acudir a los mismos [regulación], dejando la puerta abierta a que sean los códigos de conducta los que los configuren [autorregulación].

---

364. En el caso español, el art. 32 de la Ley 34/2002, de 11 de julio, de servicios de la sociedad de la información y de comercio electrónico, *BOE núm.* 166 de 12 de julio de 2002 ha transpuesto el art. 17 DCE permitiendo al prestador y destinatario del servicio que sometan sus conflictos «*a los arbitrajes previstos en la legislación de arbitraje y de defensa de los consumidores y usuarios, y a los procedimientos de resolución extrajudicial de conflictos que se instauren por medio de códigos de conducta u otros instrumentos de autorregulación*». Asimismo, permite que en ellos se empleen los medios electrónicos «*en los términos que establezca su normativa específica*».

365. MALUQUER, quien de hecho considera que es posible que las empresas tengan interés en introducir este contenido para incrementar la calidad que ofrecen a sus consumidores y, por extensión, su imagen de marca y su competitividad. MALUQUER DE MOTES, C.J., «La solución extrajudicial de los conflictos: códigos de conducta y arbitraje electrónico», *op. cit.,* pág. 114.

366. En efecto, el primer —y único— informe de la Comisión sobre la aplicación de la DCE confirmó que el desarrollo de los mecanismos de solución extrajudicial de litigios por medios electrónicos había venido ligado «a menudo, en conexión con códigos de conducta».

367. DE MIGUEL ASENSIO, P.A., *Derecho privado de internet, op. cit.*, pág. 1468.

368. Por ejemplo, en España se introdujo un distintivo público de confianza en línea que pueden mostrar los prestadores de servicios que se adhieran a códigos de conducta que cumplan ciertos requisitos [art. 1] a través del Real Decreto 1163/2005, de 30 de septiembre, por el que se regula el distintivo público de confianza en los servicios de la sociedad de la información y de comercio electrónico, así como los requisitos y el procedimiento de concesión, *BOE núm. 241 de 8 de octubre de 2005*. Uno de los requisitos que debe cumplir el Código de conducta cuya adhesión permite la obtención del distintivo público es la incorporación de un sistema de solución extrajudicial de conflictos, que podrán hacer uso de medios electrónicos en la medida en que la normativa lo permita [arts. 4.b] y 7].

369. HÖRNLE, J., «Online Dispute Resolution in Business to Consumer E-commerce Transactions», en *Journal of Information, Law and Technology*, vol. 2, 2002, págs. 6-8.

Tras llegar a esta conclusión, la cuestión que puede y debe plantearse es si el resultado de dicha combinación ha sido exitoso. Para apreciarlo debidamente, sería útil acudir a los informes de evaluación de la DCE que la Comisión debe elaborar bienalmente en virtud del art. 21 DCE, pero ello no es posible porque desde que la Comisión cumpliera puntualmente esta obligación tras publicarse la DCE, no ha vuelto a hacerlo.

A pesar de que la negligencia de la Comisión Europea ha dificultado conocer el impacto en términos cuantitativos y cualitativos de los arts. 16 y 17 DCE en el uso de los medios de solución extrajudicial en el comercio electrónico, lo que sí queda claro es que la combinación de la regulación y la autorregulación resulta especialmente acertada. Así, tal y como afirma CORTÉS, el primer elemento aporta seguridad jurídica, calidad e imparcialidad, y el segundo, flexibilidad e innovación.

Si la regulación legal —impulsada en la DCE por el art. 17— fuera excesiva, podría ralentizar el ritmo de adaptación de las tecnologías de los ODR a los rápidos avances en la materia. Por el contrario, si los ODR solo fueran objeto de autorregulación —promovida por el art.16 DCE—, los consumidores podrían desconfiar de estos mecanismos, sobre todo teniendo en cuenta que en muchas ocasiones la autorregulación proviene de las empresas[370]. Al final, el acierto de esta combinación ha sido tal que más tarde ha sido replicada —en lo esencial— por el Reglamento de Servicios Digitales[371] y otros instrumentos[372].

---

370. CORTÉS, P., *Online Dispute Resolution for Consumers in the European Union, op. cit.,* págs. 181-185. También ZHAO, Y., *Dispute Resolution in Electronic Commerce, op. cit.,* pág. 53, si bien este último defiende un mayor rol de la autorregulación, de la cual los códigos de conducta constituyen una manifestación.

371. Tal y como se verá, el Reglamento de Servicios Digitales regula dos medios de solución extrajudicial de litigios [arts. 20 y 21 RSD], y fomenta su autorregulación [arts. 44 y ss. RSD], si bien en este último caso sometiéndola a ciertos límites [corregulación o metarregulación].

372. También combinan los medios de solución extrajudicial con los códigos de conducta otras normas recientes del ámbito digital, como, por ejemplo, el Reglamento 2019/1150 [arts. 11, 12 y 17] o la Directiva 2010/13/UE [art. 28.ter apartados 7, 9 y 10].

SEGUNDA PARTE

UN ESTUDIO INDIVIDUALIZADO Y CONTEXTUALIZADO DE LOS ODR DEL REGLAMENTO DE SERVICIOS DIGITALES

92. Tras sentar el papel que juegan los ODR y su regulación en la sociedad digital actual, la segunda parte del presente estudio tiene por objeto estudiar la protección que los medios de resolución extrajudicial introducidos por el Reglamento de Servicios Digitales [RSD] brindan a los usuarios digitales. La finalidad, por tanto, es abordar la estructura y funcionamiento de estos medios de impugnación, tanto en solitario como en su contexto, para dilucidar si, tal y como pretenden, realmente constituyen una medida adecuada de protección de los usuarios digitales; los cuales, en su mayoría, son consumidores.

93. De esta manera, en primer lugar, se estudiarán todos aquellos aspectos del Reglamento de Servicios Digitales necesarios para comprender el contexto y la razón de ser de los medios de solución extrajudicial incorporados por el RSD. Posteriormente, se abordarán los medios de solución extrajudicial del RSD, estudiando en profundidad su funcionamiento como herramientas que permiten hacer frente a las decisiones de moderación de contenidos de las plataformas. Por último, para completar este análisis será necesario presentar estos medios de impugnación en su contexto, analizando cómo se coordinan con otros medios de solución extrajudicial aplicables al ámbito digital. Solo así será posible concluir si, dentro de esta amalgama de medios extrajudiciales, los ODR del RSD consiguen su fin último de protección del usuario de internet.

1. El nuevo Reglamento europeo de Servicios Digitales

94. Para iniciar el análisis del instrumento en cuestión, se expondrán los motivos que justificaron su promulgación y las líneas generales de su contenido. Asimismo, cobra relevancia el estudio del régimen que el RSD confiere a las plataformas en línea y a los usuarios digitales, quienes se corresponden con las dos partes involucradas en los medios de solución extrajudicial incorporados por el RSD: los destinatarios del servicio o usuarios digitales como reclamantes, y las plataformas en línea, que son las únicas sometidas con carácter obligatorio a los medios de solución extrajudicial del RSD.

95. Así, en este momento, debe realizarse una advertencia al lector. A pesar de que el RSD se aplique, como más tarde se verá, a todos los prestadores de servicios intermediarios, tan solo interesan aquí las plataformas en línea por ser las únicas que quedan sometidas —de manera obligatoria— a los medios extrajudiciales del RSD. Ello hace que, en adelante, por lo general solo se haga referencia a las mismas y a ciertas obligaciones que a estas se le imponen, si bien no debe perderse de vista que el RSD no se aplica a ellas con carácter exclusivo —aunque sí principal—.

1.1. De la Directiva de comercio electrónico al Reglamento de Servicios Digitales

96. La DCE ofreció una regulación mínima —aunque sólida— que permitió el desarrollo del comercio electrónico gracias, sobre todo, al principio de libre prestación de los servicios, el control en origen y las exenciones de responsabilidad de los prestadores de los servicios intermediarios[373]. Sin embargo, en los más de veinte años que han transcurrido desde la aprobación de aquella norma, el contexto del comercio electrónico ha sufrido una profunda evolución que desde luego ha exigido la revisión del citado marco legal.

Así, y a efectos de lo que aquí interesa, el cambio más profundo que ha sufrido el mercado en línea en los últimos años ha sido la irrupción de las plataformas en línea y el poder que han adquirido[374]. Aunque en un primer momento su única función era permitir la comunicación entre las partes, con el tiempo se han convertido en un espacio —que controlan y condicionan— utilizado diariamente por personas tanto físicas como jurídicas para intervenir en los ámbitos económico, educativo, social, cultural y político[375].

---

373. DE STREEL, A. y HUSOVEC, M., «The e-commerce Directive as the cornerstone of the Internal Market. Assessment and options for reform», Study for the committee on Internal Market and Consumer Protection, Policy Department for Economic, Scientific and Quality of Life Policies, European Parliament, Luxembourg, 2020. Versión en línea accesible en: https://www.europarl.europa.eu/RegData/etudes/STUD/2020/648797/IPOL_STU%282020%29648797_EN.pdf, último acceso el 12 de septiembre de 2024, pág. 33.

374. No fue hasta el s. XXI cuando las actuales grandes plataformas en línea empezaron a nacer: Wikipedia [2001], LinkedIn [2003], Facebook [2004], Twitter —ahora X— [2006], Zalando [2008], Pinterest [2009], Instagram [2010], AliExpress [2010], Snapchat [2011] y TikTok [2016]. Las excepciones eran Amazon [1994] y Booking [1996]. La adquisición de poder de estas no fue inmediata, y no empezó hasta la década de 2010, si bien la pandemia lo incrementó de forma exponencial.

375. RODRÍGUEZ DE LAS HERAS BALLELL, T., «Las plataformas: nuevos actores [y reguladores] de la actividad económica», *op. cit.*, pág. 405.

97. La evolución de los mercados en línea y del comercio electrónico contrasta, sin embargo, con su regulación, que hasta hace apenas unos meses todavía se remontaba al año 2000 con la Directiva de comercio electrónico, sin perjuicio de que la jurisprudencia del TJUE haya ido intentando adaptarla al desarrollo tecnológico. En este contexto, desde hace unos años se ha venido aconsejando una actualización del marco normativo por dos razones principales[376].

En primer lugar, el enfoque de la DCE no ha resultado ser tan tecnológicamente neutro como se planteaba en un inicio[377], toda vez que no es suficiente para hacer frente a novedades como la que representan las plataformas en línea. En consecuencia, la normativa no resultaba capaz de hacer frente a problemas generados por ellas tan diarios y preocupantes como la desinformación y las noticias falsas *[fake news]*, la circulación de contenidos ilícitos o la [excesiva] eliminación de contenidos por parte de las plataformas[378].

En segundo lugar, la transposición divergente de la DCE por parte de los Estados miembros ha desembocado en un escenario jurídico fragmentado[379]. En particular, la aplicación de una normativa nacional distinta a los prestadores de servicios según el Estado miembro de establecimiento ha derivado en una configuración legal tripartita, siendo aplicable una legislación distinta a los prestadores de servicios establecidos en el Estado miembro en cuestión, a los establecidos en otro Estado miembro y a los establecidos en un estado tercero[380].

---

376. RODRÍGUEZ DE LAS HERAS BALLELL, T, «The background of the Digital Services Act: looking towards a platform economy», *op. cit.*, pág. 76.

377. A pesar de que la DCE se concibió como «tecnológicamente neutra», la evolución tecnológica ha puesto de manifiesto que este principio no se cumple en la medida en que la DCE basa parte de su regulación en servicios tan específicos —y poco neutros— como la mera transmisión, memoria caché o alojamiento de datos. En este sentido, véase SCHWEMER, S.F., MAHLER, T. y STYRI, H., «Liability exemptions of non-hosting intermediaries: Sideshow in the Digital Services Act?», en *Oslo Law Review*, vol. 8, núm. 1, 2021, pág. 7; también MORAIS CARVALHO, J., ARGA LIMNA, F. y FARINHA, M., «Introduction to the digital services act, content moderation and consumer protection», en *RDTec*, 2021, pág. 81.

378. Por ejemplo, se habla de la crisis de la desinformación o del *shadow banning*. https://www.nytimes.com/es/2020/10/16/espanol/que-es-noticias-falsas.html, https://www.nytimes.com/interactive/2023/01/13/business/what-is-shadow-banning.html, último acceso en ambos casos el 12 de septiembre de 2024.

379. Problema señalado también por PALAO MORENO, G., «Las órdenes de actuación contra contenidos ilícitos en el nuevo Reglamento europeo de Servicios Digitales», en *Análisis del Reglamento [UE] de servicios digitales y su interrelación con otras normas de la Unión Europea*, obra colectiva, coordinador CASTELLÓ PASTOR, J.J., Thomson Reuters Aranzadi, Cizur Menor [Navarra], 2024, pág. 112. A título de ejemplo, no todos los Estados han regulado de la misma forma las exenciones de responsabilidad de los intermediarios. En concreto, la ley española de transposición de la DCE [Ley 34/2002, de comercio electrónico] introduce en su art. 17 una exención de responsabilidad para los proveedores de hipervínculos, la cual no se encuentra ni en la DCE ni en muchas normas de transposición de otros países.

380. DE MIGUEL ASENSIO, P.A., *Derecho privado de internet, op. cit.,* pág. 209.

Junto con lo anterior, con el paso del tiempo hemos asistido a la promulgación de otras normas posteriores a la DCE que han favorecido la fragmentación jurídica del marco normativo digital. Así, desde el año 2000, los Estados miembros han emitido normas nacionales para abordar las realidades del contenido ilícito y las plataformas en línea[381], y la UE ha hecho lo propio a través de normas sectoriales de *soft law*[382] y, más tarde, vinculantes[383].

Todo ello, sumado a una interpretación poco precisa que de la DCE ha venido defendiendo el TJUE[384], ha derivado en una divergencia jurídica que

---

381. PÉREZ GALINDO, R., «La nueva regulación europea de intermediarios digitales: *digital services act*», en *Plataformas digitales: regulación y competencia*, núm. 925, 2022, pág. 43.

382. Entre otras, Comunicación de la Comisión, de 25 de mayo de 2016, relativa a las plataformas en línea y el mercado único digital. Retos y oportunidades para Europa, COM [2016] 288 final; y Recomendación [UE] 2018/334 de la Comisión, de 1 de marzo de 2018, sobre medidas para combatir eficazmente los contenidos ilícitos en línea, *DO núm. L 63, de 6 de marzo de 2018*.

383. Algunas de estas normas han planteado problemas de interpretación y coordinación con la DCE, al plantear desde un enfoque distinto la responsabilidad de prestadores de servicios intermediarios en sectores concretos. Es el caso de la Directiva [UE] 2019/790 del Parlamento Europeo y del Consejo, de 17 de abril de 2019, sobre los derechos de autor y derechos afines en el mercado único digital y por la que se modifican las Directivas 96/9/CE y 2001/29/CE [Texto pertinente a efectos del EEE.], *DO núm. L 130, de 17 de mayo de 2019*; Directiva [UE] 2018/1808 del Parlamento Europeo y del Consejo, de 14 de noviembre de 2018, por la que se modifica la Directiva 2010/13/UE sobre la coordinación de determinadas disposiciones legales, reglamentarias y administrativas de los Estados miembros relativas a la prestación de servicios de comunicación audiovisual [Directiva de servicios de comunicación audiovisual], *DO núm. L 3030, de 28 de noviembre de 2018*; Reglamento [UE] 2019/1150 del Parlamento Europeo y del Consejo, de 20 de junio de 2019, sobre el fomento de la equidad y la transparencia para los usuarios profesionales de servicios de intermediación en línea [Texto pertinente a efectos del EEE], *DO núm. L 186, de 11 de julio de 2019*, y Reglamento [UE] 2021/784 del Parlamento Europeo y del Consejo, de 29 de abril de 2021, sobre la lucha contra la difusión de contenidos terroristas en línea [Texto pertinente a efectos del EEE], *DO núm.* L 172, de 17 de mayo de 2021. Para más información sobre la difícil coordinación de estas normas con la DCE, véase LILLÀ MONTAGNANI, M., «A new liability regime for ilegal content in the DSM stratety», en *The Oxford Handbook of online intermediary liability,* obra colectiva, editor FROSIO, G., Oxford University Press, Oxford, págs. 295-314.

384. A título de ejemplo, en la STJUE de 12 de julio de 2011, en el asunto C.324/09, *L'Oréal SA contra eBay* [ECLI:EU:C:2011:474], párrafo 120, el TJUE aclaró que los prestadores de servicios de la sociedad de la información no pueden eximirse de responsabilidad por el contenido ilícito que los usuarios publican a través de ellos si han tenido «conocimiento de hechos o circunstancias a partir de los cuales un operador económico diligente hubiera debido deducir ese carácter ilícito». Dicho de otro modo, si el prestador de servicios, de haber actuado de forma diligente, hubiera tenido conocimientos de hecho o circunstancias que le hubieran permitido darse cuenta de que el contenido es ilícito, no podría eximirse de responsabilidad por dicho contenido ilícito. Esta interpretación conduce necesariamente a un incremento en las medidas de diligencia debida que deben adoptar los prestadores de servicios para eximirse de responsabilidad, lo cual puede resultar contrario a la prohibición de imponer obligaciones generales de supervisión del art.15 DCE. Para más detalle, véase SAGAR, S., y HOFFMAN, T., «Intermediary liability in the EU Digital Common Market – from the E-Commerce Directive to the Digital Services Act», en *Revista d'internet, dret y política,* núm. 34, 2021, págs. 4 y ss.

sin duda dificulta la coordinación normativa y perjudica el fortalecimiento del mercado interior.

98. El conjunto de este contexto, marcado por el carácter indudablemente desactualizado de la DCE, la fragmentación jurídica y la creciente dificultad de coordinar la DCE con nuevas normas, llevó a la Comisión Europea a presentar en 2020 el Reglamento de Servicios Digitales como parte del paquete de servicios digitales[385], y que acaba de ponerse en marcha en su totalidad el pasado 17 de febrero de 2024.

El objetivo de este nuevo Reglamento —que adopta esta forma jurídica precisamente para evitar la fragmentación jurídica— es no ya solo conseguir el buen funcionamiento del mercado interior, como pretende la DCE, sino sobre todo garantizar la seguridad del entorno en línea a través de medidas que intentan frenar el poder y la hegemonía de las [grandes] plataformas en línea[386]. Para ello, la citada norma no deroga la DCE, y ni siquiera la modifica por completo, sino tan solo en algunos de sus preceptos.

En realidad, el RSD complementa la regulación de la DCE, todavía fundamental y vigente, habida cuenta de que aquel limita su ámbito de aplicación subjetivo a aquellos sujetos que actualmente están controlando el comercio electrónico —servicios intermediarios en general y plataformas en línea en particular[387]— y para los cuales, sin embargo, la regulación de la DCE ha demostrado ser deficitaria en aras a la consecución de un entorno en línea fiable y seguro[388]. Debe subrayarse, asimismo, que el RSD incorpora muchas soluciones jurisprudenciales que el TJUE dictó para adaptar a la DCE a las nuevas realidades, elevándolas a rango legal[389].

---

385. Este paquete también dio lugar al Reglamento de Mercados Digitales, complementario del RSD, dedicado a regular cuestiones de competencia en el entorno en línea. Reglamento [UE] 2022/1925 del Parlamento Europeo y del Consejo de 14 de septiembre de 2022 sobre mercados disputables y equitativos en el sector digital y por el que se modifican las Directivas [UE] 2019/1937 y [UE] 2020/1828 [Reglamento de Mercados Digitales]. *DO núm. L 265, de 12 de octubre de 2022*.

386. De hecho, la terminología de «plataforma en línea» es por primera vez utilizada en el marco legislativo europeo por el RSD. Antes, se había hablado de «servicios de intermediación en línea» [Reglamento 2019/115], de «prestadores de servicios para compartir contenidos en línea» [Directiva sobre derechos de autor], o de «plataformas de intercambio de vídeos» [Directiva de servicios de comunicación audiovisual].

387. Tal y como más tarde habrá ocasión de exponer, el RSD restringe su ámbito de aplicación personal con respecto de la DCE, pero amplía su ámbito de aplicación territorial al sustituir el criterio del establecimiento de los prestadores de servicios por el del destino de sus actividades.

388. Hasta la promulgación del RSD fue el TJUE el que se encargó de ir progresivamente colmando esa insuficiencia, hasta el punto de que el RSD recopila prácticamente toda esa jurisprudencia, elevándola a rango de reglamento de la UE.

389. Se pueden citar algunos ejemplos sobre los que se incidirá en los apartados que corresponda. Así, [1] el cdo. 22 del RSD está extraído en términos prácticamente idén-

99. La importancia de este nuevo Reglamento se prevé tal que incluso antes de entrar en funcionamiento ya fue bautizado como la «Constitución Digital» de la UE[390]. Este último término conduce necesariamente a hacer referencia al acuñado como «constitucionalismo digital», sin el cual no se puede entender de forma plena el contexto en que se dicta el RSD.

100. La fuerza con la que los actores privados han penetrado en el mundo digital no se ha limitado al comercio electrónico, sino que ha abarcado la entera amplitud del ámbito digital[391]. De este modo, la UE, fiel a su estilo de soberano y de líder en la regulación digital, se ha visto en la necesidad de dictar un conjunto de normas dirigidas a afrontar los abusos de dichos actores privados digitales protegiendo los derechos fundamentales y equilibrando los poderes en el entorno en línea, creando con ello el constitucionalismo digital[392]. En este sentido, junto con el RSD, forman parte de este movimiento otras normas como el Reglamento de mercados digitales, el Reglamento de gobernanza de datos[393], el Reglamento de Datos[394] y el recién aprobado Reglamento de Inteligencia Artificial[395].

---

ticos de la STJUE de 22 de junio de 2021, en el asunto C-682/18, *Youtube y Cyando*, [ECLI:EU:C:2021:503]; [2] el cdo. 18 RSD acoge la solución jurisprudencial de las STJUE de 23 de marzo de 2010, en el asunto C-236/08, *Google France contra Louis Vuitton* [ECLI:EU:C:2010:159] y STJUE de 12 de julio 2011, en el asunto C.324/09, *L'Oréal SA contra eBay* [ECLI:EU:C:2011:474], en las que se extiende la aplicación del cdo. 42 a los prestadores intermediarios de alojamiento de datos; [3] la incorporación de la cláusula del buen samaritano del art. 7 RSD estaba siendo ya reclamada en la STJUE de 22 de junio 2021, en el asunto C-682/18, *Youtube y Cyando* [ECLI:EU:C:2021:503]; o [4] el RSD ha calificado a las redes sociales como prestadoras de servicios de alojamiento de datos [cdo. 13], y a los motores de búsqueda como servicios de la sociedad de la información [cdo. 28 y art. 3.j]] siguiendo las líneas previamente establecidas por el TJUE, respectivamente, en la STJUE de 16 de febrero de 2012, en el asunto C-360/10, *SABAM contra Netlog* NV [ECLI:EU:C:2012:85], y en la STJUE de 12 de septiembre de 2019, en el asunto C-299/17, *VG Media contra Google LLC* [ECLI:EU:C:2019:1112], entre otros.

390. HOBOKEN, J., y otros, *Putting the DSA into practice: Enforcement, Access to Justice and Global Implications, op. cit.*, versión en línea.

391 GENTILE, G., «Between Online and Offline Due Process: the Digital Services Act», 2023. Versión en línea accesible en: https://papers.ssrn.com/sol3/papers.cfm?abstract_id=4550655, último acceso el 12 de septiembre de 2024, pág. 3.

392. CELESTE, E., «Digital Constitutionalism: Mapping the Constitutional Response to Digital Technology's Challenges», en *HIIG Discussion Paper Series, núm. 2018-02*, pág. 16.

393. Reglamento [UE] 2022/868 del Parlamento Europeo y del Consejo de 30 de mayo de 2022 relativo a la gobernanza europea de datos y por el que se modifica el Reglamento [UE] 2018/1724 [Reglamento de Gobernanza de Datos], *DO núm. L 152, de 3 de junio de 2022*.

394. Reglamento [UE] 2023/2854 del Parlamento Europeo y del Consejo de 13 de diciembre de 2023 sobre normas armonizadas para un acceso justo a los datos y su utilización, y por el que se modifican el Reglamento [UE] 2017/2394 y la Directiva [UE] 2020/1828 [Reglamento de Datos], *DO núm. L 2023/2854, de 22 de diciembre de 2023*.

395. Reglamento [UE] 2024/1689 del Parlamento Europeo y del Consejo de 13 de junio de 2024 por el que se establecen normas armonizadas en materia de inteligencia artificial

Todo este acervo de «leyes digitales europeas»[396] ilustra un cambio de rumbo en la regulación de la UE, que se aparta de la autorregulación y del liberalismo digital para adscribirse a un modelo más restrictivo de control de la actuación de los prestadores de servicios digitales en el mercado interior[397]. En esta línea, la nueva regulación digital de la UE incrementa la responsabilidad de los prestadores de servicios intermediarios, amplía la cobertura de su regulación emitiendo más normas sectoriales, incrementa la complejidad de sus normas horizontales, impone más obligaciones —especialmente a los sujetos con mayor poder—, incrementa la cuantía de las sanciones, crea nuevos organismos supervisores y otorga mayores facultades a la Comisión Europea[398]. Cabe mencionar que, a pesar de la buena intención, esta nueva orientación de la normativa europea digital no está exenta de críticas[399].

101. Al margen de lo anterior, esta perspectiva más amplia es necesaria para comprender que, en definitiva, la transición desde la DCE al RSD representa tan solo uno de los muchos ejemplos que ilustran el cambio de orientación de la legislación de la UE para adaptarse a las nuevas tendencias tecnológicas en general y, en este caso particular, a un entorno en línea alborotado y dominado por las plataformas en línea[400].

---

y por el que se modifican los Reglamentos [CE] n.º 300/2008, [UE] n.º 167/2013, [UE] n.º 168/2013, [UE] 2018/858, [UR] 2018/1139 y [UE] 2019/2144 y las Directivas 2014/90/UE, [UE] 2016/797 y [UE] 2020/1828 [Reglamento de Inteligencia Artificial], *DO núm. L 2024/1689, de 12 de julio de 2024.*

396. Esta nomenclatura ha sido acuñada por López-Tarruella, quien además señala que estas leyes cuentan con cuatro elementos comunes que las diferencian respecto a las normas de la UE anteriores del entorno digital, a saber: utilizan la forma de Reglamento en vez de Directiva, establecen un régimen severo de requisitos y obligaciones para prestar cualquier servicio digital, instaura sistemas de solución extrajudicial y órganos colegiados a nivel europeo. Para más detalle, véase López-Tarruella Martínez, A., «El futuro Reglamento de Inteligencia Artificial y las relaciones con terceros estados», *op. cit.,* pág. 3.

397. En esta línea, Castelló Pastor, J.J., «Interrelación del Reglamento de Servicios Digitales con el Reglamento *Platform to Business* [P2B]: el necesario contrapeso de la Unión Europea al poder de las plataformas en línea», en *Análisis del Reglamento [UE] de servicios digitales y su interrelación con otras normas de la Unión* Europea, obra colectiva, director Castelló Pastor, J.J., Thomson Reuters Aranzadi, Cizur Menor [Navarra], 2024, pág. 364.

398. Para más detalle sobre el cambio de paradigma en los valores, en el método y en la aplicación de las normas europeas del ámbito digital, véase Savin, A., «Designing EU digital laws», *op. cit.,* págs. 63-79.

399. Distintas voces consideran que una regulación tan restrictiva del comportamiento de los operadores económicos puede, en el mejor de los casos, dejar la situación igual que está, siendo probable que mine la innovación, el desarrollo y el nivel de competitividad de la economía europea. Por todos, véase Savin, A., «Designing EU digital laws», *op. cit.,* pág. 78 y Rodríguez de las Heras Ballell, T, «The background of the Digital Services Act: looking towards a platform economy», *op. cit.,* págs. 75-86.

400. Los desafíos legales que plantea el ámbito digital cuentan con una trascendencia desmedida. Por este motivo, no solo los Estados miembros y la UE, sino también organizaciones internacionales han tratado de coadyuvar a la creación de un marco legal acorde a los

1.2. Una síntesis del Reglamento de Servicios Digitales

102. El Reglamento de Servicios Digitales orienta el conjunto de sus preceptos a la consecución de tres objetivos, los cuales, dirigidos a contribuir al correcto funcionamiento del mercado interior [art. 114 TFUE], se delimitan en su primer precepto [art. 1]: conseguir un entorno en línea seguro, predecible y fiable, proteger los derechos fundamentales de la Carta de Derechos Fundamentales de la UE [CDFUE] y promover la innovación en el mercado interior.

Con vistas a alcanzar estos tres objetivos, el RSD se estructura en torno a tres grandes pilares: la exención de responsabilidad de los prestadores de servicios intermediarios [Capítulo II], las obligaciones de diligencia debida impuestas a los prestadores de servicios intermediarios [Capítulo III] y las normas de aplicación, supervisión y cooperación [Capítulo IV]. Después de sentar el ámbito de aplicación del RSD, los siguientes subapartados se referirán sucintamente a cada uno de estos pilares.

1.2.1. Ámbito de aplicación

103. A pesar de que la DCE ha sido la predecesora directa del RSD, el ámbito de aplicación de ambos instrumentos, aunque se encuentre directamente relacionado, difiere tanto desde el punto de vista personal como territorial y material.

104. Desde la perspectiva del ámbito de aplicación subjetivo, ha de recordarse que la DCE se aplica a todos los prestadores de servicios de la sociedad de la información, incluyendo tanto a los intermediarios como a los que no lo son. Por el contrario, el RSD, partiendo del mismo esquema, se centra tan solo en los prestadores de servicios de intermediación en línea, a los que agrupa reproduciendo la clasificación que de ellos hace la DCE: servicios de mera transmisión, memoria caché o tampón y alojamiento de datos o *hosting*.

En la misma línea que la DCE, el RSD define los servicios intermediarios conceptualizando sus tipos, pero sin ofrecer una delimitación del concepto que los engloba. Así, el art. 3.g] RSD define a los servicios intermediarios como *«uno de los siguientes servicios de la sociedad de la información»*, listando a continuación los servicios de mera transmisión, memoria caché y alojamiento de datos. Pese a ello, el cdo. 28 RSD sí se refiere a ellos como «los prestadores de servicios que establecen y facilitan la arquitectura lógica subyacente y el correcto funcionamiento de internet, incluidas las funciones técnicas accesorias».

---

cambios. Es el caso, por ejemplo, del *European Law Institute* [ELI], que en 2019 emitió un informe por el que sentaba normas modelo sobre las plataformas en línea, accesible en: https://www.europeanlawinstitute.eu/fileadmin/user_upload/p_eli/Publications/ELI_Model_Rules_on_Online_Platforms.pdf, último acceso el 12 de septiembre de 2024.

Como novedad con respecto a la DCE, el RSD incorpora la definición de dos ejemplos de servicios intermediarios que no existían al tiempo de aprobarse aquella, como son las plataformas en línea [art. 3.i]] y los motores de búsqueda [art. 3.j]]. Asimismo, aunque sin definirlos, ha añadido referencias a otros ejemplos de servicios intermediarios en el cdo. 29, que señala como servicios de mera transmisión «los puntos de intercambio de internet, los puntos de acceso inalámbrico, las redes privadas virtuales, los servicios de DNS y traductores DNS, los registros de nombres de dominio de primer nivel, los registradores, las autoridades de certificación que expiden certificados digitales, la transmisión de voz por internet y otros servicios de comunicación interpersonal», como servicios de memoria caché «el suministro únicamente de redes de distribución de contenidos, los proxies inversos o los proxies de adaptación de contenidos», y como servicios de alojamiento de datos «la computación en nube, el alojamiento web, los servicios remunerados de referenciación o los servicios que permiten compartir información y contenidos en línea, incluido el almacenamiento y el intercambio de archivos».

Con todo, el punto de partida del RSD desde un punto de vista subjetivo es cuestionable. Y es que, siguiendo en ocasiones la jurisprudencia del TJUE[401], en vez de crear nuevas categorías adaptadas a las nuevas realidades, ha intentado clasificarlas forzosamente dentro de los tipos de servicios intermediarios tradicionales previstos por la DCE. Esta circunstancia se ve ilustrada sobre todo por la categoría de las plataformas en línea, que, como habrá ocasión de analizar, ya no encajan exactamente como meros intermediarios de datos, habiendo asumido funciones de mediación.

105. En cuanto al ámbito de aplicación territorial, el cambio que representa el RSD con respecto a la DCE es, cuanto menos, relevante. Ya se explicó que la DCE se aplica a aquellos prestadores de servicios establecidos en algún país de la UE; el RSD, por su parte, va más allá sustituyendo el criterio de establecimiento del prestador del servicio por el criterio de destino de sus actividades.

El resultado es que el RSD se aplica a todos los servicios intermediarios que, con independencia del país donde esté establecido su prestador, se ofrezcan a destinatarios —persona física o jurídica, consumidor o empresario— establecidos o situados en la UE [art. 2 y cdo. 15 RSD]. Así las cosas, este cambio no solo implica que se vayan a ver afectados prestadores establecidos fuera de la UE[402], sino que además el RSD ya no se aplica a pres-

---

401. P. ej. en la STJUE de 23 de marzo de 2010, en el asunto C-236/08, *Google France contra Louis Vuitton* [ECLI:EU:C:2010:159], el alto Tribunal consideró a un servicio de referenciación [Google Adwords] como un prestador de servicio de alojamiento de datos, y algo parecido sucedió con la STJUE de 19 de diciembre de 2019, en el asunto C-390/18, asunto *Airbnb* [ECLI:EU:C:2019:1112], que calificó a la plataforma en línea como prestadora de servicio de alojamiento de datos.

402. Esta expansión en el ámbito de aplicación territorial ha sido bienvenida por aquellos que criticaban a la Directiva de comercio electrónico, habida cuenta de que desprotegían a los

tadores, sino a servicios. En consecuencia, un mismo prestador que preste distintos servicios intermediarios podrá estar sometido al RSD tan solo respecto a alguno de ellos[403].

De forma más detallada, y siguiendo las definiciones del art. 3 RSD, el RSD se aplicará a los servicios intermediarios ofrecidos a personas físicas o jurídicas situadas en uno o varios Estados miembros —destinatarios del servicio—, siempre y cuando el prestador de servicios intermediarios tenga una conexión sustancial con la UE [art. 3 y cdos. 7 y 8 RSD]. Este último requisito se cumplirá cuando el prestador del servicio intermediario tenga su establecimiento en un país de la UE o, no teniéndolo, cuente con un porcentaje significativo de destinatarios en uno o varios Estados Miembros o dirija actividades hacia uno o varios Estados Miembros[404].

El cambio en el ámbito territorial del RSD con respecto a la DCE es fuertemente significativo, al traspasar las fronteras europeas. Las razones que explican este cambio son principalmente dos: el nuevo ámbito de aplicación territorial permite alcanzar los objetivos del art. 1 RSD en el conjunto del territorio de la Unión Europea, además de que evita situar a los intermediarios situados en la UE en una situación de desventaja con respecto a los establecidos fuera de la UE[405].

Se prevé así que la aplicación hacia afuera de la UE del RSD desencadene el conocido como «efecto Bruselas» [406], no solo porque las empresas situadas fuera de la UE, pero afectadas por el RSD posiblemente extiendan el cumplimiento de las obligaciones del Reglámento a otras jurisdic-

---

usuarios respecto de los prestadores de servicios situados fuera de la UE. En este sentido, BONMATÍ SÁNCHEZ, J., «El futuro del mercado único de servicios digitales de la UE; la *Digital Services Act* y el Brexit», en *Derecho Internacional privado, contratación internacional en internet y régimen jurídico del comercio electrónico*, obra colectiva, coordinador ORTEGA GIMÉNEZ, A., Thomson Reuters Aranzadi, Cizur Menor [Navarra], 2022, pág. 126.

403. El ejemplo claro es el de Meta, que tan solo deberá cumplir con las obligaciones de plataformas en línea de muy gran tamaño en dos de sus servicios: Facebook e Instagram.

404. El cdo. 8 RSD ofrece algunos criterios que, a modo ejemplificativo, pueden servir para determinar cuándo un prestador de servicios intermediarios dirige sus actividades a un Estado miembro: utilizar la lengua de este, su moneda, su dominio de primer nivel o publicidad local.

405. GASCÓN MARCÉN, A., «Reglamento general de protección de datos como modelo de las recientes propuestas de legislación digital europea», en *Cuadernos de Derecho Transnacional*, vol. 13, núm. 2, 2021, pág. 218.

406. El efecto Bruselas, término acuñado por BRADFORD, cuenta con dos manifestaciones. La primera es el efecto Bruselas *de facto*, que es aquel que se produce cuando las empresas multinacionales, teniendo que ajustar su comportamiento en todos los países europeos, deciden extender este cambio también al resto de países [no europeos] en los que operan. La segunda es el efecto Bruselas *de iure*, que tiene lugar cuando la normativa de la UE deviene un estándar, un modelo regulatorio a seguir para el resto de los países. En el caso del RSD, se prevé que produzca ambos tipos de efectos. Para saber más sobre este efecto, consúltese BRADFORD, A., «The Brussels Effect», *op. cit.*, págs. 1-68.

ciones fuera de la UE por razones de económicas y jurídicas[407], sino porque además puede ser adoptada como modelo legislativo para legisladores de otros países[408].

106. Por último, desde la óptica del ámbito de aplicación material, el ámbito del RSD es sensiblemente más reducido que el de la DCE. Si esta última aborda las actividades de comercio electrónico en general y de todos los servicios de la sociedad de la información para promover la confianza en el comercio electrónico, aquel pone el foco en los servicios intermediarios y en los contenidos ilícitos para conseguir un entorno en línea más seguro, predecible y fiable.

1.2.2. Las [viejas] exenciones de responsabilidad de los prestadores de servicios intermediarios

107. El segundo capítulo del RSD [arts. 4 a 10, acompañados de los cdos. 16 a 39] está dedicado a regular la exención de responsabilidad [secundaria] de los prestadores de servicios intermediarios. Este régimen mantiene en esencia el establecido por la DCE, pues de hecho deroga sus arts. 12 a 15 DCE para reproducirlos en términos prácticamente idénticos en los arts. 4, 5, 6 y 8 RSD. Ello implica que los requisitos antes explicados para los servicios de mera transmisión, memoria caché y *hosting* deben seguir cumpliéndose para que estos puedan eximirse de responsabilidad por el contenido proporcionado por terceros. En la medida en que estas normas pasan de ubicarse en una Directiva a hacerlo en un Reglamento, se elimina la problemática fragmentación jurídica que en el ámbito de las exenciones de responsabilidad había acarreado la DCE[409].

---

407. Por el contrario, hay quien defiende que, lejos de adaptar su comportamiento a las normas de la UE, es posible que las plataformas digitales salgan o directamente no entren a competir en el mercado único por las fuertes barreras de entrada que constituyen las restricciones y obligaciones impuestas por la UE. Para saber más sobre esta postura relacionada con la *isolation* del mercado único, véase RODRÍGUEZ DE LAS HERAS BALLELL, T, «The background of the Digital Services Act: looking towards a platform economy», *op. cit.,* págs. 75-86.

408. El efecto Bruselas se predicó por primera vez del Reglamento [UE] 2016/679 General de Protección de Datos, el cual tomaron como ejemplo países tan dispares como Suiza, Canadá, Argentina o Andorra. Se predice que ello mismo va a ocurrir con el RSD, entre ellos: LÓPEZ RICHART, J., «El reglamento de servicios digitales. Un nuevo marco de responsabilidad para los prestadores de servicios intermediarios en la Unión Europea», en *Revista Aranzadi de derecho y nuevas tecnologías,* núm. 62, 2023, versión en línea.

409. Al reproducir estos artículos en una norma con rango de Reglamento de la UE, todas aquellas normas nacionales que transponían los artículos correspondientes de la Directiva [arts. 12 a 15 DCE], resultan automáticamente inaplicables. En este sentido, ROCHE LAGUNA, I., «Reglamento de servicios digitales: las nuevas reglas del juego en internet», en *Mercados digitales y competencia,* obra colectiva, coordinadores RODILLA MARTÍ, C., RUIZ PERIS, J.I. y GONZÁLEZ CASTILLA, F., Tirant lo Blanch, 2022, pág. 36.

108. La conservación de las normas de exención de responsabilidad de la DCE no obsta, sin embargo, a que el RSD acompañe este régimen de otros preceptos. No obstante, no se puede decir que estos sean novedosos, puesto que no hacen más que cristalizar en una norma de rango legal soluciones previamente asentadas por el TJUE, tal y como admite el cdo. 16. *Grosso modo,* estas novedades son tres.

Primero, el RSD introduce tres cambios significativos en torno a la responsabilidad de los prestadores de servicios de alojamiento de datos del art. 6 RSD. Sin perjuicio de que más adelante haya ocasión de desarrollarlos, basta por el momento decir que se introducen tres circunstancias en los cdos. 18 y 22 y en el art. 6.3 RSD que impedirán a los prestadores de servicios de alojamiento de datos eximirse de responsabilidad.

Segundo, si bien el RSD mantiene la prohibición de instaurar una obligación de monitorización en el art. 8 RSD, lo cierto es que introduce junto con ella una cláusula del buen samaritano en el art. 7 RSD para incentivar la búsqueda y detección del contenido ilícito por parte de los intermediarios, en consonancia con la consecución de un entorno en línea seguro. También habrá ocasión de incidir en esta cláusula.

Tercero, el RSD introduce de forma expresa órdenes de actuación contra contenidos ilícitos y de entrega de información que pueden emitir autoridades judiciales y administrativas nacionales hacia los prestadores de servicios intermediarios [arts. 9 y 10 y cdos. 31 a 39 RSD].

1.2.3. Las [nuevas] obligaciones de diligencia debida de los prestadores de servicios intermediarios

109. El RSD dedica su tercer capítulo [arts. 11 a 48, y concordantes cdos. 40 a 108] a desarrollar las obligaciones de diligencia debida que impone a los prestadores de servicios intermediarios. La incorporación de estas obligaciones constituye la novedad más destacable del RSD con respecto a la DCE, toda vez que la norma deja de pivotar tan solo en torno a la responsabilidad para extender el foco también al cumplimiento[410]. Ello supone todo un cambio de paradigma: antes, la única amenaza de la DCE para los prestadores de servicios intermediarios era no poder eximirse de responsabilidad por el contenido de terceros; ahora, con independencia de esa responsabilidad, responden de sus propias obligaciones[411].

---

410   HUSOVEC, M. y ROCHE LAGUNA, I., «Digital Services Act: A Short Primer», 2022. Versión en línea accesible en: https://papers.ssrn.com/sol3/papers.cfm?abstract_id=4153796, último acceso el 12 de septiembre de 2024, pág. 4. También STROWEL, A. y DE MEYERE, J., «The Digital Services Act: transparency as an efficient tool to curb the spread of disinformation on online platforms», en *Jipitec*, núm. 14, 2023, pág. 71.

411.   ROCHE LAGUNA, I., «Reglamento de servicios digitales: las nuevas reglas del juego en internet», *op. cit.,* pág. 42.

110. La estructura de las obligaciones es clara pero asimétrica, funcionando al estilo de una muñeca rusa[412]. Se dividen en cinco secciones que van reduciendo su ámbito de aplicación en función del tipo de intermediario y de su tamaño y grado de influencia[413].

De esta manera, existen obligaciones aplicables a todos los prestadores de servicios intermediarios [sección 1.ª, arts. 11 a 15], a los prestadores de servicio de alojamiento de datos [sección 2.ª, arts. 16.ª 28], a los prestadores de plataformas en línea [sección 3.ª, arts. 19 a 28], a los prestadores de plataformas en línea que permitan a los consumidores celebrar contratos a distancia con comerciantes [sección 4.ª, arts. 29 a 32] y a las plataformas en línea de muy gran tamaño y buscadores en línea de muy gran tamaño [sección 5.ª, arts. 33 a 43]. A estas cinco secciones se les añade una sexta que regula los códigos de conducta [arts. 44 a 48], los cuales serán abordados más adelante.

111. Muy brevemente, estas obligaciones se pueden sintetizar como sigue. En primer lugar, las obligaciones dirigidas a todos los intermediarios se resumen en la necesidad de designar puntos de contacto [arts. 11 y 12] o representantes legales si el prestador del servicio intermediario no está establecido en la UE [art. 13], incluir información sobre la moderación de contenidos en las condiciones generales [art. 14] y publicar un informe anual sobre sus actividades de moderación de contenidos [art. 15].

En segundo lugar, los prestadores de servicios de alojamiento de datos —incluyendo las plataformas en línea— deben incorporar mecanismos de notificación y acción *[notice-and-take-down]* [art. 16], notificar al destinatario del servicio una declaración de motivos que justifique una decisión de moderación de contenidos [art. 17] y notificar sospechas de delitos a los Estados miembros afectados [art. 18].

En tercer lugar, los prestadores de plataformas en línea que no sean microempresas o pequeñas empresas [art. 19] deberán instaurar un sistema interno de gestión de reclamaciones [art. 20]; someterse a un órgano de resolución extrajudicial de litigios [art. 21]; otorgar prioridad a las notificaciones de los alertadores fiables [art. 22]; suspender las cuentas o tratamiento de notificaciones en caso de usos indebidos [art. 23], y cumplir con obligaciones de transparencia relacionadas con el informe anual del art. 15 [art. 24], el diseño de sus interfaces en línea [art. 25], la publicidad [art. 26], los sistemas de recomendación [art. 27] y la protección de menores [art. 28].

---

412. BARATA, J. y otros, «Unravelling the Digital Services Act package», en European Audiovisual Observatory, Estrasburgo, 2021, págs. 1, 2 y 32.

413. GABRIELE, S., «La Unión europea regula el internet: contenidos, transparencia y algoritmos en la nueva DSA», en *Revista del gabinete jurídico de Castilla-La Mancha*, núm. 33, 2023, pág. 396.

En cuarto lugar, se prevén obligaciones específicas aplicables a los prestadores de plataformas en línea que no sean microempresas ni pequeñas empresas [art. 29] y que permitan a los consumidores celebrar contratos a distancia con comerciantes. En esta línea, estas deben garantizar la trazabilidad de los comerciantes [art. 30], que el diseño de su interfaz en línea permite a los comerciantes cumplir con sus obligaciones de información [art. 31] y que informan a los consumidores en caso de que hayan adquirido bienes o servicios ilícitos [art. 32].

Por último, las obligaciones de la sección 5.ª se imponen a las plataformas en línea de muy gran tamaño y motores de búsqueda de muy gran tamaño, que son aquellos que cuentan con un promedio mensual de destinatarios del servicio activos en la UE de 45 millones o más y así hayan sido designados por la Comisión Europea [art. 33][414]. Deben evaluar riesgos sistémicos [art. 34] y reducirlos o mitigarlos [art. 35], cumplir con mecanismos de respuesta de crisis [art. 36] y someterse a auditorías independientes [Art. 37]. Además, cuentan con obligaciones adicionales de transparencia relacionadas con los sistemas de recomendación [art. 38], la publicidad en línea [art. 39] y el informe del art. 15 [art. 42], y obligaciones dirigidas a facilitar la comprobación del cumplimiento del RSD [arts. 40, 41 y 43].

1.2.4. Normas sobre aplicación, ejecución y supervisión del RSD

112. El capítulo IV del RSD [arts. 49 a 88, junto con cdos. 109 a 149] establece los regímenes de aplicación, cooperación, supervisión y ejecución del RSD. Con carácter general, las autoridades encargadas de la supervisión del RSD serán los coordinadores nacionales de servicios digitales[415], que contarán con facultades de investigación y ejecución [art. 51] para hacer cumplir el RSD y sancionar en caso contrario [art. 52 RSD].

Como excepción, la supervisión de las obligaciones impuestas a las plataformas en línea de muy gran tamaño y motores de búsqueda de muy gran tamaño —incluyendo la sección 5.ª del Cap. III— corresponderá a la Comisión [art. 56], que contará para ello con facultades específicas [arts. 64 a 84]. De todas maneras, el RSD asegura la cooperación y asistencia mutua entre los coordinadores de Servicios Digitales y la Comisión, ya sea direc-

---

414. El listado de plataformas en línea y motores de búsqueda en línea de muy gran tamaño puede consultarse en el siguiente enlace: https://digital-strategy.ec.europa.eu/en/policies/list-designated-vlops-and-vloses, último acceso el 12 de septiembre de 2024. De plataformas, destacan AliExpress, Amazon, Pornhub, Booking, Shein, Youtube, LinkedIn, Twitter, Wikipedia, Zalando o Facebook. De motores de búsqueda, solo han recibido esta calificación Google Search, Google Maps, Google Play y Bing.

415. Cada Estado miembro debe designar una autoridad administrativa que funcione a modo de coordinador de servicios digitales, y que deberá cumplir los requisitos del art. 50.

tamente [arts. 57 a 60] o a través de la Junta Europea de Servicios Digitales [arts. 61 a 63][416].

113. Junto con estos mecanismos de tutela jurídico-pública, el RSD también introduce otros de tutela jurídico-privada[417] a partir de los que se permite a los destinatarios del servicio —o a un organismo, organización o asociación en su lugar [art. 86]— presentar reclamaciones ante el coordinador de servicios digitales de su establecimiento contra cualquier prestador de servicios intermediarios por incumplimiento del RSD [art. 53], y solicitar la indemnización de daños y perjuicios correspondiente [art. 54].

114. De esta manera, el incumplimiento de las obligaciones de diligencia debida por parte de los intermediarios puede acarrear dos consecuencias: la primera, sanciones [públicas] previstas en los arts. 52, 74 y 76, y la segunda, una obligación de indemnizar daños y perjuicios causados a los destinatarios del servicio [art. 54]. Ahora bien, en ningún caso debe confundirse el incumplimiento de las obligaciones de diligencia debida con el incumplimiento de los requisitos necesarios para eximirse de responsabilidad [arts. 4 y ss. RSD], ya que aquellas y estos son totalmente independientes [cdo. 41][418].

De este modo, el incumplimiento de los requisitos de los arts. 4 y ss. RSD no permite invocar los mecanismos [públicos] de supervisión y sanción del Capítulo IV, sino tan solo la inaplicación de las exenciones de responsabilidad [privada]. Es cierto, sin embargo, que ello no convierte al intermediario automáticamente en responsable, pues será el derecho nacional aplicable el que lo determine [cdo. 17].

Esta dualidad público-privada hace que las autoridades competentes en uno y otro caso sean distintas. Quien supervisa el cumplimiento de las obligaciones del Capítulo III, más allá de la reclamación de daños y perjuicios [art. 54], son autoridades administrativas [coordinadores de Servicios Digitales y Comisión Europea], y quien se encarga de verificar la exención de responsabilidad de los intermediarios [Capítulo II] son los tribunales.

---

416. La Junta Europea de Servicios Digitales es un grupo consultivo independiente integrado por los coordinadores de servicios digitales y presidida por la Comisión, encargado de contribuir a la aplicación del RSD y coordinar y asistir a las autoridades de supervisión.

417. DE MIGUEL ASENSIO, P.A., *Manual de derecho de las nuevas tecnologías. Derecho digital, op. cit.,* pág. 102.

418. En torno a la independencia entre las obligaciones de diligencia debida y la responsabilidad de los prestadores de servicios intermediarios, DE MIGUEL ASENSIO opina loablemente que sí debería poder considerarse que el incumplimiento de algunas obligaciones [p. ej. Implantar mecanismos de notificación y acción del art. 16 RSD] otorga al intermediario [p. ej. plataforma en línea] «conocimiento efectivo o consciencia» de actividades o contenidos ilícitos determinados, a los efectos de no poderse beneficiar de la exención de responsabilidad del art. 6 RSD. Así, DE MIGUEL ASENSIO, P., *Manual de derecho de las nuevas tecnologías. Derecho digital, op. cit.,* pág. 77.

1.3. Las plataformas en línea en el Reglamento de Servicios Digitales

115. Las plataformas en línea, ya introducidas con anterioridad, son utilizadas a diario por la práctica totalidad de ciudadanos de la Unión Europea. Las cifras en este sentido son llamativas: más de un 90 % de ellos tiene acceso a Internet, el cual utilizan para realizar actividades a través de plataformas, como ver vídeos en internet [65 %] o participar en redes sociales [59,3 %][419].

Sin embargo, las plataformas en línea se han convertido en una de las principales preocupaciones del legislador europeo en los últimos años, habida cuenta de que «la transformación digital y el creciente uso de esos servicios también entraña nuevos riesgos y desafíos para los destinatarios individuales de los correspondientes servicios, las empresas y la sociedad en su conjunto» [cdo. 1 RSD]. Por este motivo, el Reglamento de Servicios Digitales se ha dictado principalmente para reducir el poder de las plataformas, dedicando prácticamente la mitad de sus preceptos a la regulación de estas[420], a las que somete a un régimen *ad hoc*, ya sea incorporando preceptos específicos en el régimen de exención de responsabilidad, ya sea imponiéndoles obligaciones de diligencia debida particularmente dirigidas a ellas.

Precisamente, las plataformas en línea constituyen los únicos servicios de intermediación en línea sometidos a las obligaciones relacionadas con los medios de solución extrajudicial de los arts. 20 y 21 RSD. Razón esta por la que juegan un papel esencial en nuestro estudio que explica que sea necesario dedicar este apartado al análisis de su concepto y régimen jurídico en el Reglamento de Servicios Digitales.

1.3.1. Concepto de plataforma en línea en el Reglamento de Servicios Digitales

116. Con el paso del tiempo, la evolución de internet y de las nuevas tecnologías ha conducido a la proliferación y el desarrollo de las plataformas en línea como un tipo de servicio de alojamiento de datos. Si tradicionalmente como mucho se podían mencionar foros a través de los que difundir y compartir mensajes con otros participantes, hoy por hoy la diversidad de plataformas ha devenido extraordinaria.

Sin pretender alcanzar la exhaustividad, encontramos plataformas que permiten adquirir bienes y servicios a empresarios, trasladando el comercio

---

419. https://ec.europa.eu/eurostat/databrowser/view/tin00028/default/table?lang=en y https://ec.europa.eu/eurostat/databrowser/view/isoc_ci_ac_i__custom_12766964/default/table?lang=en, último acceso el 12 de septiembre de 2024.

420. Como mínimo, arts. 20 a 43 y 64 a 84 RSD.

tradicional al ámbito en línea [p. ej. Amazon o la página web de una empresa como El Corte Inglés], otras plataformas facilitan la adquisición de bienes y servicios a particulares [p. ej. Airbnb, Vinted o Wallapop], otro tipo de plataformas ofrecen acceso a servicios de almacenamiento en nube [p. ej. Google Drive, Microsoft OneDrive o iCloud] o de visualización de contenidos [Youtube], algunas otras proporcionan contenido visual [p. ej. Netflix o HBOMax] y las redes sociales también posibilitan el acceso a contenidos visuales e incluso la venta de bienes [p. ej. Instagram][421]. En definitiva, los proveedores de servicios de alojamiento de datos son cada vez más distintos a los que se tuvieron en cuenta en el momento de aprobar la DCE.

Esta pluralidad de plataformas, cada una con distintas funciones y modelos de negocio, es difícil de subsumir en un único concepto, especialmente si se tiene en cuenta que la tipología es cada vez más amplia dada la celeridad con la que se desarrollan y mejoran su funcionamiento.

a] Un concepto poco uniforme, aunque con un rasgo común: la intermediación

117. En efecto, las dispares definiciones vertidas desde la doctrina y desde la normativa europea son prueba del desafío en que consiste delimitar el concepto de plataforma en línea.

En lo que concierne a la doctrina, son muy variadas las definiciones ofrecidas. Por ejemplo, DE ARTÍÑANO MARRA las define como «aplicación informática gestionada por una empresa [gestora] que ofrece a través de internet productos y/o servicios propios o ajenos, conectando a usuarios particulares o profesionales que demandan dichos productos y/o servicios por localización geográfica, preferencias, tendencias y otros factores de forma eficiente, permitiendo reducir los costes de transacción tradicionales»[422]

Por su parte, HOVENKAMP considera que «una plataforma digital es un sitio web, una aplicación u otro lugar digital que interactúa comercialmente con uno o más grupos de usuarios. Una plataforma digital «bilateral» es aquella que facilita actividades en las que participan al menos dos grupos interdependientes de usuarios. En algunos casos [Amazon, eBay, Uber y Amex], las transacciones entre estos grupos se negocian directamente en el sitio web. En otros casos [Google Search, Facebook, Match.com y la mayoría de las publicaciones periódicas y videojuegos electrónicos], los usuarios no reali-

---

421. AIGE MUT, M.B., «Aplicación de la mediación para la resolución de conflictos derivados del uso de las plataformas digitales», en *Aportaciones jurídicas a la economía de las plataformas*, obra colectiva, directora MARTÍNEZ NADAL, A., Aranzadi Thomson Reuters, Cizur Menor [Navarra], 2022, págs. 252-253.

422. DE ARTÍÑANO MARRA, P., *Régimen jurídico de las plataformas de mediación electrónica: Nuevas perspectivas para un fenómeno en constante desarrollo, op. cit.,* págs. 44-45.

zan transacciones comerciales directamente entre sí, pero sus transacciones comerciales apoyan a la plataforma como centro de beneficios»[423].

Junto con lo anterior, GÓMEZ GARCÍA y HOSPIDO definen a las plataformas digitales como «infraestructuras tecnológicas que, actuando como intermediarias, permiten la interacción de dos o más personas para la prestación de servicios a través de aplicaciones informáticas a cambio de un precio»[424].

Otra definición es la vertida por RODRÍGUEZ MARTÍNEZ: «empresas que tienen por objeto la organización y gestión de portales de contratación a través de páginas web u otros medios electrónicos. Se trata, por tanto, de empresas que organizan sistemas que operan por internet y, en ocasiones, prestan servicios complementarios a aquel como actividad principal de su objeto social»[425].

También cabe traer a colación la propuesta por ÁLVAREZ MORENO, quien concibe a las plataformas en línea como «prestadores de servicios de la información que realizan intermediación [configurable jurídicamente como una mediación atípica] mediante la cual ponen a disposición de las futuras partes contratantes el canal adecuado y los medios técnicos e informáticos necesarios, para que pueda concluirse el contrato relativo al bien o servicio que interesa, y que puede incluir el ofrecimiento por parte de la plataforma de prestar otra serie de servicios adicionales o complementarios, por sí misma o a través de terceros»[426].

118. Desde el punto de vista legislativo, la Unión Europea también se ha enfrentado al reto de resolver la que se ha llamado «crisis de identidad» de las plataformas[427]. Sin embargo, por el momento no ha ofrecido un concepto uniforme, sino todo lo contrario[428]. En esta línea, la legislación europea ofrece términos y definiciones distintas para referirse a esta misma realidad[429], algo

---

423. Traducción propia de la autora. HOVENKAMP, H., «Antitrust and Platform Monopoly», en *The Yale Law Journal*, núm. 130, 2021, pág. 1957.

424. GÓMEZ GARCÍA, M. y HOSPIDO, L., «El reto de la medición del trabajo en plataformas digitales», en *Boletín económico del Banco de España, Artículos analíticos*, núm. 1, 2022, pág. 3.

425. RODRÍGUEZ MARTÍNEZ, I., «El servicio de mediación electrónica y las plataformas de economía colaborativa», en *Revista de derecho mercantil*, núm. 305, 2017, versión en línea.

426. ÁLVAREZ MORENO, M.T., *La contratación electrónica mediante plataformas en línea: Modelo negocial [B2C], régimen jurídico y protección de los contratantes [proveedores y consumidores], op. cit.*, págs. 41-42.

427. DE FRANCHESCI, A., «Uber Spain and the «Identity Crisis» of Online Platforms», *EuCML*, núm. 1, 2018, págs. 1-4.

428. La dificultad de calificar a las plataformas digitales como intermediarias ya se muestra en el Informe sobre las plataformas en línea y el mercado único digital, de 31 de mayo de 2017, de la Comisión de Industria, Investigación y Energía [2016/2276[INI]], el cual de hecho admite que las plataformas no están sujetas a una «definición clara y precisa».

429. En esta misma línea se pronuncia CUENA CASAS, M., «La contratación a través de plataformas intermediarias en línea», *op. cit.,* pág. 294: «La afición por parte de las instituciones europeas de regular distintos aspectos de la misma realidad en distintas normas, contri-

que dificulta a los prestadores de plataformas en línea conocer el régimen que les resulta de aplicación[430].

I] El Reglamento de Servicios Digitales define en el art. 3.i] a las plataformas en línea como «*servicio de alojamiento de datos que, a petición de un destinatario del servicio, almacena y difunde información al público*»[431].

II] La Directiva 2019/790, de derechos de autor se refiere a la realidad de las plataformas en línea como «prestadores de servicios para compartir contenidos en línea», a los que define como «*prestador de un servicio de la sociedad de la información cuyo fin principal o uno de cuyos fines principales es almacenar y dar al público acceso a una gran cantidad de obras u otras prestaciones protegidas cargadas por sus usuarios, que el servicio organiza y promociona con fines lucrativos*». [art. 2.6].

III] El Reglamento 2019/1150 conocido como *Platform to Business* alude a los proveedores de servicios de intermediación en línea, a los que define como «*toda persona física o jurídica que ofrece servicios de intermediación en línea a los usuarios profesionales o que les propone el uso de aquellos*» [art. 2.3]. Este concepto también es empleado por el Reglamento de Mercados Digitales, para cuya definición se remite a la proporcionada por el Reglamento 2019/1150.

IV] La Directiva 2018/1808, de servicios de comunicación audiovisual utiliza el término «*plataforma de intercambio de vídeos*», al que define como «*un servicio, tal como lo definen los artículos 56 y 57 del Tratado de Funcio-*

---

buyendo sobremanera a la creación de rompecabezas normativos, se está empezando a poner de relieve en la regulación de la «economía de la plataforma».

430. Antes de incorporar definiciones distintas en diferentes instrumentos normativos, en la COMISIÓN EUROPEA, Consulta pública, de 24 de septiembre de 2015, sobre «Regulatory environment for platforms, online intermediaries, data and cloud computing and the collaborative economy», la Comisión Europea abordó el concepto de plataforma en línea caracterizándola como «empresa que opera en mercados de dos [o varios] lados, que utiliza internet para permitir interacciones entre dos o más grupos de usuarios distintos pero interdependientes con el fin de generar valor para al menos uno de los grupos. Algunas plataformas también pueden considerarse proveedores de servicios intermediarios. Algunos ejemplos típicos son los motores de búsqueda general de internet [p. ej., Google, Bing], las herramientas de búsqueda especializada [p. ej., Google Shopping, Kelkoo, Twenga, Google Local, TripAdvisor, Yelp, etc.], los directorios de empresas basados en su ubicación o algunos mapas [p. ej., Google o Bing Maps], los agregadores de noticias [p. ej., Google News], los mercados en línea [p. ej., Amazon, eBay, Allegro, Booking.com], plataformas audiovisuales y musicales [p. ej., Deezer, Spotify, Netflix, Canal play, Apple TV], plataformas para compartir vídeos [p. ej. Youtube, Dailymotion], sistemas de pago [p. ej. PayPal, Apple Pay], redes sociales [p. ej. Facebook, Linkedin, Twitter, Tuenti], tiendas de aplicaciones [p. ej., Apple App Store, Google Play] o plataformas de economía colaborativa [p. ej., AirBnB, Uber, Taskrabbit, Blablacar]. Los proveedores de acceso a internet quedan fuera del ámbito de esta definición» [traducción propia de la autora].

431. El concepto de «difusión al público» se define en el cdo. 14 como hacer que la información se ponga a disposición de un número potencialmente ilimitado de personas, esto es, al público en general.

namiento de la Unión Europea, cuya finalidad principal propia o de una de sus partes disociables o cuya funcionalidad esencial consiste en ofrecer al público en general programas, vídeos generados por usuarios o ambas cosas, sobre los que no tiene responsabilidad editorial el prestador de la plataforma, con objeto de informar, entretener o educar, a través de redes de comunicaciones elec trónicas tal como se definen en el artículo 2, letra a], de la Directiva 2002/21/CE, y cuya organización determina el presta dor de la plataforma de intercambio de vídeos, entre otros me dios con algoritmos automáticos, en particular mediante la presentación, el etiquetado y la secuenciación».

v] La Directiva NIS 2[432] se refiere a mercados en línea [art. 6.28]] remitiéndose a la definición que de estos ofrece la Directiva 2005/29 en su art. 2.n] modificado por la Directiva 2019/2161: *«un servicio que emplea programas [software], incluidos un sitio web, parte de un sitio web o una aplicación, operado por el comerciante o por cuenta de este, que permite a los consumidores celebrar contratos a distancia con otros comerciantes o consumidores».*

119. En definitiva, el concepto de plataforma no es común en las definiciones vertidas por la doctrina ni en la legislación europea, si bien debe admitirse que todas ellas guardan un rasgo común: la plataforma en línea actúa como intermediaria entre dos partes, algo que, aunque correcto, resulta insuficiente para definirla, tal y como se analizará y como ya apuntan algunas de las definiciones doctrinales expuestas.

b] La insuficiente definición del Reglamento de Servicios Digitales: la mediación

120. Al margen de las disparidades anteriores[433], si se centra la atención en la definición ofrecida por el Reglamento de Servicios Digitales, debe seña-

---

432. Directiva [UE] 2022/2555 del Parlamento Europeo y del Consejo de 14 de diciembre de 2022 relativa a las medidas destinadas a garantizar un elevado nivel común de ciberseguridad en toda la Unión, por la que se modifican el Reglamento [UE] 910/2014 y la Directiva [UE] 2018/1972 y por la que se deroga la Directiva [UE] 2016/1148 [Directiva SRI 2], *DO núm. L 333, de 27 de diciembre de 2022.*

433. Pese a las distintas definiciones del legislador europeo, la Comisión Europea admitió que las plataformas en línea comparten rasgos específicos:
«Tienen capacidad para crear y modelar nuevos mercados, planteando a los tradicionales un verdadero desafío, así como para organizar nuevas formas de participación o para efectuar en línea negocios consistentes en la recogida, tratamiento y edición de grandes cantidades de datos;
actúan en mercados plurifacéticos, pero con diversos grados de control sobre las interacciones directas entre grupos de usuarios;
se benefician de los "efectos de red", lo que significa en sentido amplio que el valor del servicio aumenta con el número de usuarios;
suelen apoyarse en las tecnologías de la información y la comunicación para llegar a sus usuarios de forma instantánea y sin esfuerzo;
desempeñan un papel de crucial importancia en la creación de valor digital, especialmente

larse que las plataformas en línea se califican como servicios de alojamiento de datos y, por extensión, como servicios intermediarios en general. Ello resulta criticable, por cuanto ya se dijo que, en la actualidad, las plataformas en línea no funcionan *solo* como meras intermediarias entre dos partes que a través de ellas interactúan en el entorno en línea[434].

Por el contrario, muchas de ellas incentivan y promueven las relaciones entre las partes ejerciendo una influencia considerable sobre sus interacciones, recomendando, clasificando o priorizando la información que se le presenta a cada una de las partes y condicionando el comportamiento de estas a través de los términos y condiciones que unilateralmente les impone. Es decir, las plataformas, inicialmente meras intermediarias, se han convertido en verdaderas reguladoras, supervisoras, generadoras de confianza y facilitadoras de resolución de conflictos de las partes que interactúan a través de ellas[435].

De lo anterior se deriva que la definición que el RSD ofrece de las plataformas en línea resulta incompleta, toda vez que tan solo las concibe como intermediarias digitales, cuando en realidad, además de prestar el servicio de intermediación —alojamiento de datos—, también favorecen activamente la contratación entre las partes, buscando a la contraparte para celebrar el contrato[436], lo cual ha llevado a la doctrina a considerar que también prestan un servicio de mediación —electrónica—[437]. Por tanto, cuando se hace referencia a las plataformas en línea como intermediarias —también en el Reglamento de Servicios Digitales[438]—, en realidad en la mayoría de los supuestos

---

atrayendo niveles significativos de valor [por ejemplo, mediante la acumulación de datos], facilitando nuevos proyectos empresariales y creando nuevas dependencias estratégicas». Véase Comunicación de la Comisión, de 25 de mayo de 2016, relativa a las plataformas en línea y el mercado único digital. Retos y oportunidades para Europa, COM [2016] 288 final, págs. 2-3.

434 RODRÍGUEZ MARTÍNEZ, I. y MONTERO, J., «La tipificación del contrato de intermediación en línea en el Reglamento de Servicios Digitales», en *Nuevas Tecnologías*, obra colectiva, coordinador GARCÍA VILLARRUBIA, M. y otros, Tirant lo Blanch, Valencia, 2023, versión en línea.

435. RODRÍGUEZ DE LAS HERAS BALLELL, T., «Las plataformas: nuevos actores [y reguladores] de la actividad económica», *op. cit.*, pág. 407.

436. RODRÍGUEZ MARTÍNEZ, I., «El servicio de mediación electrónica y las plataformas de economía colaborativa», *op. cit.*, versión en línea.

437. DE ARTÍÑANO MARRA es ilustrativa en este sentido cuando confirma que «La cuestión es que el concepto de intermediario de la norma se refiere a una plataforma que actúa como intermediaria digital; está "en medio" de la información que se transmite entre y por sus usuarios, pero no se refiere a la labor de intermediación en el sentido de buscar usuarios que deseen realizar un negocio jurídico entre sí [como hace un mediador o corredor», DE ARTÍÑANO MARRA, P., *Régimen jurídico de las plataformas de mediación electrónica: Nuevas perspectivas para un fenómeno en constante desarrollo, op. cit.*, pág. 73.

438. La autora antes citada confirma que el Reglamento de Servicios Digitales, aunque no de forma expresa, sí concibe a las plataformas como mediadoras, tal y como se puede inferir

se está hablando de ellas como doblemente intermediarias: intermediarias digitales y mediadoras[439].

121. Esta distinción resulta fundamental por cuanto al actuar las plataformas como mediadoras, se genera una relación contractual triangular que es necesario analizar: como se dijo, primero, cada uno de los usuarios que buscan una interacción celebran un contrato con la plataforma que facilita esa interacción y, posteriormente, los usuarios celebran el contrato correspondiente [p. ej. permuta o compraventa de bienes o servicios]. En este caso dejaremos de lado la relación contractual entre los usuarios[440], ya que a ella no aplican los medios de solución extrajudicial previstos en el Reglamento de Servicios Digitales que más adelante se analizarán.

Con respecto a la relación jurídica que la plataforma entabla con cada uno de los usuarios —el que actúa en la plataforma con la intención de vender bienes o servicios y el que cuenta con la intención de adquirir—, es suficiente aquí con precisar dos extremos. Primero, se trata de un contrato [de adhesión] de acceso a la plataforma y de mediación electrónica[441], ya que la función del mediador es poner en conexión a los que pueden ser contratantes, sin intervenir en el contrato[442]. Y segundo, la plataforma en línea

---

del art. 30, que al exigir a la plataforma en línea obligaciones de trazabilidad con respecto al comerciante permite deducir que aquella no solo intermedia, sino que adquiere un rol más importante que además incrementa la confianza de las partes. DE ARTÍÑANO MARRA, P., *Régimen jurídico de las plataformas de mediación electrónica: Nuevas perspectivas para un fenómeno en constante desarrollo, op. cit.,* pág. 102.

439. DE ARTÍÑANO MARRA, P., «Responsabilidad civil de plataformas de mediación electrónica. Dificultades en su determinación», en *Revista Crítica de Derecho Inmobiliario,* núm. 789, 2022, pág. 571.

440. En función de la condición de cada uno de los usuarios que interactúan, las relaciones entabladas entre ellos pueden ser B2B *[Business to Business]*, B2C *[Business to Consumer]*, C2C o P2P *[Consumer to Consumer o Peer to Peer]* o C2B *[Consumer to Business]*. Merece la pena explicar que en estas dos últimas relaciones [C2C o C2B] interviene la figura del *prosumidor* o consumidor que es aquel usuario que actúa al mismo tiempo como productor y consumidor de un servicio [es, por ejemplo, un consumidor que vende un artículo de segunda mano a un consumidor o a un empresario de forma ajena a su actividad profesional]. Por otro lado, de los cuatro tipos de relaciones posibles, tan solo se aplica la normativa de consumo a las relaciones B2C. El problema que se suscita en esta sede es que no siempre resulta sencillo diferenciar entre la figura del prosumidor y el empresario, razón por la que la UE emitió algunos criterios que pretendieron facilitar la diferenciación de estas figuras en la Comunicación de la Comisión, de 2 de junio de 2016, sobre Una Agenda Europea para la economía colaborativa, COM [2016] 356 final, págs. 10-11. Los criterios, en síntesis, son tres: la frecuencia con la que se presta el servicio, el ánimo de lucro y el nivel de volumen de negocio.

441. Es necesario aclarar que la naturaleza del contrato que la plataforma firme con cada uno de los usuarios será la misma, tal y como afirma CUENA CASAS, M., «La contratación a través de plataformas intermediarias en línea», pág. 328. La única salvedad será la aplicación de las normas de consumo cuando un usuario sea consumidor.

442. GÁZQUEZ SERRANO, L., *El contrato de mediación o corretaje,* La Ley, Madrid, 2007, pág. 47:

normalmente actúa como empresario[443], mientras que los usuarios podrán tener la condición de comerciante o consumidor —condición cada vez más difícil de diferenciar—, aplicándose la normativa de consumo tan solo en el último supuesto[444].

c] La plataforma como prestadora del servicio subyacente

122. Concebir a las plataformas en línea como mediadoras, además de intermediarias, es una cuestión que, aunque no plasmada legalmente, resulta en cierto modo pacífica en la doctrina[445]. Sin embargo, la problemática suscitada en torno a la calificación de las plataformas va más allá, pues en ciertos supuestos, aun prestando un servicio de la sociedad de la infor-

---

«la esencia de la mediación radica en que la función del mediador está dirigida en poner en conexión a los que pueden ser contratantes, sin intervenir el mediador en el contrato ni intervenir como mandatario. Es decir, la función del mediador consiste por tanto en poner en relación a dos o más personas, con el fin de que concluyan un negocio jurídico. La actividad que el mediador desenvuelva fuera de estos límites entrará en el campo del mandato, de la representación, de la comisión, etcétera, pero no en el de la mediación. Es más, si el mediador rebasa esos límites, supone una desnaturalización del contrato de mediación como expresamente señaló el Tribunal Supremo con Sentencia de 26 de junio de 1997».

443. De Miguel Asensio, P., *Derecho privado de internet, op. cit.,* pág. 1271.

444. Para más detalle sobre las relaciones contractuales, véase de Artíñano Marra, P., *Régimen jurídico de las plataformas de mediación electrónica: Nuevas perspectivas para un fenómeno en constante desarrollo, op. cit.,* págs. 32-35; Sanchís Crespo, C., «La economía de plataforma y la entidad Confianza Online», *op. cit.,* págs. 435-436, y Álvarez Moreno, M.T., *La contratación electrónica mediante plataformas en línea: Modelo negocial [B2C], régimen jurídico y protección de los contratantes [proveedores y consumidores], op. cit.,* págs., 51-157.

445. Además de de Artíñano Marra, antes citada, también lo han considerado otros autores como Bustillo Saiz, M.M., «Plataformas digitales de alojamiento: ¿ofrecen prestaciones constitutivas de servicios de la sociedad de la información o del servicio subyacente de alojamiento?», en *Plataformas digitales: aspectos jurídicos,* obra colectiva, coordinadora Martínez Nadal, A., Thomson Reuters Aranzadi, Cizur Menor [Navarra], 2021, págs. 237-238; también Grimaldos García, M.I., «El contrato de intermediación entre las plataformas colaborativas y sus usuarios», en *Retos jurídicos de la economía colaborativa en el contexto digital,* obra colectiva, coordinadores Alfonso Sánchez, R. y Valero Torrijos, J., Thomson Reuters Aranzadi, Cizur Menor [Navarra], 2017, versión en línea; Álvarez Moreno, M.T., *La contratación electrónica mediante plataformas en línea: Modelo negocial [B2C], régimen jurídico y protección de los contratantes [proveedores y consumidores], op. cit.,* pág. 53; Cuena Casas, M., «La contratación a través de plataformas intermediarias en línea», pág. 328; Cremades García, P., «Contrato de mediación y plataformas digitales de alojamiento turístico», en *El alojamiento colaborativo. Problemática jurídica actual de las viviendas de uso turístico,* obra colectiva, coordinador López Sánchez, C, Dykinson, Madrid, 2021, págs. 221-254, pág. 226, o Jarne Muñoz, P., *Economía colaborativa y plataformas digitales,* Editorial Reus, Madrid, 2019, pág. 76.

mación —alojamiento—, el servicio de intermediación forma parte integrante del servicio subyacente, considerándose en este caso que la plataforma no actúa en calidad de intermediaria —y mediadora—, sino como prestadora del servicio subyacente[446].

Como se decía, en este caso las plataformas serían las vendedoras del bien o servicio, y no intermediarias —se consideraría que el contenido lo publican ellas— ni mediadoras —no puede mediar entre dos partes si quien contrata es ella—. De este modo, dejarían de lado su característica de mul- tilateralidad *[multi-side]* para pasar a ser unilaterales *[one-side]*, pues ellas mismas prestan el servicio.

123. Incardinar a la plataforma en línea, según el caso, en una categoría u otra —prestadora del servicio intermediario o del servicio subyacente— es un asunto de suma importancia del que dependerá el régimen jurídico aplicable. Si la plataforma ofrece un servicio intermediario serán de aplicación la DCE y el RSD y, con este, sus exenciones de responsabilidad por el contenido — que enseguida se analizarán—. En contraposición, si la plataforma presta el servicio subyacente, se deberá estar a lo señalado por la legislación sectorial correspondiente [p. ej. de transporte][447].

En particular, se considera que la plataforma en línea —y cualquier otro prestador de servicios de alojamiento de datos— está prestando el servi- cio subyacente cuando el destinatario del servicio actúe bajo su autoridad o control [cdo. 23]. En términos equivalentes, cuando la plataforma controle o ejerza influencia significativa sobre un destinatario del servicio [p. ej. comer- ciante que a través de ella vende bienes y servicios] se considera que la pla- taforma está prestando el servicio subyacente.

---

446. El TJUE no ha dado lugar a dudas en torno a esta cuestión: «Si bien un servicio de inter- mediación que cumple todos esos requisitos [los necesarios para ser un prestador de servicios de la sociedad de la información] constituye, en principio, un servicio distinto del servicio subsiguiente al que está vinculado y, por consiguiente, debe calificarse de "servicio de la sociedad de la información", no ocurre así en el supuesto de que ese servicio de intermediación forme parte integrante de un servicio global cuyo elemento principal sea un servicio al que corresponda otra calificación jurídica» [STJUE de 20 de diciembre 2017, en el asunto C434/15, *Asociación Profesional Élite Taxi contra Uber España* [ECLI:EU:C:2017:981], apartado 40]. En la misma línea CREMADES GARCÍA señala que «La cuestión fundamental que se plantea en torno a dichas plataformas es si el servicio de mediación resulta totalmente autónomo y separado de los servicios pres- tados entre sí por los usuarios, o si, por el contrario, su participación va a resultar tan determinante como para concluir el contrato subyacente en los términos proyectados». CREMADES GARCÍA, P., «Contrato de mediación y plataformas digitales de alojamiento turístico», *op. cit.,* pág. 226.

447. En el caso Uber, por ejemplo, el TJUE concluyó que la plataforma Uber ejercía una influen- cia significativa sobre el servicio subyacente de transporte, de modo que se debía consi- derar que Uber prestaba en exclusiva un servicio de transporte, pero no un servicio inter- mediario de alojamiento de datos. STJUE de 20 de diciembre 2017, en el asunto C434/15, *Asociación Profesional Élite Taxi contra Uber España* [ECLI:EU:C:2017:981].

Aunque nada diga el RSD, dada la dificultad de precisar, caso por caso, cuándo una plataforma en línea ejerce «influencia significativa», el legislador europeo señaló tres criterios esenciales que deben darse para que ello ocurra[448]. En esencia, estos son tres: [1] fijar el precio final a pagar por el usuario, [2] establecer los términos y condiciones distintos del precio que determinan la relación contractual entre el prestador del servicio y el usuario, y [3] ostentar la titularidad de activos clave para prestar el servicio subyacente.

Cumpliéndose los tres requisitos[449], a la plataforma en línea no le será de aplicación el RSD y no se podrá exonerar de responsabilidad respecto de la información que a través de ella difunda el usuario en cuestión. De este modo, la responsabilidad de la plataforma por ese contenido dejaría de ser secundaria para pasar a ser primaria. Por el contrario, si son los usuarios los que fijan el precio o el contenido de su relación contractual, u ostentan la titularidad de los activos clave para prestar el servicio, la plataforma en línea actuará como intermediaria, pudiéndose exonerar de responsabilidad por el contenido publicado por aquellos.

Esta interpretación que parece tan clara no ha sido en realidad pacífica, en la medida en que en la práctica se ha mezclado la exoneración de responsabilidad con la calificación de la plataforma en línea como servicio de alojamiento de datos. Así, en un primer momento se consideró que cuando las plataformas en línea ejercieran un control o influencia significativa sobre el prestador del servicio subyacente, debía considerarse que la plataforma estaba prestando a la vez dos servicios —el servicio intermediario de alojamiento de datos y el servicio subyacente—[450].

---

448. Comunicación de la Comisión, de 2 de junio de 2016, sobre Una Agenda Europea para la economía colaborativa, COM [2016] 356 final, págs. 6-7.

449. CUENA CASAS, M., «La contratación a través de plataformas intermediarias en línea», *op. cit.*, pág. 305, considera que aparte de ellos, existen otros criterios que pueden ser indiciarios del ejercicio de una influencia significativa por parte de la plataforma: «Por ejemplo, si la plataforma colaborativa sufraga los gastos y asume todos los riesgos relacionados con la prestación del servicio subyacente. O si existe una relación laboral entre la plataforma colaborativa y la persona que presta el servicio subyacente en cuestión. Estos elementos podrían indicar que la plataforma colaborativa ejerce un gran nivel de control e influencia sobre la prestación del servicio subyacente, debiéndose en tal caso someterse a las autorizaciones pertinentes».

450. En este sentido se pronuncia el Informe de la Comisión de Mercado Interior y Protección del consumidor, de 11 de mayo de 2017, sobre una Agenda Europea para la economía colaborativa, de 11 de mayo de 2017, [2016/0000[INI]]. Y así lo consideraba también la Comunicación antes citada sobre Una Agenda Europea para la economía colaborativa, que rezaba que «Cuando se cumplen estos tres criterios [los más arriba expuestos], hay indicios claros de que la plataforma colaborativa ejerce una influencia o control significativos sobre el prestador del servicio subyacente, lo que puede indicar a su vez que debe considerarse que presta también el servicio subyacente [además de un servicio de la sociedad de la información]» [pág. 7].

Por el contrario, desde la STJUE del *asunto Uber*[451], el Tribunal de Luxemburgo defiende que el control o la influencia significativa no implica que la plataforma esté prestando tanto el servicio de alojamiento de datos como el subyacente, sino que presta tan solo este último y debe dejar de considerarse como un prestador de servicio de alojamiento de datos. Una solución que cobra pleno sentido habida cuenta de que los servicios prestados fuera de línea —como el servicio de transporte—, no se incardinan en la categoría de servicios de la sociedad de la información [cdo. 18 DCE][452].

En conclusión, determinar si la plataforma ejerce influencia significativa sobre el que a través de ella presta sus servicios será fundamental para calificarla como prestadora de servicios intermediarios o subyacente y, en definitiva, dilucidar si se le aplica el Reglamento de Servicios Digitales. Aunque la doctrina es controvertida[453], este panorama es criticable por la fuerte inseguridad jurídica que plantea[454]: al no estar definidos en una ley los criterios que permiten clasificar a las plataformas como intermediarias o prestadoras del

---

451. STJUE de 20 de diciembre 2017, en el asunto C434/15, *Asociación Profesional Élite Taxi contra Uber España* [ECLI:EU:C:2017:981]. En ella [párrafos 37-40] concluyó que la plataforma Uber ejercía una influencia significativa sobre el servicio subyacente de transporte porque reunía los tres requisitos que menciona la Comunicación sobre una Agenda europea para la economía colaborativa, a pesar de que no alude a esta de forma expresa: [1] ostenta la titularidad de la aplicación informática sin la cual los conductores no podrían prestar el servicio ni los clientes recurrir al mismo, [2] determina de forma decisiva las condiciones de la relación contractual entre conductor y cliente, y [3] fija el precio máximo por carrera. En consecuencia, se debía considerar que Uber prestaba en exclusiva un servicio de transporte, pero no un servicio intermediario de alojamiento de datos. Por el contrario, un par de años más tarde, en la STJUE de 19 de diciembre de 2019, en el asunto C-390/18, asunto *Airbnb* [ECLI:EU:C:2019:1112], el TJUE dedujo que la plataforma Airbnb sí debía considerarse prestadora de servicios intermediarios porque los servicios que presta no tienen suficiente entidad como para constituir el servicio subyacente, porque [1] Airbnb «no es indispensable para llevar a cabo la prestación de servicios de alojamiento ni desde el punto de vista de los arrendatarios ni de los arrendadores que recurran a él, puesto que ambos disponen de otros muchos cauces como las agencias inmobiliarias, los anuncios en papel o en formato electrónico o incluso los sitios web de alquiler de inmuebles», [2] Airbnb no «determina ni delimita el importe del alquiler solicitado por los arrendadores que utilizan su plataforma. A lo sumo, pone a su disposición una herramienta opcional de estimación del precio de su arrendamiento en función de los precios medios del mercado en dicha plataforma, dejando a los arrendadores la responsabilidad de fijar el precio del arrendamiento». En otras palabras, Airbnb no cumple los tres requisitos, puesto que ni ostenta la titularidad de activos clave —es sustituible—, ni determina el precio de la relación contractual [véanse los párrafos 53-57].

452. DE MIGUEL ASENSIO, P.A. *Derecho privado de internet, op. cit.,* pág. 164.

453. Para más detalle sobre la controversia: PAZOS CASTRO, R., «Uber, Airbnb y la llamada «influencia decisiva» de las plataformas digitales», en *Revista de internet, derecho y política,* núm. 31, 2020, págs. 7 y ss.

454. A favor de esta postura, vid. VILALTA NICUESA, A.E., «La regulación europea de las plataformas de intermediarios digitales en la era de la economía colaborativa», en *Revista Crítica de Derecho Inmobiliario,* núm. 765, 2018, pág. 285. Además, esta ofrece criterios para determinar cuándo se ejerce una influencia significativa, al estilo de lo que también hace el informe del ELI de normas modelo sobre las plataformas en línea de 2019.

servicio subyacente[455], habrá que esperar a que el TJUE se pronuncie caso por caso [cdo. 29], dando lugar a resoluciones que en ocasiones podrían resultar sorpresivas y contraintuitivas.

124. Debe advertirse, no obstante, que, una vez calificada la plataforma en línea como servicio intermediario a la luz del Reglamento de Servicios Digitales, este instrumento no ofrece toda la normativa europea aplicable. Bien al contrario, a él deben añadírsele otras leyes dedicadas a regular el ámbito digital[456], incluyendo instrumentos procedentes de otras disciplinas del Derecho, como el derecho tributario[457], laboral[458] o de propiedad intelectual[459], igual que la normativa de consumo cuando tenga esta consideración el usuario con el que la plataforma en línea entabla una relación jurídica[460]. Y, además de la normativa europea, no ha de perderse de vista que en función de los Estados miembros en que operen las plataformas en línea, estas deberán tener en cuenta la normativa nacional correspondiente[461].

---

455. De Franchesci, A., «Uber Spain and the «Identity Crisis» of Online Platforms», *op. cit.,* págs. 1-4.

456. Las plataformas en línea deben tener en cuenta la normativa procedente del Reglamento de Inteligencia Artificial, el Reglamento de Mercados digitales, el Reglamento *Platform-to-Business*, el Reglamento General de Protección de Datos, así como el Reglamento [UE] 2019/881 del Parlamento Europeo y del Consejo, de 17 de abril de 2019, relativo a ENISA [Agencia de la Unión Europea para la Ciberseguridad] y a la certificación de la ciberseguridad de las tecnologías de la información y la comunicación y por el que se deroga el Reglamento [UE] 526/2013 [«Reglamento sobre la Ciberseguridad»], *DO núm. L 151, de 7 de junio de 2019,* entre otros.

457. Directiva [UE] 2021/514 del Consejo de 22 de marzo de 2021 por la que se modifica la Directiva 2011/16/UE relativa a la cooperación administrativa en el ámbito de la fiscalidad, *DO núm. L 104, de 25 de marzo de 2021.*

458. En estos momentos está pendiente de aprobarse por el Parlamento Europeo la Directiva relativa a la mejora de las condiciones laborales en el trabajo en plataformas digitales, cuya propuesta inicial data de 2021 [Propuesta de Directiva del Parlamento Europeo y Del Consejo de 9 de diciembre de 2021 relativa a la mejora de las condiciones laborales en el trabajo en plataformas digitales, COM [2021] 762 final].

459. Directiva [UE] 2019/790 del Parlamento Europeo y del Consejo, de 17 de abril de 2019, sobre los derechos de autor y derechos afines en el mercado único digital y por la que se modifican las Directivas 96/9/CE y 2001/29/CE, *DO núm. L 130, de 17 de mayo de 2019.*

460. En ese caso resultaría de aplicación la Directiva 2011/83/UE del Parlamento Europeo y del Consejo, de 25 de octubre de 2011, sobre los derechos de los consumidores, por la que se modifican la Directiva 93/13/CEE del Consejo y la Directiva 1999/44/CE del Parlamento Europeo y del Consejo y se derogan la Directiva 85/577/CEE del Consejo y la Directiva 97/7/CE del Parlamento Europeo y del Consejo, *DO núm.* L 304, de 22 de noviembre de 2011, transpuesta en España a través de la Ley 3/2014, de 27 de marzo, por la que se modifica el texto refundido de la Ley General para la Defensa de los Consumidores y Usuarios y otras leyes complementarias, aprobado por el Real Decreto Legislativo 1/2007, de 16 de noviembre, *BOE núm. 76, de 28 de marzo de 2014.*

461. En el caso de España, deben mencionarse el Real Decreto-ley 9/2021, de 11 de mayo, por el que se modifica el texto refundido de la Ley del Estatuto de los Trabajadores, aprobado por el Real Decreto Legislativo 2/2015, de 23 de octubre, para garantizar los derechos laborales de las personas dedicadas al reparto en el ámbito de plataformas digitales, *BOE*

d] Un pequeño comentario sobre los motores de búsqueda

125. Definidas las plataformas en línea, debe realizarse un mínimo apunte relacionado con los otros grandes protagonistas de la revolución digital de principios del s. XXI, esto es, motores de búsqueda como Google o Bing. Mientras que el RSD es claro —aunque deficiente— al calificar a las plataformas en línea como servicio de alojamiento de datos, no lo es tanto al definir a los motores de búsqueda, a los cuales se limita a caracterizar como servicios intermediarios[462], en consonancia con el resto de acervo legislativo europeo[463].

El punto de partida es que la Directiva de comercio electrónico ni definía los motores de búsqueda, ni preveía una regulación para los mismos, limitándose a estipular que los Estados miembros podían desarrollar un régimen para los mismos [art. 21 DCE]. En esta línea, si bien algunos estados como España los concibieron como un nuevo subtipo de servicios intermediarios[464], según la jurisprudencia del TJUE —anterior al RSD—[465], los motores de búsqueda deben ser considerados como alojadores de datos[466], y esto también es lo que opina la doctrina mayoritaria.

Si tan claro está, el RSD —en línea con su tendencia de incorporar las soluciones jurisprudenciales del TJUE— podría haber explicitado que los motores de búsqueda son servicios de alojamiento de datos. Dado que no lo ha hecho de forma expresa, debe partirse de esa asunción y considerarse que el régimen que el RSD impone a los motores de búsqueda es el mismo que el de las

---

núm. 113, de 12 de mayo de 2021, también conocida como «Ley Rider», y la Ley 4/2020, de 15 de octubre, del Impuesto sobre Determinados Servicios Digitales, BOE *núm.* 274, de 16 de octubre de 2020.

462. El art. 3.j] define a los motores de búsqueda como «*un servicio intermediario que permite a los usuarios introducir consultas para hacer búsquedas de, en principio, todos los sitios web, o de sitios web en un idioma concreto, mediante una consulta sobre un tema cualquiera en forma de palabra clave, consulta de voz, frase u otro tipo de entrada, y que en respuesta muestra resultados de cualquier formato en los que puede encontrarse información relacionada con el contenido que es objeto de la consulta*».

463. A diferencia de lo que ocurre con el concepto y la definición de las plataformas en línea, la Unión Europea sí ofrece una definición única del motor de búsqueda en línea. En este sentido, la definición de motor de búsqueda del RSD es compartida por el Reglamento 2019/1150 [art. 2.5] y por el Reglamento de Mercados Digitales [art. 2.6], entre otros.

464. Es el caso de España, que, en su ley de transposición Ley 34/2002, de comercio electrónico, incorpora junto con los regímenes de exención de responsabilidad de los prestadores de servicios de mera transmisión [art. 14], memoria tampón [art. 15] y alojamiento de datos [art. 16], un art. 17 referido a los prestadores de servicios que faciliten enlaces a contenidos o instrumentos de búsqueda.

465. STJUE de 23 de marzo de 2010, en el asunto C-236/08, *Google France contra Louis Vuitton* [ECLI:EU:C:2010:159], apartados 110-120.

466. SCHWEMER, S.F., MAHLER, T. y STYRI, H., «Liability exemptions of non-hosting intermediaries: Sideshow in the Digital Services Act?», pág. 25.

plataformas en línea, incluyendo el de solución extrajudicial de los arts. 20 y 21 RSD[467]. Esta conclusión no quita, sin embargo, que el legislador europeo deba aclarar esta circunstancia cuanto antes[468].

1.3.2. La exención de responsabilidad de las plataformas en línea

126. Ya se ha aclarado que cuando la plataforma en línea se pueda calificar como prestadora de servicio de alojamiento de datos porque no ejerce una influencia significativa sobre el prestador de servicios, se le aplicará el Reglamento de Servicios Digitales. El siguiente paso consiste en determinar si cumple con los requisitos para que se pueda aplicar la exención de responsabilidad del art. 6 RSD, antes contenida en el art. 14 DCE[469].

El art. 6.1 RSD, en términos prácticamente idénticos al régimen del art. 14 DCE al que deroga, establece dos requisitos alternativos para que las plataformas en línea puedan eximirse de responsabilidad por el contenido proporcionado por terceros. Estos requisitos son no tener conocimiento efectivo de la actividad o contenido ilícito en cuestión o, en caso de hacerlo, actuar con prontitud para retirarlo o bloquear el acceso al mismo.

Son tres las cuestiones a tener en cuenta para confirmar la aplicación de la exención de responsabilidad. Primero, si la plataforma tiene conocimiento efectivo del contenido ilícito; segundo, si teniéndolo, ha actuado con prontitud para retirarlo o bloquearlo, y tercero, si se incardina en el ámbito de aplicación del art. 6.3 RSD, que impide aplicar la exención.

127. En cuanto a la primera cuestión, resolver la pregunta de cuándo las plataformas adquieren conocimiento efectivo de la actividad o contenido ilícito requiere tener en cuenta los dos siguientes aspectos.

---

467. De hecho, el RSD solo asimila de forma expresa el régimen de los motores de búsqueda al de las plataformas en linea en la sección 5.ª del Capítulo III, al hablar de las obligaciones de diligencia debida aplicables a las plataformas en línea y motores de búsqueda de muy gran tamaño. Para evitar incoherencias, habría sido más apropiado incorporar en la definición del art. 3.i] una referencia explícita a que los motores de búsqueda son servicios de alojamiento de datos, para así despejar cualquier duda con respecto a la aplicación de los arts. 6 y 16 y ss. A los mismos.

468. Arroyo Amayuelas, E., «La responsabilidad de los intermediarios en internet ¿puertos seguros a prueba de futuro?», en *Cuadernos de Derecho Transnacional,* vol. 12, núm. 1, 2020, pág. 814.

469. No deben confundirse estos requisitos con los tres mencionados en el apartado anterior. En este caso, la plataforma ya es calificada como intermediaria, si bien si no cumple alguna de las condiciones mencionadas, aun siendo intermediaria no se podrá eximir de responsabilidad por el contenido publicado por terceros. A la inversa, el cumplimiento acumulado de las tres exigencias expuestas en el epígrafe anterior [fijación del precio, del contenido de la relación contractual y titularidad de activos clave] impide calificar a la plataforma en línea como prestadora de servicios intermediarios y ya no puede entrar a valorarse si cumple los requisitos para eximirse de responsabilidad.

I] En primer lugar, la jurisprudencia ya dejó claro, con relación al antiguo art. 14 DCE, que debe adoptarse una interpretación amplia, en el sentido de que los prestadores de servicios intermediarios pueden adquirir conocimiento efectivo del contenido ilícito por cualquier vía, incluyendo las investigaciones voluntarias, así como las notificaciones de terceros[470], sean estos órganos judiciales o particulares.

II] En segundo lugar, con la finalidad de conocer cuándo la plataforma adquiere «conocimiento efectivo», debe traerse a colación el cdo. 18 RSD, que ha extendido, siguiendo la jurisprudencia del TJUE[471], la aplicabilidad del cdo. 42 DCE a los servicios de alojamiento de datos, ya que bajo el régimen de la DCE solo se aplicaba a los servicios de mera transmisión y memoria caché. En particular, según el cdo. 18[472], tiene conocimiento efectivo sobre la información aquella plataforma en línea que desempeñe un papel activo que vaya más allá de la prestación neutra del servicio, es decir, más allá de un tratamiento técnico y automático de la información[473].

Sin embargo, el citado considerando, más allá de ofrecer como ejemplo de ello la actuación editorial, no determina cuándo un prestador de alojamiento de datos actúa de forma activa[474]. Sí es cierto que, siguiendo los pasos previos del TJUE[475], el cdo. 22 del RSD estipula que, en principio, los sistemas de

---

470. STJUE de 12 de julio de 2011, en el asunto C-324/19, *L'Oréal y Otros contra eBay* [ECLI:EU:C:2011:474] y STJUE de 22 de junio de 2021, en el asunto C-682/18, *Youtube y Cyando* [ECLI:EU:C:2021:503].

471. STJUE de 23 de marzo de 2010, en el asunto C-236/08, *Google France contra Louis Vuitton* [ECLI:EU:C:2010:159]; STJUE de 12 de julio 2011, en el asunto C-324/09, *L'Oréal SA contra eBay* [ECLI:EU:C:2011:474] y, más tarde, STJUE de 22 de junio de 2021, en el asunto C-682/18, *Youtube y Cyando* [ECLI:EU:C:2021:503].

472. Cdo. 18: «Las exenciones de responsabilidad establecidas en el presente Reglamento no deben aplicarse cuando, en lugar de limitarse a la prestación neutra de los servicios mediante un tratamiento meramente técnico y automático de la información proporcionada por el destinatario del servicio, el prestador de servicios intermediarios desempeñe un papel activo de tal índole que le confiera conocimiento de dicha información o control sobre ella. En consecuencia, no cabe acogerse a dichas exenciones cuando las responsabilidades se deriven de información no proporcionada por el destinatario del servicio, sino por el propio prestador del servicio intermediario, incluido el caso en que la información se haya elaborado bajo la responsabilidad editorial de dicho prestador».

473. En este sentido, ARROYO AMAYUELAS, E., «El derecho de las plataformas en la Unión Europea», en *Servicios en plataforma. Estrategias regulatorias*, obra colectiva, coordinadora ARROYO AMAYUELAS, E., Marcial Pons, Madrid, 2021, págs. 49 y ss. clarifica que «la DCE solo otorga el privilegio de la exención de responsabilidad a los prestadores de servicios de la sociedad de la información que desempeñan un rol de intermediación [...]. No gozan de él las plataformas que son proveedoras de bienes o servicios o que, a pesar de calificarse de intermediarios, no tienen una actividad meramente técnica y pasiva».

474. MORAIS CARVALHO, J., ARGA LIMNA, F. y FARINHA, M., «Introduction to the digital services act, content moderation and consumer protection», *op. cit.,* págs. 5-6.

475. STJUE de 22 de junio de 2021, en el asunto C-682/18, *Youtube y Cyando* [ECLI:EU:C:2021:503].

recomendación automatizados no otorgan conocimiento efectivo[476], lo cual, por supuesto, resulta discutible[477].

Más allá de lo expuesto, la legislación no concreta más supuestos o parámetros que se puedan tomar en consideración con vistas a determinar la existencia de un conocimiento efectivo. Como mucho, se pueden traer a colación escasas sentencias europeas que resuelven casos concretos como la STJUE del asunto *L'Oréal contra eBay*[478], en la que se consideró que la optimización de las ofertas de ventas sí equivalía a un comportamiento activo que facilitaba conocimiento efectivo de la información.

Al final, ante la heterogeneidad de modelos de negocio que siguen las plataformas en línea actuales y las distintas formas en que influyen en la información que muestran a sus usuarios, la evaluación de la existencia de conocimiento efectivo tan solo se puede realizar caso por caso [cdo. 29][479], verificando si la plataforma en línea gestiona activamente el contenido más allá de la clasificación, búsqueda y recomendación automatizadas[480].

128. Respecto a la segunda cuestión, debe señalarse que conocer efectivamente la ilicitud de una actividad o contenido no priva de forma directa la aplicación de la exención de responsabilidad. Por el contrario, seguirá eximiéndose si ha retirado o bloqueado el contenido o la actividad ilícita con prontitud. Habida cuenta de que las plataformas en línea ostentan una posición que les permite retirar el contenido de forma inmediata, y que no se pueden imponer obligaciones generales de supervisión —prohibidas por el art. 8 RSD—, resulta razonable que se exija la retirada lo antes posible[481].

129. La tercera cuestión se refiere a otra situación que excepciona la exención de responsabilidad del RSD, introducida en el art. 6.3 RSD. En concreto, este precepto impide a las plataformas en línea que permiten

---

476. Cdo. 22: «el hecho de que el prestador indexe automáticamente la información cargada en su servicio tenga una función de búsqueda y recomiende información basándose en los perfiles o preferencias de los destinatarios del servicio no es motivo suficiente para considerar que dicho prestador tenga un conocimiento "específico" de las actividades ilegales llevadas a cabo en esa plataforma o de los contenidos ilícitos almacenados en ella».

477. No resulta lógico que los sistemas de recomendación de las plataformas, priorizando y otorgando mayor protagonismo a unos contenidos sobre otros de forma no aleatoria sino totalmente intencionada en función de los intereses de cada usuario o de la plataforma, no permitan considerar que la plataforma tiene conocimiento del contenido.

478. STJUE de 12 de julio de 2011, en el asunto C-324/19, *L'Oréal y Otros contra eBay* [ECLI:EU:C:2011:474].

479. De Miguel Asensio, P.A., *Derecho privado de internet, op. cit.*, pág. 336.

480. Rodríguez Martínez, I. y Montero, J., «La tipificación del contrato de intermediación en línea en el Reglamento de Servicios Digitales», *op. cit.,* versión en línea.

481. De Miguel Asensio, P.A., *Derecho privado de internet, op. cit.,* pág. 356.

celebrar contratos a distancia entre consumidores y comerciantes exonerarse de responsabilidad por la información proporcionada por tercero que presente en su interfaz de tal forma que pueda inducir a un consumidor medio a creer que esa información es proporcionada por la propia plataforma en línea.

También este requisito había sido previamente señalado por el TJUE, si bien en materia de marcas[482]. De hecho, DE MIGUEL ASENSIO critica que la excepción de exoneración de responsabilidad del art. 6.3 RSD se limite al derecho de consumo y no a otros supuestos[483].

130. Recapitulando, y dicho en términos más sencillos, para que la plataforma en línea pueda exonerarse de responsabilidad por el contenido que a través de ella publican terceros resulta necesario, primero, verificar que está prestando el servicio de intermediación según los criterios que se han expuesto en el apartado anterior; segundo, que no tiene conocimiento efectivo del contenido, o que teniéndolo, lo ha retirado con prontitud, y tercero, que no incurre en la situación planteada por el art. 6.3 RSD.

El incumplimiento por parte de la plataforma de alguno de estos tres requisitos impedirá aplicar la exención de responsabilidad del art. 6. Sin embargo, ello no equivale a afirmar que la plataforma es responsable, cuestión esta que deberá ser determinada por la norma nacional correspondiente.

Lejos de la simplicidad con la que se ha intentado exponer el régimen de exención de responsabilidad de las plataformas en línea, su aplicación en la práctica dista de ser clara y sencilla[484]. En especial, esto es así por la falta de adaptación de la legislación a los modelos de negocio de las plataformas, cada vez más distintos a los existentes en el momento de adoptar la DCE, cuyo planteamiento básico sigue siendo protagonista en el RSD.

---

482. El contenido del texto del art. 6.3 RSD también fue apuntado por la jurisprudencia del TJUE al mismo tiempo que se aprobaba el RSD: STJUE de 21 de diciembre de 2022, en los asuntos acumulados C-148/21 y 184/21, *Louboutin [Usage d'un signe contrefaisant sur un marché en ligne]* [ECLI:UE:C:2022:1016].

483. DE MIGUEL ASENSIO, P., *Manual de derecho de las nuevas tecnologías: Derecho digital, op. cit.,* pág. 75.

484. Por ejemplo, se ha argumentado que las redes sociales como X o Instagram en realidad no deberían poder eximirse de responsabilidad por el daño causado por el contenido que terceros publican a través de ella, toda vez que están «tratando dichos contenidos para extraer información de ellos [como las personas que aparecen en las fotos], por lo que, si ese contenido fuera ilícito, al trabajar con él, aunque fuera de forma técnica, podría considerarse que tienen conocimiento efectivo sobre su posible ilicitud». MORA ASTABURUAGA, A., «Naturaleza jurídica de las redes sociales», en *Derecho digital y nuevas tecnologías*, obra colectiva, coordinadores MADRID PARRA, A. y ALVARADO HERRERA, L., Thomson Reuters Aranzadi, Cizur Menor [Navarra], 2022, pág. 337.

1.3.3. La corregulación de las plataformas en línea en el Reglamento de Servicios Digitales

131. La posición y el poder de los que disfrutan las plataformas en línea les permite imponer —contractualmente— a sus usuarios sus propios términos y condiciones[485], en virtud de los cuales las plataformas se atribuyen facultades de moderación de contenidos, de supervisión de cumplimiento, de sanción en caso de incumplimiento y de resolución de conflictos de forma extrajudicial, entre otras. De este modo, las plataformas en línea han venido desde sus inicios autorregulándose, creando verdaderos sistemas legales privados[486] con los que además de regular los derechos y obligaciones que resultan de la relación contractual entre ella y sus usuarios, delimitan su propio comportamiento. Una autorregulación que ha sido posible gracias a un régimen jurídico partidario del liberalismo digital [la DCE].

132. Así las cosas, el problema que se ha puesto de manifiesto en los últimos años es que la autorregulación de las plataformas no necesariamente va encaminada a luchar por los intereses generales y los derechos fundamentales, sino a defender sus propios intereses [económicos][487]. De este modo y ante el indudable y monumental poder alcanzado por ellas, la UE estima urgente alinear sus intereses particulares con aquellos generales.

En línea con el cambio de enfoque ilustrado por las leyes digitales europeas, el legislador europeo pretende poner límites al libre comportamiento de las plataformas en línea, condicionando su autorregulación, a la que no abandona por completo, sino que toma como punto de partida[488]. Para ello, el RSD sigue la estrategia de la corregulación, la cual implica regular los principios, cauces, límites y controles a los que debe someterse la autorregulación[489]. Así, el RSD mantiene la autorregulación de las plataformas, pero la orienta a la protección de los destinatarios de sus servicios y de la sociedad en general[490].

---

485. El RSD también ha dado lugar a la creación de una base de datos que recoge los términos y condiciones de los servicios digitales. https://platform-contracts.digital-strategy.ec.europa.eu/, último acceso el 12 de mayo de 2024.

486. Rodríguez de las Heras Ballell, T., «Las plataformas: nuevos actores [y reguladores] de la actividad económica», *op. cit.,* pág. 405.

487. Cotino Hueso, L., «Quién, cómo y qué regular [o no regular] frente a la desinformación», en *Teoría y Realidad Constitucional*, núm. 49, 2022, pág. 217.

488. Coroado, S., «Leviathan vs. Goliath or States vs. Big Tech and what the digital services act can do about it», *op. cit.,* pág. 16.

489. Carrillo Donaire, J.A., «Autorregulación y corregulación en el sector audiovisual», en *Revista General de Derecho Administrativo*, núm. 63, 2023, pág. 5.

490. El cdo. 41 explicita que «Esas obligaciones de diligencia debida, que deben ser razonables y no arbitrarias, son necesarias para afrontar los objetivos de interés público identificados, como la salvaguardia de los intereses legítimos de los destinatarios del servicio, la lucha contra las prácticas ilícitas y la protección de los derechos fundamentales amparados por la Carta».

En este sentido, el RSD somete los mecanismos de moderación de contenidos de las plataformas, sus sistemas internos de solución de controversias, sus sanciones contra usos indebidos de sus servicios o sus sistemas de recomendación —todos ellos autorregulados por las plataformas con anterioridad al RSD— a requisitos de calidad mínima [arts. 16 y 17, 20, 23, 27 y 38 RSD], los cuales también se imponen a sus interfaces [arts. 25 y 31 RSD] y publicidad en línea [arts. 26 y 39 RSD]. En la misma línea, se instauran obligaciones de transparencia que aseguran el cumplimiento de los requisitos mínimos anteriores y la protección de los destinatarios de los servicios [arts. 24, 28, 30, 32, 41 o 42 RSD, entre otros].

En definitiva, el objetivo del RSD es controlar la autorregulación de las plataformas, que había sido posible gracias a la regulación liberal de la DCE. Se trata de un punto que cobra especial relevancia en nuestro estudio, ya que los medios de solución extrajudicial vinculados a las plataformas en línea cuentan con un fuerte componente de autorregulación que el RSD tratará de condicionar.

133. Aunque pueda sonar sorprendente, de forma paralela al control de la autorregulación, el Reglamento de Servicios Digitales la fomenta e incluso la impone. Así, de un lado, los arts. 44 a 48 RSD incentivan a las plataformas en línea a adoptar normas de cumplimiento voluntario como son los códigos de conducta, en los que más tarde se profundizará. De otro lado, y en contra de la naturaleza de la adopción y cumplimiento voluntario de las normas autorreguladoras, el RSD impone algunas como la realización de auditorías independientes [art. 37 RSD] o la creación de departamentos de *compliance* [art. 41][491].

134. Impulsar —y exigir— la autorregulación es un objetivo del RSD que ha sido criticado por el riesgo elevado de que las plataformas en línea utilicen la autorregulación como forma de evitar la regulación imperativa y, en su lugar, satisfacer intereses propios[492]. A mayor abundamiento, para minimizar este riesgo, el RSD atribuye a la Comisión, a la Junta y a los coordinadores de servicios digitales potestades para supervisar el cumplimiento de las obligaciones mínimas impuestas por el RSD en relación con la autorregulación de los sistemas de moderación de contenidos y de los propios códigos de conducta. Sin embargo, esta supervisión en muchos casos no tendrá demasiadas consecuencias[493], y de ahí que se critique que el efecto del RSD puede

---

491. DE ARTÍÑANO MARRA, P., *Régimen jurídico de las plataformas de mediación electrónica: Nuevas perspectivas para un fenómeno en constante desarrollo, op. cit.,* pág. 224.

492. DE STREEL, A. y HUSOVEC, M., «The e-commerce Directive as the cornerstone of the Internal Market. Assessment and options for reform», *op. cit.,* pág. 45.

493. En teoría, dejando de lado las obligaciones de diligencia debida relacionadas con los sistemas de moderación de contenidos, debe aclararse que el incumplimiento de normas voluntarias como los códigos de conducta no deberían provocar mayor responsabilidad que la prevista en el propio código para el caso de incumplimiento, tal y como apunta CARRILLO. Sin embargo, el RSD está yendo más allá al incorporar preceptos como el 45.4 in fine: *«En caso de incumplimiento sistemático de los códigos de conducta, la Comisión y*

ser el de fortalecer la capacidad autorreguladora de las plataformas, incrementando su poder y legitimación.

No obstante, al fomentar la autorregulación seguramente el RSD tenga en mente los múltiples beneficios que puede traer. Además de anteponer los intereses generales a los particulares, permite a las plataformas adaptarse de forma más rápida al cambiante entorno tecnológico y económico. Asimismo, es probable que su tasa de cumplimiento sea más elevada, ya que los destinatarios de la regulación son los involucrados en su elaboración[494].

En el mismo sentido, debe aclararse que en un contexto en el que determinar qué actores son plataformas en línea es cada vez más difícil, y en el que el régimen jurídico aplicable a las mismas está disperso y fragmentado, la autorregulación deviene una herramienta necesaria para que las plataformas en línea puedan anticiparse a los eventuales conflictos y prevenirlos[495] y, en definitiva, evitar la inseguridad jurídica derivada de su regulación enormemente fragmentada.

De hecho, resulta oportuno por último evidenciar que el impulso autorregulatorio del RSD no le atañe a este instrumento en exclusiva, sino que se inserta en una tendencia característica del acervo legislativo de la UE del ámbito digital. Y es que, la incapacidad de la regulación pública de proteger los intereses generales en el ámbito digital, junto con la incapacidad de regular la realidad digital al mismo ritmo que esta evoluciona, lleva a la UE a impulsar la autorregulación, a la que somete al control de normas imperativas para, junto con ellas, coadyuvar a la protección de los intereses y valores generales[496]. Así, normas como el art. 16 de la Directiva de comercio electró-

---

la Junta podrán pedir a los signatarios de los códigos de conducta que adopten las medidas necesarias». A pesar de ello, debe cuestionarse la eficacia de estas vagas «medidas necesarias». Sí es cierto que el art. 37 RSD obliga a las plataformas en línea y motores de búsqueda en línea de muy gran tamaño a someterse anualmente a una auditoría independiente que también controlará el cumplimiento de las medidas de autorregulación, pero además de la difícil supervisión, ni siquiera se prevé en relación con todas las plataformas y motores de búsqueda. Véase en este sentido a CARRILLO DONAIRE, J.A., «Autorregulación y corregulación en el sector audiovisual», *op. cit.,* pág. 8; STROWEL, A. y DE MEYERE, J., «The Digital Services Act: transparency as an efficient tool to curb the spread of disinformation on online platforms», *op. cit.,* pág. 80, y HOBOKEN, J. y otros, *Putting the DSA into Practice, op. cit.,* págs. 219-222. Versión en línea accesible en: https://ssrn.com/abstract=4384266, último acceso el 12 de septiembre de 2024.

494. COTINO HUESO, L., «Quién, cómo y qué regular [o no regular] frente a la desinformación», *op. cit.,* pág. 218.

495. DE ARTIÑANO MARRA, P., *Régimen jurídico de las plataformas de mediación electrónica: Nuevas perspectivas para un fenómeno en constante desarrollo, op. cit.,* págs. 220 y 226.

496. MUÑOZ MACHADO, a propósito de esta materia, confirma que los organismos públicos recurren cada vez más a *«instrumentos no normativos para orientar con ello el comportamiento de las iniciativas privadas o a efectos de desarrollar las propias políticas públicas. No son siempre necesarias, para ello, las normas vinculantes».* MUÑOZ MACHADO, S., *Tratado de derecho administrativo y derecho público general,* Vol. IV, Iustel, Madrid, 2011, págs. 552-553.

nico, el art. 17 del Reglamento 2019/1150 o el art. 28.ter apartados 9 y 10 de la Directiva 2010/13/UE promovían la elaboración de códigos de conducta, y el Reglamento de Mercados Digitales demanda la creación de un departamento de *compliance* [art. 28].

135. En resumidas cuentas, se podría decir que el RSD apuesta por una autorregulación [por él] controlada.

1.4. La protección del usuario digital frente a las plataformas en línea en el Reglamento de Servicios Digitales

136. Junto con las plataformas en línea, los usuarios digitales constituyen el otro sujeto principal de los medios de solución extrajudicial del RSD. Estos usuarios pueden ser empresarios o consumidores, y los mecanismos mencionados se ponen a su disposición para protegerles frente a la hegemonía de las plataformas en línea.

Al respecto, ya se señaló que en el ámbito digital no son solo los consumidores sino también los usuarios profesionales los que requieren protección, en especial, frente a las plataformas en línea, si bien se precisó que, aun así, la protección europea del consumidor goza de mayor contundencia. En este sentido, pese a que el RSD instaura medidas destinadas a tutelar los intereses de ambos tipos de usuarios digitales —entre ellas, los ODR—, concede una protección más sólida al consumidor. De esta manera, se pondrán aquí de relieve las medidas más destacables que favorecen a los usuarios digitales en general y, por separado, las destinadas en exclusiva a salvaguardar los intereses de los consumidores.

1.4.1. Medidas de protección de todo usuario digital

137. De todas las herramientas cuyo objeto es defender al usuario digital frente a las plataformas en línea[497], aquí tan solo se exponen las más relevantes.

Primero, la utilización del criterio de destino de los servicios para fijar el ámbito de aplicación [art. 2 RSD] garantiza la protección de todo usuario digital de la UE, con independencia de la residencia del servicio intermediario que le preste los servicios.

Asimismo, el art. 12 avala que todo usuario digital cuente con un punto de contacto al que dirigirse para entablar una comunicación electrónica, directa, rápida y sencilla con cualquier prestador de servicios intermediarios.

---

497. Recuérdese que aquí tan solo están siendo objeto de examen las relaciones jurídicas que entabla la plataforma jurídica con cada uno de los usuarios, pero no aquella que celebran estos últimos entre sí.

Ya en materia de moderación de contenidos, también son significativas tres medidas de protección. Primero, el art. 16 RSD obliga a los servicios de alojamiento de datos a ofrecer un mecanismo de notificación y acción en virtud del cual cualquiera pueda notificar un contenido ilícito. Segundo, el art. 17 RSD obliga a los alojadores de datos a informar a cualquier destinatario del servicio de los motivos por los que han retirado o restringido los contenidos por ellos proporcionados, incluyendo la reducción de visibilidad. Así queda prohibido el conocido como *shadow banning* [cdo. 55][498]. Tercero, en caso de que los destinatarios no estén de acuerdo con la decisión de moderación de contenidos, las plataformas en línea —que no el resto de los servicios de alojamiento de datos— deben poner a su disposición un sistema interno de gestión de reclamaciones [art. 20 RSD] y someterse, a petición de aquel, a un órgano de solución extrajudicial de litigios [art. 21 RSD].

Junto con lo anterior, también se pueden mencionar las medidas que contienen los arts. 25 a 27 RSD. Así, el art. 25 RSD exige que el diseño de los interfaces en línea no dé lugar a confusión y así elimina la posibilidad de que sigan utilizando —al menos lícitamente— los patrones oscuros *[dark patterns]*; el art. 26.1 RSD, por su parte, obliga a las plataformas en línea a mostrar de manera visible información relativa a cada anuncio publicitario para que cualquier usuario digital pueda identificar quién lo presenta o quién lo ha financiado, entre otros; el art. 26.2 RSD exige a las plataformas instaurar una funcionalidad para que todo usuario digital pueda comunicar el carácter comercial del anuncio; el art. 26.3 RSD prohíbe el empleo de anuncios basados en la elaboración de perfiles, y el art. 27 RSD obliga a los sistemas de alojamiento de datos a explicar por qué recomiendan un determinado contenido a sus usuarios.

Por último, los medios de solución extrajudicial de los arts. 20 y 21 RSD, en los que se incidirá más adelante, asimismo pretenden tutelar al usuario digital.

1.4.2. Medidas de protección del consumidor

138. El art. 1 RSD concibe como uno de los tres objetivos del RSD a la protección de los derechos fundamentales de la CDFUE, *«incluido el principio de*

---

498. A este respecto, cabe señalar que el 25 de septiembre de 2023, la CE lanzó la Base de Datos de transparencia del RSD, en la que publica las declaraciones de motivos notificadas por las plataformas en línea al amparo del art. 17 RSD. Así la UE puede controlar qué contenidos se restringen, los tipos de restricciones, la frecuencia de estas o su carácter automatizado. https://transparency.dsa.ec.europa.eu/, último acceso el 10 de mayo de 2024. Para más información sobre el *shadow banning*, consúltese LEERSSEN, P., «An end to shadow banning? Transparency rights in the Digital Services Act between content moderation and curation», en *Computer Law & Security Review*, núm. 48, 2023, págs. 1-13. Sin embargo, el *shadow banning* tiene excepciones: la obligación de notificar del art. 17 RSD no se aplica *«con respecto a los contenidos comerciales engañosos de gran volumen difundidos a través de la manipulación intencionada del servicio [...], como el uso de bots o cuentas falsas u otros usos engañosos del servicio»* [cdo. 55]. Esto es, no se aplica el art. 17 RSD al spam publicitario.

protección de los consumidores». Esta coletilla, que no aparecía en la versión inicial del RSD de 2020 ni tampoco en la Directiva de comercio electrónico, parece indicar que un objetivo primordial del RSD es proteger a los consumidores[499].

En realidad, la protección de los derechos del consumidor no es tanto un fin como un medio para alcanzar el verdadero objetivo del RSD: el fortalecimiento del mercado único digital. De esta manera, la protección al consumidor se convierte en un instrumento necesario para incrementar su confianza en el mercado en línea. De hecho, así lo ha confirmado la propia Comisión Europea, que en la Comunicación *Shaping Europe's Digital Future* afirmó que la confianza en el mundo en línea también significa ayudar a los consumidores a mejorar su control y responsabilidad sobre sus datos e identidad[500].

139. Respecto a las referencias más patentes que el RSD hace al consumidor, pueden ponerse de relieve las siguientes[501].

En primer lugar, el art. 6.3 RSD impide *«en virtud del Derecho en materia de protección de los consumidores»* eximirse de responsabilidad a aquellas plataformas en línea que permitan la celebración de contratos a distancia entre consumidores y comerciantes cuando presente la información de tal manera que pueda llevar a un consumidor medio a pensar que esa información es proporcionada por la propia plataforma en línea y no por el comerciante. Este precepto resulta más que idóneo, toda vez que es habitual que los consumidores confíen en las plataformas e incluso lleguen a considerar que están contratando con ellas en vez de con el comerciante[502].

Asimismo, cabe destacar las obligaciones de los arts. 30 a 32, previstas en exclusiva para proteger a los consumidores que celebran contratos a distancia con comerciantes. Así, el art. 30 RSD obliga a las plataformas en línea a garantizar la trazabilidad de los comerciantes que participan en ellas [obligación *Know Your Business Customer, KYBC*]; el art. 31 RSD, por su parte, persigue que las plataformas en línea diseñen y organicen su interfaz *«de manera que los comerciantes puedan cumplir con sus obligaciones en relación con la información precontractual, la conformidad y la información de seguridad del producto en virtud del Derecho de la Unión aplicable»* y, para terminar, el art. 32 RSD instaura un derecho a la información en el sentido de que toda pla-

---

499. El art. 3.c] RSD define al consumidor como *«toda persona física que actúe con fines ajenos a su actividad comercial, negocio, oficio o profesión»*.

500. COMISIÓN EUROPEA, «Shaping Europe's Digital Future», Publicaciones Oficiales de la Unión Europea, Luxemburgo, 2020. Versión en línea accesible en: https://commission.europa.eu/system/files/2020-02/communication-shaping-europes-digital-future-feb2020_en_4.pdf, último acceso el 12 de septiembre de 2024, pág. 6.

501. A las anteriores se les puede añadir un largo listado, en el cual se incluyen los arts. 12 [puntos de contacto], 31 [diseño de plataformas], 26 [origen de la publicidad] o 28 [medidas de protección de menores].

502. CAUFFMAN, C., y GOANTA, C., «A new order: the Digital Services Act and consumer protection», *op. cit.*, pág. 766.

taforma que conozca que un comerciante ha ofrecido a través de la misma productos o servicios ilícitos notifique tal circunstancia a los consumidores que los hayan adquirido en los seis meses anteriores al que la plataforma tenga conocimiento.

Para acabar, también es relevante la referencia del art. 28 RSD, que requiere a las plataformas la adopción de medidas *«para garantizar un elevado nivel de privacidad, seguridad y protección de los menores en su servicio»*.

140. Al final, el conjunto de medidas anteriores, ya no solo previstas para consumidores sino también para usuarios digitales, resulta necesario para protegerlos frente a las plataformas en línea, habida cuenta de que llevan varios años siendo víctimas de actividades como la difusión de contenidos ilícitos [discurso de odio, terrorismo o pornografía infantil], la desinformación, la venta de mercancías peligrosas o falsificadas, de unos patrones oscuros *[dark patterns]* que les llevan a tomar decisiones en línea que en realidad no deseaban, sistemas de recomendación de contenidos que no les permiten seleccionar el contenido que visualizan, una falta de transparencia que en ocasiones no les permite conocer quién es la otra parte contractual, o los riesgos que todo lo anterior acarrea para los menores[503].

De hecho, los consumidores y los usuarios digitales están percibiendo esta situación con total claridad. En este sentido, el informe *The Digital Decade* de marzo de 2023 lo confirma con cifras[504]: solo la mitad de los ciudadanos considera que los derechos en el entorno en línea están bien protegidos en la UE, un 51 % no se muestra conforme con la libertad efectiva de elección en el ámbito digital ni con el control que en este tienen sobre sus datos, y un 55 % opina que el entorno digital actual no es seguro para los niños y jóvenes. Además, por detrás de la necesidad de incrementar la protección frente a los ciberataques [30 %] y la mejora de la velocidad de internet [27 %], la tercera prioridad en el entorno digital para los ciudadanos es la de protegerlos frente a la desinformación y el contenido ilícito [26 %].

En este contexto, parece claro que las medidas de protección introducidas por el RSD no están de más. La cuestión que puede [y debe] plantearse inmediatamente a continuación es si esas medidas de protección del usuario digital resultan suficientes o si, por el contrario, tal y como se ha sugerido[505],

---

503. Por ejemplo, estas son tan solo dos noticias que ponen de manifiesto que la pornografía infantil y los dark patterns siguen figurando en el orden del día de los riesgos de internet. Así, https://elpais.com/elpais/2018/11/15/planeta_futuro/1542292342_375507.html y https://cec.consumo.gob.es/CEC/comunicacion/noticias/2022/NI_Black_Patterns_1_06_2022.htm, último acceso a ambas el 12 de septiembre de 2024.

504. COMISIÓN EUROPEA, «The Digital Decade, Special Eurobarometer 532», 2023. Versión en línea accesible en: ebs_532_digital_decade_report.pdf, último acceso el 12 de septiembre de 2024, págs. 7, 31, 43 y 48 y ss.

505. CAUFFMAN, C., y GOANTA, C., «A new order: the Digital Services Act and consumer protection», *op. cit.,* pág. 767.

el legislador está más preocupado por proteger a los prestadores de servicios intermediarios. En teoría, se supone que son válidas para proteger los derechos fundamentales de los usuarios digitales en general y de los consumidores en particular, otorgarles un mayor control sobre el contenido al que tienen acceso, protegerles frente a los contenidos ilícitos y desinformación, y resguardar a los menores frente a los riesgos del entorno en línea.

Pero el problema es precisamente ese: la protección que brinda el RSD no alcanza nada más allá del contenido ilícito y la libertad de expresión. Así, se está desprotegiendo a los usuarios digitales —también a empresarios— en otros aspectos de gran relieve que se encuentran relacionados con las plataformas en línea y el comercio electrónico, que tampoco están cubiertos por otras normas sectoriales en el ámbito digital, como pueden ser la información engañosa o los productos inseguros, entre otros[506].

141. En realidad, criticar la [in]suficiencia del RSD desde la óptica de la protección de los usuarios digitales y, en especial, de los consumidores, queda fuera de la pretensión de este texto, que aquí tan solo busca poner de manifiesto que el RSD protege a los usuarios digitales en algunos ámbitos del entorno digital [p. ej. contenido ilícito], pero no en otros, y que protege en mayor intensidad a los consumidores que a los usuarios digitales que ostenten la condición de empresario. Con esta ilustración se persigue sentar el contexto en que a continuación se van a abordar dos de las medidas introducidas por el RSD en relación con la protección de todo usuario digital frente a las plataformas en línea en materia de contenido ilícito: el sistema interno de gestión de reclamaciones [art. 20] y la resolución extrajudicial de litigios [art. 21].

2. Los medios de solución extrajudicial del Reglamento de Servicios Digitales

142. La mayor parte de los conflictos que surgen en el ámbito digital se refieren a las decisiones de moderación de contenidos adoptadas por las plataformas en línea[507], en virtud de las que estas últimas deciden restringir contenido que a través de ellas difunden terceros, bien por ser ilícito, bien por ser incompatible con sus condiciones generales. Los afectados por dichas decisiones suelen quejarse porque en no pocas ocasiones fallan, planteando por tanto importantes cuestiones en relación con sus derechos

---

506. BUSCH, C. y MAK, V., «Putting the Digital Services Act into Context: Bridging the Gap between EU Consumer Law and Platform Regulation», en *Journal of European Consumer and Market Law,* núm. 109, versión en línea accesible en: https://ssrn.com/abstract=3933675, último acceso el 12 de septiembre de 2024, pág. 1.

507. ORTOLANI, P., «The resolution of content moderation disputes under the Digital Services Act», en *Giustizia Consensuale,* núm. 2, 2022, pág. 2.

o libertades como el derecho a la expresión, a la información o al honor[508]. En esta línea, y como ya hubo ocasión de exponer en repetidas ocasiones, los órganos judiciales no ofrecen la tutela más adecuada a los afectados en estos casos dado su elevado coste, igual que lentos y farragosos procesos. En su lugar, los medios de resolución extrajudicial en línea rápidos, económicos y eficientes constituyen una forma idónea de proteger los derechos de los interesados.

Por tanto, y siguiendo este razonamiento, el RSD incorpora dos medios de solución extrajudicial en línea autocompositivos en sus arts. 20 y 21 RSD, que permiten a los usuarios digitales impugnar las decisiones de moderación de contenidos adoptadas por las plataformas. Además, acompaña estos preceptos de otras normas de carácter voluntario [arts. 44 y ss. RSD] que, aun no previstas expresamente para ello, podrían impulsar y mejorar la aplicación de estos ODR.

143. Dicho esto, y después de haber examinado el papel de los usuarios digitales y de las plataformas en línea en el Reglamento de Servicios Digitales, el presente apartado tiene por objeto llevar a cabo un análisis de los medios de impugnación de los arts. 20 y 21 RSD, estructurándose para ello de la siguiente manera. En primer lugar, se estudiará la actividad de moderación de contenidos para comprender por qué y de qué manera las plataformas en línea deciden sobre la moderación de los contenidos que otros publican a través de ellas. Más tarde, se examinará en profundidad el funcionamiento de los medios de resolución extrajudicial que el RSD prevé para impugnar las decisiones de moderación de contenidos y, por último, se estudiará el papel que juegan —o que podrían jugar— los códigos de conducta y otras normas voluntarias previstas en los arts. 44 y ss., a efectos de impulsar la resolución extrajudicial de litigios. La valoración de todo lo anterior se plasmará en el último apartado.

2.1. La razón de ser de los ODR del RSD: la moderación de contenidos

144. A nadie le resulta ajeno que, desde hace tiempo, las plataformas en línea están adoptando medidas que afectan directamente al contenido publicado por sus usuarios. En este sentido, han sido numerosos los casos en que las plataformas en línea han eliminado publicaciones de sus usuarios [p. ej. desnudos[509],

---

508. Geiger, C., Frosio, G., y Izyumenko, E., «Intermediary liability and fundamental rights», en *The Oxford Handbook of online intermediary liability*, obra colectiva, editor Frosio, G., Oxford University Press, Oxford, 2020, pág. 146.

509. Por ejemplo, https://www.europafm.com/noticias/famosos/que-instagram-esta-censurando-fotos-hijos-famosos_20210818611cbf69acffc1000125745b.html, último acceso el 12 de septiembre de 2024.

contenido de corte político[510] o de miedo[511]] o incluso sus propias cuentas [p. ej. el caso de Trump[512]]. Y en realidad estos son tan solo dos ejemplos de medidas de moderación de contenidos, las cuales, si bien ya venían siendo frecuentes con anterioridad al RSD, es previsible que lo sean todavía más con las medidas incorporadas por este instrumento en aras a la consecución de un entorno en línea seguro y fiable.

145. A continuación, tras exponer el concepto y origen de la moderación de contenidos, se estudiarán las medidas introducidas por el RSD para fomentarla, la decisión moderadora del contenido y la necesidad de crear remedios frente a esta última.

2.1.1. Concepto y origen de la moderación de contenidos

146. Según el art. 3.t] RSD, la moderación de contenidos consiste en aquella actividad, automatizada o no, a través de la cual las plataformas en línea detectan y actúan contra contenidos ilícitos o incompatibles con sus condiciones generales[513], no solo eliminándolos, sino también reduciendo su visibilidad, eliminando la posibilidad de monetizarlos o suspendiendo las cuentas de quienes lo han publicado. Se dice, por tanto, que la actividad de moderación de contenidos es aquella a través de la cual las plataformas en línea controlan aquello que sus usuarios publican[514], toda vez que para actuar sobre un contenido primero es necesario conocerlo. Pero ¿por qué las plataformas moderan contenidos?

147. El carácter abierto y descentralizado de internet permite que cualquier persona que tenga acceso a la red publique y difunda contenidos a este, ya sea con fines lícitos o ilícitos. De esta manera, la utilización de internet permite causar, en esencia, dos tipos de perjuicios. De un lado, se pueden destruir, alterar o inutilizar datos, aplicaciones y equipos de forma ilegítima [p. ej. *hackers*]. De otro lado, y lo que aquí más interesa, la difusión de información

---

510. https://elpais.com/planeta-futuro/2023-12-21/human-rights-watch-acusa-a-meta-de-censurar-contenidos-de-apoyo-a-palestina-en-instagram-y-facebook.html, último acceso el 12 de septiembre de 2024, y https://www.bbc.com/mundo/noticias-53088174, último acceso el 13 de octubre de 2024.

511. https://www.lasprovincias.es/sociedad/youtube-retira-anuncio-20180817160250-nt.html, último acceso el 12 de septiembre de 2024.

512. https://www.bbc.com/mundo/55597855, último acceso el 12 de septiembre de 2024.

513. Más en concreto, el art. 3.t] del RSD define la moderación de contenidos como el conjunto de «*actividades, estén o no automatizadas, realizadas por los prestadores de servicios intermediarios, que están destinadas, en particular, a detectar, identificar y actuar contra contenidos ilícitos o información incompatible con sus condiciones generales, que los destinatarios del servicio hayan proporcionado*».

514. Casarosa, F., «Out-of-court dispute settlement mechanisms for failures in content moderation», *Jipitec*, vol. 14, núm. 3, pág. 393.

a través de internet permite lesionar derechos e intereses de todo tipo, incluyendo derechos al honor, a la intimidad y a la propia imagen o derechos de propiedad industrial o intelectual[515].

Estos últimos ilícitos generan riesgos importantes para la sociedad y un elevado nivel de desconfianza en los servicios que difunden ese contenido, que hoy en día son en su mayoría plataformas en línea. A diferencia del resto de prestadores de servicios intermediarios, los prestadores de servicio de alojamiento de datos —como las plataformas en línea— cuentan con una posición clave con respecto al contenido que almacenan, pues no solo pueden bloquear su transmisión, sino también eliminarlos de las redes[516]. En consecuencia, ello provoca que los prestadores de servicio de alojamiento de datos, y muy en especial las plataformas en línea cuenten con «unas responsabilidades sociales particulares a efectos de contribuir a la lucha contra los contenidos ilícitos difundidos a través del uso de sus servicios»[517]. Una lucha de la que ellas también se benefician, incrementando la confianza de los usuarios en sus servicios.

148. Inicialmente, bajo el régimen de la DCE, realmente los prestadores de servicios de alojamiento de datos no contaban con un contexto proclive a la moderación de contenidos. En particular, no se les imponía una obligación general de realizar búsquedas activas de hechos o circunstancias ilícitas [art. 15.1 DCE], toda vez que ello no sería factible ante la gran cantidad de datos que manejan, ni tampoco tenían incentivos a hacerlo de forma voluntaria porque ello les podría proporcionar el conocimiento que les impediría eximirse de responsabilidad, que como ya se dijo normalmente es extracontractual [art. 14 DCE].

En este contexto, debe admitirse que más allá de la DCE existían razones de mercado que impulsaban a las plataformas en línea a perseguir y moderar contenidos ilícitos [y contrarios a sus condiciones generales]. Entre ellas, destacaron la necesidad de evitar la confusión que ese tipo de contenidos pudiera crear en el usuario aminorando su confianza, el deseo de mejorar la reputación y credibilidad de la plataforma para atraer a nuevos usuarios, las presiones de empresas de publicidad y las de titulares de derechos de propiedad intelectual que querían evitar infracciones, y la intención de utilizar esta autorregulación para evitar la regulación imperativa, la cual supondría un coste adicional[518].

---

515. DE MIGUEL ASENSIO, P.A., *Derecho privado de internet, op. cit.,* pág. 220.

516. *Ídem*, pág. 190.

517. Cdo. 2 de la Recomendación [UE] 2018/334 de la Comisión, de 1 de marzo de 2018, sobre medidas para combatir eficazmente los contenidos ilícitos en línea, *DO núm. L 63, de 6 de marzo de 2018.*

518. MORAIS CARVALHO, J., ARGA LIMNA, F. y FARINHA, M., «Introduction to the digital services act, content moderation and consumer protection», *op. cit.,* pág. 21, y HUSOVEC, M.,

Sin embargo, estos incentivos no eran suficientes para evitar la totalidad de los contenidos ilícitos que circulaban por internet[519]; en especial los relativos a los contenidos terroristas y a los discursos de odio, por los que la UE empezó a mostrar una firme preocupación que se tradujo sobre todo en recomendaciones y comunicaciones[520], aunque también en normas sectoriales como la Directiva 2004/48/CE en materia de propiedad intelectual[521], la Directiva 2011/93/UE en materia de pornografía infantil[522], o la Directiva 2017/541 en materia de delitos de terrorismo[523].

Junto con lo anterior, los legisladores nacionales contribuyeron progresivamente a la detección del contenido ilícito exigiendo a los prestadores de servicios de alojamiento de datos la incorporación de mecanismos que permitan que cualquier persona les notifique la presencia en su servicio de un contenido potencialmente ilícito.

149. Este marco normativo, marcado por medidas sectoriales y fragmentadas, contaba con un carácter limitado para hacer frente a la desinformación y circulación del contenido ilícito, algo que se exacerbó con la llegada del COVID-19. En esta tesitura, el legislador europeo introdujo mediante la figura del reglamento —Reglamento de Servicios Digitales— una serie de medidas que previsiblemente incrementarán la cantidad y calidad de la moderación

---

«Accountable, Not Liable: Injunctions Against Intermediaries», 2016. Versión en línea accesible en: http://ssrn.com/abstract=2759803, último acceso el 12 de septiembre de 2024, págs. 13-14.

519. HUSOVEC, M., «Accountable, Not Liable: Injunctions Against Intermediaries», *op. cit.,* pág. 16; FLEW, T. y MARTIN, F.R., *Digital Platform Regulation. Global Perspectives on Internet Governance*, Palgrave Macmillan, Sydney, 2022, pág. 70, y Recomendación 2018/334, cdo. 5.

520. Es el caso del Código de Conducta para la lucha contra la incitación ilegal al odio en internet de 2016; el Memorándum de acuerdo sobre la venta de productos falsificados en internet de 2016; la Alianza para proteger mejor a los menores en internet de 2017; el Código de buenas prácticas en materia de desinformación de 2018; la Comunicación de la Comisión, de 28 de septiembre de 2017, sobre la lucha contra los contenidos ilícitos en línea. Hacia una mayor responsabilidad de las plataformas en línea, COM [2017] 555 final, y la Recomendación [UE] 2018/334 de la Comisión, de 1 de marzo de 2018, sobre medidas para combatir eficazmente los contenidos ilícitos en línea, *DO núm. L 63, de 6 de marzo de 2018.*

521. Directiva 2004/48/CE del Parlamento Europeo y del Consejo de 29 de abril de 2004 relativa al respeto de los derechos de propiedad intelectual, *DO núm. L 157 de 30 de abril de 2004.*

522. Directiva 2011/93/UE del Parlamento Europeo y del Consejo, de 13 de diciembre de 2011, relativa a la lucha contra los abusos sexuales y la explotación sexual de los menores y la pornografía infantil y por la que se sustituye la Decisión marco 2004/68/JAI del Consejo, *DO núm. L 335, de 17 de diciembre de 2011.*

523. Directiva [UE] 2017/541 del Parlamento Europeo y del Consejo, de 15 de marzo de 2017, relativa a la lucha contra el terrorismo y por la que se sustituye la Decisión marco 2002/475/JAI del Consejo y se modifica la Decisión 2005/671/JAI del Consejo, *DO núm. L 88 de 31 de marzo de 2017.*

de contenidos, y además lo harán con carácter horizontal y uniforme para toda la Unión Europea[524].

Estas medidas, que serán analizadas a continuación, se sintetizan en la cláusula del buen samaritano, los mecanismos de notificación y acción y los alertadores fiables, las cuales incrementan las fuentes de conocimiento de contenido ilícito para las plataformas en línea, quienes lo retirarán para no ser responsables [art. 6 RSD], aumentando así la moderación de contenidos.

150. Tanto antes como después del hito que representa el Reglamento de Servicios Digitales, sobre todo a efectos de la moderación de contenidos, las plataformas en línea han perseguido información no solo ilícita sino también incompatible con sus condiciones generales, definiéndose esta como aquella que no es necesariamente ilícita pero respecto de la cual las plataformas en línea se reservan en los contratos estipulados con los usuarios la posibilidad de restringir o suprimir cuando vulneren ciertas condiciones.

A la inversa, el RSD —como es lógico— facilita en exclusiva la eliminación del contenido ilícito, pero no el incompatible. Por ello, y porque el contenido incompatible depende de los términos y condiciones de cada una de las plataformas[525], de aquí en adelante, se dotará de más protagonismo a la moderación de contenido ilícito. Ahora bien, ¿qué debe entenderse por contenido ilícito?

---

524. Además de las medidas dirigidas a facilitar la detección del contenido [ilícito], también se imponen obligaciones de transparencias relacionadas con la moderación de contenidos. Así, todo prestador de servicios intermediarios debe incorporar en sus condiciones generales información sobre sus sistemas de moderación de contenidos [art. 14.1 RSD], además de que deben publicar un informe anual que incluya sus actividades de moderación de contenidos, las órdenes recibidas con base en el art. 9 RSD y las notificaciones del art. 16 RSD [art. 15 RSD].
En el caso de las plataformas en línea de muy gran tamaño, a lo anterior se le añade la obligación de elaborar informes anuales en los que, entre otros aspectos, analicen de qué manera influyen sus sistemas de moderación de contenidos en riesgos sistémicos como la difusión del contenido ilícito y efectos negativos sobre derechos fundamentales, discurso cívico, procesos electorales, seguridad pública, violencia de género, salud pública, los menores y el bienestar físico y mental de las personas [art. 34 RSD]. Si detectan alguno de estos riesgos, deberán adoptar medidas para reducirlos o mitigarlos, por ejemplo, adaptando la velocidad y la calidad de tratamiento de las notificaciones del art. 16 RSD, retirando de forma rápida los contenidos notificados o bloqueando el acceso a ellos, o adaptando los procesos de toma de decisiones de moderación de contenidos [art. 35.1.c] RSD].

525. Por ejemplo, las Normas comunitarias de Instagram dejan claro que no permiten «desnudos en Instagram, con algunas excepciones, como fotos de cicatrices de mastectomías y mujeres amamantando. También se aceptan desnudos en fotos de pinturas y esculturas». Por el contrario, las reglas y políticas de X [antes Twitter] admiten que «La pornografía y otras formas de contenido para adultos producido de forma consensuada se permiten en X, siempre y cuando se marquen como contenido delicado». Acceso a las condiciones de ambas plataformas a través de los siguientes enlaces: https://help.instagram.com/478745558852511?helpref=faq_content, https://help.twitter.com/es/rules-and-policies/intimate-media, último acceso el 12 de septiembre de 2024.

151. En la doctrina podemos encontrar una definición elaborada por DE MIGUEL ASENSIO. Tras admitir que «la noción de contenidos ilícitos es muy amplia y comprende aquellos que infringen derechos de propiedad industrial e intelectual, los que constituyen prácticas comerciales desleales, los contenidos difamatorios, los que violan las prohibiciones de comercialización de ciertos productos o servicios...», el autor afirma que en el contexto en línea, el concepto de contenido ilícito se refiere a «contenidos cuya difusión se ve facilitada por Internet en términos que representan una amenaza para el orden social y que plantean especiales riesgos para valores e intereses merecedores de una especial tutela»[526].

En cuanto al RSD, siguiendo la delimitación acuñada por la Recomendación 2018/334[527], define el contenido ilícito en su art. 3.h] como *toda información que, por sí sola o en relación con una actividad [...] incumpla el Derecho de la UE o el Derecho de cualquier Estado miembro»*. Dicho de otro modo, el RSD no concreta qué debe entenderse por contenido ilícito, sino que remite su determinación al derecho de la UE o nacional para considerar como contenido ilícito en el entorno *online* aquel contenido que sea ilícito en el entorno *offline* [cdo. 12[528]].

Sin duda, esta definición o, mejor dicho, ausencia de definición —ya que, en definitiva, se reduce a una remisión normativa—, plantea no pocos problemas, en la medida en que las plataformas deberán ser las que determinen, a la luz de abundantes normas aplicables, qué contenido se puede considerar como ilícito. De hecho, puede ocurrir que ciertos contenidos sean ilícitos y por tanto eliminados en unos países, pero no en otros. Al final, esta complejidad provocará la eliminación de contenido incluso lícito para evitar la inaplicación del art. 6 RSD.

2.1.2. Medidas del RSD que fomentan la detección del contenido ilícito

152. Con anterioridad al RSD, las plataformas en línea podían detectar que a través de ellas se difundía un contenido ilícito, sirviéndose para ello de

---

526. DE MIGUEL ASENSIO, P.A., *Derecho privado de internet, op. cit.,* pág. 253.

527. El capítulo I.4.b] de la Recomendación [UE] 2018/334 de la Comisión, de 1 de marzo de 2018, sobre medidas para combatir eficazmente los contenidos ilícitos en línea, *DO núm. L 63, de 6 de marzo de 2018*, define el contenido ilícito como «cualquier información que no sea conforme con el Derecho de la Unión o la legislación del Estado miembro de que se trate».

528. El cdo. 12 incluye de forma expresa en el contenido ilícito los delitos de incitación al odio o los contenidos terroristas y los contenidos discriminatorios ilícitos, o que las normas aplicables consideren ilícita por estar relacionada con actividades ilícitas, y pone algunos ejemplos: el intercambio de imágenes que representen abusos sexuales de menores, el intercambio ilícito no consentido de imágenes privadas, el acoso en línea, la venta de productos no conformes o falsificados, la venta de productos o la prestación de servicios que infrinjan el Derecho en materia de protección de los consumidores, el uso no autorizado de material protegido por derechos de autor, la oferta ilegal de servicios de alojamiento o la venta ilegal de animales vivos.

investigaciones llevadas a cabo por iniciativa propia o, si voluntariamente lo permitían, de notificaciones de terceros. Con su llegada, el RSD ha introducido principalmente tres medidas dirigidas a facilitar la detección del contenido potencialmente ilícito.

Por un lado, incentiva la detección voluntaria a través de la cláusula del buen samaritano [art. 7 RSD] y, por otro lado, introduce dos mecanismos que permiten a cualquier persona y a alertadores fiables, respectivamente, notificar a la plataforma la existencia en sus servicios de contenido potencialmente ilícito [arts. 17 y 22 RSD]. Además de ello, no debe olvidarse que igualmente se prevé la posibilidad de que autoridades administrativas y judiciales nacionales ordenen la retirada del contenido ilícito [art. 9 RSD], si bien la restricción del contenido en este caso no podrá ser impugnada haciendo uso de los arts. 20 y 21 RSD, razón por la cual estas órdenes no se abordarán[529].

Con base en lo anterior, se puede vislumbrar que la entrada en funcionamiento del RSD aumentará la cantidad de moderación de contenidos, y también su calidad, pues serán los afectados e incluso profesionales y expertos los que podrán señalar la ilicitud del contenido. Por el contrario, el RSD no prevé la utilización de ninguna de estas tres medidas en relación con la detección del contenido incompatible con las condiciones generales de las plataformas. Por tanto, la única vía disponible para ello se reduce a las investigaciones voluntarias de las plataformas, a salvo de que estas deseen de manera voluntaria extender el uso del mecanismo de notificación y acción o servirse de los alertadores fiables para llevar a cabo esta labor [cdo. 62].

a] La cláusula del buen samaritano [art. 7 RSD]

154. Los arts. 14 y 15 DCE representaban un fuerte desincentivo para los prestadores de servicios intermediarios de alojamiento de datos a efectos de moderar voluntariamente el contenido ilícito, pues la mera búsqueda de contenido ya podría comportar un papel activo que les otorgara conocimiento sobre los contenidos ilícitos y provocara la pérdida de la protección de los puertos seguros. En consecuencia, aquellos se esforzaban menos de lo necesario en encontrar contenidos ilícitos por ellos almacenados, y solo los estudiaban cuando se les notificaba de forma explícita su existencia[530].

Decidida a superar el mencionado factor disuasorio, la Comisión Europea, en su Comunicación *Tackling ilegal content* de 2017 aclaró que la adopción

---

529. Aunque no se diga expresamente, las decisiones de moderación de contenidos derivadas de las órdenes del art. 9 RSD no se pueden impugnar haciendo uso de los arts. 20 y 21 RSD, toda vez que el *dies a quo* para impugnar a través de estos últimos es la decisión adoptada voluntariamente por la plataforma [art. 17.5 RSD] o tras una notificación [art. 16.5 RSD]. Para más información sobre estas órdenes, PALAO MORENO, G., «Las órdenes de actuación contra contenidos ilícitos en el nuevo Reglamento europeo de Servicios Digitales», *op. cit.*, págs. 109-136.

530. MADIEGA, T., «Reform of the EU liability regime for online intermediaries. Background on the forthcoming digital services act», en *European Parliament*, 2020, pág. 21.

de medidas voluntarias de monitorización no conllevaba de manera automática la inaplicación de la exención de responsabilidad del art. 14 DCE, especialmente si esas medidas dirigidas a detectar el contenido ilícito no implicaban que la plataforma tuviera un rol activo. Asimismo, la Comisión incitó y consiguió que las principales plataformas acordaran un Código de buenas prácticas en materia de desinformación[531].

Sin embargo, ninguna de las iniciativas europeas devino satisfactoria. Además de ser no vinculantes, la citada Comunicación generó más confusión que claridad, toda vez que los prestadores de servicios intermediarios seguían sin poder eximirse de responsabilidad si no eliminaban el contenido ilícito detectado[532]. Por su parte, el Código de buenas prácticas se limitaba, en esencia, a reproducir los estándares de las plataformas en línea[533]. Así pues, el comportamiento de las plataformas permaneció invariable y sus sistemas de moderación permanecieron inalterados por temor a no poder exonerarse de responsabilidad.

Frente a este panorama, la doctrina ya estaba reclamando la incorporación en la legislación europea de una cláusula que aclarara esta situación[534], la cual se hizo realidad con la aprobación del RSD[535]. El Reglamento, aun manteniendo la prohibición de monitorización obligatoria [art. 8 RSD] porque otra cosa resultaría poco realista[536] y cercana a la censura[537], aclara con carácter vinculante en su art. 7 RSD que el hecho de que las plataformas en línea —y cualquier otro prestador de servicio intermediario— lleve a cabo de buena fe

---

531. Código de Buenas Prácticas de la UE en materia de desinformación de 2018, respecto del cual se ha lanzado una versión reforzada en 2022.

532. MADIEGA, T., «Reform of the EU liability regime for online intermediaries. Background on the forthcoming digital services act», *op. cit.,* pág. 21. En el mismo sentido, KUCZERAWY, A., «The EU Comission on voluntary monitoring: Good Samaritan 2.0 or Good Samaritan 0.5?», *KU Leuven*, 2018, versión en línea accesible en: https://www.law.kuleuven.be/citip/blog/the-eu-commission-on-voluntary-monitoring-good-samaritan-2-0-or-good-samaritan-0-5/, último acceso el 12 de septiembre de 2024.

533. GALANTINO, S., «How Will the EU Digital Services Act Affect the Regulation of Disinformation?», en *SCRIPTed: Journal of Law*, vol. 20, núm. 1, 2023, págs. 99 y 109 y ss.

534. MADIEGA, T., «Reform of the EU liability regime for online intermediaries. Background on the forthcoming digital services act», *op. cit.,* pág. 21

535. En realidad, el TJUE ya se había pronunciado con anterioridad en sentido parecido al del art. 7 RSD en la sentencia STJUE de 22 de junio 2021, en el asunto C-682/18, *Youtube y Cyando*, [ECLI:EU:C:2021:503]. Se trata de un ejemplo más de la incorporación de soluciones jurisprudenciales del TJUE por parte del Reglamento de Servicios Digitales.

536. FRANCH FLUXÀ, J., «El Reglamento de Servicios Digitales y el mercado digital turístico», en *Mercados digitales y competencia*, obra colectiva, directores RUIZ PERIS, J.I., GONZÁLEZ CASTILLA, F. y ESTEVAN DE QUESADA, C., Tirant lo Blanch, Valencia, 2022, pág. 114.

537. SANTISTEBAN GALARZA, M., «Garantías frente a la moderación de contenidos en la Propuesta de Reglamento Único de Servicios Digitales», en *Revista CESCO de Derecho de Consumo*, núm. 41, 2022, pág. 161.

y de forma diligente investigaciones voluntarias de contenidos ilícitos difundidos a través de sus servicios no impide aplicar las exenciones de responsabilidad, ahora previstas en los arts. 4 a 6 RSD[538].

Con ello se consigue estimular a los prestadores de servicios de alojamiento de datos a la búsqueda diligente y de buena fe de eventuales contenidos ilícitos almacenados en sus sistemas, dado que podrán eximirse de responsabilidad por los esfuerzos voluntarios realizados de buena fe para reprimir contenidos ilícitos, aun cuando resulten infructuosos. De este modo, las acciones voluntarias y de buena fe de moderación de contenidos [búsqueda, detección y eliminación de contenidos ilícitos] no atribuyen al prestador de servicios intermediarios un rol activo ni son suficientes por sí solas para inaplicar la exención de responsabilidad[539]. En consecuencia, los prestadores devienen inmunes frente a las reclamaciones de responsabilidad civil —normalmente extracontractual— interpuestas por las víctimas de un contenido ilícito publicado por un usuario de la plataforma, del que solo responderá el usuario[540].

155. En relación con lo anterior, resulta oportuno destacar cómo esta disposición, conocida como «cláusula del buen samaritano», encuentra su fuente de inspiración en la *good samaritan clause* de la sección 230.C del *Communications Decency Act* estadounidense de 1996[541]. Por lo general, su traslado —con matizaciones— a la legislación europea ha sido bien acogido

---

538. Consideramos oportuno reproducir la literalidad del precepto: *«No se considerará que los prestadores de servicios intermediarios no reúnen las condiciones para acogerse a las exenciones de responsabilidad a que se refieren los artículos 4, 5 y 6 por la única razón de que realicen, de buena fe y de modo diligente, investigaciones por iniciativa propia de forma voluntaria, o adopten medidas con el fin de detectar, identificar y retirar contenidos ilícitos, o bloquear el acceso a estos, o adoptar las medidas necesarias para cumplir los requisitos del Derecho de la Unión y del Derecho nacional en cumplimiento del Derecho de la Unión, incluidos los requisitos establecidos en el presente Reglamento. »* [art. 7 RSD].

539. De Miguel Asensio, P., *Manual de derecho de las nuevas tecnologías: Derecho digital,* págs. 77-78. De hecho, el autor considera que «En realidad, cuando se trate de la prestación de servicios de alojamiento que por su configuración generan riesgos significativos de difusión de contenidos ilícitos por los destinatarios del servicio, cabe sostener que la implantación de ese tipo de medidas debería resultar en muchas situaciones un presupuesto para considerar que el intermediario ha actuado con el nivel de diligencia mínimo que le es exigible para beneficiarse de la exención de responsabilidad». De esta manera, De Miguel estaría yendo un paso más allá del art. 7, exigiendo que para que las grandes plataformas en línea puedan beneficiarse de la exención de responsabilidad del art. 6 RSD hayan implantado medidas de moderación de contenidos [que dejarían de ser voluntarias].

540. Castelló Pastor, J.J., «Exoneración de responsabilidad de los prestadores de servicios de la información en la sección 230 de la *communications decency act* estadounidense», en *Revista aranzadi de derecho y nuevas tecnologías,* núm. 39, 2015, versión en línea.

541. Para más detalle sobre esta cláusula, véase Castelló Pastor, J.J., *Motores de búsqueda y derechos de autor: infracción y responsabilidad,* Thomson Reuters Aranzadi, Cizur Menor [Navarra], 2016, págs. 267-271.

por la doctrina, si bien es cierto que ha habido quienes consideran que estamos ante una «falsa» cláusula del buen samaritano cuyo efecto puede ser contrario al deseado: la eliminación excesiva de contenidos, incluso lícitos[542].

b] Mecanismos de notificación y acción [art. 16 RSD].

156. El art. 21.2 DCE ya preveía la necesidad de presentar propuestas futuras relacionadas con un mecanismo de notificación y acción, si bien la UE no ha cumplido esta promesa hasta que ha promulgado el RSD veinte años después. Cabe destacar, no obstante, que de acuerdo con aquel art. 21.2 DCE algunos Estados miembros ya introdujeron este mecanismo tanto a nivel sectorial como horizontal y asimismo fue sugerido por la Recomendación 2018/334. Además, también algunas plataformas lo incorporaron de forma voluntaria[543], autorregulándolo.

157. Así las cosas, con una regulación muy similar a la propuesta por la Recomendación 2018/334[544], el art. 16 RSD introduce un mecanismo de *notice-and-take-down* en virtud del cual se exige a todo prestador de servicios de alojamiento de datos el establecimiento de mecanismos que permitan que cualquier persona física o jurídica —sean o no destinatarias del servicio[545] y se

---

542. En particular, hay quien considera que entre la cláusula estadounidense y la europea existe una significativa diferencia: la cláusula estadounidense garantiza que los intermediarios no respondan por el contenido ilícito que hayan detectado voluntariamente, aunque no lo eliminen. Por el contrario, a su juicio ello no ocurre bajo el art. 7 RSD, en cuyo caso las plataformas, tras detectar el contenido ilícito se ven obligadas a eliminarlo para evitar la responsabilidad. En consecuencia, la eficacia del art. 7 RSD se ve limitada, toda vez que aquellas preferirán eliminar todo contenido potencialmente ilícito, aun cuando ello pueda afectar a derechos fundamentales y a la libertad de expresión. Por este motivo hay algunos que apuntan a que el art. 7 RSD es, en realidad, una *falsa* cláusula del buen samaritano, cuyo efecto puede ser contrario al deseado: la eliminación excesiva de contenidos, incluso lícitos.

Es decir, adoptar medidas voluntarias de buena fe no garantiza ni excluye la neutralidad, de modo que la posibilidad de perder la inmunidad sigue existiendo, y por tanto, la de eliminar contenidos en exceso también. Para más detalle sobre la «falsedad» de la cláusula, véase Kuczerawy, A., «The Good Samaritan that wasn't: voluntary monitoring under the [draft] Digital Services Act», 2021. Versión en línea disponible en: https://verfassungsblog.de/good-samaritan-dsa/, último acceso el 12 de septiembre de 2024; también Barata, J. y otros, «Unravelling the Digital Services Act package», *op. cit.*, pág. 32.

543. Es el caso de *Instagram*, que ya permitía reportar publicaciones, si bien ha tenido que introducir la posibilidad de reportar también comentarios. Directamente *X [Twitter]* ha tenido que incorporar toda posibilidad de reportar para adaptarse a las exigencias del RSD.

544. Véase apartados 5 a 8 del Capítulo I.

545. Tomando como ejemplo la red social Instagram, mientras que el destinatario del servicio puede reportar una publicación o comentario entrando en el *post* y pulsando los tres puntitos horizontales situados en la esquina superior derecha, existe un enlace específico para que cualquier persona no destinataria de la red social pueda reportar contenido. El enlace es https://links.uv.es/61QyeOE, último acceso 12 de septiembre de 2024, y está disponible antes de iniciar sesión en la plataforma. e

vean o no perjudicadas por el contenido[546]— pueda notificar de forma electrónica y sencilla la presencia en su servicio de contenidos que esa persona considere ilícitos[547]. Este mecanismo, que consiste en aquello que popularmente se conoce en las redes sociales como la «acción de reportar», es el más rápido para detectar el contenido ilícito[548].

Tras el envío de la notificación, que debe ser concreta[549], el RSD no estipula el plazo para resolverla —limitándose a exigir que esa *«en tiempo oportuno y de manera diligente»* [art. 16.6 RSD] [550]—, si bien incorpora cautelas para asegurar que el prestador del servicio de alojamiento de datos presta a estas notificaciones la debida atención. En concreto, debe acusar recibo de la notificación [art. 16.4 RSD] y comunicar al notificante la decisión que ha tomado con respecto al contenido notificado —ya le favorezca o no— junto con los recursos disponibles frente a esta decisión [art. 16.5 RSD].

De todo lo anterior se deriva que el art. 16 RSD condiciona la autorregulación de los mecanismos de notificación y acción que algunas plataformas venían ofreciendo voluntariamente, y obliga a implantarlo a aquellas que no lo hacían. De esta manera, se beneficia a todo interesado en la eliminación de contenidos ilícitos, que ya no necesita acudir a un órgano judicial que autorice la retirada[551], igual que se añade una vía adicional para que las pla-

---

546. Sin embargo, con acierto CASTELLÓ PASTOR señala que «el mejor situado para indicar al intermediario la existencia de un contenido o actividad ilícita presente en su servidor es el propio perjudicado». CASTELLÓ PASTOR, J.J., «El alertador fiable como notificador de contenido ¿ilícito? en la red», en *Plataformas digitales: aspectos jurídicos*, obra colectiva, coordinadora MARTÍNEZ NADAL, A., Thomson Reuters Aranzadi, Cizur Menor [Navarra], 2021, págs. 60-61.

547. Para facilitar el uso de este mecanismo por parte de la persona, el RSD exige que la plataforma ponga a su disposición un formulario electrónico que facilite el contenido mínimo que debe rellenarse [arts. 16.1 y 2 RSD].

548. DE MIGUEL ASENSIO, P.A., *Derecho privado de internet, op. cit.,* pág. 349.

549. En ningún caso la notificación puede ser genérica, en el sentido de advertir a la plataforma que en su sitio web se están publicando contenidos o actividades ilícitas, pues ello implicaría «la imposición de un deber general de supervisión incompatible con la normativa sobre comercio electrónico. La notificación en cuestión debe concretar, identificar y precisar el contenido que se estima ilícito». FLAQUER RIUTORT, J., «Mecanismos de control del alquiler turístico vacacional ofertado en plataformas digitales de intermediación», en *Derecho digital y nuevas tecnologías*, obra colectiva, coordinadores MADRID PARRA, A. y ALVARADO HERRERA, L., Thomson Reuters Aranzadi, Cizur Menor [Navarra], 2022, pág. 159.

550. Se trata de una expresión cargada de cierta ambigüedad que debe interpretarse conjuntamente con el cdo. 52 y el art. 22, de los que se desprende que resolver «en tiempo oportuno» depende de dos circunstancias: el contenido ilícito que se notifica y el sujeto notificante. Así, el plazo de resolución deberá ser más corto si la notificación indica contenidos presuntamente ilícitos que supongan una amenaza para la vida o seguridad de las personas [cdo. 52], y si el notificante es un alertador fiable [art. 22].

551. ARROYO AMAYUELAS, E., «La responsabilidad de los intermediarios en internet ¿puertos seguros a prueba de futuro?», *op. cit.*, pág. 833. También lo confirma el apartado 14 de la Recomendación [UE] 2018/334 de la Comisión, de 1 de marzo de 2018, sobre medidas para combatir eficazmente los contenidos ilícitos en línea, *DO núm. L 63, de 6 de marzo de 2018.*

taformas puedan conocer que estos se están almacenando en sus servicios, fomentándose como se dijo la moderación de contenidos.

158. Para asegurar que la detección de este contenido no resulta en vano y culmina en la eliminación del mismo, el art. 16.3 RSD asume que las notificaciones del art. 16 RSD proporcionan un conocimiento efectivo a efectos del art. 6 RSD *«cuando permitan a un prestador diligente de servicios de alojamiento de datos determinar, sin un examen jurídico detallado, que la información o la actividad pertinentes son ilícitas»*. Dicho de otro modo, cuando no haya dudas razonables de que el contenido notificado es ilícito, se considerará que la plataforma lo conoce de forma efectiva de tal manera que, de no actuar contra el mismo no se podrá eximir de responsabilidad por él [art. 6 RSD][552].

En el resto de los casos, esto es, cuando las notificaciones señalen un contenido que requiera de un examen jurídico detallado para dilucidar su ilicitud no se podrá considerar que proporcionan, por sí solas, un conocimiento efectivo a la plataforma, toda vez que ello crearía obstáculos desproporcionados al desarrollo de las actividades de los prestadores de servicios y a la libertad de expresión en Internet[553].

159. Sin perjuicio de lo anterior, el art. 16 RSD suscita ciertas cuestiones que pueden comportar que el funcionamiento de este mecanismo no sea finalmente tan exitoso como el esperado.

En primer lugar, el RSD no concreta el procedimiento de notificación, que quedará al arbitrio de cada plataforma, dificultando así la concreción del momento en que el prestador del servicio de alojamiento de datos conoce efectivamente la infracción[554].

En segundo lugar, la asunción del art. 16.3 RSD de que la plataforma conoce de forma efectiva todo contenido manifiestamente ilícito notificado a través del art. 16 RSD puede incentivarla a actuar eliminando el contenido antes de analizar su ilicitud *[delete first, think later]*[555], de modo que podría

---

552. El RSD codifica así la última interpretación del TJUE de que tales notificaciones no deben requerir un *«examen jurídico en profundidad»* por parte del prestador para que se pueda considerar que conoce el contenido ilícito. STJUE de 22 de junio 2021, en el asunto C-682/18, *Youtube y Cyando* [ECLI:EU:C:2021:503], apartado 116, y más tarde STJUE de 26 de abril 2022, en el asunto C-401/19, *Polonia contra el Parlamento Europeo y el Consejo de la Unión Europea* [ECLI:UE:C:2022:297], apartado 91.

553. STJUE de 12 de julio de 2011, en el asunto C-324/19, *L'Oréal y Otros contra eBay* [ECLI:EU:C:2011:474].

554. LUQUIN BERGARECHE, R., «Responsabilidad civil por el suministro de contenidos y servicios digitales», en *Inteligencia artificial y prevención de riesgos laborales: obligaciones y responsabilidades*, obra colectiva, directores EGÚSQUIZA BALMASEDA, M.A. y RODRÍGUIEZ DE GALDEANO, B., Tirant lo Blanch, Valencia, 2023, pág. 452.

555. GABRIELE, S., «La Unión europea regula el internet: contenidos, transparencia y algoritmos en la nueva DSA», *op. cit.,* págs. 423 y 444, y VAN HOBOKEN. J. y otros, «Hosting interme-

eliminar o bloquear el contenido de forma casi automática con el objeto de asegurar la exención de responsabilidad[556], en especial cuando las notificaciones sean numerosas[557], con todo lo que ello conlleva en relación con la libertad de expresión.

En tercer lugar, aunque así pueda preverlo la plataforma voluntariamente [cdo. 62][558], es criticable que el art. 16 RSD no prevea la utilización del mecanismo aquí analizado para notificar contenido incompatible con los términos y condiciones o incluso contenido dañino[559]. Aun así, debe admitirse que las plataformas suelen incorporar mecanismos de notificación y acción para que

---

diary services and ilegal content online. An analysis of the scope of articule 14 ECD in light of the developments in the online service landscape», *op. cit.*, pág. 27. También defiende esta postura CASTELLÓ PASTOR, J.J., «Nuevo régimen de responsabilidad de los servicios digitales que actúan como intermediarios a la luz de la propuesta de reglamento relativo a un mercado único de servicios digitales», en *Desafíos jurídicos ante la integración digital: aspectos europeos e internacionales*, obra colectiva, director CASTELLÓ PASTOR, J.J., Aranzadi, Cizur Menor [Navarra], 2021, págs. 61-62.

556.   En contra, hay quien opina que, en el ámbito del alojamiento turístico, esta puede ser «una medida verdaderamente efectiva en el control y la erradicación de la oferta turística no legalizada, lo que debe permitir superar una cierta sensación de impunidad respecto de comportamiento de ciertas plataformas que, amparándose en la exención de responsabilidad, han venido propiciando la promoción y comercialización de alojamientos que, sin contar con la debida autorización, son ofrecidos al público por medio de un canal de oferta turística». FLAQUER RIUTORT, J., «Mecanismos de control del alquiler turístico vacacional ofertado en plataformas digitales de intermediación», *op. cit.*, pág. 161.

557.   Para evitar que lo sean porque se notifique contenido de poca calidad, el art. 23.2 RSD obliga a las plataformas en línea a suspender —temporalmente y tras advertencia previa— el tratamiento de notificaciones y reclamaciones enviados a través de los mecanismos de notificación por parte de personas físicas o entidades que envíen con frecuencia notificaciones manifiestamente infundadas. Yendo más allá, se ha llegado a defender que se impongan multas a este tipo de notificaciones. DE STREEL, A. y HUSOVEC, M., «The e-commerce Directive as the cornerstone of the Internal Market. Assessment and options for reform», *op. cit.*, pág. 41.

558.   Por ejemplo, la red social X [antes Twitter] pone a disposición del usuario dos formularios por separado. El primero permite denunciar el contenido ilegal en la UE [tal y como exige el art. 16 RSD], y el segundo permite denunciar el incumplimiento de sus Reglas y términos del servicio. Este segundo, a diferencia del primero, es voluntario para la plataforma. Los correspondientes enlaces son: https://help.twitter.com/es/forms/dsa/report?content_id=https%3A%2F%2Ftwitter.com%2FERSA_org%2Fstatus%2F1788926751822815535&content_type=post&content_author=%40ERSA_org, y https://help.twitter.com/es/forms, último acceso a ambos el 12 de septiembre de 2024.

559.   Sin embargo, es cierto que el contenido dañino es más subjetivo, y su eliminación podría tener más implicaciones para la libertad de expresión. COROADO, S., «Leviathan vs. Goliath or States vs. Big Tech and what the digital services act can do about it», *op. cit.*, pág. 17. En estos casos, ARROYO propone códigos de conducta y el empoderamiento del usuario en la elección de fuentes, sugiriendo la necesidad de mejorar la educación de los ciudadanos. ARROYO AMAYUELAS, E., «La responsabilidad de los intermediarios en internet ¿puertos seguros a prueba de futuro?», *op. cit.*, pág. 833.

se pueda notificar la presencia de contenidos tanto ilícitos como incompatibles con sus condiciones generales, tal y como ocurre, por ejemplo, en el caso de Youtube[560].

En cuarto lugar, el coste de mecanismo puede resultar excesivo —sobre todo para las pymes[561]—, habida cuenta de que obliga a las plataformas a prever la acción de reportar no solo en relación con vídeos y publicaciones —tal y como ocurría hasta el RSD—, sino también respecto a todos los comentarios.

c] Alertadores fiables [art. 22 RSD]

160. Otra figura creada por el RSD para facilitar la detección de los contenidos ilícitos y mejorar la moderación de contenidos es la de los alertadores fiables o *trusted flaggers*. Se trata de una suerte de profesionales dedicados a notificar contenidos ilícitos de forma fiable haciendo uso de las notificaciones del art. 16 RSD[562]. Su fiabilidad —resultante del cumplimiento de requisitos mínimos que demuestran su pericia— hace que las plataformas en línea deban dar prioridad a las notificaciones que efectúen estas entidades con respecto a las enviadas por cualquier otra persona que no ostente la condición de alertador fiable [art. 22.1 RSD y cdo. 62]. Ahora bien, ello no implica que cuando el alertador fiable notifique un contenido potencialmente ilícito la plataforma en línea quede vinculada por esta notificación —ya que, en todo caso, deberá analizar si lo considera o no ilícito—.

161. El alertador fiable es una entidad —nunca persona física— que será certificada con dicha condición o privilegio por el coordinador de servicios digitales del lugar donde esté establecida. El coordinador de servicios digitales, una vez recibida la solicitud y antes de certificar, deberá comprobar que la persona solicitante cuenta con conocimientos específicos para detectar

---

560. https://support.google.com/youtube/topic/6154211?, último acceso el 12 de septiembre de 2024.

561. Por su ubicación sistemática, el art.16 RSD es una obligación impuesta a todos los prestadores de servicios de alojamiento de datos, con independencia de su tamaño, y ello hará que las grandes perjudicadas por esta obligación sean las empresas más pequeñas. Keller, D., «The EU's new Digital Services Act and the Rest of the World», en *Putting the DSA into Practice*, obra colectiva, editores Hoboken, J y otros., Verfassungsbooks, 2023. Accesible en línea: https://ssrn.com/abstract=4384266, último acceso el 12 de septiembre de 2024, pág. 232.

562. Esta figura, sin embargo, no es nueva: ya fue introducida en relación con las grandes plataformas por el Código de conducta para la lucha contra la incitación ilegal al odio en Internet de 2016, y lo cierto es que han gozado de un funcionamiento exitoso, especialmente en lo relativo a la eliminación del contenido ilícito antisemita y antimusulmán. Esta afirmación la realiza la Comisión Europea en la Comunicación conjunta de la Comisión, de 6 de diciembre de 2023, sobre No hay lugar para el odio: una Europa unida contra el odio, Join [2023] 51 final, pág. 7.

contenidos ilícitos, además de que es independiente y que actúa de manera diligente en el envío de notificaciones [art. 22.2 RSD][563].

162. La Comisión Europea debe publicar en una base de datos la relación de alertadores fiables —públicos, privados o mixtos [cdo. 61]— certificados en cada uno de los Estados miembros [arts. 22.4 y 5 RSD], si bien de momento tan solo Finlandia, Austria, Suecia y Dinamarca han certificado[564]. El art. 22 RSD no establece un número concreto de alertadores fiables, ni siquiera una horquilla de máximo y mínimo, si bien sí advierte en el cdo. 61 que «Para que el valor añadido de este mecanismo no se reduzca, debe limitarse el número total de alertadores fiables designados de conformidad con el presente Reglamento». Por el momento, Finlandia y Austria han acreditado a tres alertadores fiables; y Suecia y Dinamarca, a uno.

Cualquiera que sea el número de alertadores certificados, la plataforma en línea debe dar un tratamiento prioritario a todas sus notificaciones. La pregunta es qué se entiende por tratamiento prioritario. Del cdo. 62 se desprende que un tratamiento prioritario implica tratar las notificaciones de los alertadores fiables de forma más rápida que las presentadas por otros destinatarios del servicio, si bien reconoce que resulta imposible establecer un tiempo medio porque este dependerá de «factores como el tipo de contenido ilícito, la calidad de las notificaciones o los procedimientos técnicos efectivamente establecidos para el envío de dichas notificaciones». Es decir, se trata de un tratamiento prioritario relativo, en comparación con otras notificaciones.

Lo anterior no impide, según el tenor literal del siguiente párrafo del mismo cdo. 62, a «los prestadores de plataformas en línea dar un tratamiento análogo a las notificaciones enviadas por entidades o personas físicas a las que no se haya otorgado la condición de alertadores fiables». Es decir, las plataformas están habilitadas para otorgar el mismo tratamiento a todas las notificaciones, con independencia de que sean remitidas por alertadores fiables. Se trata de una previsión cuestionable, pues en ese caso el tratamiento prioritario decaería de forma inevitable. A pesar de esta contradicción, el tenor literal del art. 22 debe prevalecer sobre el cdo. 62, exigiendo por tanto que se les otorgue prioridad a las notificaciones de los alertadores fiables, prioridad que en palabras de CASTELLÓ PASTOR se traduce en un «salvoconducto para combatir el contenido nocivo en la red»[565].

---

563. Esta condición es susceptible de suspenso y revocación en los términos de los arts. 22.6 y 7 RSD cuando el alertador fiable mande un número considerable de notificaciones infundadas. Asimismo, la Comisión puede ofrecer directrices que guíen la comprobación de los requisitos mínimos [art. 22.8 RSD].

564. La citada base de datos se puede consultar en el siguiente enlace: https://digital-strategy. ec.europa.eu/en/policies/trusted-flaggers-under-dsa, último acceso el 12 de septiembre de 2024.

565. CASTELLÓ PASTOR, J.J., «El alertador fiable como notificador de contenido ¿ilícito? en la red», *op. cit.*, pág. 64.

163. Por último, el alertador fiable deberá publicar anualmente informes sobre las notificaciones que envíen, incluyendo la identidad del prestador al que las dirigen[566], el tipo de contenido notificado presuntamente ilícito y las acciones adoptadas por el prestador [art. 22.3 RSD].

2.1.3. La decisión de moderación de contenidos

164. Tras detectar un contenido [potencialmente] ilícito o incompatible con las condiciones generales, la plataforma en línea adoptará una decisión restringiéndolo, bien so pena de no poder eximirse de responsabilidad [art. 6 RSD], bien porque así lo quiere y lo plasma la plataforma en sus términos y condiciones. La restricción del contenido no debe identificarse con la eliminación este, sino que debe interpretarse en sentido amplio. En particular, según el art. 20.1 RSD, restringir implica aplicar cualquiera de las siguientes cuatro medidas: [1] retirar la información, bloquear el acceso a ella o restringir su visibilidad, [2] suspender o cesar la prestación del servicio a los destinatarios en todo o en parte, [3] suspender o suprimir la cuenta del destinatario, o [4] suspender, cesar o restringir de algún otro modo la capacidad de monetizar la información proporcionada por destinatario.

165. En cualquier caso, ha de recalcarse que la decisión de moderación de contenidos también puede emitirse en sentido contrario, esto es, en el de no restringir el contenido ilícito. Ello ocurrirá cuando un notificante — alertador fiable o no— haya comunicado a la plataforma que en la misma se aloja un contenido potencialmente ilícito. La plataforma realizará su propio juicio, tras el cual emitirá una decisión restringiendo o no el contenido notificado[567]. En este último caso, el contenido de la decisión será no aplicar ninguna de las cuatro medidas restrictivas de contenidos antes señaladas [art. 20.1 RSD].

---

566. El art. 22.3.a] exige que los informes incluyan *«la identidad del prestador de servicios de alojamiento de datos»*. No se comprende por qué se refiere al prestador de servicios de alojamiento de datos en general y no en exclusiva a las plataformas en línea, que son las únicas que en realidad tienen la obligación de otorgar prioridad a las notificaciones de los alertadores fiables dada la ubicación sistemática del art. 22 RSD. Aunque no exista una prohibición de que estos notifiquen la presencia del contenido ilícito a cualquier otro prestador de servicios de alojamiento de datos distintos a las plataformas en línea, ello es poco probable ya que en aquellos, a diferencia de lo que ocurre en estas, no se difunde al público en general la información que almacenan, de modo que el número de potenciales notificantes se reduce drásticamente [p. ej. Piénsese en un servicio de computación en nube, en el que los contenidos no se difunden al público, si bien el que lo proporciona puede decidir compartirlo a través de un enlace con quien considere oportuno].

567. Nótese que como tan solo se puede notificar a través de los arts. 16 o 22 RSD contenido ilícito, la decisión de la plataforma que decida no restringir un contenido controvertido no se podrá referir a un contenido incompatible con sus condiciones generales, a no ser que el alertador fiable acepte voluntariamente también detectar de forma fiable este tipo de contenidos.

166. Cualquiera que sea el sentido de la decisión, la plataforma en línea que la adopta deberá notificarla. En caso de que la decisión sea restrictiva de contenido, se notificará a *«cualquier destinatario del servicio afectado»* por la misma [art. 17.1 RSD]. Ello implica que deberá notificarse tanto al que ha proporcionado el contenido restringido, como a aquellos usuarios de la plataforma que puedan verse afectados por el mismo, así como el notificante —alertador fiable o no— en caso de que haya. La decisión deberá incluir una información mínima [p. ej. hechos, fundamento jurídico y contractual, uso de medios automatizados, ámbito territorial, identidad de quien notifica], que incluirá las vías de recurso frente a la misma [art. 17 RSD][568]. Por su parte, en caso de que la decisión no sea restrictiva de contenido, deberá comunicarse tan solo al notificante, esta vez con base en el art. 16.5 RSD, que solamente obliga a incorporar en la comunicación las vías de recurso disponibles.

167. A modo de resumen, de la combinación de los arts. 16, 17 y 20 RSD se deriva que las decisiones de moderación de contenidos que adopte cualquier alojador de datos son agrupables en tres categorías:

1. Decisión restrictiva de contenido ilícito, detectado este voluntariamente por la plataforma, o tras notificación de alertador fiable o de otra persona,

2. Decisión restrictiva de contenido incompatible con las condiciones generales, detectado por voluntariamente por la plataforma en línea, o

3. Decisión no restrictiva de contenido [potencialmente] ilícito, detectado este tras notificación de alertador fiable o de otra persona.

Todas estas decisiones, a las que de aquí en adelante se hará referencia como «decisión impugnable», podrán ser atacadas haciendo uso de los medios de solución extrajudicial de los arts. 20 y 21 RSD en los términos que más adelante se expondrán. Antes de profundizar en ello, resulta preciso justificar la necesidad de dichos medios.

2.1.4. La necesidad de prever remedios frente a la moderación de contenidos

168. El conjunto de vías instauradas por el RSD para facilitar la detección de contenido ilícito pretende fomentar la moderación de contenidos por parte de las plataformas para contribuir así a la consecución de un entorno en línea seguro y fiable, alejado de contenidos ilícitos [art. 1 RSD]. Esta intención no solo es la que dota de espíritu al RSD, sino que además resulta sin duda loable.

---

568. Esta obligación de comunicar la decisión debe evaluarse favorablemente, no solo porque otorga a los interesados un mecanismo de lucha contra el contenido ilícito, sino porque además elimina las posibilidades [lícitas] de *shadow banning*.

Sin embargo, puede ocurrir que al mismo tiempo que estas medidas contribuyen a alcanzar un entorno en línea seguro, acaben acarreando un resultado no deseado. En este sentido, la manera en que se han configurado en el RSD puede propiciar que las plataformas acaben restringiendo no solo el contenido ilícito sino también información lícita [«falsos positivos»] y, en consecuencia, vulnerando derechos como el de honor o libertades como las de información o expresión. Las razones que lo explican son las siguientes.

En primer lugar, la práctica consistente en eliminar primero y después analizar la ilicitud del contenido *[delete first, think later]* en que es probable que desemboque el mecanismo de notificación y acción [art. 16 RSD], puede provocar que las plataformas acaben restringiendo todo aquel contenido respecto del que haya una mínima duda de su ilicitud, con independencia de que posteriormente resulte o no ilícito, para asegurar la exención de responsabilidad del art. 6 RSD. De esta manera, se evitan los «falsos negativos».

En segundo lugar, los sistemas de moderación de contenidos de las plataformas funcionan normalmente haciendo uso de medios automatizados a los que les resulta difícil comprender los matices y el contexto en que se difunde información relacionada sobre todo con el discurso de odio[569]. Esta limitación de los sistemas tecnológicos, junto con fallos derivados de su mero funcionamiento, puede desembocar en la restricción de contenidos lícitos o «falsos positivos»[570].

En tercer lugar, el hecho de que el RSD no defina el contenido ilícito, que dependerá de la ley nacional aplicable, convierte en complicado para las plataformas determinar cuál es el derecho nacional aplicable y, por extensión, el contenido ilícito[571]. Ante la duda, para no perder la exención de responsabilidad del art. 6 RSD, será probable que en la práctica opten por eliminar los contenidos de acuerdo con la ley con estándares más exigentes[572].

---

569. TOURKOCHORITI, I., «The Digital Services Act and the EU as the Global Regulator of the Internet», en *Chicago Journal of International Law*, vol. 24, núm. 1, 2023, pág. 131.

570. A pesar de que los sistemas de moderación de contenidos de las plataformas se sofistican al compás de la evolución tecnológica, estos pueden errar, no solo por no saber interpretar el contenido en su contexto, sino también por fallos meramente tecnológicos. Véase, a título de ejemplo, la siguiente [reciente] noticia, que narra cómo una red social [Instagram] reconoció que eliminó ciertas publicaciones por error: https://www.ondacero.es/noticias/ciencia-tecnologia/fallo-instagram-elimina-publicaciones-usuarios-que-cumplen-normas_2024012365afc-ff7014c8a0001e0020f.html, último acceso el 12 de septiembre de 2024.

571. Por ello se dice que el RSD, antes de aclarar cuáles son las normas sustantivas según las cuales deberían funcionar los sistemas de moderación de contenidos, el Reglamento opta por incorporar medios de solución de controversias garantistas frente a los sistemas de moderación, lo cual es notoriamente menos costoso [«*procedure before substance approach*»]. Así, ORTOLANI, P., «The resolution of content moderation disputes under the Digital Services Act», *op. cit.*, pág. 6.

572. Es imposible tener un conocimiento suficiente de las normas y ordenamientos jurídicos afectados para determinar si existe o no ilegalidad de los contenidos alojados en la plataforma, poniendo como ejemplo las estancias vacacionales. FRANCH FLUXÀ, J., «El Reglamento de Servicios Digitales y el mercado digital turístico», *op. cit.*, pág. 112.

169. Resulta plausible pensar que todo lo anterior puede comportar una eliminación excesiva de contenido por parte de las plataformas en línea, que optan por restringir todo contenido potencialmente ilícito para asegurar la exención de responsabilidad del art. 6 RSD. La consecuencia directa de este comportamiento será la censura colateral *[collateral censorship]* que, como el propio nombre indica, no es más que la censura a la que da lugar la eliminación excesiva de contenidos por parte de las plataformas, que acaban eliminando también contenido ilícito o como mínimo asumiendo el riesgo de que las tecnologías que emplean sus sistemas de moderación de contenidos yerren en ese sentido[573].

Además, por si fuera poco, ante la posibilidad de que las plataformas eliminen la información que publican, es posible que los destinatarios de las plataformas en línea decidan por sí mismos no difundir un contenido que, aunque lícito, pueda plantear dudas mínimas en torno a su licitud, porque si lo difunden y se les elimina se podrían sentir excluidos de su esfera social[574]. Este efecto, indeseable por cuanto elimina aportaciones lícitas de los usuarios, también se conoce por el nombre de efecto desaliento *[chilling effect]*[575], y es el que tiene lugar cuando se castigan de forma severa los límites de la libertad de expresión.

De esta manera, aunque las medidas antes expuestas fomentan la detección del contenido ilícito y pueden coadyuvar a la consecución de un entorno en línea libre de riesgos, cabe la posibilidad de que ello se consiga a costa de vulnerar libertades y derechos fundamentales, como la libertad de información y, muy en especial, la libertad de expresión[576]. En este contexto, resulta necesario rodear a la batalla contra el contenido ilícito de garantías para los derechos fundamentales de todas las partes interesadas, pues solo así la lucha será eficaz[577].

---

573. CASAROSA, F., «Out-of-court dispute settlement mechanisms for failures in content moderation», *op. cit.*, pág. 395.

574. GILLESPIE, T., «Custodians of the Internet: Platforms, Content Moderation and Decisions that Shape Social Media», *op. cit.,* pág. 177.

575. WIMMERS, J., «The out-of-court dispute settlement mechanism in the Digital Services Act. A disservice to its own goals», en *Jipitec*, núm. 12, 2021, pág. 386. También TOURKOCHORITI, I., «The Digital Services Act and the EU as the Global Regulator of the Internet», *op. cit.,* pág. 135.

576. Cabe traer a colación en este contexto las palabras de CASTELLÓ PASTOR: «el ecosistema digital se ve intervenido por unos oligarcas tecnológicos que, con sus algoritmos [opacos], desempeñan un papel decisivo en el contenido disponible en la red y, por lo tanto, en el ejercicio de las libertades fundamentales de la sociedad en su conjunto». CASTELLÓ PASTOR, J.J., «Interrelación del Reglamento de Servicios Digitales con el Reglamento *Platform to Business* [P2B]: el necesario contrapeso de la Unión Europea al poder de las plataformas en línea», *op. cit.,* pág. 367.

577. Cdo. 13 de la Recomendación [UE] 2018/334 de la Comisión, de 1 de marzo de 2018, sobre medidas para combatir eficazmente los contenidos ilícitos en línea, *DO núm. L 63, de 6 de marzo de 2018.*

Una de estas garantías la constituyen remedios extrajudiciales especializados, rápidos, eficaces y neutros que tutelen los derechos y libertades de los usuarios digitales dada la dificultad o imposibilidad de acudir a los tribunales para impugnar decisiones moderadoras de contenido[578]. Es más, aunque el acceso a los mismos fuera posible, sus limitados recursos no serían suficientes para conocer de todos los conflictos que suscitan las diarias decisiones de moderación de contenidos.

170. Con anterioridad al RSD, conscientes de la posibilidad de que sus sistemas de moderación de contenidos retiraran contenidos lícitos o compatibles con sus condiciones, las plataformas en línea crearon —autorregulándolos— sus propios sistemas internos de resolución de litigios e incluso medios de solución extrajudicial o *Private ODR* [PODR][579] para evitar la pérdida de usuarios, los cuales podían decidir darse de baja si veían vulneradas libertades como la de expresión[580]. Se trataba en su mayoría de sistemas de solución rápidos y de bajo coste, previstos en las condiciones generales, confidenciales para evitar una publicidad negativa para la plataforma, y propios para evitar que terceros [neutrales] los controlaran.

Sin embargo, esta última característica hacía que estos sistemas no fueran totalmente neutrales, toda vez que su objetivo no era tanto ofrecer la solución que hubiera ofrecido un tercero neutral, sino dar valor a los clientes[581]. Y ello, en ocasiones, podía traducirse en un trato más favorable para los usuarios que más tiempo o dinero invierten en la plataforma o en la ignorancia

---

578. Sírvase a título de ejemplo la STS [Civil], sentencia núm. 1579/2024, de 20 de marzo de 2024 [ECLI:ES:TS:2024:1579], cuya demanda fue interpuesta ante el juzgado de primera instancia el 5 de julio de 2016 y hasta ocho años después no se ha pronunciado el TS. En la sentencia se resuelve si la inhabilitación de una cuenta de Facebook puede vulnerar el derecho al honor. En el caso concreto, la horchatería Mon Orxata, empresa relacionada con esa cuenta, alegaba que la invisibilidad en Facebook quebrantaba su reputación y prestigio y menoscababa su identidad digital. El TS acaba dando la razón a Facebook, no solo por falta de prueba, sino también porque para que haya una transgresión del derecho al honor exige que haya una *«descalificación injuriosa o innecesaria del comportamiento profesional de una personal»*, lo cual no ocurre en el caso. Además de interesante, esta sentencia es perfectamente ilustrativa de que el ritmo de los órganos judiciales es muy inferior al ritmo que exigen las nuevas tecnologías.

579. La mayoría de las plataformas ofrecía sistemas internos de reclamación, si bien es cierto que algunas habían creado, además, verdaderos órganos de solución extrajudicial. Es el caso del *OverSight Board* de Facebook.

580. CASAROSA, F., «Out-of-court dispute settlement mechanisms for failures in content moderation», *op. cit.,* pág. 394.

581. WAGNER, G. y EIDENMÜLLER, H., «Digital Dispute Resolution», 2021. Versión en línea accesible en: https://papers.ssrn.com/sol3/papers.cfm?abstract_id=3871612, último acceso el 12 de septiembre de 2024, pág. 22. También BECKER CASTELLARO, S. y PENFRAT, J., «The DSA fails to reign in the most harmful digital platform businesses – but it is still useful», en Verdassungsblog, 2022. Versión en línea accesible en: https://verfassungsblog.de/dsa-fails/, último acceso el 12 de septiembre de 2024.

de reclamaciones relacionadas con determinado contenido [p. ej. prácticas comerciales desleales][582]. Dicho de otro modo, los mecanismos de reclamación no eran del todo efectivos[583].

171. La Recomendación 2018/334 ya sugirió en sus apartados 11 y 12 que, ante una decisión de retirada o bloqueo de contenidos ilícitos, el prestador de servicios de alojamiento de datos debía ofrecer al proveedor de contenido la posibilidad de oponerse a la decisión mediante un sistema fácil de utilizar y electrónico. Oposición a la que el prestador de servicios habría de responder sin dilaciones indebidas. En la misma línea, animó a los Estados miembros a facilitar la solución extrajudicial de litigios relacionados con la retirada o bloqueo de contenidos ilícitos, y a los prestadores de servicios de alojamiento a permitir su uso [apartados 14 y 15].

172. En consonancia con la doble propuesta de la Recomendación, el RSD ha introducido dos medios de solución extrajudicial de litigios autocompositivos en sus arts. 20 y 21. Y ello, ya no tanto con la finalidad de que los usuarios permanezcan en la plataforma, sino con la de proteger sus derechos.

Debe mencionarse, asimismo, que la técnica legislativa empleada por el RSD para regular cada uno de los mecanismos no es la misma, puesto que, a diferencia de los órganos de solución extrajudicial, los sistemas internos de gestión de reclamaciones ya eran ofrecidos por algunas plataformas con anterioridad a la aplicación del RSD. Dicho de otro modo, el RSD toma como punto de partida la autorregulación de los sistemas internos de gestión de reclamaciones, de manera que a estos los somete a condiciones mínimas, mientras que incorpora *ex novo* la figura de los órganos de resolución extrajudicial. Más allá de este matiz, ambos preceptos —20 y 21— constituyen obligaciones de diligencia debida impuestas a todo prestador de servicios de alojamiento de datos.

2.2. Funcionamiento de los arts. 20 y 21 RSD

173. Las plataformas en línea tienen la obligación de comunicar al notificante y a los afectados la decisión impugnable, permitiéndoles conocer no solo el fundamento de la decisión sino también los posibles cauces para impugnarla. En particular, alternativamente, los legitimados activos podrán acudir al sistema interno de gestión de reclamaciones [art. 20], a un órgano de resolución extrajudicial de litigios [art. 21] o a los órganos judiciales —a los cuales podrán acudir en todo momento— [art. 21.1 y cdo. 55 RSD]. Además, si deciden optar por el sistema interno de gestión de reclamaciones

---

582. ORTOLANI, P., «The resolution of content moderation disputes under the Digital Services Act», *op. cit.*, págs. 4 y 7.

583. CAUFFMAN, C., y GOANTA, C., «A new order: the Digital Services Act and consumer protection», *op. cit.,* pág. 768.

en primer término, pero no reciben respuesta o no están de acuerdo con la misma[584], pueden con posterioridad reclamar ante el órgano de resolución extrajudicial del art. 21 RSD[585]. De esta manera, la relación entre los arts. 20 y 21 RSD es alternativa y subsidiaria.

Más allá de los medios extrajudiciales, y sin perjuicio de que no forman parte de nuestro objeto de estudio, no ha de olvidarse que, en caso de que la plataforma en línea incumpla sus obligaciones relacionadas con la moderación de contenidos [p. ej. no la incluye en las condiciones generales del art. 14 RSD, no notifica con base en el art. 16 RSD la restricción del contenido pero el usuario afectado se da cuenta de la misma, no notifica la decisión moderadora del contenido, etc.], el afectado por el incumplimiento puede impugnar la infracción ante el coordinador de servicios digitales [art. 53 RSD], así como exigir la indemnización de daños y perjuicios correspondiente [art. 54 RSD][586].

174. Sentado lo anterior, debe matizarse que no toda decisión moderadora de contenidos dictada por las plataformas en línea es impugnable a través de los arts. 20 y 21 RSD. En particular, no lo será cuando la decisión sea adoptada por una plataforma en línea que sea una microempresa o pequeña empresa[587] o que lo haya sido durante los doce meses anteriores, salvo que

---

584. LLOPIS NADAL, P., «Plataformas en línea y decisiones sobre contenidos: el sistema interno de reclamación y la resolución extrajudicial de litigios como vías de impugnación reguladas en la Ley de Servicios Digitales», en *La responsabilidad civil por servicios de intermediación prestados por plataformas digitales,* obra colectiva, coordinadores HERÁNDEZ SAINZ, E., MATE SATUÉ, L.C. y ALONSO PÉREZ, M.T., Colex, A Coruña, 2023, pág. 166.

585. Se ha llegado a considerar que lo lógico sería exigir acudir al sistema interno de gestión para posteriormente poder acudir a la resolución extrajudicial de litigios. Así, DIGITALEUROPE, «Digital Services Act position paper», 2021. Versión en línea accesible en: https://www.digitaleurope.org/resources/digital-services-act-position-paper/, último acceso el 12 de septiembre de 2024, pág. 10. De todas maneras, lo habitual será que primero se acuda al sistema interno de gestión de reclamaciones dada su gratuidad.

586. Para más información sobre la posibilidad de solicitar la indemnización por daños y perjuicios y todas las cuestiones *iusprivatistas* que ello plantea, consúltese PAREDES PÉREZ, J.I., «Aspectos internacionales de la responsabilidad civil de las plataformas en línea B2C frente a los contenidos ilícitos en materia de protección de los consumidores», en *Análisis del Reglamento [UE] de servicios digitales y su interrelación con otras normas de la Unión Europea,* obra colectiva, director CASTELLÓ PASTOR, J.J., Thomson Reuters Aranzadi, Cizur Menor [Navarra], 2024, págs. 245-282.

587. Según la Recomendación de la Comisión 2003/361/CE, de 6 de mayo de 2003, sobre la definición de microempresas, pequeñas y medianas empresas, *DO núm. L 124, de 20 de mayo de 2003,* las microempresas son aquellas que cuentan con menos de diez trabajadores y un volumen de negocios anual o balance general inferior a 2 millones de euros. Por su parte, las empresas pequeñas cuentan con menos de cincuenta asalariados y un volumen de negocios anual o balance general inferior a 10 millones de euros. Con acierto, SAGAR y HOFFMAN defienden que el criterio para excluir el cumplimiento de las obligaciones de los arts.20 y 21 RSD no debería ser el tamaño de la empresa sino el riesgo que conlleva, pues nada impide que una pequeña plataforma en línea favorezca la circulación de contenidos ilícitos. Así,

se le haya designado como una plataforma de muy gran tamaño[588] [art. 19 RSD], sin perjuicio de que puedan adoptar estos sistemas de forma voluntaria[589]. Ello resulta en cierto modo contradictorio con el hecho de que a estas microempresas y pequeñas empresas sí se les imponga, igual que al resto de las plataformas en línea, la obligación de notificar la decisión de moderación de contenido [art. 17 RSD], toda vez que los afectados por esta no podrán impugnarla sino acudiendo a los [inaccesibles] órganos judiciales.

2.2.1. El sistema interno de gestión de reclamaciones [art. 20 RSD]

175. En el momento en que una plataforma dicta —y notifica— la decisión impugnable, esta misma debe ofrecer —a su costa— un sistema interno que permita cuestionarla. Este debe ser gratuito para el que impugna [art. 20.1 RSD], y de fácil acceso y manejo [art. 20.3 RSD]. En este sentido, la plataforma debe facilitar la presentación de una reclamación precisa y fundamentada por vía electrónica [arts. 20.1 y 20.3 RSD][590], para lo cual lo más sencillo es que ofrezca un formulario a rellenar por el reclamante —que es, de hecho, lo que algunas plataformas venían haciendo con los sistemas autorregulados que ofrecían anterioridad a la puesta en funcionamiento del RSD—.

176. El legitimado activo para impugnar la decisión a través del sistema interno de gestión de reclamaciones es triple[591]: el destinatario que ha proporcionado el contenido controvertido; el destinatario que no lo ha proporcionado, pero se ve afectado de manera indirecta por la decisión[592] [cdo. 58] y, de haberlo, el notificante [art. 20.1 RSD]. En cualquiera de los tres casos, el plazo para reclamar lo determinará la plataforma en línea, pero como mínimo

---

Sagar, S., y Hoffman, T., «Intermediary liability in the EU Digital Common Market – from the E-Commerce Directive to the Digital Services Act», *op. cit.,* pág. 8.

588. Teniendo en cuenta que el criterio para determinar cuándo una plataforma es de muy gran tamaño [promedio mensual de destinatarios activos en la UE], es distinto al que sirve para delimitar el tamaño de la empresa en sentido técnico, es posible que una pequeña o microempresa sea designada de muy gran tamaño por contar con más de 45 millones de usuarios activos.

589. Fernández Masiá, E., «Medios alternativos de solución de controversias entre las plataformas en línea y los destinatarios del servicio en el Reglamento europeo de servicios digitales», *op. cit.*, pág. 147, y cdo. 57.

590. Que la reclamación deba ser fundamentada no equivale a exigir explicaciones jurídicas complejas, toda vez que ello obstaculizaría la reclamación [cdo. 58].

591. Llopis Nadal, P., «Plataformas en línea y decisiones sobre contenidos: el sistema interno de reclamación y la resolución extrajudicial de litigios como vías de impugnación reguladas en la Ley de Servicios Digitales», *op. cit.,* pág. 151.

592. Puede ser un tercero —no necesariamente usuario— que tenga intencion en eliminar el contenido, desactivar la cuenta u otras medidas de moderación de contenidos [p. ej. hacerse pasar por otra persona, acoso, vulneración de marcas, protección del consumidor...].

será de seis meses a contar desde la notificación de la decisión de acuerdo con los arts. 16.5 o 17 RSD[593] [art. 20.2 RSD][594].

Una vez interpuesta la reclamación, el sistema interno de la plataforma deberá resolverla, decidiendo si revertir o mantener la decisión impugnada [art. 20.4 RSD]. El procedimiento de resolución que debe seguir el sistema interno de no queda regulado por el RSD, que tan solo impone tres exigencias mínimas y vagas, entre las cuales ni siquiera se demanda un procedimiento mínimamente claro y transparente[595].

Por el contrario, los mínimos procedimentales estipulados por el RSD son los siguientes. En primer lugar, el sistema interno deberá resolver la reclamación *«en tiempo oportuno y de manera no discriminatoria, diligente y no arbitraria»* [art. 20.4 RSD]. En segundo lugar, una vez adoptada la resolución, el sistema interno deberá comunicarla al reclamante, informándole también de las posibles vías de recurso, incluyendo la resolución extrajudicial del art. 21 RSD [art. 20.5 RSD]. En tercer lugar, se impide al sistema interno adoptar la resolución de la impugnación sirviéndose en exclusiva de medios automatizados, obligando a que concurra un mínimo de supervisión de personal adecuadamente calificado [art. 20.6 RSD]. Esta tercera exigencia, que impone el principio de «hombre al mando» *[human in command]*[596], persigue una clara lógica: teniendo en cuenta que la decisión de moderación de contenidos normalmente se adopta [cada vez más[597]] a través de medios automatizados e inteligencia artificial[598], y que estos tienen límites a la hora de comprender el contexto y los matices necesarios para determinar la licitud del contenido, se pretende evitar que no sea de nuevo la inteligencia artificial la que con

---

593. En el caso de Google, por ejemplo, el plazo es de 6 meses, salvo en caso de derechos de autor o marcas, en cuyo caso permite formular la reclamación en cualquier momento. https://support.google.com/legal-help-center/answer/13949083?hl=en, último acceso el 12 de septiembre de 2024.

594. Nótese que el reclamante afectado de forma indirecta por la decisión podrá impugnarla ante el sistema interno de gestión de reclamaciones, pero la plataforma no le comunicará la decisión impugnable. Ello implica que, aun no recibiendo la decisión, el plazo parar reclamar le comenzará a contar desde que la decisión se notifique al afectado directo y/o al notificante, corriendo el riesgo de no conocer el inicio del plazo.

595. BARCELÓ COMPTE, R., «Las plataformas online y la resolución extrajudicial de litigios: cuestiones críticas», en *Hacia una nueva tutela efectiva de consumidores y usuarios*, obra colectiva, coordinadora ROMERO PRADAS, M. I., Tirant lo Blanch, Valencia, 2022, *op. cit.,* pág. 618.

596. FROSIO, G., y GEIGER, C., «Taking fundamental rights seriously in the Digital Services Act's Platform liability regime», en *European Law Journal*, vol. 29, núm. 1-2, 2023, pág. 70. El valor de la revisión humana se entiende porque tiene la habilidad de contextualizar y analizar situaciones complejas en relación con su legalidad.

597. LLANSÓ, E., «Platforms want centralized censorship. That should scare you», en *Wired*, 2019. Accesible en línea en: https://www.wired.com/story/platforms-centralized-censorship/, último acceso el 12 de septiembre de 2024.

598. Ello impide que la solución la tome una IA por sí sola. Debería ser una IA como elemento de apoyo, con funciones asistenciales.

sus limitaciones revise la decisión impugnada. Así se evitan [más] errores o sesgos, reduciéndose el riesgo de censura colateral[599].

177. El resto de los elementos del procedimiento por el que el sistema interno resolverá las reclamaciones deberán ser concretados por cada una de las plataformas en línea que lo ofrecen. Una deficiencia regulatoria que sin duda fortalece, una vez más, la capacidad autorreguladora de aquellas[600], a la vez que incrementa las diferencias entre el funcionamiento de los sistemas de las distintas plataformas.

2.2.2. La resolución extrajudicial de litigios [art. 21 RSD]

178. Tal y como hubo ocasión de exponer, el art. 21 RSD incorpora un medio de solución extrajudicial de litigios al que se puede acudir de forma alternativa o subsidiaria con respecto al previsto en el art. 20 RSD. La diferencia principal entre ambos mecanismos de solución radica en el órgano encargado de conocer la reclamación: el órgano extrajudicial del art. 21 RSD, a diferencia del sistema interno de gestión de reclamaciones, no pertenece a la plataforma, sino que es un órgano externo, independiente y ajeno a la misma. Asimismo, es destacable que, como se verá a continuación, su decisión será no vinculante.

a] El órgano de resolución

179. Los órganos de resolución extrajudicial del art. 21 RSD serán en exclusiva aquellos certificados mediante un procedimiento —relativamente simple— descrito en el art. 21.3 RSD. Para empezar, el órgano de resolución extrajudicial que quiera conseguir la certificación debe solicitarla al coordinador de servicios digitales del Estado miembro en que se encuentre establecido, el cual deberá comprobar que el solicitante cumple los requisitos listados en el art. 21.3 RSD[601]: imparcialidad e independencia [también financiera], conocimientos en uno o varios ámbitos específicos de contenidos ilícitos o condiciones generales de una o varias plataformas en línea, remuneración de los miembros desvinculada del resultado del procedimiento, rapidez y eficacia y eficiencia en la solución de los litigios. Igualmente, resulta nece-

---

599. ARROYO AMAYUELAS, E., «La responsabilidad de los intermediarios en internet ¿puertos seguros a prueba de futuro?», *op. cit.*, pág. 837. También SANTISTEBAN GALARZA, M., «Garantías frente a la moderación de contenidos en la Propuesta de Reglamento Único de Servicios Digitales», *op. cit.,* pág. 73.

600. También critica la ausencia de normas de procedimiento claras y transparentes, BARCELÓ COMPTE, R., «Las plataformas online y la resolución extrajudicial de litigios: cuestiones críticas», *op. cit.*, pág. 619.

601. Una vez se haya certificado el órgano, el incumplimiento de alguna de estas condiciones puede dar lugar a la revocación de la certificación [art. 21.7 RSD].

sario que el órgano resuelva al menos en una de las lenguas oficiales de la UE y que proporcione al reclamante un acceso sencillo y la posibilidad de celebrar la totalidad del procedimiento en línea.

180. Una vez hubiera comprobado el cumplimiento de estos requisitos, el coordinador de servicios digitales expedirá el documento de certificación, que incluirá el periodo de certificación [no superior a 5 años, aunque renovable], el ámbito específico de condiciones ilícitos o condiciones generales en que esté el órgano especializado y las lenguas en que llevará a cabo sus procedimientos[602]. No obstante, además de lo anterior, nada más concreta el RSD en torno a este certificado, suscitando con ello algunas cuestiones no menores.

En primer lugar, no se señala el ámbito de aplicación territorial de la certificación, de modo que ante este silencio parece que el certificado expedido por el coordinador de servicios digitales de un Estado miembro permitirá al órgano beneficiario resolver también reclamaciones que le efectúen reclamantes situados en otros Estados miembros[603]. En segundo lugar, el art. 21 RSD nada dice sobre el número de organismos que pueden o deben ser certificados —ni siquiera exige un mínimo—. Aunque por tanto no es obligatorio que exista ni siquiera un órgano por Estado miembro, se aconseja que así sea por las diferencias lingüísticas y culturales[604], tal y como se expondrá en mayor detalle en las últimas páginas de la presente contribución. En tercer lugar, tampoco se concreta el proceso de certificación que deben seguir los coordinadores de servicios digitales, que podrán configurarlo libremente, lo cual puede obstaculizar la armonización, así como suscitar una falta de confianza con respecto a otros órganos de solución tanto a ciudadanos como a órganos de solución.

Al margen de estas consideraciones críticas, tras obtener la certificación, los órganos contarán con la obligación principal de resolver las reclamaciones en los términos que más abajo se expondrán. Igualmente, los órganos certificados deberán informar anualmente sobre su funcionamiento al coordinador de servicios digitales que los haya certificado, debiendo estos últimos recoger toda esta información en un informe bienal en el que podrán proponer mejores prácticas y recomendaciones [art. 21.4 RSD].

---

602. La Comisión Europea tiene la obligación de publicar en un sitio web un listado de los órganos certificados [art. 21.8 RSD].

603. LLOPIS NADAL, P., «Plataformas en línea y decisiones sobre contenidos: el sistema interno de reclamación y la resolución extrajudicial de litigios como vías de impugnación reguladas en la Ley de Servicios Digitales», *op. cit.*, pág. 161. En efecto, así ocurre con el órgano certificado ADROIT, sobre el que más adelante se incidirá.

604. KUCZERAWY, A., «Social Media Councils under the DSA: A path to individual error correction at scale?», en *Platform Democracy – perspectives on platform power, public values and the potential of councils*, obra colectiva, editors KETTEMANN, M.C. y SCHULZ, W., Verlag Hans-Bredow-Institut, Hamburgo, 2023, pág. 46.

181. En otros términos, los órganos certificados, en función del tipo de financiación que reciban, pueden ser públicos, privados o mixtos en caso de que combinen las dos anteriores [art. 21.6 RSD][605]. Lo más esperable sería que los órganos que soliciten la certificación sean de naturaleza pública, a pesar de que los Estados miembros no tienen la obligación de proponer órganos para su certificación [cdo. 59]. Ello se explica, sobre todo, porque es difícil que los órganos privados encuentren incentivos para solicitar su certificación teniendo en cuenta que, en la práctica, el art. 21.5 RSD impide a los órganos de solución extrajudicial obtener beneficios, ya que la remuneración que perciban no puede ser superior a los costes derivados de su actuación[606].

Por el momento, en 2024 tan solo han sido seis los órganos extrajudiciales certificados por los coordinadores de servicios digitales de los distintos Estados miembros. Se trata de ADROIT (certificado por el coordinador de servicios digitales maltés), User Rights GmbH (acreditado por su homólogo alemán), Online Platform Vitarendező Tanács (húngaro), Appeals Centre Europe (irlandés), RTR-GmbH, Fachbereich Medien (austriaco) y ADR Center (italiano)[607]. Mientras que algunos de los órganos mencionados parecen ser de naturaleza pública (p. ej. el órgano certificado por el coordinador de servicios digitales húngaro)[608], otros órganos acreditados son —sorprendentemente— de naturaleza privada. Es el caso de ADROIT, que para sortear la explicada dificultad de obtener rendimiento, ofrece los servicios del art. 21 RSD —que no le reportan más que un beneficio cero—, combinándolos con los servicios de mediación del art. 12 del Reglamento 2019/1150, que sí permiten cobrar, en este caso a los usuarios digitales profesionales, una remuneración que vaya más allá del coste, siempre y cuando sea asequible [art. 12.2.b] Reglamento 2019/1150].

Pese a que los ejemplos de certificación de órganos de naturaleza pública pueden sugerir lo contrario, podría ocurrir que en el resto de los Estados miembros se siga la pauta marcada por Malta y se acrediten órganos de carácter privado, para lo cual sería probable que combinaran los servicios

---

605. El art. 21.6 RSD permite que los órganos de solución extrajudicial sean establecidos por los Estados miembros, si bien ello no le exime del cumplimiento de los requisitos del art. 21.3 RSD. En consonancia con ello, debe matizarse que los Estados miembros no tienen la obligación de crear estos órganos [cdo. 59].

606. LLOPIS NADAL, P., «Plataformas en línea y decisiones sobre contenidos: el sistema interno de reclamación y la resolución extrajudicial de litigios como vías de impugnación reguladas en la Ley de Servicios Digitales», *op. cit.*, pág. 169.

607. Para más información sobre los órganos certificados y sus fechas, véase el siguiente enlace a la página web oficial de la Comisión Europea: https://digital-strategy.ec.europa.eu/en/policies/dsa-out-court-dispute-settlement.

608 Nada se dice de forma expresa en este sentido en su página web, pero así puede inferirse implícitamente del hecho de que se aclare que no debe confundirse al órgano con una autoridad administrativa pública, ni tiene potestad judicial ni pública, ni tampoco facultad para ejecutar un acto administrativo o judicial. En consonancia con ello, resulta interesante destacar que los miembros de este órgano sean principalmente profesores universitarios. Para más detalle, véase https://opvt.hu/opvt/bemutatkozas, último acceso el 13 de octubre de 2024.

del art. 21 RSD con otros que les permitieran obtener remuneración. De ser así, el peligro —ya advertido por la doctrina[609]— es que la situación desemboque en un nuevo caso de privatización de la justicia en el que están en juego derechos fundamentales como la libertad de expresión o el derecho al honor. Es cierto que las partes siempre tienen la posibilidad de acudir a los tribunales, incluso después de haber obtenido la resolución de estos órganos extrajudiciales, lo cual podría disminuir la problemática. Sin embargo, ya se ha justificado en varias ocasiones que la probabilidad de que los órganos judiciales entren a valorar estos conflictos es insignificante.

b] El procedimiento de resolución

182. Mientras que con relación al art. 20 RSD era fácil saber ante qué sistema interno interponer la reclamación, ya que cada plataforma en línea cuenta con uno, en el caso del art. 21 RSD la respuesta no es tan inmediata: todos los órganos certificados, con independencia del Estado donde estén certificado, podrán resolver cualquier reclamación —sin perjuicio de que unos sean más adecuados que otros en función de sus conocimientos especializados, lengua y cultura—[610].

El encargado de elegir cuál de esos órganos resolverá la controversia es el legitimado activo [art. 21.1 RSD]. De hecho, la plataforma en línea frente a la cual se reclama no tiene poder para influir en esta decisión, sino que debe someterse y colaborar de buena fe con el órgano elegido por el reclamante, si bien es cierto que puede negar dicha colaboración cuando ya se haya resuelto un litigio idéntico en términos de información ilícita o incompatible con las condiciones generales [art. 21.2 RSD].

El riesgo de que la elección recaiga, en exclusiva, sobre el usuario puede sesgar la actitud de los órganos certificados *[built-in-bias]*. En particular, existe el peligro de que, por una motivación económica, resuelvan o interpreten las normas de forma más favorable hacia el usuario —resultando en una especie de principio *pro usuario*— para que los usuarios elijan acudir a estos órganos antes que a otros[611].

---

609. FERNÁNDEZ MASIÁ, E., «Medios alternativos de solución de controversias entre las plataformas en línea y los destinatarios del servicio en el Reglamento europeo de servicios digitales», *op. cit.,* pág. 165 y LLOPIS NADAL, P., «Plataformas en línea y decisiones sobre contenidos: el sistema interno de reclamación y la resolución extrajudicial de litigios como vías de impugnación reguladas en la Ley de Servicios Digitales»,*op. cit.,*pág. 168.

610. Esta amplitud de elección puede tener un inconveniente: puede ocurrir que el legitimado cuyo contenido se haya eliminado en un Estado miembro bajo la ley de ese Estado miembro, vaya a un cuerpo de ADR de otro Estado miembro donde sí esté permitido ese contenido. WIMMERS, J., «The out-of-court dispute settlement mechanism in the Digital Services Act. A disservice to its own goals», *op.cit*, pág. 12.

611. HOLZNAGEL, D., «How the DSA will introduce competition for the Meta Oversight Board [and the German FSM] and why we should be worried about this», en *Verfassungsblog*, 2022. Accesible en línea: https://verfassungsblog.de/a-self-regulatory-race-to-the-bottom-through-art-18-digital-services-act/, último acceso el 12 de septiembre de 2024.

183. En cualquier caso, queda claro que es el legitimado activo el que decide ante qué órgano de resolución certificado interpondrá la reclamación. Este legitimado activo podrá ser el destinatario del servicio que ha proporcionado el contenido controvertido o, si lo hay, el notificante [art. 21.1][612]. En cuanto al plazo para que cualquiera de estos interponga la reclamación, este no se especifica en el art. 21 RSD, de modo que deberá ser determinado por el órgano de resolución elegido. Y es que, tampoco en relación con el art. 21 RSD el Reglamento establece demasiadas reglas mínimas del procedimiento. Tan solo las siguientes.

En primer lugar, el plazo que tiene el órgano de solución extrajudicial para decidir si la decisión de la plataforma en línea fue o no la adecuada será con carácter general de 90 días, ampliable a otros 90 por decisión de la plataforma cuando se trate de litigios *«de gran complejidad»*, sin especificar cuándo lo son [art. 21.4 RSD].

En segundo lugar, la solución del órgano de solución extrajudicial en ningún caso será vinculante, de modo que, aunque califique como no acertada la decisión de la plataforma, esta es plenamente libre de mantenerla [art. 21.2 in fine RSD][613]. Pese a esta voluntariedad, se ha argumentado que en realidad las decisiones están dotadas de cierto componente de obligatoriedad para las plataformas en línea, ya que no pueden ignorarlas de forma sistemática, pues ello podría dar lugar a una vulneración del art. 21 RSD al no estar actuando *«de buena fe»* [614]. Además, en el caso de las plataformas en línea de muy gran tamaño, el incumplimiento podría tener que ver con el análisis anual de sus riesgos[615]. Y, en la misma línea, debe señalarse que, en la práctica, las plataformas en línea que se ven afectadas por el art. 21 RSD [medianas, grandes y muy grandes] no son tantas, de modo que su incumplimiento sistemático no pasaría desapercibido[616].

---

612. Nótese que a diferencia del art. 20 RSD, el que ha sido afectado de forma indirecta por el contenido no es aquí un legitimado activo. Este, por tanto, solo podrá impugnar el contenido ante el sistema interno de gestión de reclamaciones y, en caso de no quedar satisfecho, ante los órganos judiciales, perdiendo así una «instancia» de impugnación. Así, LLOPIS NADAL, P., «Plataformas en línea y decisiones sobre contenidos: el sistema interno de reclamación y la resolución extrajudicial de litigios como vías de impugnación reguladas en la Ley de Servicios Digitales», *op. cit.*, pág. 163.

613. La decisión sí era vinculante en la propuesta del RSD, y por supuesto ello hubiera incrementado la eficacia y el uso de los medios de solución extrajudicial. Sin embargo, eliminar el carácter vinculante de la decisión no es tan mala idea porque podría ser vulnerador de la tutela judicial efectiva, al no permitir acudir con posterioridad a los órganos judiciales.

614. En este sentido se ha afirmado que no estamos ante una *«non-binding decision»*, sino *«binding-in-principle o systematically but not individually binding»*. HUSOVEC, M., «Certification of Out-of-Court Dispute Settlement Bodies under the Digital Services Act», 2023. Versión en línea accesible en: https://ssrn.com/abstract=4501726, último acceso el 12 de septiembre de 2024, pág. 6.

615. *Íbid.*

616. ORTOLANI, P., «The resolution of content moderation disputes under the Digital Services Act», *op. cit.,* pág. 18.

En tercer lugar, el art. 21.5 RSD regula el régimen de costas y honorarios derivados de participar en procedimientos ante los órganos certificados, el cual difiere en función de quién resulte favorecido por la solución del órgano. Así, si el órgano de resolución considera que la decisión de la plataforma fue la adecuada, cada una de las partes pagará sus gastos respectivos, y los honorarios del órgano de solución extrajudicial serán razonables para la plataforma y gratuitos o de coste mínimo para el reclamante[617]. Por el contrario, si estima que la decisión de la plataforma no fue acertada, esta última deberá satisfacer todos los honorarios del órgano de solución extrajudicial y reembolsar al reclamante todos los gastos que le haya ocasionado el litigio.

El resto de las reglas del procedimiento, que serán la mayoría tal y como enseguida se verá a través del ejemplo de ADROIT, deberán ser establecidas por cada uno de los órganos extrajudiciales. Ahora bien, debe aclararse que estas tan solo regirán el procedimiento de resolución *[lex ad litem ordinandam]*, mientras que las plataformas en línea siguen determinando la *lex ad litem decidendum*. Es decir, sin perjuicio de los parámetros de ilicitud del contenido —determinados por el derecho nacional aplicable—, las plataformas en línea son las que formulan los términos y condiciones de sus servicios, que deberán ser aplicadas por los órganos de resolución extrajudicial para determinar cuándo el contenido controvertido es contrario a las mismas. De esta manera, las plataformas en línea siguen fijando las reglas del juego, sobre todo si se tiene en cuenta que las decisiones que adoptan por incompatibilidad del contenido con sus condiciones son mucho más numerosas que las relativas al contenido ilícito. Lo que ocurre es que ahora comparten el poder de interpretar dichas reglas del juego con los órganos de resolución del art. 21 RSD y con los tribunales[618].

---

617. Se recomienda que no sea gratuito para el reclamante para evitar las reclamaciones abusivas, que desde luego incrementarán en gran medida los costes de los órganos de ADR y de las plataformas, empeorando el funcionamiento del sistema del art. 21 RSD. Esta postura es defendida por Hughes, T., «Practical Considerations for Out-of-court dispute settlement [ODS] under Article 21 of the EU Digital Services Act [DSA]», 2024. Accesible en: https://dsa-observatory.eu/2024/02/08/practical-considerations-for-out-of-court-dispute-settlement-ods-under-article-21-of-the-eu-digital-services-act-dsa/, último acceso el 12 de septiembre de 2024;
Holznagel, D., «How the DSA will introduce competition for the Meta Oversight Board [and the German FSM] and why we should be worried about this», *op. cit.*, pág. 2. De hecho, lo que también se critica es que la gratuidad se aplique a cualquier destinatario, con independencia de que sean o no consumidores [parece que es excesivo que la gratuidad alcance a destinatarios del servicio que sean personas jurídicas como grandes empresas, asociaciones o partidos políticos, en la medida en que estos no necesitan la misma protección que los consumidores]. Wimmers, J., «The out-of-court dispute settlement mechanism in the Digital Services Act. A disservice to its own goals», *op.cit*, pág. 9.

618. Husovec, M., «Certification of Out-of-Court Dispute Settlement Bodies under the Digital Services Act», *op. cit.*, pág. 6.

Para acabar, el procedimiento desembocará en una decisión del órgano de resolución, con la que podrá decidir revertir o no la decisión de la plataforma en relación con el contenido controvertido, pero nada más. Esto es, no podrá decidir otorgar compensación por daños y perjuicios ni otorgar ningún otro tipo de tutela, si bien es cierto que podrá hacer recomendaciones —nunca vinculantes— a la plataforma[619]. Por supuesto, tras la decisión cualquiera de las partes podrá acudir a los órganos judiciales si no está conforme [cdo. 59][620].

184. A la luz de todo lo anterior, el considerable control del órgano certificado sobre el procedimiento ha llevado a la doctrina a considerar que estamos ante un mecanismo extrajudicial cercano a la conciliación, pues se trata de «un procedimiento relativamente formal, en donde el tercero mantiene un importante control sustancial sobre el proceso y en donde aquel va a recomendar al finalizar un acuerdo por escrito»[621].

c] El caso de ADROIT

185. Para finalizar este epígrafe resulta oportuno referirse al primer órgano de solución extrajudicial certificado. Se trata de un órgano de resolución extrajudicial llamado ADROIT y certificado el pasado 10 de julio de 2024 por el coordinador de servicios digitales de Malta *[Malta Communication Authority]*[622]. Es una entidad independiente de naturaleza privada y creada *ad hoc* para ser certificada con base en el art. 21 RSD, si bien también ofrece la mediación prevista en el art. 12 del Reglamento 2019/1150[623]. Según su acreditación, está especializada en la resolución de litigios relacionados con la difusión de contenidos y las plataformas de marketing basadas en contenidos, compras y reservas en línea a través de plataformas, crowdfunding y P2P lending, Web3, Defi, NFT y plataformas y

---

619. *Ídem.*, pág. 10.

620. En ese caso se duda acerca del valor que tendría la decisión del órgano certificado [especializado en el proceso judicial. LLOPIS NADAL propone que se le brinde un tratamiento análogo al de un informe elaborado por expertos dado el carácter especializado de aquel órgano. Así, LLOPIS NADAL, P., «Plataformas en línea y decisiones sobre contenidos: el sistema interno de reclamación y la resolución extrajudicial de litigios como vías de impugnación reguladas en la Ley de Servicios Digitales», *op. cit.*, pág. 172.

621. FERNÁNDEZ MASIÁ, E., «Medios alternativos de solución de controversias entre las plataformas en línea y los destinatarios del servicio en el Reglamento europeo de servicios digitales», *op. cit.*, pág. 160.

622. https://www.mca.org.mt/initiatives/digital-services-act-0, último acceso el 12 de septiembre de 2024.

623. Como más tarde se explicará, el art. 12 del Reglamento 2019/1150 permite someter a mediación *«todo litigio entre el proveedor y los usuarios profesionales que se derive de la prestación de los servicios de intermediación en línea, incluidas las reclamaciones que no se han resuelto por medio del sistema interno de tramitación de reclamaciones».*

protocolos Fintech, plataformas de juegos, apuestas y azar, y plataformas y mercados B2B, B2C y P2P[624].

186. ADROIT ha desarrollado unas Reglas de procedimiento que han sido aprobadas por el coordinador de servicios digitales maltés por considerarlas acordes a las exigencias mínimas del art. 21 RSD. Estas Reglas reproducen muchas de las obligaciones sentadas por el art. 21 RSD[625] y configuran otros detalles del procedimiento —la mayoría— no concretados por el Reglamento[626], que son los que a continuación se resaltan.

Según las citadas Reglas, el órgano de solución extrajudicial está compuesto por tres cuerpos: primero, un Consejo de Administración, compuesto por los directivos y socios de la empresa; segundo, un Panel de Expertos, que está formado por expertos legales y técnicos de distintos campos, y tercero, un equipo de responsables de la toma de decisiones, integrado por personas independientes e imparciales que se designan como responsables de la resolución de casos específicos.

En cuanto el procedimiento a seguir, primero, el legitimado activo del art. 21 RSD que quiera impugnar la decisión de moderación de contenidos formaliza la reclamación a través de la página web de ADROIT[627], rellenando un formulario en el que se le solicita información relacionada con sus datos personales, incluyendo el lugar de residencia[628], y los datos de la disputa, como la fecha, la plataforma en línea, el motivo de la reclamación. Además, el reclamante también puede subir archivos [generalmente, capturas de pantalla] que prueben la decisión adoptada por la plataforma y su postura.

A pesar de que las Reglas reconocen que acudir al sistema interno de gestión de reclamaciones no constituye un requisito para poder formalizar una reclamación ante el órgano de solución extrajudicial ADROIT, este se atribuye unilateralmente la facultad de exigir dicho requisito de manera dis-

---

624. Para más información, consúltese https://adroit.legal/about-us/, último acceso el 12 de septiembre de 2024.

625. Por mencionar algunas, concreta que los tipos de litigios de que conoce el órgano son los relativos a las decisiones del art. 20 RSD, ya sean nacionales o transfronterizos; que el plazo de resolución es de 90 días, ampliables por otros 90 en casos de mayor complejidad —añade la fuerza mayor—; que la solución no es vinculante para las partes, o que acudir a ADROIT no impide posteriormente poner el litigio en conocimiento de los tribunales.

626. https://adroit.legal/rules_of_procedure/, último acceso el 12 de septiembre de 2024.

627. https://adroit.legal/file_a_claim/, último acceso el 12 de septiembre de 2024.

628. ADROIT admite reclamaciones interpuestas por destinatarios del servicio de plataforma situados dentro de la UE y también fuera, siempre y cuando en este último caso la plataforma, que siempre deberá estar sometida al RSD, lo consienta. Asimismo, si se inadmite una reclamación por no quedar dentro de su ámbito de aplicación, se permite tanto al destinatario como a la plataforma recurrir la inadmisión en el plazo de una semana ante el Consejo de Administración de ADROIT.

crecional[629]. A efectos aclaratorios, ello implica que si ADROIT solicita en un supuesto concreto que el destinatario del servicio interponga la queja primero ante el sistema interno de la plataforma y no lo hace, posteriormente ADROIT podrá inadmitir la reclamación. Algo que, sin embargo, cuestionablemente resulta consonante con el RSD, que permite acudir a cualquiera de ellos indistintamente.

En relación con lo anterior, si el reclamante ha impugnado la decisión ante el sistema interno de gestión de la plataforma —ya sea de forma voluntaria, ya sea porque así lo exige ADROIT a su discrecionalidad—, solo podrá formalizar posterior reclamación ante ADROIT en el plazo de un año desde que se presentó la reclamación ante la plataforma. Este *dies a quo* conduce a que, en realidad, el plazo que transcurra entre la resolución del sistema interno de la plataforma y la interposición de reclamación ante ADROIT sea inferior a un año. Llama la atención que más allá de este plazo, las Reglas no concretan el correspondiente para interponer la reclamación si no se ha acudido previamente al sistema interno.

El litigio que sea admitido por ADROIT será conocido, con carácter general, por un responsable de su equipo que tenga los conocimientos y experiencia necesarios y en quien no concurra conflicto de intereses. Ahora bien, cuando el litigio sea considerado particularmente complejo, posea una relevancia jurídica considerable o sea de valor superior a 100.000 euros, será resuelto por un responsable de equipo y dos expertos.

Las partes no están obligadas a acudir a un procedimiento de ADROIT con representación, aunque pueden servirse de asesoría legal en cualquier momento del procedimiento. Desde que este comienza, las partes no pueden tener contacto directo entre ellas, sino a través de ADROIT. La comunicación será por correo electrónico y se desarrollará en inglés. Aunque el órgano admite no tener facultades investigadoras ni poder para requerir documentación adicional a la presentada por las partes, se reserva el derecho a notificar a las partes la falta de información esencial para resolver el procedimiento, aunque, si no la aportan en dos semanas, resolverá con la documentación que tuviera en ese momento a su disposición.

Resulta interesante destacar que, antes de dictar su decisión final, ADROIT emite una propuesta de resolución [a la que denomina *preliminary draft-solution*] que comunica a las partes para que en dos semanas puedan manifestar alegaciones. Si ninguna de las partes las pone de relieve, la propuesta de resolución pasa a ser definitiva de forma automática tras el transcurso de las dos semanas. Por el contrario, si alguna de las partes formula alegaciones a

---

629. Apartado 3.b.5 de las Reglas de procedimiento: «the Recipient is not obliged to submit to the internal complaint management of the provider of the online platform/very-large online platform in accordance with Art. 20 DSA, before the user can call on ADROIT as an external out-of-court dispute resolution body. ADROIT may however require the completion of the internal process on a discretionary basis. »

la propuesta, ADROIT debe considerarlas si son relevantes y emitir una nueva decisión final. En cualquier caso, la decisión final será recurrible en el plazo de una semana ante el Consejo de Administración de ADROIT, pudiendo alegar errores de hecho o de derecho, ya sean estos materiales o procedimentales. Sin embargo, el Consejo podrá inadmitir el recurso discrecionalmente.

En cuanto a la forma de terminación del procedimiento, se fijan cinco distintas: decisión de fondo de ADROIT, acuerdo entre las partes, pérdida de interés del destinatario del servicio en continuar el procedimiento, la retirada de la plataforma por un cambio en las circunstancias legales[630], o el conocimiento por parte de ADROIT de que una parte ha violado el deber de confidencialidad. En todo caso, el órgano de solución se esforzará por resolver los procedimientos en el plazo de 90 días, si bien ampliables unilateralmente por otros 90 cuando factores imprevisibles como la complejidad del asunto o un supuesto de fuerza mayor lo exijan.

Por último, se estipula que la resolución de litigios ante ADROIT es gratuita para los destinatarios del servicio, pero no para la plataforma en línea, aclarando que en ningún caso los honorarios cobrados a la plataforma podrán superar el coste real que el procedimiento supone para ADROIT. A este respecto, ya se señaló que la gratuidad del procedimiento para los destinatarios puede conllevar abusos por parte de ellos, empeorando el funcionamiento de ADROIT.

2.3. El rol de los códigos de conducta y otras normas voluntarias del RSD

187. A pesar de que el art. 16 DCE, relativo a los códigos de conducta, no hiciera referencia expresa a los medios de solución extrajudicial del art. 17 DCE, ya se vio que en la práctica estos se utilizan para fomentar y regular su uso. Pues bien, lo mismo ocurre con los códigos de conducta y las normas voluntarias que introduce el RSD en sus arts. 44 a 48 RSD. Aunque tampoco se refieren a los ADR de forma expresa, también pueden jugar como incentivo en el empleo de los medios de solución extrajudicial, con la diferencia de que en este caso además de códigos de conducta se contemplan otras normas voluntarias, relativas, por ejemplo, a la normalización.

Sentado lo anterior, a continuación, se expondrán los preceptos del RSD relativos a las normas voluntarias para más tarde estudiar el papel que pueden jugar en el uso de los medios extrajudiciales de solución de conflictos.

---

630. Tal y como se puede apreciar, se restringe la posibilidad de salida del procedimiento a la plataforma, pero no al destinatario del servicio. Ello, establecido en las cláusulas 6.c y e de las Reglas del procedimiento, se contradice con lo dispuesto en la cláusula 4.a, en la que se admite que si alguna de las partes, también la plataforma, pierde la auténtica intención [«genuine intention»] de resolver la disputa, ADROIT se reserva el derecho de terminar el procedimiento.

2.3.1. Las normas voluntarias y los códigos de conducta en el RSD

188. El RSD destina su sección 6.ª del Capítulo III [arts. 44 a 48 RSD] a regular un conjunto de normas voluntarias entre las cuales se encuentran los códigos de conducta. Dada su voluntariedad, llama la atención que se conciban como obligaciones de diligencia debida, tal y como se desprende de su ubicación sistemática y de la rúbrica de la sección en que se incorporan [*«Otras disposiciones relativas a obligaciones de diligencia debida»*].

189. Al margen de la crítica anterior, la sección 6.ª introduce tres tipos de normas de adopción voluntaria: normas [art. 44], códigos de conducta [arts. 45 a 47] y protocolos de crisis [art. 48]. Todas ellas constituyen normas a las que tan solo se someterán los prestadores de servicios intermediarios que así lo decidan de forma voluntaria, si bien se clasifican en tres categorías en función de a quién se le otorgue legitimidad para elaborarlas: organismos internacionales y europeos [normas], los prestadores de servicios intermediarios [códigos de conducta] o la Comisión [protocolos de crisis].

En primer lugar, las normas del art. 44 RSD tienen por objeto normalizar ciertas obligaciones impuestas por el RSD, que serán como mínimo las del listado del art. 44.1 RSD [p. ej. notificaciones del art. 16 RSD o de los alertadores fiables]. Básicamente se trata de conductas que, aun exigidas por el RSD, no son concretadas hasta el extremo por este y que por tanto quedan al arbitrio de la autorregulación las plataformas en línea. Así, el objetivo del art. 44, cuyas normas serán apoyadas y promovidas por la Comisión Europea, es reducir la fragmentación a que puede dar lugar la divergente autorregulación por parte de las plataformas.

En segundo lugar, los códigos de conducta se desarrollan en los preceptos 45 a 47 RSD, previéndose una norma general [art. 45] y dos especiales [arts. 46 y 47 RSD].

1. El art. 45 RSD —cláusula general— faculta a la Comisión y a la Junta a fomentar la elaboración de códigos de conducta que contribuyan a la debida aplicación del RSD [art. 45.1 RSD], a revisar su cumplimiento y solicitar medidas en caso de incumplimiento [art. 45.4 RSD]. Asimismo, también les autoriza a invitar directamente a plataformas, motores de búsqueda y otras partes interesadas concretas a la elaboración de los códigos en caso de que se genere un riesgo sistémico significativo del art. 34.1 RSD [art. 45.2 RSD], y a exigir, cuando sea pertinente, la incorporación en los códigos de objetivos específicos claros e indicadores para medir su cumplimiento [art.45.3 RSD].

2. El art. 46 RSD requiere a la Comisión fomentar la elaboración de códigos de conducta en un ámbito específico: la mejora de las exigencias de transparencia de los participantes en la cadena de valor de la publicidad en línea, incluso yendo más allá de las obligaciones impuestas por los arts. 26 y 39 RSD en esta materia [art. 46.1 RSD]. Para garan-

tizar la eficacia de estos códigos, la Comisión debe «alentar» a todos los actores de la cadena de valor de la publicidad en línea [entre ellos, prestadores de plataformas en línea] a suscribirse y cumplir con los códigos de conducta.

3. El art. 47 RSD sigue una estructura similar al art. 46 RSD, pero en otro ámbito: la accesibilidad de las personas con discapacidad a los servicios en línea. El objetivo es que se promueva una participación plena y efectiva de estos en los servicios en línea, implementando cualquier adaptación que sea necesaria para conseguir una participación de las personas con discapacidad en condiciones de igualdad [p. ej. diseño o información presentada]. En este caso, sin embargo, no se particularizan prestadores concretos a los que la Comisión deba recomendar su participación.

En tercer lugar, el art. 48 RSD regula los llamados «protocolos de crisis», los cuales se componen de un conjunto de medidas dirigidas a superar una situación extraordinaria de crisis relacionada con la seguridad o salud públicas. Estas medidas irán dirigidas a evitar la desinformación —p. ej. destacando la información proporcionada por autoridades nacionales— o a adaptar el cumplimiento de ciertas obligaciones a la situación de crisis [art. 48.2 RSD]. Además de las medidas, los protocolos de crisis concretarán otros extremos como los parámetros que permitan determinar cuándo tiene lugar la circunstancia de crisis que permite aplicar el protocolo, el papel que en el mismo juegan cada uno de los participantes o el procedimiento para activar el protocolo [art. 48.4 RSD].

Los protocolos de crisis serán aplicados por las plataformas o motores de búsqueda en línea que voluntariamente lo hayan acogido, y su cumplimiento será supervisado por la Comisión y, cuando proceda, también por otras autoridades nacionales y organismos de la UE [art. 48.3 RSD].

2.3.2. La posible incidencia de las normas voluntarias en la solución extrajudicial de litigios

190. Aunque ni las normas, ni los códigos de conducta ni los protocolos de crisis hagan referencia expresa a los medios de solución extrajudicial de litigios de los arts. 20 y 21 RSD, existe la posibilidad de que aquellos incidan en la gestión legal de estos. Son distintas razones las que explican dicha afirmación.

En primer lugar, las normas del art. 44 RSD prevén la elaboración de normas voluntarias para normalizar cuestiones previstas, pero no concretadas por el RSD. Este listado de cuestiones es un *numerus apertus*, de modo que, aunque no incluya de forma expresa los arts. 20 y 21 RSD —aunque sí 16 y 22 RSD—, nada impide que la Comisión promueva la normalización en relación con esos medios de impugnación. Esta normalización no solo sería posible sino sobre todo deseable, dada la disparidad de procedimientos a que da lugar la escasa regulación de estos[631].

En segundo lugar, ocurre lo mismo con los códigos de conducta. Aunque los arts. 20 y 21 RSD no se mencionen de forma expresa en los arts. 45 y siguientes, ello no impide que, sobre la base de la cláusula genérica del art. 45 RSD, la Comisión y la Junta puedan fomentar y facilitar la elaboración de códigos de conducta para contribuir a la debida aplicación de los citados preceptos [art. 45.1 RSD]. En este sentido, se debería dar la bienvenida a que se utilicen estos códigos de conducta tanto para fomentar la correcta aplicación de los arts. 20 y 21 RSD[632], como para extender su uso a otras disputas distintas a la moderación de contenidos —respecto de las cuales los arts. 20 y 21 RSD no imponen ninguna obligación—.

En tercer lugar, las medidas que deben incorporar los protocolos de crisis para superar las circunstancias extraordinarias no están tasadas, más allá de un listado mínimo [art. 48.2 RSD]. Por tanto, queda claro que estas medidas podrán referirse a los medios de impugnación de los arts. 20 y 21 RSD, si bien resulta más probable que, de entre los dos, aborden con mayor frecuencia los sistemas internos del art. 20 RSD, ya que la adaptación de *«los recursos dedicados al cumplimiento de las obligaciones establecidas en los arts. 16* [notificaciones], *20* [sistema interno de gestión de reclamaciones] *y 22* [alertadores fiables] *[...]»* está expresamente contemplada en el listado mínimo del art. 48.2 RSD.

191. De todo lo anterior se puede inferir que, en definitiva, el régimen del RSD permite la adopción de normas voluntarias relacionadas con los medios de impugnación extrajudicial de los arts. 20 y 21 RSD. En concreto, permite a la Comisión fomentar el uso de los medios de solución extrajudicial en otros ámbitos distintos al de la moderación de contenidos, promover la normalización del funcionamiento de los arts. 20 y 21 RSD, y también su adaptación para contribuir a la superación de crisis extraordinarias[633]. Es más, en la mayoría de los casos se brinda a la Comisión la potestad de supervisar y controlar su aplicación [arts. 45.4, 46.4 y 48.5 RSD].

192. En conclusión, los arts. 44 y ss. RSD superan en funciones al art. 16 DCE, pues no se limitan a fomentar la autorregulación, sino que también la condicionan, imponiéndole contenido mínimo y sometiéndola a supervisión e incluso a la posibilidad de exigir medidas adicionales en caso de ineficacia

---

631. En este sentido se ha hablado de oportunidad perdida. Así, véase ORTOLANI, P., «The resolution of content moderation disputes under the Digital Services Act», *op. cit.*, pág. 13.

632. Por ejemplo, sería útil promover la creación de un código de conducta relacionado con el funcionamiento de los sistemas de inteligencia artificial que moderan los contenidos.

633. Salvo en el caso de la normalización de los arts. 16 y 22 RSD, que deberá ser necesariamente promovida por la Comisión, el resto de eventuales normas voluntarias relacionadas con la moderación de contenidos y/o los medios de resolución extrajudicial no se exigen por el RSD, de modo que serán de adopción voluntaria.

o incumplimiento. A través de esta corregulación, el RSD garantiza que la autorregulación de las plataformas sea consonante con la protección de los intereses generales.

Por ese preciso motivo resultaría deseable que la Comisión no dejara pasar la oportunidad de adoptar todas estas medidas voluntarias que redundarían en un mejor funcionamiento de los arts. 20 y 21 RSD. Sin embargo, el panorama no resulta demasiado optimista en este sentido, por dos motivos.

Primero, porque al no haber incorporado el RSD referencias expresas a ninguno de los dos preceptos, esta posibilidad tiene pocas probabilidades de que se materialice. Y segundo, porque, por mucho que se promuevan, la tradición de los códigos de conducta del ámbito digital demuestra que ni la elaboración ni el cumplimiento que le dan las plataformas en línea es demasiado escrupuloso[634]. A mayor abundamiento, aunque en este caso la Comisión se haya atribuido facultades de supervisión para evitar de nuevo ese desastre, no resulta legítimo ni elegante encubrir verdaderas normas vinculantes bajo la forma de meras normas de *soft law*[635].

2.4. Valoración parcial

193. La imposición de cualquier obligación a través del RSD a las plataformas en línea constituye realmente la forma de ponderar intereses en juego, incluyendo las libertades de expresión e información de un lado, y la libertad de empresa de otro lado[636]. Esta ponderación, en relación con la obligación

---

634. Por ejemplo, se critica que el Código de conducta para la lucha contra la incitación ilegal al odio en Internet de 2016, firmado por *Facebook, Microsoft, Twitter* y *Youtube* en 2016 y por otros operadores más tarde, se limitaba a reproducir los términos y condiciones de las plataformas, de modo que el resultado final era que estas «implementaran arbitrariamente sus términos de servicio». Así, GASCÓN MARCÉN, A., «La responsabilidad de los intermediarios de Internet en la Unión Europea: iniciativas recientes y perspectivas de futuro», en *Desafíos jurídicos ante la integración digital: aspectos europeos e internacionales,* obra colectiva, director CASTELLÓ PASTOR, J.J., Thomson Reuters Aranzadi, Cizur Menor [Navarra], 2021, pág. 146.

635. En este sentido, MUÑOZ MACHADO admite que *«las distintas entre lo obligatorio y lo voluntario se han reducido»,* toda vez que quien no sigue normas voluntarias se arriesga a que sus productos o servicios no sean bien recibidos por los mercados. MUÑOZ MACHADO, S., *Tratado de derecho administrativo y derecho público general, op. cit.,* pág. 553. Sin embargo, las plataformas en línea, dado el poder que tienen en el mercado, realmente pueden permitirse incumplir estas normas sin ver su cuota de mercado significativamente alterada. Un claro ejemplo de ello es la red social X [antes Twitter]: un año después de la entrada de Elon Musk, el odio y la desinformación que reinaron en la plataforma durante ese periodo de tiempo tan solo fueron suficientes para que un 9 % de los usuarios se diera de baja. Para más información sobre los motivos en la caída de usuarios, consúltese https://arstechnica.com/tech-policy/2023/10/elon-musks-chaotic-first-year-at-twitter-leaves-x-corp-with-shaky-finances/, último acceso el 12 de septiembre de 2024.

636. GEIGER, C., FROSIO, G., y IZYUMENKO, E., «Intermediary liability and fundamental rights», *op. cit.*, pág. 139.

relativa a los medios de impugnación de conflictos, se resuelve a favor de las primeras: los arts. 20 y 21 RSD vulneran la libertad contractual de las plataformas en línea para proteger la libertad de expresión, consagrada en los arts. 11 CDFUE, 10 CEDH o 19 PIDCP[637].

Frente a ello, parte de la doctrina recuerda que estos textos internacionales no son de aplicación horizontal entre particulares [destinatario del servicio y plataforma en línea], sino frente a los Estados[638]. De esta manera, se argumenta que la limitación que de la libertad contractual producen los arts. 20 y 21 RSD no estaría justificada por la protección de la libertad de expresión.

Sin perjuicio de las críticas anteriores, no debe perderse de vista que las plataformas en línea están adquiriendo un poder que se acerca al de los Estados, de modo que la influencia que tienen sobre la libertad de expresión es no solo evidente sino también desproporcionada [p. ej. piénsese en cuál hubiera sido la forma de expresarse públicamente durante la pandemia si no es a través de las plataformas]. En este sentido, el TEDH ha llegado a confirmar que plataformas como *Facebook, Youtube* o *X* [antes *Twitter*] ofrecen medios sin precedentes para ejercitar la libertad de expresión[639].

Con base en lo anterior, la incorporación de medios extrajudiciales de solución de conflictos específicos en el RSD ha sido una de sus novedades más aplaudidas[640], toda vez que son necesarios para proteger a los internautas frente a prácticas de las [grandes] plataformas en línea posiblemente vulneradoras de derechos que, de otro modo, serían difícilmente impugnables de forma garantista. Y es que, en este sentido, este tipo de controversias relativas al contenido ilícito o incompatible con las condiciones generales casi nunca va a llegar a los tribunales en la medida en que el coste de su procedimiento y su lentitud son desproporcionados en relación con el valor de la disputa. Además, aunque llegara, tan solo lo pueden hacer unas pocas, dado que los limitados recursos de los tribunales hacen inviable que estos conocieran todas las decisiones de moderación de contenidos que las plataformas adoptan diariamente. De esta manera, a pesar de que algunos califican esta situación de privatización de la justicia, lo cierto es que, en la práctica, de no conocer los medios de solución extrajudicial de estas disputas, quedarían sin resolver.

---

637. El RSD reconoce el respeto a la libertad contractual en el cdo. 45, pero considera necesario limitarla *«por motivos de transparencia y protección de los destinatarios del servicio y para evitar resultados injustos o arbitrarios»*.

638. GALANTINO, S., «How Will the EU Digital Services Act Affect the Regulation of Disinformation?», *op. cit.*, pág. 124, y WIMMERS, J., «The out-of-court dispute settlement mechanism in the Digital Services Act. A disservice to its own goals», *op. cit.,* pág. 14.

639. Párrafo 110 de STEDH, de 16 de junio 2015, *caso de Delfi AS contra Estonia, núm.* 64569/09, y párrafo 52 de STEDH, de 1 de marzo de 2016, *caso Cengiz y otros contra Turquía, núm.* 48226/10 y 14027/11.

640. CASAROSA, F., «Out-of-court dispute settlement mechanisms for failures in content moderation», *op. cit.*, pág. 395.

194. Además de ser necesaria, la mezcla de los arts. 20 y 21 destaca por su validez. De un lado, el art. 20 RSD se configura como un medio ágil, sencillo y, sobre todo, gratuito para los reclamantes, los cuales pueden ser diversos gracias a una amplia legitimación activa. De otro lado, el art. 21 RSD no solo posibilita una segunda —o primera, según la voluntad del legitimado activo— revisión creíble para los afectados, sino que su principal virtualidad es mejorar el funcionamiento de los sistemas de moderación de contenidos y del sistema interno de la plataforma. El razonamiento que lo explica, siguiendo a HUSOVEC[641], se basa en la forma de financiación de los órganos certificados de resolución extrajudicial: las plataformas en línea quedan obligadas a pagar tasas más elevadas cuando el órgano resuelve en su contra, esto es, cuando retiran erróneamente el contenido.

Por tanto, y bajo el propósito de evitar este coste, las plataformas se ven incentivadas a evitar la retirada excesiva de contenidos y, de otro lado, a mejorar la calidad de sus sistemas internos de gestión de reclamaciones, cuya resolución acertada evitará posteriormente mayores costes ante los órganos del art. 21 RSD[642]. De esta manera, los órganos extrajudiciales funcionan, a instancia del reclamante, como una especie de supervisores de los sistemas internos de gestión de reclamaciones, cuya sanción se impone en caso de mal funcionamiento en forma de costas y honorarios.

195. En realidad, todas las ventajas expuestas están todavía por comprobar, toda vez que los órganos extrajudiciales del art. 21 RSD, con salvedades, ni siquiera han sido todavía certificados. Ahora bien, incluso antes de ello, la forma en que el RSD configura los dos medios alternativos de solución de conflictos permite entrever que en la práctica su uso real será inferior a su uso potencial, por distintos motivos.

En primer lugar, el RSD deja la mayor parte de los procedimientos de los arts. 20 y 21 sin regular, debiendo concretarse por las plataformas [art. 20 RSD] y los órganos de resolución [art. 21 RSD]. Ello no solo hace que los procedimientos sean distintos para cada una de las plataformas —perjudicando al reclamante, que deberá adaptarse al funcionamiento de todos ellos—, sino que además puede acarrear una disminución del coste del procedimiento y de su calidad, creando en este sentido una lucha tácita entre las plataformas.

---

641. HUSOVEC, M., «Certification of Out-of-Court Dispute Settlement Bodies under the Digital Services Act», *op. cit.*, pág. 8: las tasas suponen un pequeño castigo para el proveedor que falla en su decisión, de manera que les incentiva a actuar mejor. De la misma manera, como el reclamante debe pagar si pierde, le desincentiva a hacer reclamaciones absurdas o abusivas.

642. Ahora bien, este modelo de financiación también ha recibido críticas, por ejemplo, de aquellos que defienden que el incremento de costes que los arts. 20 y 21 RSD suponen para las plataformas puede mermar la efectividad del funcionamiento de sus sistemas internos de gestión de reclamaciones. Así, WIMMERS, J.: «The out-of-court dispute settlement mechanism in the Digital Services Act. A disservice to its own goals», *op. cit.*, pág. 13.

Algo que redundará en una merma de la confianza e incentivo de los usuarios para utilizarlos[643], además de en una falta de armonización.

En segundo lugar, solo se puede acudir a estos medios de impugnación en relación con las decisiones de moderación de contenidos, pero no en relación con ninguna otra disputa que pueda derivarse del RSD [p. ej. entrega defectuosa o información engañosa][644].

En tercer lugar, la resolución del órgano de solución extrajudicial es voluntaria para la plataforma. Si bien ello se justifica en aras al derecho fundamental a la tutela judicial efectiva, puede desincentivar al legitimado activo que sabe que, aun obteniendo una solución favorable, la plataforma es libre de darle o no cumplimiento.

En cuarto lugar, es posible pensar que las medidas de publicidad que los arts. 20 y 21 RSD prevén para dar a conocer la existencia de estos medios de impugnación no sean suficientes. Así, no resulta tan preocupante que el art. 20 RSD exija solo que sus sistemas sean *«de fácil acceso»* —en muchas ocasiones ya lo solían ser con anterioridad al RSD—, como sí lo es que el art. 21 RSD tan solo obligue a las plataformas a hacer accesible la información sobre la resolución extrajudicial del art. 21 RSD en su interfaz en línea. Hubiera sido conveniente, en su lugar, y siguiendo el modelo de la Directiva ADR, que las plataformas tuvieran que informar a los usuarios de los concretos órganos que pueden tramitar su resolución[645], o incluso que directamente las plataformas en línea proporcionen en su interfaz un link que no se limite a ofrecer información sobre el art. 21 RSD, sino que permita interponer directamente la reclamación contra el órgano de resolución extrajudicial[646].

---

643. WIMMERS, J., «The out-of-court dispute settlement mechanism in the Digital Services Act. A disservice to its own goals», *op. cit.,* pág. 2: cuanto menores sean las tasas que los órganos de solución cobren a los consumidores, es más probable que atraigan a un mayor número de estos. Por ello, al no armonizarse el procedimiento es posible que los órganos inicien una «carrera a la baja» en su calidad para conseguir ofrecer un coste menor a los consumidores.

644. DE MIGUEL ASENSIO, P.M., «Obligaciones de diligencia debida y responsabilidad de los intermediarios: el Reglamento [UE] de servicios digitales», en *La Ley Unión Europea,* núm. 109, 2021, pág. 30.

645. BARCELÓ COMPTE, R., «Las plataformas online y la resolución extrajudicial de litigios: cuestiones críticas», *op. cit.,* pág. 621.

646. HUSOVEC, M., «Certification of Out-of-Court Dispute Settlement Bodies under the Digital Services Act», *op. cit.,* pág. 3. Este problema es fácilmente perceptible si se acude a la red social X. Los tres puntitos horizontales situados en la esquina superior derecha de cada publicación o *post* permiten «Reportar contenido ilícito de la UE». Si se hace *click* en esa opción, aparece un formulario que permite [1] denunciar contenido ilegal en la UE [correspondiente al mecanismo del art. 16 RSD], [2] solicitar la revisión de una decisión de contenido ilegal [correspondiente al art. 20 RSD], y [3] información sobre la resolución extrajudicial del litigio [relativa al art. 21 RSD]. En vez de limitarse a exigir la información, hubiera sido más ágil exigir que las plataformas ofrezcan directamente un enlace que permita al usuario conocer los órganos de solución extrajudicial y reclamar directamente.

En quinto lugar, al exigir el art. 17 RSD que las plataformas notifiquen a los usuarios cualquier decisión que restrinja sus contenidos, incluyendo las que tan solo afectan a su visibilidad, es probable que los usuarios reciban una «avalancha» de notificaciones, a las que acaben sin prestar atención, lo cual se traducirá en la ausencia de reclamación[647].

196. Pese a lo anterior, en resumidas cuentas, los arts. 20 y 21 RSD se alzan como necesarios para defender la libertad de expresión de los usuarios, la cual, de lo contrario, quedaría en manos de las grandes plataformas en línea o, lo que es lo mismo, de cuasi-Estados.

3. La coordinación de los ODR del Reglamento de Servicios Digitales con otros ODR del ámbito digital

197. A lo largo de todo el texto se ha incidido y se ha dejado entrever el papel clave que los ODR pueden tener para la protección del usuario digital. Los arts. 20 y 21 RSD son dos claros ejemplos —los últimos— de que la UE apuesta por estas herramientas para proteger a los usuarios de internet en general y al consumidor en particular frente a las plataformas en línea, incrementando así su confianza en el comercio electrónico y en el entorno digital. Sin embargo, hay más ejemplos. Así, en esta línea ya se puso de relieve que en los últimos años se han sucedido un conjunto de normas de la UE que han dejado de lado el mero fomento de los medios de solución extrajudicial para regularlos e imponerlos con carácter obligatorio. En el ámbito digital esta tendencia ha sido especialmente acusada[648], destacando el Reglamento 2019/1150, el Reglamento 2021/184, la Directiva 2019/790 y la Directiva 2018/1808.

La cuestión es que estas normas del entorno digital se han dictado desordenadamente, muchas veces sin tenerse en cuenta entre sí[649], hasta el punto de que su ámbito de aplicación en ocasiones se solapa, dificultando así su coordinación y compatibilización, en especial, con el RSD, cuyo ámbito de aplicación es horizontal. Consciente de ello, el RSD pretende loablemente evitar problemas de coordinación con los instrumentos antes citados, para lo cual incorpora disposiciones específicas destinadas a abordar la relación

---

El enlace está disponible en https://help.twitter.com/es/forms/dsa/appeal?content_id=https%3A%2F%2Ftwitter.com%2FERSA_org%2Fstatus%2F1788926751822815535&content_type=post&content_author=%40ERSA_org, último acceso el 12 de septiembre de 2024.

647. KELLER, D., «The EU's new Digital Services Act and the Rest of the World», *op. cit.*, pág. 233.

648. De hecho, LÓPEZ-TARRUELLA ha considerado la incorporación de medios extrajudiciales de solución de conflictos como un rasgo común de las nuevas leyes digitales europeas. Así, LÓPEZ-TARRUELLA MARTÍNEZ, A., «El futuro Reglamento de Inteligencia Artificial y las relaciones con terceros estados», *op. cit.*, pág.3.

649. BARRIO ANDRÉS, M., *Manual de derecho digital, op. cit.,* pág. 140.

existente entre ellos [arts. 2.3 y 2.4 RSD, entre otros]. Sin embargo, estos preceptos se limitan a manifestar que el RSD se aplica *«sin perjuicio»* del resto de normas, algo que, como se verá, se equipara al principio de *lex specialis*. Este criterio, cuyo uso parece razonable dado que también es el empleado por la Propuesta de reforma de Directiva ADR y el que parece desprenderse de la redacción del RSD[650], como se verá, no resulta sin embargo siempre el más protector del reclamante.

198. En este contexto, el presente epígrafe tratará de demostrar el solapamiento entre los distintos medios de solución extrajudicial que tratan de proteger al usuario digital frente a los comportamientos de las plataformas en línea, así como coordinar los ODR de los arts. 20 y 21 RSD con los regulados por otras normas aplicables al ámbito digital. Para finalizar, todo lo anterior servirá para valorar si realmente este conjunto de medios de impugnación ofrece una protección eficaz al destinatario del servicio o si por el contrario se debería investigar alguna otra solución.

3.1. Coordinación con la Directiva 2013/11

199. Aunque en la Primera parte de la presente contribución se abordaron dos instrumentos dictados en materia de ADR con carácter horizontal e incidencia en el entorno en línea —esto es, la Directiva de mediación y la Directiva ADR—, en realidad solo esta última norma resulta aquí relevante, pues no se plantean problemas de coordinación entre la Directiva de mediación y los arts. 20 y 21 RSD. Y ello, toda vez que ninguno de estos últimos se refiere a la mediación, sino a un sistema interno de gestión de reclamaciones y a una suerte de conciliación, respectivamente[651]. A mayor abundamiento, y a diferencia de la Directiva de mediación —escueta en lo relativo a lo electrónico—, la Directiva ADR juega un papel importante en materia de ODR, especialmente gracias a su complementariedad con el Reglamento ODR. Con base en lo anterior, aquí tan solo es necesario estudiar la coordinación entre los medios de impugnación del RSD y de la Directiva ADR.

---

650. Que el RSD resulte de aplicación *sin perjuicio* del Reglamento 2021/784, de lucha contra la difusión del contenido terrorista en línea, es percibido como DE MIGUEL ASENSIO en el sentido de que este último reglamento debe concebirse como *lex specialis* en relación con el Reglamento de Servicios Digitales. Así, DE MIGUEL ASENSIO, P.A., *Derecho privado de internet, op. cit.*, pág. 370.

651. Por el contrario, esta cuestión sí surge con relación al Reglamento 2019/1150, cuyo art. 12 prevé el uso de la mediación para solucionar conflictos entre el usuario profesional y la plataforma en línea. En este caso, Al tratarse de una mediación entre empresarios, la mediación llevada a cabo bajo la órbita del art. 12 Reglamento 2019/1150drag deberá cumplir con los estándares de la Directiva 2008/52/CE de mediación, tal y como se afirma en ÁLVAREZ MORENO, M.T., *La contratación electrónica mediante plataformas en línea: Modelo negocial [B2C], régimen jurídico y protección de los contratantes [proveedores y consumidores], op. cit.*, pág. 105.

200. Así, si se recuerda, la Directiva ADR permite a los consumidores acudir a medios de solución extrajudicial en caso de litigios derivados de una compraventa de bienes o servicios en línea, cuando esta se derive de una relación de consumo entre profesional y consumidor que estén establecidos en la UE. Estas relaciones de consumo no solo incluyen aquellas por medio de las que un consumidor adquiere un producto de un comerciante a través de un *marketplace*, sino también aquellas en que el consumidor celebra un contrato con una plataforma en línea —profesional— en virtud del cual esta se compromete a almacenar y difundir el contenido que aquel le proporciona. Así lo confirman el cdo. 16 de la Directiva ADR[652] y la propuesta de modificación de la Directiva 2013/11, que en el cdo. 4, al referirse a la necesidad de reformar la Directiva ADR, señala que «es necesario aclarar que los litigios contractuales derivados de la venta de bienes o la prestación de servicios incluyen el contenido digital y los servicios digitales»[653].

201. Por su parte, basta aquí con reiterar que los arts. 20 y 21 RSD permiten a cualquier destinatario del servicio, incluyendo consumidores [cdo. 2 RSD], impugnar una decisión moderadora de contenidos ilícitos o incompatible con las condiciones generales de una plataforma en línea.

202. De una comparación de ambos ámbitos de aplicación se deriva un claro solapamiento, pues los dos instrumentos [Directiva ADR y RSD] pueden ser utilizados por un consumidor [reclamante] que impugne una decisión de moderación de contenidos adoptada por una plataforma establecida en la UE [comerciante][654].

Lo primero que debe aclararse es que el art. 20 RSD, relativo a un sistema interno de gestión de reclamaciones, aunque pueda utilizarse en supuestos en los que también se puede acudir a un órgano de la Directiva ADR, no se solapa con esta en la medida en que aquel ofrece un sistema interno a la plataforma, mientras que la Directiva ADR excluye claramente de su ámbito de aplicación *«a los procedimientos ante sistemas de tramitación de reclamaciones de los consumidores gestionados por el comerciante»* [art. 2.2.b] Directiva

---

652. El tenor literal del cdo. 16 estipula que *«En esta categoría deben incluirse los litigios derivados de la venta o el suministro de contenidos digitales a cambio de una retribución»*. Por retribución debe entenderse no el pago monetario, sino la transmisión de datos personales con carácter gratuito.

653. Para que no haya lugar a dudas, la propuesta de modificación reforma el art. 2.1 de la Directiva ADR para aclarar que *«La presente Directiva se aplicará a los procedimientos de resolución extrajudicial de litigios entre consumidores residentes en la Unión y comerciantes que ofrezcan a dichos consumidores bienes o servicios, incluidos el contenido digital y los servicios digitales»*.

654. Si la decisión fuera adoptada por una plataforma en línea establecida fuera de la UE, solo podrá impugnarse a través de los mecanismos del RSD [siempre que cumpla los requisitos necesarios para estar bajo su ámbito de aplicación], ya que la Directiva ADR no recoge los litigios en que alguna de las partes [ya sea consumidor o comerciante] esté establecido fuera de la UE.

ADR]. Por tanto, el juego del art. 20 RSD y la Directiva ADR es independiente y no excluyente.

Por el contrario, la solución extrajudicial del art. 21 RSD sí se solapa con los órganos de resolución extrajudicial de la Directiva ADR. ¿Implica ello que el consumidor que se encuentre en esta tesitura puede acudir a cualquiera de ellos? El punto de partida para la coordinación de estos medios se sitúa en algunos preceptos del RSD.

En primer lugar, el art. 2.4.f] deja claro que el RSD *«se entenderá sin perjuicio de [...] f] el Derecho de la Unión en materia de protección de los consumidores y seguridad de los productos, incluidos [...] la Directiva 2013/11/UE».* En el mismo sentido, el cdo. 60 RSD aclara «que las normas del presente Reglamento sobre la resolución extrajudicial de litigios han de entenderse sin perjuicio de la mencionada Directiva [Directiva 2013/11/UE], incluido el derecho que esta confiere a los consumidores de retirarse del procedimiento en cualquier momento si no están satisfechos con el funcionamiento o tramitación del procedimiento», y el art. 21.9 RSD estipula que *«El presente artículo ha de entenderse sin perjuicio de la Directiva 2013/11/UE y de los procedimientos y entidades de resolución alternativa de litigios para los consumidores establecidos en virtud de dicha Directiva».*

203. De lo anterior parece desprenderse —tal y como ha apuntado incluso un sector doctrinal[655]—, que el art. 21 RSD y la Directiva ADR tienen un juego de alternatividad. Es decir, cuando el ámbito de aplicación de ambos coincida, el legitimado activo podría acudir a los medios de impugnación del art. 21 RSD, o bien a la Directiva ADR —para lo cual normalmente podría servirse de la plataforma creada por el Reglamento 524/2013—. Sin embargo, la Propuesta de reforma de la Directiva ADR, consciente de esta conflictiva coordinación[656], pretende arrojar luz ofreciendo una concreta solución.

En particular, en su cdo. 7 establece que «Cuando se produce un litigio entre el prestador de una plataforma en línea y un destinatario de dicho servicio en relación con las actividades de dicho prestador en relación con la moderación de contenidos ilícitos o nocivos en su plataforma, el artículo 21 del Reglamento [UE] 2022/2065 del Parlamento Europeo y del Consejo, que versa sobre la resolución extrajudicial de litigios, es de aplicación a dicho

---

655. BARCELÓ COMPTE, R., «Las plataformas online y la resolución extrajudicial de litigios: cuestiones críticas», *op. cit.*, pág. 622, confirmaba la alternatividad entre el art. 21 RSD y la Directiva ADR.

656. A mayor abundamiento, el antes expuesto art. 3.3 de la Directiva ADR, mantenido en la propuesta de reforma de 2023, establece que prevalece la Directiva ADR sobre *«las disposiciones obligatorias de la legislación sectorial específica de la UE relacionadas con la resolución alternativa de litigios en la medida en que dichas disposiciones no garanticen al menos un grado equivalente de protección de los consumidores».* Si se sigue este precepto, parece que deberían prevalecer los órganos acreditados bajo la Directiva ADR que los certificados bajo el art. 21 RSD toda vez que aquellos tienen requisitos de acreditación y medidas de publicidad y de asistencia al consumidor más exigentes que estos.

litigio, de conformidad con el artículo 2, apartado 4, de dicho Reglamento, dado que establece normas más detalladas en relación con dichos litigios».

En pocas palabras, tras admitir y concretar el ámbito de aplicación en que la Directiva ADR y el art. 21 RSD se solapan, el citado cdo. 7 impone una interpretación forzosa del art. 2.4 RSD, consistente en considerar que el hecho de que el RSD se aplique *«sin perjuicio de»* la Directiva ADR implica que aquel prevalece sobre esta en lo relativo a la solución extrajudicial de litigios relacionados con las decisiones de moderación de contenidos ilícitos o nocivos[657]. De este modo, el RSD juega como *lex specialis* con respecto a la Directiva ADR.

Por tanto, la propuesta de reforma de la Directiva ADR indica de forma clara que el art. 21 RSD prevalece sobre los órganos de solución extrajudicial de la Directiva ADR. Es más, aunque no se apruebe la propuesta de Directiva, parece claro que habría que seguir el criterio de ley especial, por ser esta la intención del legislador. De todas maneras, el problema tendría menor importancia, como mínimo a efectos de reducir la confusión del consumidor, si los órganos certificados para resolver en virtud del RSD fueran los mismos que ya están acreditados bajo el régimen de la Directiva ADR —circunstancia que reconoce ampliamente factible la propia Comisión Europea[658]—.

3.2. Coordinación con normas sectoriales

204. Los medios de solución extrajudicial incorporados por ciertas normas sectoriales relacionadas con el ámbito digital también plantean problemas de coordinación con los arts. 20 y 21 RSD. La razón es que el RSD, aun especializado en el entorno en línea, cuenta con una aplicación horizontal.

---

657. En vez de aludir al contenido «ilícito o nocivo», debería haberse referido al contenido «ilícito o incompatible con sus condiciones generales», no solo por la dificultad [y subjetividad] de determinar cuándo el contenido es nocivo, sino porque ese es el dictado literal de los arts. 20 y 21 RSD. Al no reproducirlo, no se asegura, en realidad, que los medios del RSD prevalezcan sobre los órganos de la Directiva ADR, en la medida en que no todo contenido nocivo es incompatible con las condiciones generales —aunque sí la mayoría—. Una interpretación literal conduciría a concluir que aquella decisión que dicte una plataforma restringiendo un contenido incompatible con sus condiciones, pero no nocivo [p. ej. una publicación en Instagram de un niño sin camiseta] debe impugnarse ante un órgano certificado conforme a la Directiva ADR antes que ante los órganos del art. 21 RSD. Para evitar la inseguridad jurídica que acarrearía considerar que en algunos casos prevalece la Directiva ADR y en otros el RSD, antes de aprobar la Propuesta de reforma de Directiva ADR debería sustituirse la expresión «contenido nocivo» por «contenido incompatible con las condiciones generales» para alinear ambas normas e impedir que el resultado de la norma sea contrario a su espíritu.

658. COMISIÓN EUROPEA, «Comission Staff Working Document impact assessment report accompanying the document Proposal for a Directive of the European Parliament and of the Council amending Directive 2013/11/EU on alternative dispute resolution for consumer disputes, as well as Directives [EU] 2015/2302, [EU] 2019/2161 and [EU] 2020/1828, SWD [2023] 335 final [Part II] », *op. cit.,* pág. 26.

A continuación, se va a analizar la superposición y coordinación entre los arts. 20 y 21 RSD y los ODR introducidos por la Directiva 2018/1808, de servicios de comunicación audiovisual, la Directiva 2019/790, de derechos de autor, el Reglamento 2019/1150, *platform-to-business* y el Reglamento 2021/784, de lucha contra el contenido terrorista difundido en línea. Para ello, debe recordarse que, ante el solapamiento, la expresión *«sin perjuicio»* con la que el RSD pretende coordinarse con el resto de las normas debe interpretarse como un criterio de *lex specialis*, en virtud del cual las normas sectoriales se aplicarán con preferencia al RSD.

3.2.1. Coordinación con la Directiva 2018/1808 de servicios de comunicación audiovisual

205. La Directiva 2018/1808 introduce un nuevo art. 28.ter.7 en la Directiva 2010/13/UE [Directiva de servicios de comunicación audiovisual o DCA en adelante] por el que obliga a todos los Estados miembros a velar por la existencia de *«mecanismos de resolución extrajudicial para la solución de litigios entre los usuarios y los prestadores de plataformas de intercambio de vídeos relativos a la aplicación de los apartados 1 y 3. Tales mecanismos permitirán la resolución imparcial de los litigios y no privarán al usuario de la protección jurídica que reconozca el Derecho nacional»*.

En concreto, los citados apartados 1 y 3 del art. 28.ter, que serán los que permitan acudir al medio de impugnación del art. 28.ter, se refieren a las medidas adoptadas por los prestadores de plataformas de intercambio de vídeos para la protección de menores y del público en general frente a los vídeos generados por los usuarios y las comunicaciones comerciales audiovisuales discriminatorias que inciten a la violencia o al odio o relacionados con delitos de terrorismo, de pornografía infantil y de racismo.

En relación con ello y por lo que respecta al caso español, el art. 28.ter.7 no se traduce en un órgano de solución extrajudicial independiente y externo al estilo del art. 21 RSD, sino a una suerte de mecanismo interno de reclamaciones más parecido al art. 20 RSD, tal y como se infiere del art. 89 de la ley de transposición de la DCA española[659], esto es, la Ley General de Comunicación Audiovisual [LGCA][660].

206. En vista de lo anterior, resulta posible que el ámbito de aplicación de mecanismos internos que se prevén en la DCA —partiendo en este caso de que es un sistema interno tal y como ocurre en la norma española de trans-

---

659. El art. 89 de la LGCA el que obliga a los prestadores del servicio de intercambio de vídeos a través de plataforma establecidos en España [art. 3] a establecer procedimientos transparentes, eficaces y de fácil uso para la resolución de reclamaciones de los usuarios frente a las mismas medidas que las especificadas en los arts. 28.ter.1 y 3.

660. Ley 13/2022, de 7 de julio, General de Comunicación Audiovisual, *BOE núm. 163, de 8 de julio de 2022*.

posición— y en el art. 20 RSD coincidan. En ambos casos, el reclamado será el mismo, esto es, una plataforma en línea, ya que las plataformas de intercambio de vídeos deben considerarse como un tipo de plataforma en línea al dedicarse a alojar contenidos que más tarde difunden[661]. El reclamante, por su parte, será en todos los casos un usuario —destinatario del servicio—. Por último, las medidas de los arts. 28.ter.1 y 3, que permiten acudir al art. 28.ter.7, pueden incluir decisiones de retirada de vídeos generados por los usuarios o, en otras palabras, decisiones de moderación de contenidos —siempre que estos presenten formato vídeo—[662].

207. En principio, el art. 2.4.a] del RSD establece que el RSD se entiende *«sin perjuicio de a] la Directiva 2010/13/UE»*, la cual ha sido modificada por la Directiva 2018/1808. Sin embargo, no da una respuesta concreta al solapamiento antes descrito. En todo caso, siguiendo el principio de *lex specialis derogat generali*, el medio de reclamación de la DCA, que en el caso español se incorpora en el art. 89 LGCA, debe prevalecer frente al sistema interno del art. 20 RSD.

Sobre esta cuestión, podría pensarse que, en la medida en que ambos deben ser previstos por las plataformas en línea, estas pondrán a disposición del reclamante un mismo sistema interno de reclamaciones, de modo que determinar cuál de los dos prevalece no tiene implicaciones prácticas. Sin embargo, las tiene, y muchas, ya que el RSD rodea a los sistemas internos de gestión de reclamaciones de un conjunto de medidas de protección adicionales [p. ej. notificación de la decisión según el art. 17 RSD o supervisión necesariamente humana] a que la DCA no obliga. De esta manera, que prevalezca el mecanismo de la DCA con respecto al RSD es perjudicial para el usuario digital, el cual, en muchas ocasiones, es consumidor.

---

661. La doctrina confirma esta postura: se considera que las plataformas de intercambio de vídeos son un servicio de alojamiento de datos y, más en concreto, un tipo de plataformas en línea. Así, DE MIGUEL ASENSIO, P.A., *Manual de derecho de las nuevas tecnologías. Derecho digital, op. cit.*, pág. 64, y más en concreto, RODRÍGUEZ MARTÍNEZ, I. y MONTERO, J., «La tipificación del contrato de intermediación en línea en el Reglamento de Servicios Digitales», *op. cit.*, versión en línea. Y es que, a la luz de la definición de plataforma de servicios de intercambio de vídeos, introducida por la Directiva 1808/2018, la conclusión no puede ser otra. En particular, según su art. 1.a.bis, se trata de un servicio *«cuya funcionalidad esencial consiste en ofrecer al público en general programas, vídeos generados por usuarios o ambas cosas, sobre los que no tiene responsabilidad editorial el prestador de la plataforma, con objeto de informar, entretener o educar, a través de redes de comunicaciones electrónicas [...] y cuya organización determina el prestador de la plataforma de intercambio de vídeos, entre otros medios con algoritmos automáticos, en particular mediante la presentación, el etiquetado y la secuenciación»*.

662. De hecho, el art. 28.ter.3.d] obliga a que los prestadores de las plataformas de intercambio de vídeos establezcan y operen *«mecanismos transparentes y de fácil uso que permitan a los usuarios de plataformas de intercambio de vídeos notificar o indicar al correspondiente prestador de plataforma de intercambio de vídeos los contenidos a que se refiere el apartado 1 ofrecidos en su plataforma»*.

208. Aun así, ha de tenerse en cuenta que como el mecanismo de solución extrajudicial del art. 21 RSD no entra en conflicto con el mecanismo interno de la DCA, el reclamante podría escoger entre acudir a este o a aquel. Y también podría decidir acudir en un primer momento al mecanismo de reclamaciones de la DCA y, si no está de acuerdo con la decisión o si ni siquiera la hubiera habido, a un órgano de resolución extrajudicial del art. 21 RSD[663].

3.2.2. Coordinación con la Directiva 2019/790 de derechos de autor

209. También la Directiva 2019/790 [Directiva de derechos de autor] prevé en materia de derechos de autor algunos medios de solución extrajudicial de litigios. Primero, el art. 17.9 obliga a los prestadores de servicios para compartir contenidos en línea a establecer un mecanismo de reclamación y recurso ágil y eficaz que esté a disposición de los usuarios de sus servicios en caso de litigio sobre la retirada o inhabilitación del acceso a obras u otras prestaciones cargadas por ellos.

Segundo, el mismo precepto exige que los Estados miembros garanticen *«además que se disponga de mecanismos de solución extrajudicial de litigios. Dichos mecanismos permitirán una resolución imparcial de los litigios y no privarán al usuario de la protección jurídica que le ofrece el Derecho nacional, sin perjuicio de los derechos de los usuarios de emplear otros recursos judiciales eficaces».*

Y tercero, el art. 21 obliga a que los Estados miembros permitan la sumisión a procesos alternativos de resolución de litigios relativos a [1] las controversias relacionadas con las obligaciones de transparencia que los que explotan las obras o interpretaciones o ejecuciones ajenas tienen con respecto a sus autores o artistas intérpretes o ejecutantes, y [2] a las reclamaciones de remuneración que realicen los autores o artistas intérpretes o ejecutantes frente a la parte con la que hayan celebrado un contrato para la explotación de sus derechos en caso de que la remuneración pactada inicialmente sea desproporcionadamente baja en comparación con la totalidad de los ingresos derivados de la explotación de las obras o interpretaciones o ejecuciones.

210. El tercer supuesto, previsto en el art. 21, nada tiene que ver con el RSD —ni siquiera interviene un prestador de plataforma en línea—, de modo

---

663. En la ley española, el art. 89 LGCA recuerda de forma expresa, aunque superflua que el usuario, tras acudir al mecanismo interno, puede someter el conflicto a un procedimiento de resolución alternativa de litigios de consumo siguiendo lo dispuesto en la Ley 7/2017, que transpone la Directiva ADR. Ahora bien, en el epígrafe anterior ya se ha visto que el art. 21 RSD prevalece con respecto a la Directiva ADR, de modo que, tras acudir al sistema interno de gestión de reclamaciones de la LGCA, parece que el reclamante, en caso de querer recurrir, deberá acudir a los órganos certificados según el art. 21 RSD antes que a los órganos acreditados sobre la base de la Directiva ADR.

que no suscita problemas en relación con los arts. 20 y 21 RSD. Sin embargo, no ocurre lo mismo con el art. 17.9 de la Directiva de derechos de autor, el cual establece un sistema de doble escalón o *tier procedure*, compuesto por un sistema de reclamación y un mecanismo de solución extrajudicial de litigios cuya aplicación puede solaparse con la de los arts. 20 y 21 RSD, toda vez que reclamante y reclamado y la razón de la reclamación pueden coincidir al mismo tiempo.

Así, empezando por el reclamado, los prestadores de servicios para compartir contenidos en línea son, bajo la terminología del RSD, verdaderas plataformas en línea, en la medida en que se dedican a almacenar y dar al público acceso a una gran cantidad de obras u otras prestaciones protegidas cargadas por sus usuarios [art. 2.6][664]. Por su parte, el reclamante también podrá ser, en ambos casos, aquel que ha proporcionado un contenido protegido que se aloja y difunde a través de la plataforma. Por último, el reclamante podrá hacer uso de estos medios de impugnación —tanto del RSD como de la Directiva de derechos de autor— para atacar una decisión por la que la plataforma retira o inhabilita el acceso a las obras cargadas por sus usuarios. Por el contrario, las decisiones que consistan en restringir el contenido de forma distinta a eliminarlo o inhabilitarlo [p. ej. disminuir su visibilidad, suspender su monetización o suspender la cuenta del usuario], tan solo se podrán impugnar acudiendo al RSD.

211. De nuevo, el art. 2.4.b] RSD al disponer que el RSD se aplicará *«sin perjuicio de: b] el Derecho de la Unión en materia de derechos de autor y derechos afines»* nada dice con respecto a la forma de solucionar este solapamiento. Siguiendo aquí también el principio de lex specialis, en este caso deberá prevalecer el sistema de doble escalón o *tier procedure* establecido en el art. 17.9 de la Directiva de derechos de autor, que desplazará a los arts. 20 y 21 RSD en los supuestos de solapamiento más arriba expuestos[665].

Ello implicará que primero se deberá acudir al sistema interno de reclamaciones y, tan solo subsidiariamente —no alternativamente como ocurre en el

---

664. De esta definición se deriva que todos los prestadores de servicios para compartir contenidos en línea son plataformas en línea [almacenan y difunden contenidos proporcionados por terceros], pero no todas las plataformas en línea son prestadores de servicios para compartir contenidos, pues no lo serán aquellas que no almacenen y difundan obras no protegidas ni *«una gran cantidad de obras»*, concepto este último que deberá interpretarse caso por caso, según el cdo. 63.

665. En el mismo sentido se pronuncia FERNÁNDEZ MASIÁ: «En el art. 2.4.b] y en el Considerando 11 del RSD, se pone de manifiesto la condición de *lex specialis* de la normativa europea sobre derecho de autor, que contempla normas y procedimientos específicos que no deben verse afectados por lo dispuesto en el RSD, particularmente y por lo que aquí nos atañe, por el sistema de solución de controversias plataforma-destinatario del servicio contemplado en el RSD». FERNÁNDEZ MASIÁ, E., «Medios alternativos de solución de controversias entre las plataformas en línea y los destinatarios del servicio en el Reglamento europeo de servicios digitales», *op. cit.*, pág. 144.

RSD[666]—, a la solución extrajudicial de litigios[667]. Otra diferencia importante con respecto al RSD es que los órganos de solución extrajudicial de la Directiva de derechos de autor no estarán certificados, pues tan solo se les exige un conocimiento especializado[668].

A pesar de que es cierto que no solo el mecanismo interno, sino también el órgano de solución extrajudicial es gratuito para el impugnante en el régimen de la Directiva de derechos de autor[669] y no en el RSD, las diferencias anteriores permiten inferir que la protección que brindan al usuario los órganos extrajudiciales del art. 21 RSD es superior a la que brindan los del art. 17.9 de la DCA. Y paradójicamente, el principio básico de *lex specialis* hace que tenga más sentido que prevalezca este último.

3.2.3. Coordinación con el Reglamento 2019/1150 *Platform-to-Business*

212. Conocido como Reglamento *Platform-to-Business*, el Reglamento 2019/1150 [en adelante, Reglamento P2B] regula las plataformas en línea que ponen en contacto a los comerciantes de la UE con consumidores de la UE. En lo que aquí interesa, el instrumento pone a disposición de los usuarios profesionales dos medios extrajudiciales —muy similares a los del RSD— para impugnar las decisiones o actuaciones de las plataformas en línea: un

---

666. Aunque la Directiva de derechos de autor nada dice, las orientaciones emitidas por la Comisión Europea, con base en la exigencia del art. 17.10, aclara que los dos mecanismos extrajudiciales de impugnación son subsidiarios, el confirmar que *«Si la decisión final [de la reclamación] de los prestadores de servicios en relación con los contenidos bloqueados consiste en su no reposición, los usuarios deben poder impugnar dicha decisión a través del mecanismo de solución extrajudicial de litigios imparcial que los Estados miembros deben ofrecer».* Véase Comunicación de la Comisión, de 4 de junio de 2021, relativa a Orientaciones sobre el artículo 17 de la Directiva 2019/790 sobre los derechos de autor en el mercado único digital, COM [2021] 288 final, pág. 29.

667. En el caso español, el Real Decreto-ley 24/2021, que transpone el art. 17.9 de la Directiva en su art. 73, atribuye a la Sección Primera de la Comisión de Propiedad Intelectual el ejercicio de las funciones de mediación o arbitraje en los litigios relacionados con el acceso y retirada de obras [art. 73.12 del Real Decreto-ley 24/2021, de 2 de noviembre, de transposición de directivas de la Unión Europea en las materias de bonos garantizados, distribución transfronteriza de organismos de inversión colectiva, datos abiertos y reutilización de la información del sector público, ejercicio de derechos de autor y derechos afines aplicables a determinadas transmisiones en línea y a las retransmisiones de programas de radio y televisión, exenciones temporales a determinadas importaciones y suministros, de personas consumidoras y para la promoción de vehículos de transporte por carretera limpios y energéticamente eficientes, *BOE núm. 263, de 3 de noviembre de 2021*, en consonancia con el art. 194.5.c] LPI].

668. Comunicación de la Comisión, de 4 de junio de 2021, relativa a Orientaciones sobre el artículo 17 de la Directiva 2019/790 sobre los derechos de autor en el mercado único digital, COM [2021] 288 final, pág. 29.

669. *Íbid*.

sistema interno de tramitación de reclamaciones [art. 11] y un procedimiento de mediación [art. 12].

Aunque los usuarios profesionales no ostenten la condición de consumidores, también son la parte débil en sus relaciones con las plataformas en línea, las cuales de la misma manera imponen sus condiciones generales[670]. De ahí que, como ya hubo ocasión de señalar, sea necesario protegerles con medidas como serían los medios de impugnación extrajudicial, sobre todo teniendo en cuenta la lentitud y difícil ejecución de las decisiones judiciales[671]. Debe recordarse que, a diferencia de lo ocurrido en sede de consumo, la tramitación extrajudicial de reclamaciones entre empresarios no ha contado hasta ahora con una regulación específica[672].

Sintéticamente, el art. 11 obliga a los proveedores de servicios de intermediación en línea a establecer un sistema interno de tramitación de reclamaciones que permita a los usuarios profesionales establecidos en la UE reclamar contra ellos, de forma gratuita, por [1] litigios relacionados con el incumplimiento del Reglamento P2B por parte del proveedor, [2] problemas tecnológicos de la prestación del servicio intermediario que afecten al reclamante, y [3] medidas o conductas del proveedor vinculadas a la prestación de sus servicios de intermediación en línea y que afecten al reclamante.

Por su parte, el art. 12 requiere a los proveedores de servicios de intermediación en línea que designen dos o más mediadores[673], que cumplan con los requisitos del art. 12.2, *«con los que estén dispuestos a colaborar para llegar*

---

670. LLOPIS NADAL, P., «La evolución del comercio digital: nuevos sujetos, nuevos conflictos y nuevas soluciones alternativas a la jurisdicción», en *Era Digital, Sociedad y Derecho*, obra colectiva, director FUENTES SORIANO, O., Tirant lo Blanch, Valencia, 2020, pág. 498.

671. FERNÁNDEZ MASIÁ, E., «Mecanismos de solución de controversias y servicios de intermediación en línea», en *Desafíos jurídicos ante la integración digital: aspectos europeos e internacionales*, obra colectiva, director CASTELLÓ PASTOR, J.J., Thomson Reuters Aranzadi, Cizur Menor [Navarra], 2021, pág. 117.

672. MAYORGA TOLEDANO, M.C., «Servicios de intermediación en línea: régimen jurídico de las relaciones de los proveedores con los usuarios prestadores de servicios. Referencias al alojamiento turístico», en *Revista General de Derecho del turismo*, núm. 2, 2020, pág. 20. Y ello, a pesar de que la directiva de comercio electrónico garantizaba que los Estados miembros permitieran el uso de los medios de solución extrajudicial previstos en la legislación nacional a todos los destinatarios del servicio, incluyendo empresarios. El problema es que la legislación nacional de los Estados miembros no preveía mecanismos extrajudiciales creados para proteger al usuario profesional.

673. Aunque el hecho de que se imponga la obligación de elegir a los mediadores a la plataforma en línea pueda conducir a interpretar que se otorga un beneficio a esta en detrimento del usuario profesional, lo cierto es que no es nada distinto a lo que ocurre con el art. 21 RSD, en virtud del cual, a pesar de que sea el destinatario del servicio el que puede elegir a qué órgano extrajudicial acreditado acudir, si la plataforma no quiere someterse al mismo no habrá resolución. Es decir, en ambos casos, se requiere la voluntad de la plataforma de someterse o bien a la mediación o bien al órgano de solución extrajudicial, pese a que una redacción pueda parecer a simple vista más beneficiosa que la otra.

a un acuerdo con los usuarios profesionales y así resolver de manera extrajudicial todo litigio entre el proveedor y los usuarios profesionales que se derive de la prestación de los servicios de intermediación en línea, incluidas las reclamaciones que no se han resuelto por medio del sistema interno de tramitación de reclamaciones». De esta última coletilla se deriva que la relación de los arts. 11 y 12 es tanto alternativa como subsidiaria, de modo que el impugnante puede acudir a cualquiera de ellos o primero al art. 11 y luego al 12, sin perjuicio de que en todos los casos tenga abierta la vía judicial[674].

213. De lo anterior se desprende que, de nuevo, los ámbitos objetivo y subjetivo de estos medios de impugnación pueden conllevar un solapamiento con los arts. 20 y 21 RSD. Desde el punto de vista subjetivo, el usuario profesional establecido en la UE[675] puede ser reclamante tanto en los arts. 11 y 12 del Reglamento P2B como en los arts. 20 y 21 RSD[676] y, también en ambos casos puede coincidir el reclamado, que será una plataforma en línea que, estando establecida en la UE o dirigiendo sus actividades a usuarios establecidos en la misma[677], permita a los consumidores celebrar contratos

---

674. López-Tarruella Martínez y Rodríguez Domínguez, F., «Las implicaciones prácticas del Reglamento 2019/1150 sobre equidad y transparencia para las plataformas de comercio electrónico», en *Nuevas tecnologías*, obra colectiva, director Ortega Burgos, E., Tirant lo Blanch, 2020, pág. 221. No obstante, en la práctica parece que no siempre es así. En concreto, la plataforma en línea Booking, al explicar el procedimiento de mediación del que podrían hacer uso los usuarios profesionales con base en el art. 12 del Reglamento P2B, estipula el empleo del sistema interno de reclamaciones como un requisito necesario antes de poder acudir a los mediadores: «Firstly, in case of an issue between Booking.com and one of its accommodation partners, the first step is to follow the internal complaint handling mechanism [more info on the partner help center [https://partner.booking.com/]. Secondly, if the internal complaint handling mechanism does not lead to the settlement of the dispute, Booking.com and its accommodation partner may request mediation.
In that case this mediation protocol applies. https://partner.booking.com/sites/default/files/2020-06/booking.com_mediation_protocol_30june2020.pdf, último acceso el 12 de septiembre de 2024. Lo mismo ocurre en el caso de Google, al señalar que «Si, tras contactar con el servicio de asistencia, sigue sin poder resolver su reclamación y quiere considerar la opción de solicitar una mediación, siga los pasos que aparecen abajo». https://support.google.com/legal/answer/9792937?hl=es&ref_topic=4556931, último acceso el 12 de septiembre de 2024.

675. El Reglamento P2B exige que el legitimado activo esté establecido en la UE, mientras que esta exigencia no figura en el RSD.

676. Debe anotarse, no obstante, que también se permite que sea el proveedor de servicios intermediarios el que inste la actuación de un mediador, tal y como confirma Llopis Nadal, P., «Protección de los usuarios profesionales en el mercado interior en línea: la legitimación para ejercer acciones colectivas reconocida por el Reglamento 2019/1150», en *Desafíos jurídicos ante la integración digital: aspectos europeos e internacionales*, obra colectiva, director Castelló Pastor, J.J., Thomson Reuters Aranzadi, Cizur Menor [Navarra], 2021, pág. 201.

677. Al estilo del RSD, el Reglamento P2B se aplica a todos los proveedores de servicios de intermediación en línea con independencia del lugar de establecimiento, siempre que presten sus servicios a usuarios profesionales que estén establecidos o domiciliados en la UE, los cuales, por medio de estos servicios de intermediación ofrezcan bienes o servicios a consumidores ubicados en la UE [art. 1.2].

a distancia con comerciantes[678]. En cuanto al ámbito objetivo, el de los arts. 11 y 12 del Reglamento P2B es más amplio que el de los arts. 20 y 21 RSD, si bien también puede incluir las decisiones de moderación de contenidos en el grupo de *«medidas específicas o conductas del proveedor que estén directamente vinculadas a la prestación de los servicios de intermediación en línea y que afecten al reclamante»*[679].

Así las cosas, el ámbito de aplicación de los arts. 11 y 12 del Reglamento P2B se solapa con el de los arts. 20 y 21 RSD cuando un reclamante usuario profesional [comerciante] quisiera impugnar una decisión de moderación de contenidos [p. ej. suspensión de cuenta o retirada de contenidos] adoptada por una plataforma en línea que permitiera a los consumidores celebrar contratos a distancia con comerciantes.

214. De forma ya no sorprendente, el art. 2.4.e] RSD vuelve a estipular que el RSD se aplicará *«sin perjuicio de: e] el Reglamento [UE] 2019/1150»*, de modo que no resuelve la manera de resolver la intersección de los ámbitos de aplicación[680]. Siguiendo de nuevo el principio de ley especial[681], los medios de solución extrajudicial del Reglamento P2B deberán prevalecer con respecto a los del RSD y desplazarlos en los puntos en que coincidan.

---

678. En puridad, el Reglamento P2B no se refiere a «plataformas en línea» en el sentido del RSD, sino a «servicios de intermediación en línea», los cuales, sin embargo, define de la misma forma que el RSD define a las plataformas en línea que permiten celebrar a los comerciantes contratos a distancia con los consumidores. En concreto, el art. 2.2 del Reglamento P2B define a los servicios de intermediación en línea como los servicios que [1] constituyan servicios de la sociedad de la información, [2] permitan a los usuarios profesionales ofrecer bienes o servicios a los consumidores con el objetivo de facilitar el inicio de las transacciones entre ellos, y [3] se prestan a los usuarios profesionales sobre la base de relaciones contractuales entre el proveedor de los servicios y los usuarios profesionales.

679. FERNÁNDEZ MASIÁ confirma la postura aquí expuesta al opinar que *todos los usuarios profesionales, incluyendo entre ellos también, todos aquellos a los que se haya podido restringir el uso del concreto servicio de intermediación en línea, se le haya podido suspender o incluso se le haya puesto fin a dicho uso, deben poder contar con un acceso a mecanismos inmediatos, adecuados y efectivos de reclamación en el caso de que pudiera surgir cualquier controversia entre el usuario profesional y la plataforma en línea.* FERNÁNDEZ MASIÁ, E., «Mecanismos de solución de controversias y servicios de intermediación en línea», *op. cit.,* pág. 119.

680. BUSCH, C., «Platform regulation beyond DSA and DMA: Which role for the P2B Regulation?», en *Journal of Antitrust Enforcement*, núm. 12, 2024, pág. 203 también coincide en que la interacción entre el RSD y el Reglamento 2019/1150 es compleja como consecuencia de su distinto ámbito de aplicación y profundidad en la regulación.

681. Aunque el ámbito de aplicación del Reglamento P2B también es en realidad horizontal, su regulación de los usuarios profesionales es más específica que la del RSD, y ello justifica que haya que seguir el principio de *lex specialis*. Así también lo ha señalado la doctrina. En concreto, CASTELLÓ PASTOR ha indicado que «conviene acentuar el carácter de *lex generalis* del Reglamento de servicios digitales sobre el paralelo Reglamento de Plataforma a empresa». CASTELLÓ PASTOR, J.J., «Interrelación del Reglamento de Servicios Digitales con el Reglamento *Platform to Business* [P2B]: el necesario contrapeso de la Unión Europea al poder de las plataformas en línea», *op. cit.*

A este respecto, son tres las diferencias más notorias de aquel régimen respecto a este: solo contempla la mediación como procedimiento de solución extrajudicial[682], los mediadores no necesitan ser acreditados, y se admite la mediación tanto física como en línea[683], frente al art. 21 RSD que exige que el procedimiento se lleve a cabo enteramente en línea. Estas discrepancias demuestran que, a pesar de que el criterio de lex specialis parezca el más razonable, los usuarios profesionales quedarían más protegidos contra el poder de las plataformas en línea en caso de que prevaleciera la ley general.

3.2.4. Coordinación con el Reglamento 2021/784 de lucha contra la difusión en línea del contenido terrorista

215. En materia de contenido terrorista, el art. 10 del Reglamento 2021/784 obliga a los prestadores de servicios de alojamiento de datos que ofrezcan sus servicios en la UE con independencia del lugar de establecimiento [art. 1.2], a establecer *«un mecanismo eficaz y accesible que permita a los proveedores de contenidos cuyos contenidos hayan sido retirados o a los cuales se haya bloqueado el acceso»* presentar una reclamación relativa a la retirada o al bloqueo, cuando este se haya debido a medidas específicas previstas en el art. 5 dirigidas a luchar contra la difusión a través de sus servicios de contenidos terroristas. Se trata de medidas que serán adoptadas por el prestador de servicios de alojamiento de datos cuando la autoridad competente del Estado miembro de su establecimiento principal haya adoptado una decisión considerándolo expuesto a contenidos terroristas y se la haya notificado [art. 5.4][684].

---

682. La previsión exclusiva de la mediación ha sido criticada en los siguientes términos: «Como en otras ocasiones, da la sensación de que la UE ha empezado la casa por el tejado, al establecer la obligación de acudir a servicios de mediación, a pesar de que actualmente los organismos que prestan estos servicios son muy escasos, siendo evidente la necesidad de crear más. [...]. Estos sistemas parecen empezar a dar sus frutos en las relaciones con los consumidores, pero no aún en las relaciones entre empresarios. LÓPEZ-TARRUELLA MARTÍNEZ y RODRÍGUEZ DOMÍNGUEZ, F., «Las implicaciones prácticas del Reglamento 2019/1150 sobre equidad y transparencia para las plataformas de comercio electrónico», op. cit., pág. 224.

683. LLOPIS NADAL, P., «La evolución del comercio digital: nuevos sujetos, nuevos conflictos y nuevas soluciones alternativas a la jurisdicción», *op. cit.*, pág. 504, y FLAQUER RIUTORT, J., «Obligaciones de transparencia y equidad en la prestación de servicios de intermediación en línea: orientaciones futuras en el Ordenamiento comunitario», en *Revista Aranzadi de Derecho y Nuevas Tecnologías*, núm. 50, 2019, versión en línea.

684. La autoridad nacional competente tomará la decisión basándose en criterios objetivos, como por ejemplo la recepción por parte del prestador del servicio de alojamiento de datos de dos o más órdenes firmes de retirada de contenidos ilícitos emitidas por la autoridad competente al amparo de los arts. 3 y 4 en los 12 meses anteriores [Art. 5.4.a]]. El listado de autoridades competentes se puede consultar en el siguiente enlace: https://eur-lex.europa.eu/legal-content/ES/TXT/HTML/?uri=CELEX:52023XC0627[02], último acceso el 12 de septiembre de 2024.

Por lo tanto, el citado Reglamento obliga a todo prestador de servicio de alojamiento de datos —entre ellos, plataformas en línea— designado como *«expuesto a contenidos terroristas»* a incluir una suerte de sistema interno de gestión de reclamaciones que posibilite la impugnación de la eliminación del contenido terrorista.

216. El hecho de que el Reglamento de lucha contra la difusión de contenidos terroristas en línea haga uso de la misma terminología que el RSD facilita comprender que los ámbitos de aplicación de sus respectivos medios de solución extrajudicial pueden coincidir. Desde un punto de vista subjetivo, el reclamado será una plataforma en línea —calificada como «expuesta a contenido terrorista»— y, también en ambos casos, el reclamante podrá ser aquel que haya proporcionado y difundido al público a través de una plataforma en línea un contenido que posteriormente haya sido retirado por la plataforma por su carácter terrorista[685]. Desde una perspectiva objetiva, los ámbitos de aplicación de los ADR coincidirán cuando el reclamante impugne la decisión de la plataforma en línea de retirar un contenido [ilícito] adoptada con base en el art. 5.4 por ser potencialmente terrorista[686].

217. En cuanto al art. 2.4.c] RSD, cuando establece de forma reiterada que el RSD se aplica *«sin perjuicio de: c] el Reglamento [UE] 2021/784»*[687], nada dice sobre la forma de solventar el solapamiento, que en este caso se da entre el art. 10 del Reglamento 2021/784 y el art. 20 RSD, pero no con el art. 21 RSD, que continúa siendo compatible con el Reglamento 2021/784. Por tanto, en virtud del principio de especialidad, el reclamante deberá acudir primero al mecanismo interno del art. 12 del Reglamento 2021/784, y alternativa o subsidiariamente, también podrá acudir a cualquiera de los órganos de solución extrajudicial certificados de acuerdo con el art. 21 RSD. De esta manera, el art. 12 del Reglamento 2021/784 sustituiría al art. 20 RSD para formar un doble escalón con el art. 21 RSD.

3.3. Propuesta de solución

218. El análisis de la coordinación de los medios extrajudiciales introducidos por el RSD y los incorporados por otros instrumentos europeos aplicables al ámbito digital se ha efectuado con una clara intención, es decir, no limitar el estudio a un análisis aislado de los ODR del RSD, sino contextua-

---

685. El art. 2.2 del Reglamento 2021/784 define al proveedor de contenidos como *«un usuario que ha suministrado información que esté o haya estado almacenada y difundida entre el público por un prestador de servicios de alojamiento de datos»*. En pocas palabras, es el sujeto que sería calificado por el RSD como destinatario de una plataforma en línea.

686. De hecho, el RSD al mencionar el concepto de «contenido ilícito» aclara que dentro del mismo se incardinan los contenidos terroristas [cdo. 12].

687. En el mismo sentido, véase los cdos. 10 y 34.

lizarlos en el panorama de medios de impugnación extrajudiciales previstos en la regulación europea.

Gracias a este examen se ha podido alcanzar una conclusión bien distinta a la que hubiera conducido un análisis exclusivo de aquellos, de modo que la ampliación de enfoque efectuada ha sido necesaria para evitar que el resultado de la presente investigación sea tachado de parcial.

En este sentido, el estudio detallado de los ODR del RSD ha permitido concluir que, aun con defectos y pendientes todavía de ser implementados —con salvedad hecha a los órganos certificados maltés y húngaro—, parecen una necesaria y buena medida protección [de la libertad de expresión] de los usuarios digitales frente al enorme poder que ostentan las plataformas en línea. Sin embargo, esta afirmación se ve fuertemente matizada cuando se estudian los arts. 20 y 21 RSD en su contexto, esto es, en aquella acusada fragmentación legal del entorno digital que trae como resultado la convivencia de numerosos mecanismos extrajudiciales de solución de conflictos en línea que permiten impugnar actuaciones de las plataformas que en ocasiones coinciden.

219. En esta línea, la problemática se resume en que, pese a que más arriba se haya intentado compatibilizar la aplicación de ciertas normas, estas se han dictado sin coordinación alguna[688], siendo clara prueba de ello los solapamientos antes expuestos o la distinta terminología empleada para designar realidades similares[689]. Esta falta de coherencia en el Derecho de la UE[690], que como ya se vio genera una fuerte inseguridad jurídica, se ha traducido en materia de solución extrajudicial en una multiplicidad de ADR solapados y difíciles de acoplar entre sí.

En esta línea, el análisis anterior ha permitido demostrar que, como mínimo, legalmente existen cinco sistemas internos de reclamaciones y cuatro medios de solución extrajudicial de litigios —traducidos en múltiples órganos[691]— a disposición de los usuarios digitales para impugnar

---

688. SAVIN, A., «Designing EU digital laws», *op. cit.,* pág. 78.

689. Así, como ya se dijo, mientras el RSD y el Reglamento 2021/784 hablan de plataformas en línea, la Directiva de servicios de comunicación audiovisual se refiere a plataformas de intercambio de vídeo, la Directiva de derechos de autor habla de servicios para compartir contenidos en línea, y el Reglamento P2B alude a servicios de intermediación en línea. Aunque todos ellos puedan compartir funciones de una plataforma en línea, ninguno de los documentos aclara cuál es la relación entre las distintas calificaciones.

690. Es posible que se deba a que hayan sido distintas las Direcciones generales de la UE que se hayan hecho cargo de llevar adelante los diferentes procesos legislativos, o incluso que haya sido porque su impulso se haya promovido en distintos momentos [p. ej. mientras que el Reglamento P2B y la Directiva de derechos de autor se aprobaron antes de la irrupción del COVID-10, el RSD y el Reglamento de lucha contra la difusión del contenido terrorista en línea pertenecen a la era postpandemia].

691. Nótese que, aunque sean cuatro las normas que contemplan medios de solución extrajudicial de litigios, esta previsión no se traduce en un órgano sino en más. A título de

comportamientos y decisiones de las plataformas en línea. Comportamientos y decisiones que, además, en determinadas ocasiones coinciden, pudiéndose impugnar simultáneamente a través de dos o más mecanismos extrajudiciales previstos en la legislación europea. Es evidente que esta situación no resulta beneficiosa ni para las plataformas en línea, ni para los órganos de resolución extrajudicial ni para los usuarios de internet, en especial, consumidores.

Empezando por las plataformas, estas se van a ver obligadas a mantener distintos mecanismos internos de reclamaciones, los cuales ni siquiera pueden aunar en uno solo porque cada uno de ellos se ve sometido a requisitos distintos[692]. Asimismo, se les impone el pago de costas y honorarios cuando se sometan a órganos de solución extrajudicial, y es probable que deban soportar el coste de la asesoría jurídica necesaria para comprender el régimen de cada uno de los sistemas internos que deben establecer y de los órganos extrajudiciales a los que deben someterse. Todo ello traerá como consecuencia un incremento en el coste de las plataformas.

En cuanto a los usuarios digitales, se supone que los medios de solución extrajudicial pretenden tutelarles ante la imposibilidad o dificultad de acudir a los procesos judiciales en los litigios digitales frente a las plataformas en línea, especialmente cuando son transfronterizos. Sin embargo, esta protección queda desvirtuada por el hecho de que tengan a su disposición tantos mecanismos extrajudiciales —ya sean internos o externos— a los que acudir para realizar distintas reclamaciones o incluso una misma reclamación.

Y es que, los usuarios digitales se enfrentan a la dificultad de calificar la situación jurídica para, posteriormente y con base en ella, decidir a qué sistema interno u órgano pueden y quieren utilizar para impugnar. Estas dificultades a la hora de determinar el mecanismo extrajudicial de solución de controversias pueden confundir y desincentivar a los usuarios digitales en el uso de estos, no quedándoles en ocasiones otra opción que la desprotección, dada la imposibilidad práctica de acudir a ellos[693]. Y, es más,

---

ejemplo, bajo la Directiva 2013/11 se han acreditado distintos órganos en cada Estado miembro —en España, las juntas arbitrales de consumo—, el Reglamento de Servicios Digitales anticipa la certificación de distintos órganos en los distintos países europeos, el Reglamento P2B exige a cada plataforma colaborar al menos con dos mediadores, y la Directiva de derechos de autor conduce a, como mínimo, un órgano de solución extrajudicial por Estado miembro.

692. Por ejemplo, los mecanismos internos de gestión de reclamaciones exigidos por la Directiva de servicios de comunicación audiovisual, por la Directiva de derechos de autor, por el Reglamento P2B y por el Reglamento 2021/784 llevan aparejadas menos garantías que el sistema interno de gestión de reclamaciones del art. 21 RSD.

693. Así lo demuestra la Propuesta de reforma de la Directiva de ADR, que ha reconocido que uno de los problemas principales que dificultó el uso de los órganos de solución extrajudicial era que los usuarios tenían dificultad a la hora de decidir a qué órgano acudir.

cuando se decanten por esta última opción, la de hacer uso de los mismos, el criterio de *lex specialis*, aun siendo el más razonable, en ocasiones exigiría emplear medios extrajudiciales que no son necesariamente los más protectores.

Por último, y desde un punto de vista económico, la multiplicidad de sistemas internos de reclamaciones y órganos de solución extrajudicial conlleva un gasto económico innecesario. En particular, el hecho de que cada norma someta a los órganos a requisitos de acreditación distintos, contando los mismos con funciones similares y en ocasiones idénticas, provoca en algunos casos una duplicidad inútil de recursos[694].

220. En resumen, el cúmulo de ODR en que ha resultado la fragmentación normativa en el ámbito digital no resulta eficaz ni eficiente ni para la economía ni para plataformas ni usuarios digitales. Contar con regímenes de ODR con estructuras y estándares distintos para solucionar las controversias surgidas entre los usuarios y las plataformas digitales —siendo a veces incluso idénticas— tan solo incrementa sus costes e inseguridad jurídica[695].

221. Sin duda, esta problemática requiere una solución. Podría proponerse un criterio de coordinación análogo al del art. 3.3 de la Directiva ADR, en virtud del cual solo deberían prevalecer los ODR de las normas sectoriales cuando sean más protectoras que el RSD. Sin embargo, no es fácil determinar qué norma es más protectora dada la multiplicidad de parámetros a comparar. Por eso la solución que aquí se propone no pasa por la coordinación, sino por la concentración de los medios extrajudiciales dirigidos a impugnar comportamientos o decisiones de las plataformas en línea.

Así las cosas, la propuesta consistiría *grosso modo* en un sistema de doble escalón, en que el destinatario de servicios digitales pudiera acudir alternativa o subsidiariamente a un sistema interno de gestión de reclamaciones y/o a un órgano de solución extrajudicial de litigios —siguiendo así la estructura de los arts. 20 y 21 RSD—, pudiendo denunciar ante ellos cualquier comportamiento llevado a cabo por las plataformas en línea. Ello exigiría agrupar entre sí, por un lado, los sistemas internos de gestión de reclamaciones previstos en la normativa europea y, por otro, hacer lo propio con los órganos de solución extrajudicial de litigios.

---

694. Por ejemplo, los órganos acreditados bajo la Directiva ADR cumplen con requisitos más estrictos que los órganos certificados bajo el RSD y, por su parte, el Reglamento P2B tan solo permite que adopten la forma de mediadores.

695. DE MIGUEL ASENSIO, P., «Reglamento [UE] 2021/784 sobre la lucha contra la difusión de contenidos terroristas en línea: segunda parte», en *Blog Pedro de Miguel* Asensio, 2021. Versión en línea accesible en: https://pedrodemiguelasensio.blogspot.com/2021/05/reglamento-ue-2021784-sobre-la-lucha_21.html, último acceso el 12 de septiembre de 2024.

3.3.1. Un único sistema interno de gestión de reclamaciones

222. Más en concreto, en cuanto a los sistemas internos de reclamaciones, aprovechando que el RSD se aplica con carácter horizontal a cualquier sector del ámbito digital[696], debería ampliarse el ámbito de aplicación del sistema interno de gestión de reclamaciones del art. 20 RSD a cualquier disputa que pueda suscitarse entre los destinatarios del servicio y las plataformas en línea, consiguiendo así que la tutela no se limite a la moderación de contenidos y vaya más allá de las libertades de expresión e información. De este modo, el sistema interno del art. 20 RSD se extendería a los sectores que ya cuentan con mecanismos internos de reclamación específicos, a los cuales sustituiría, ya que aquel cuenta con mayores garantías que estos [serían los previstos en las Directivas de servicios de comunicación audiovisual y de derechos de autor, y los Reglamentos P2B y 2021/784].

Si se toman estos aspectos en consideración, el resultado sería que cada plataforma en línea contara con un único sistema interno de gestión de reclamaciones, traducido en un único sitio web, enlace y formulario con el que interponer la reclamación. Ello no quita la necesidad de que este último cuente con las pestañas desplegables necesarias [p. ej. condición de empresario o consumidor, detalles de la controversia] para que la plataforma pueda clasificar el tipo de controversia y resolverla en consonancia.

De este modo, se beneficiaría tanto a las plataformas como a los usuarios digitales. Para las plataformas supondría una reducción de costes considerable, habida cuenta de que no se verían sometidas a sistemas internos de reclamaciones que cuenten con distintos procedimientos y estándares.

Por su parte, los usuarios digitales se aprovecharían, primero, de la posibilidad de interponer cualquier reclamación contra la plataforma en línea en un mismo sitio web, incrementándose su confianza en ellas ante la posibilidad tangible de impugnar sus actuaciones y comportamientos. Asimismo, los usuarios digitales se beneficiarían de la ampliación de litigios impugnables ante un sistema interno de gestión de reclamaciones garantista, toda vez que, aunque en la actualidad muchas plataformas ya ponen a su disposición sistemas internos para resolver cualquier tipo de litigio entre aquel y esta, lo cierto es que estos sistemas no están sometidos a requisitos mínimos, más allá de lo que puedan establecer las normas sectoriales antes estudiadas[697].

---

696. MERCHÁN MURILLO, A., «Actuación horizontal de las normas digitales europeas: una visión desde el Reglamento [UE] de servicios digitales», en *Análisis del Reglamento [UE] de servicios digitales y su interrelación con otras normas de la Unión Europea*, obra colectiva, director CASTELLÓ PASTOR, J.J., Thomson Reuters Aranzadi, Cizur Menor [Navarra], 2024, pág. 400.

697. Debe señalarse que desde una perspectiva visual los usuarios digitales no apreciarían esta mejora, toda vez que las plataformas ya suelen ofrecer una ventanilla única de sistema interno para que los usuarios interpongan sus reclamaciones, a pesar de que una vez interpuestas el procedimiento sea distinto según la norma europea aplicable.

3.3.2. Un único mecanismo de certificación de órganos extrajudiciales

223. Por otro lado, en lo concerniente a los órganos de resolución extrajudicial, debería aprovecharse la acreditación de los órganos extrajudiciales bajo el art. 21 RSD para subsumir en sus funciones el conocimiento y la tramitación de todos los litigios que el usuario digital pueda impugnar contra la plataforma en línea a través de los medios extrajudiciales previstos por las normas más arriba estudiadas. En otras palabras, estos órganos acreditados permitirían resolver todas las disputas entre usuario digital y plataforma para las que actualmente la legislación europea prevé organismos de solución extrajudicial, que a modo de recordatorio serían:

1. El Reglamento de Servicios Digitales, que en su art. 21 RSD permite a los usuarios digitales impugnar las decisiones de moderación de contenidos de las plataformas;

2. El Reglamento P2B, que en su art. 12 permite a los usuarios profesionales reclamar toda disputa surgida con los prestadores de servicios de intermediación en línea;

3. La Directiva de derechos de autor, que en su art. 17.9, después de obligar a los prestadores de servicios para compartir contenidos en línea a establecer un mecanismo de reclamación y recurso ágil y eficaz que esté a disposición de los usuarios de sus servicios en caso de litigio sobre la retirada o inhabilitación del acceso a obras u otras prestaciones cargadas por ellos, exige que los Estados miembros garanticen, además, que se disponga de mecanismos de solución extrajudicial de litigios, y

4. La Directiva 2013/11, que a efectos de lo que aquí interesa permite a los usuarios digitales que ostenten la condición de consumidores y residan en la UE reclamar cualquier litigio suscitado contra la plataforma en línea establecida en la UE derivado de compraventa de mercaderías o prestación de servicios. De aprobarse la reforma propuesta, estas disputas se ampliarían también a las de carácter extracontractual, y a las derivadas de conflictos con plataformas situadas en terceros estados[698].

De esta forma, el usuario digital, sea consumidor o profesional, podría denunciar prácticamente cualquier comportamiento o decisión que le afecte de una plataforma en línea ante un mismo órgano extrajudicial. Tras recibir la reclamación, sería este órgano el encargado de subsumirla en el ámbito de la norma que resulte de aplicación, cualquiera que sea de las mencionadas

---

698. Nótese que no se menciona el Reglamento de lucha contra la difusión del contenido ilícito en línea ni la Directiva de servicios de comunicación audiovisual porque estas normas no prevén la posibilidad de recurrir a órganos de solución extrajudicial, sin perjuicio de la regulación que ofrecen de los sistemas internos de gestión de reclamaciones.

con anterioridad. Y sería conveniente que cuando esta norma sea una distinta al RSD, pese a que se deban considerar las peculiaridades sustantivas inherentes a su sector, las garantías mínimas que deberían aplicarse al procedimiento de resolución extrajudicial deberían ser las previstas en el RSD, por ser las más protectoras para el usuario digital. Además, así se evitan costes derivados de la disparidad de estándares procedimentales exigidos.

224. En todo caso, sería necesario que las plataformas informaran de forma clara y visible a los usuarios acerca de la posibilidad de reclamar ante estos órganos de solución extrajudicial. Sería buena idea incluir enlaces que les redirigieran a cada uno de los órganos acreditados existentes, tal y como ya está haciendo Google —aunque no el resto[699]— en la actualidad[700]. Así las cosas, el funcionamiento de estos órganos de solución extrajudicial quedaría dividido en tres fases.

En primer lugar, el destinatario del servicio debería elegir el órgano de solución extrajudicial acreditado al que acudir. Una cuestión que, como más tarde se dirá, constituye el principal inconveniente.

En segundo lugar, el órgano de resolución debería analizar el tipo de litigio de que se trate y enmarcarlo en la norma correspondiente [RSD, P2B, Directiva de derechos de autor o Directiva ADR], teniendo para ello que enfrentarse a la difícil tarea de coordinar en ocasiones su ámbito de aplicación. Una tarea que, por tanto, ya no le corresponde al usuario digital, trasladándose su carga a los órganos de solución extrajudicial, integrados por expertos y especialistas en la materia.

En tercer lugar, el órgano de solución extrajudicial debería aplicar el procedimiento correspondiente a la norma aplicable, que siempre deberá respetar las garantías mínimas del art. 21 RSD.

3.3.3. Valoración de la propuesta de solución

225. Las ventajas de seguir el sistema de doble escalón propuesto serían diversas, pero las más destacables son tres. Primero, el coste económico disminuiría tanto para las plataformas en línea como para los Estados miembros de la UE, toda vez que se evitaría la duplicidad de recursos antes expuesta. En el mismo sentido, se ahorrarían costes de certificación de órganos, ya que el número de ellos a acreditar sería menor. Lo único que habría que

---

699. Anecdótico resulta en este sentido que el primer órgano certificado, ADROIT, celebró a través de una publicación en LinkedIn que Google ya le había citado como primer organismo certificado, sin hacer referencia al resto de las plataformas, y ni siquiera a la Comisión Europea, que todavía no lo había incluido en la lista a la que está obligada a elaborar con base en el art. 21.8 RSD.

700. https://support.google.com/european-union-digital-services-act-redress-options/answer/13535501?hl=en, último acceso el 12 de septiembre de 2024.

verificar es que estén integrados por especialistas de todas las materias que van a conocer [consumo, propiedad intelectual, moderación de contenidos y litigios entre empresarios], para lo cual podrían aprovecharse los expertos ya nombrados en esas materias[701].

Segundo, los principales beneficiados del sistema propuesto serían los destinatarios del servicio, que no se verían en la necesidad de calificar jurídicamente la situación ante la que se encuentran ni de elegir el órgano de solución extrajudicial competente en función de la materia, limitándose a rellenar un mismo formulario, de modo que aumentaría la probabilidad de que lo interpongan.

Tercero, y en línea de lo anterior, las plataformas también se aprovecharían de la mayor facilidad de los usuarios digitales al formalizar las reclamaciones, toda vez que la confianza en ellas se vería incrementada.

A la inversa, se podría argumentar que la propuesta adolece de un grave inconveniente relativo a la solución extrajudicial —no replicable al sistema interno de gestión de reclamaciones—, que como ya se ha apuntado consistiría en la dificultad de elegir, de todos los órganos acreditados, a cuál de ellos recurrir. Con la finalidad de sortear este obstáculo, lo que aquí se propone es que cada Estado miembro acredite tan solo un órgano de solución extrajudicial, o varios distribuidos geográficamente [p. ej. en el caso de España se podrían acreditar órganos por Comunidades Autónomas o provincias, como ocurre con el sistema arbitral de consumo].

De esta manera, lo más probable sería que el usuario digital se decantara por el órgano de resolución del Estado miembro de su residencia por afinidades lingüísticas[702], reduciéndose la dificultad de decidir el órgano al que recurrir. Ello, sin perjuicio de la posibilidad de acudir al órgano de cualquier otro Estado miembro si así se considerara oportuno[703].

226. En resumen, la propuesta realizada se resumiría en un sistema de doble escalón al que puede acudir cualquier usuario digital que se vea envuelto en un litigio contra una plataforma en línea, que no sea microempresa o pequeña empresa, siempre que su resolución extrajudicial esté pre-

---

701. Por ejemplo, en el caso español, podrían transferirse al órgano de solución extrajudicial acreditado bajo el sistema propuesto a los expertos que conforman la Sección Primera de la Comisión Intelectual para la resolución de litigios derivados de la Directiva de derechos de autor en España.

702. Recuérdese que bajo el art. 21.1 RSD es el usuario digital el que tiene derecho a elegir a qué órgano de resolución extrajudicial acreditado quiere acudir.

703. Se podría pensar, también, que reducir los órganos extrajudiciales a uno por cada Estado miembro, ampliando su esfera de conocimiento, podría conducir a su sobrecarga de trabajo. Sin embargo, la reducción y concentración de órganos extrajudiciales no se debe equiparar a la reducción de los medios dedicados hasta ahora a la solución extrajudicial, salvo en lo relativo a la rebaja a la que pueda dar lugar una asignación más eficiente de recursos que evite duplicidades, como ya se argumentó.

vista en el RSD, el Reglamento P2B, la Directiva de derechos de autor, la Directiva 2013/11, el Reglamento de lucha contra la difusión del contenido ilícito en línea y la Directiva de comunicación audiovisual. De este modo, el usuario digital podrá dirigirse al sistema interno de gestión de reclamaciones único ofertado por la plataforma en línea y, alternativa o subsidiariamente, al órgano de solución extrajudicial de litigios acreditado por cualquier Estado miembro.

227. La propuesta, aunque jurídicamente compleja, no queda lejos de ser factible. Prueba de ello es el primer órgano extrajudicial acreditado bajo el art. 21 RSD: ADROIT. En relación con ello, y como ya se vio en el epígrafe correspondiente, este órgano extrajudicial, aunque acreditado a propósito del art. 21 RSD, ofrece la solución extrajudicial de conflictos también bajo el Reglamento P2B[704], a cuyas disputas aplica el mismo procedimiento que al RSD, tal y como aclara en su sitio web: *«Besides being a certified out-of-court Settlement body under the DSA, ADROITs Mediators offer Mediation according to Art. 12 of the Regulation [EU] 2019/1150 [P2B Regulation]. Especially concerning independence of the bodies, the DSA is even stricter then P2B. ADROIT can hence offer a holistic approach to commercial digital dispute resolution, covering all aspects of European platform/marketplaces regulation».*

Es cierto que la propuesta realizada en nuestro caso es más arriesgada que la representada por ADROIT, pues los órganos acreditados también acogerían la resolución de las disputas entre usuarios digitales y plataformas en línea relativas a la retirada de contenidos por infracción de propiedad intelectual y las relativas a consumo, para las cuales la solución extrajudicial está actualmente prevista en las Directivas de derechos de autor y 2013/11. Incorporar también las decisiones adoptadas en estas materias presenta una dificultad añadida, pues la regulación en Directiva en vez de Reglamento puede dar lugar a mayores disparidades en los procedimientos de cada Estado miembro.

Sin embargo, si se piensa, ni el Reglamento de Servicios Digitales ni el Reglamento P2B concretan el procedimiento extrajudicial que deben seguir los órganos creados a su amparo; más al contrario, tan solo proporcionan unas directrices vagas, no demasiado alejadas a lo que establecen aquellas Directivas. En consecuencia, esta problemática sería más aparente que real, toda vez que los órganos extrajudiciales deberían seguir concretando los procedimientos, e inevitablemente unos diferirían, aunque sea mínimamente con respecto a los otros, como ya ocurre en la actualidad.

Junto con ello, debe precisarse que, en realidad, ampliar el rango de disputas conocibles por los órganos acreditados bajo el RSD también a las relacionadas en materia de consumo implicaría equiparar la posición de los

---

704. Recuérdese que los órganos extrajudiciales de solución de conflictos del Reglamento P2B —mediadores—, no requieren acreditación.

consumidores a la de los usuarios profesionales. Es decir, si con base en el Reglamento P2B los usuarios profesionales son capaces de impugnar ante los órganos acreditados cualquier litigio contra las plataformas en línea, resulta lógico que los consumidores también puedan hacerlo, para lo cual resultaría necesario subsumir en los órganos extrajudiciales acreditados bajo el RSD no solo la función de los medios extrajudiciales previstos en el Reglamento P2B, sino también los de la Directiva ADR.

227. Considerando todo lo anterior, y en vistas de que la UE no cesa en la emisión de normas digitales que cada vez regulan más aspectos del mundo online y en las que incorpora medios de solución extrajudicial siempre distintos, sería oportuno invertir esfuerzos en concentrar la solución de las disputas de los usuarios digitales contra las plataformas en línea ante un mismo sistema de reclamaciones y ante los mismos órganos de solución extrajudicial. Todo ello con la finalidad de brindar a los usuarios digitales la posibilidad de resolver eficazmente sus disputas. De lo contrario, y al ritmo actual de la UE, la multiplicidad de mecanismos de ODRs descoordinados reducirá todavía más la utilización práctica de los medios de solución extrajudicial y, en consecuencia, conducirá a una pérdida de confianza en las plataformas en línea y en el entorno digital en general.

En el caso que nos ocupa, se ha propuesto con total humildad que sean el sistema interno de gestión de reclamaciones y los órganos acreditados previstos en el Reglamento de Servicios Digitales los que aglutinen las funciones de los órganos previstos en el resto de normas analizadas, ya que su carácter horizontal le permite aplicarse a cualquier sector del entorno digital, y además exige mayores garantías en la solución extrajudicial. Sin embargo, seguro que hay quien argumenta que es otra la solución más idónea[705]. Lo importante, al fin y al cabo, es que se implemente alguna que sea razonable para evitar la fragmentación de los medios de solución extrajudicial en el ámbito digital y la consecuente desprotección del usuario digital.

---

705. Como ya se dijo, otra opción sería atribuir las funciones de solución extrajudicial contempladas en el Reglamento de Servicios Digitales a los órganos acreditados bajo la Directiva ADR. Esta postura, que ha sido incluso sugerida por la Comisión Europea, puede sin embargo no ser la más acertada, habida cuenta de que aquellos órganos, al menos en España —juntas arbitrales de consumo—, no conocen de las disputas que interpongan los usuarios profesionales, para los que habría de acreditar otros órganos.

CONCLUSIONES

Primera. Los medios de solución extrajudicial en línea son más adecuados para resolver las disputas transfronterizas del entorno digital que los procesos judiciales.

Los mecanismos de ODR dan lugar a procedimientos extrajudiciales desarrollados a través de medios electrónicos a los que las partes acuden voluntariamente para poner fin a sus disputas. Estos medios de solución extrajudicial son normalmente controlados por las partes y llevados a cabo al margen de los tribunales y sin aplicar derecho sustantivo ni conflictual. Asimismo, el uso de internet en la solución extrajudicial aumenta la rapidez y flexibilidad del procedimiento gracias a su instantaneidad, reduce el coste al eliminar la necesidad de desplazamientos, evita las confrontaciones presenciales reduciendo la escalada del conflicto y los sesgos, y elimina las cuestiones de Derecho Internacional privado dada la fuerte autorregulación del mundo digital.

Lo anterior se traduce en procedimientos más flexibles, informales, rápidos y económicos que los procesos judiciales, cada vez más largos, costosos y rígidos. Habida cuenta de que los conflictos surgidos en el ámbito digital —caracterizados por un escaso valor económico y por una condición trasnfronteriza—, requieren soluciones rápidas, baratas y en línea, los ODR se alzan como la vía más idónea para ponerles fin.

Segunda. Los ODR, previstos inicialmente para proteger al consumidor, son necesarios para proteger a todo usuario digital, fomentar su confianza en el entorno en línea y robustecer el mercado interior.

Desde finales del siglo pasado, la UE concibe a los medios de solución extrajudicial [en línea] como la mejor herramienta para garantizar el acceso de los consumidores a la justicia, necesario para mejorar su confianza en las transacciones en línea intraeuropeas y consolidar así el mercado único. Sin embargo, la irrupción y consolidación de las plataformas en línea ha provocado que no solo los consumidores, sino también los empresarios devengan débiles frente a aquellas, motivo por el que también resulta conveniente poner a su disposición ODRs que garanticen su acceso a la justicia, tal y como ocurre en el Reglamento de Servicios Digitales y en otras leyes digitales europeas.

Tercera. La apuesta de la UE por el uso de los ODR en el ámbito digital ha sido deficitaria tradicionalmente, lo cual ha motivado la proliferación de medios de solución extrajudicial en línea en la economía de las plataformas.

Los esfuerzos que el legislador europeo ha dedicado a impulsar el uso de los medios de solución extrajudicial para la solución de conflictos privados transfronterizos ha sido progresiva. Condicionado por las competencias legislativas, primero emitió instrumentos no vinculantes en los que puso de relieve la necesidad de desarrollar los ODR para incrementar la confianza de los consumidores en el mercado digital, a los cuales acompañó de normas sectoriales destinadas a fomentar su uso y popularidad. Al tiempo, sustituyó el fomento por el desarrollo de los medios extrajudiciales, que exigió en normas sectoriales y en otros instrumentos jurídicos cuyo objetivo era, en exclusiva, la regulación de medios extrajudiciales de solución de conflictos, como la Directiva de mediación o la Directiva ADR.

El conjunto de estas normas, dictadas todas ellas hace más de diez años, no ha desembocado en un marco normativo proclive a la solución extrajudicial de conflictos trasnfronterizos surgidos en los mercados digitales, tal y como pone de manifiesto la propuesta de reforma de la Directiva ADR. En consecuencia, y ante la necesidad de proteger a los usuarios digitales frente a las podersas plataformas en línea, numerosas normas dictadas a propósito de la evolución del comercio electrónico europeo están incorporando medios de solución extrajudicial en línea aplicables en sus respectivos ámbitos de actuación. Un ejemplo de estas normas es el Reglamento de Servicios Digitales, pero existen otros: la Directiva de servicios de comunicación audiovisual [2018], la Directiva de derechos de autor [2019], el Reglamento *Platform-to-Business* [2019] y el Reglamento de lucha contra la difusión en línea de contenido terrorista [2021].

Cuarta. El paso de la Directiva de comercio electrónico al Reglamento de Servicios Digitales ilustra el cambio de rumbo de la regulación digital de la UE.

El marco jurídico europeo del entorno en línea ha experimentado en los últimos años un fuerte cambio de paradigma, pasando de ser liberal a controlador. La transición de la Directiva de comercio electrónico [liberal] al Reglamento de Servicios Digitales [controlador] da plena cuenta de ello. La DCE introduce una regulación mínima cuyo objetivo no es controlar sino facilitar el funcionamiento y desarrollo del comercio electrónico, partiendo para ello del principio de libre prestación [y autorregulación] de los servicios y de la exención de responsabilidad de los servicios de la sociedad de la información.

Por el contrario, el RSD, dictado dentro del marco del constitucionalismo digital de la UE y en un contexto marcado por el poder y la hegemonía de las plataformas en línea, adopta una actitud controladora del entorno digital, imponiendo obligaciones de diligencia debida a los servicios digitales —sobre todo a las más poderosas plataformas en línea—. Asimismo, incrementa su responsabilidad —o, mejor dicho, dificulta la aplicación del régimen de exención—, acrecenta las sanciones en caso de incumplimiento y refuerza la supervisión, otorgando mayores facultades a la Comisión y creando nuevos organismos de supervisión —coordinadores de servicios digitales y Junta Europea de servicios digitales—.

Quinta. El Reglamento de Servicios Digitales incorpora dos medios de solución extrajudicial en línea para hacer frente a la excesiva moderación de contenidos en línea.

El objetivo primordial del RSD es conseguir un entorno en línea seguro y fiable para fortalecer el mercado interior. En los últimos años, el principal obstáculo que impedía alcanzar esa finalidad era la circulación de contenido ilícito a través de las grandes plataformas en línea, que derivaba en desinformación, circulación de contenidos ilícitos y censura injustificada.

Ante la insuficiencia de la DCE y de la posterior jurisprudencia del TJUE para atajar esos peligros, el RSD se propone introducir medidas para incentivar la moderación de contenidos: además de mayores dificultades para eximirse de responsabilidad secundaria, incorpora la cláusula del buen samaritano, el mecanismo de notificación y acción y la figura de los alertadores fiables. Sin embargo, errores en su funcionamiento y deficiencias en su regulación, junto con el miedo a no poder eximirse de responsabilidad por el contenido ilícito, lleva a las plataformas a eliminar cualquier contenido que suscite dudas en cuanto a su licitud, dando lugar a una censura colateral y consecuente vulneración de la libertad de expresión injustificada. De ahí que se incorporen dos medios de solución extrajudicial que permiten a los usuarios de las plataformas impugnar las decisiones de moderación de contenidos, las cuales no siempre son adoptadas de forma acertada por las plataformas.

Sexta. El Reglamento de Servicios Digitales aborda los medios de solución extrajudicial tomando como base en el binomio regulación-autorregulación característico de la Directiva de comercio electrónico, pero yendo más allá.

Los arts. 20 y 21 RSD son dos obligaciones de diligencia debida impuestas a las plataformas en línea que se traducen en dos medios de solución extrajudicial que sirven para impugnar las decisiones de moderación de contenidos de las plataformas.

El primero de ellos es un sistema interno de gestión de reclamaciones que, en realidad, las plataformas en línea ya venían ofreciendo con anterioridad al RSD, de modo que este se limita a imponer exigencias mínimas para conseguir su funcionamiento garantista. Entre ellas, destacan la gratuidad para el usuario, el fácil manejo, la necesidad de resolver en tiempo oportuno y de hacerlo sin utilizar en exclusiva medios automatizados. Por su parte, el art. 21 RSD permite que el afectado pueda impugnar también la decisión moderadora de contenidos ante un órgano de solución extrajudicial externo a la plataforma, que será certificado para asegurar que cuenta con garantías mínimas de independencia e imparcialidad, y que resolverá la controversia emitiendo una solución no vinculante.

Estos artículos se acompañan de normas voluntarias como los códigos de conducta [arts. 44 a 48 RSD] que, si bien no mencionan de forma expresa a los medios de solución extrajudicial de los arts. 20 y 21 RSD, pueden utilizarse para normalizar su funcionamiento, fomentar su uso o adaptarlos para contribuir a la superación de circunstancias extraordinarias.

En vista de lo anterior, el RSD copia la combinación del binomio regulación-autorregulación de los arts. 16 y 17 DCE, pero en ambos casos las supera: en la regulación, porque no se limita a prever el posible uso de los medios extrajudiciales nacionales, sino que los instaura y regula a nivel de la UE, obligando a una de las partes a someterse a ellos; y en la autorregulación, porque tras fomentarla, la somete a límites y a supervisión, resultando en una corregulación o metarregulación.

Séptima. La regulación de los arts. 20 y 21 RSD se anticipa incompleta en aras a la protección del usuario digital.

La combinación de los arts. 20 y 21 RSD en un sistema de doble escalón es inteligente: de un lado, ofrece a los reclamentes un medio sencillo, gratuito y ágil [art. 20 RSD] y, de otro lado, instaura órganos extrajudiciales que además de ofrecer una segunda vía a los destinatarios del servicio, incentivan a las plataformas a mejorar sus decisiones porque deberán hacer frente a la totalidad del coste del procedimiento en caso de que sean erróneas.

Sin embargo, lo anterior no obsta a que su regulación sea insuficiente, en esencia por tres motivos. En primer lugar, los procedimientos extrajudiciales no están prácticamente regulados, de modo que deberán concretarse por las plataformas y los órganos de resolución, resultando en procedimientos divergentes. En segundo lugar, no se configuran demasiadas medidas que garanticen el conocimiento de estos medios entre los internautas. Por último, el uso de los arts. 20 y 21 RSD tan solo se prevé para impugnar las decisiones de moderación de contenidos dictadas por la plataforma. Dicho de otro modo, los medios de solución extrajudicial en línea del RSD tan solo protegen a los usuarios digitales frente a la censura en que puede derivar una excesiva moderación de contenidos por parte de las plataformas en línea, pero no frente al resto de conflictos que puedan surgir entre aquellos y estas.

Octava. Los medios de solución extrajudicial del Reglamento de Servicios Digitales se solapan con los incorporados en otras normas del entorno en línea, desvirtuando la protección que todos ellos pretenden ofrecer al usuario digital.

Las distintas normas digitales que junto con el RSD incorporan medios de solución extrajudicial se han dictado sin tenerse en cuenta unas a otras, hasta el punto de que en ocasiones esos medios se solapan. Ninguna de las normas implicadas prevé una coordinación entre ellos, de modo que el resultado es el siguiente: las decisiones reclamables a través de los arts. 20 y 21 RSD, según su contenido, también se pueden impugnar haciendo uso de otros cuatro mecanismos internos de reclamación [art. 28.ter.7 Directiva de servicios de comunicación audiovisual, art. 17.9 Directiva de derechos de autor, art. 11 Reglamento P2B y art. 10 Reglamento 2021/784], y de otros tres órganos de solución extrajudicial [Directiva ADR, art. 17.9 Directiva derechos de autor y art. 12 Reglamento P2B].

Ante la ausente pero necesaria coordinación de estas normas, la presente contribución ha intentado compatibilizarlas siguiendo el criterio seguido por la Directiva ADR, cuya interpretación es revelada por el cdo. 7 de la Propuesta de reforma de la Directiva ADR. Ello se traduce en la aplicación del principio *lex specialis,* en virtud del cual los medios de solución extrajudicial de las normas sectoriales [Directiva de servicios de comunicación audiovisual y de derechos de autor, y Reglamentos P2B y de lucha contra la difusión en línea del contenido terrorista] deben prevalecer sobre los introducidos por el RSD, y estos, a su vez, sobre los de la Directiva ADR. No obstante, este no es el criterio siempre más protector del usuario, toda vez que los órganos de solución extrajudicial del RSD, por ejemplo, cuentan con mayores garantías que los de las normas sectoriales.

En definitiva, lo anterior da cuenta de que la incorporación de medios de solución extrajudicial en línea es una medida necesaria, pero mal ejecutada por el legislador europeo. Y ello, porque se ha materializado en la irrupción de distintos mecanismos de ODR que se han dictado descoordinadamente, desvirtuando por completo la protección del usuario digital, quien se ve confundido y desincentivado ante la amalgama de medios de solución extrajudicial disponibles frente a las actuaciones de las plataformas en línea.

Novena. Propuesta de solución: un único sistema interno de gestión de reclamaciones y un único mecanismo de certificación de órganos de solución extrajudicial.

La fragmentación normativa del entorno en línea, traducida en distintos medios de solución extrajudicial solapados dirigidos a proteger a los usuarios digitales frente a las plataformas en línea, conduce a una protección ineficaz y deficitaria de aquellos que requiere una solución. En nuestro caso, se propone un sistema de doble escalón único al que pueda acudir cualquier usuario digital, sea empresario o consumidor, que se vea envuelto en un litigio contra una plataforma en línea que no sea microempresa o pequeña empresa.

Ello exigiría, de un lado, unificar todos los sistemas internos de reclamaciones que las plataformas están obligadas a poner a disposición de los usuarios digitales, extediendo los estándares del sistema interno del art. 20 RSD a los mecanismos previstos en otras normas sectoriales, a los que sustituiría. Así se ampliarían las garantías del art. 20 RSD a conflictos que van más allá de la moderación de contenidos, y las plataformas en línea no se enfrentarían a los costes que exige mantener sistemas internos de reclamación sometidos a distintos estándares.

De otro lado, sería necesario subsumir en los órganos extrajudiciales del art. 21 RSD el conocimiento y tramitación de todos los litigios que el usuario digital puede invocar frente a las plataformas a través de mecanismos extrajudiciales previstos por el resto de normas sectoriales europeas del entorno en línea. Así, el usuario digital podría atacar prácticamente cualquier comportamiento de las plataformas en línea ante un mismo órgano extrajudicial, sin necesidad de calificar la disputa y subsumirla en la norma correspondiente, cuestión que correspondería al órgano de solución extrajudicial.

BIBLIOGRAFÍA Y OTRAS FUENTES DE CONSULTA

Libros, monografías y obras en coautoría

ALCALÁ-ZAMORA Y CASTILLO, N., y otros, *Proceso, autocomposición y autodefensa: contribución al estudio de los fines del proceso,* Ediciones Olejnik, Santiago de Chile, 2019.

ÁLVAREZ MORENO, M.T., *La contratación electrónica mediante plataformas en línea: Modelo negocial [B2C], régimen jurídico y protección de los contratantes [proveedores y consumidores],* Editorial Reus, Madrid, 2021.

ALZATE SÁEZ DE HEREDIA, R., y otros, *Resolución de disputas en línea [RDL]: las claves de la mediación electrónica,* Reus, Madrid, 2014.

BARRIO ANDRÉS, M., *Manual de Derecho Digital*, Tirant Lo Blanch, Valencia, 2.ª ed., 2022.

BARONA VILAR, S., *Nociones y principios de las ADR. Solución extrajurisdiccional de conflictos*, Tirant lo Blanch, Valencia, 1.ª ed., 2018.

BASEDOW, J., *EU Private Law: Anatomy of a Growing Legal Order*, Intersentia, Cambridge, 2021.

BELTRÁN MONTOLIU, A., *Proceso europeo de escasa cuantía: El derecho procesal de la Unión Europea*, Tirant lo Blanch, Valencia, 2022.

BLAKE, S., BROWNE, J. y SIME, S., *A Practical Approach to Alternative Dispute Resolution*, Oxford University Press, Oxford, 4.ª ed., 2016.

BROWN, H. J., y MARRIOTT, A. L., *ADR Principles and Practice*, Sweet & Maxwell, Londres, 2.ª ed., 1999.

CASTELLÓ PASTOR, J.J., *Motores de búsqueda y derechos de autor: infracción y responsabilidad*, Thomson Reuters Aranzadi, Cizur Menor [Navarra], 2016.

CORTÉS, P., *Online Dispute Resolution for Consumers in the European Union*, Taylor & Francis, Abingdon, 2011.

DE ARTÍÑANO MARRA, P., *Régimen jurídico de las plataformas de mediación electrónica: Nuevas perspectivas para un fenómeno en constante desarrollo*, Thomson Reuters Aranzadi, Cizur Menor [Navarra], 2024.

DE MIGUEL ASENSIO, P.A., *Derecho privado de internet,* Thomson Reuters Aranzadi, Cizur Menor [Navarra], 6.ª ed., 2022.

DE MIGUEL ASENSIO, P., *Manual de derecho de las nuevas tecnologías: Derecho digital*, Thomson Reuters Aranzadi, Pamplona, 2023.

DICKIE, J., *Internet and Electronic Commerce Law in the European Union*, Hart Publishing, Oxford, 1999.

FANGFEI WANG, F., *Internet Jurisdiction and choice of law,* Cambridge University Press, Cambridge, 2010.

FLEW, T. Y MARTIN, F.R., *Digital Platform Regulation. Global Perspectives on Internet Governance*, Palgrave Macmillan, Sydney, 2022.

GÁZQUEZ SERRANO, L., *El contrato de mediación o corretaje,* La Ley, Madrid, 2007.

GOLDBERG, S. B., *Dispute Resolution: Negotiation, Mediation and Other Processes,* Wolters Kluwer & Business/Aspen Publishers, Austin, 5ª ed., 2007.

GONZÁLEZ MALABIA, S., *Tutela judicial del comercio electrónico,* Tirant lo Blanch, 2004, Valencia.

HOBOKEN, J. y otros, *Putting the DSA into practice: Enforcement, Access to Justice and Global Implications*, Verfassungsbooks, 2023.

HODGES, C. J. S., *Consumer ADR in Europe*, Hart Publishing, Oxford, 1.ª ed., 2012.

HÖRNLE, J., *Cross-Border Internet Dispute Resolution*, Cambridge University Press, Cambridge, 2009.

ILLESCAS, R., *Derecho de la contratación electrónica*, Aranzadi Thomson Reuters, Cizur Menor [Navarra], 3.ª ed., 2019.

JARNE MUÑOZ, P., *Economía colaborativa y plataformas digitales*, Editorial Reus, Madrid, 2019.

KAUFFMAN-KOHLER, G. Y SCHULTZ, T., *Online Dispute Resolution: Challenges for Contemporary Justice*, Kluwer Law International, The Hague, 2004.

KATSH, E., Y RIFKIN, J., *Online Dispute Resolution. Resolving Conflicts in Cyberspace*, Jossey-Bass, San Francisco, 2001.

LODDER, A., y ZELEZNIKOW, J., *Enhanced dispute resolution through the use of information technology,* Cambridge University Press, Cambridge, 2010.

MENÉNDEZ MATO, J.C. y **BRECCIA, H.**, *El contrato vía Internet*, Bosch Editor, Barcelona, 2005.

MONTESINOS GARCÍA, A., *Las acciones colectivas en el marco de un arbitraje*, Tirant lo Blanch, Valencia, 2019.

MORENO NAVARRETE, M.A., *DERECHO-e. Derecho del Comercio Electrónico*, Marcial Pons, Madrid, 2002.

MUÑOZ MACHADO, S., *Tratado de derecho administrativo y derecho público general,* Vol. IV, Iustel, Madrid, 2011.

ORTEGA GIMÉNEZ, A., *El procedimiento monitorio europeo y el de escasa cuantía europeo,* Tirant lo Blanch, Valencia, 2022.

ORTEGA HERNÁNDEZ, R. J., *Mecanismos alternativos de resolución de conflictos por medios electrónicos,* JM Bosch Editor, Barcelona, 2019.

PAZ-PEÑUELAS BENEDÉ, M.P., *Conflicto y técnicas de gestión. En especial, la mediación en asuntos civiles y mercantiles y su versión electrónica,* Tirant lo Blanch, Valencia, 2017.

PLANCHADELL GARGALLO, A., *Las acciones colectivas en el ordenamiento jurídico español: un estudio comparado,* Tirant lo Blanch, Valencia, 2014.

VAN DIJCK, J., POELL, T. Y DE WAAL, M., *The Platform Society*, Oxford University Press, Oxford, 2018.

VEGA VEGA, J.A., *Contratos electrónicos y protección de los consumidores,* Editorial Reus, Madrid, 2005.

VILALTA NICUESA, A. E., *Mediación y arbitraje electrónicos*, Thomson Reuters Aranzadi, Cizur Menor [Navarra], 1.ª ed., 2013.

WARE, S. J., *Principles of alternative dispute resolution,* MN: Thomson/West, St. Paul, 2.ª ed., 2007.

ZHAO, Y., *Dispute Resolution in Electronic Commerce,* Martinus Nijhoff Publishers, Leiden, 2005.

Capítulos de libro

AIGE MUT, M.B., «Aplicación de la mediación para la resolución de conflictos derivados del uso de las plataformas digitales», en *Aportaciones jurídicas a la economía de las plataformas*, obra colectiva, directora MARTÍNEZ NADAL, A., Aranzadi Thomson Reuters, Cizur Menor [Navarra], 2022, págs. 245-262.

ALFONSO SÁNCHEZ, R. y **BURILLO SÁNCHEZ, F.J.**, «La economía llamada "colaborativa"», en *Retos jurídicos de la economía colaborativa en el contexto digital*, obra colectiva, coordinadores ALFONSO SÁNCHEZ, R. y VALERO TORRIJOS, J., Thomson Reuters Aranzadi, Cizur Menor [Navarra], 2017, versión en línea.

ARMENTA DEU, T., «ODR: otra mirada sobre la eficacia, los ADR y la tecnología disruptiva», en *Hacia una tutela efectiva de consumidores y usuarios*, obra colectiva, coordinadora ROMERO PRADAS, M.I., Tirant lo Blanch, Valencia, 2022, págs. 533-564.

ARROYO AMAYUELAS, E., «El derecho de las plataformas en la Unión Europea», en *Servicios en plataforma. Estrategias regulatorias*, obra colectiva, coordinadora ARROYO AMAYUELAS, E., Marcial Pons, Madrid, 2021, págs. 21-70.

AZCÁRRAGA MONZONÍS, C.: «Medios electrónicos en los sistemas extrajudiciales de resolución de controversias. Novedades impulsadas desde Europa», en *Los nuevos instrumentos europeos en materia de conciliación, mediación y arbitraje de consumo. Su incidencia en España, Irlanda y Reino Unido*, obra colectiva, editor PALAO MORENO, G. y coordinadora AZCÁRRAGA MONZONÍS, C., Tirant lo blanch, Valencia, 2016, págs. 11-30.

BARCELÓ COMPTE, R., «Las plataformas online y la resolución extrajudicial de litigios: cuestiones críticas», en *Hacia una nueva tutela efectiva de consumidores y usuarios,* obra colectiva, coordinadora ROMERO PRADAS, M. I., Tirant lo Blanch, Valencia, 2022, págs. 617-630.

BARONA VILAR, S., «Justicia integral y tutela sin proceso», en *Las transformaciones del proceso civil*, obra colectiva, director HERRERO PEREZAGUA, J., Thomson Reuters Aranzadi, Pamplona, 2016, págs. 19-45.

BOL, S. H., «An analysis of the role of different players in e-mediation: the [legal] implications», en *Second International ODR Workshop*, obra colectiva, coordinadores ZELEZNIKOW, J., y LODDER, A. R., Wolf Legal Publishers, Tilburg, 2005, págs. 23-29.

BONMATÍ SÁNCHEZ, J., «El futuro del mercado único de servicios digitales de la UE; la *Digital Services Act* y el Brexit», en *Derecho Internacional privado, contratación internacional en internet y régimen jurídico del comercio electrónico,* obra colectiva, coordinador ORTEGA GIMÉNEZ, A., Thomson Reuters Aranzadi, Cizur Menor [Navarra], 2022, págs. 123-132.

BOZO HAURI, S. y **REMESEIRO REGUERO, R.**, «El consumidor vulnerable: una categoría a considerar para evitar su sobreendeudamiento», en *Derecho del consumo y protección del consumidor sustentable en la sociedad digital del siglo XXI*, obra colectiva, editora BARONA VILAR, S., Universidad Autónoma de Chile, Chile, 2023, págs. 133-152.

Bustillo Saiz, M.M., «Plataformas digitales de alojamiento: ¿ofrecen prestaciones constitutivas de servicios de la sociedad de la información o del servicio subyacente de alojamiento?», en *Plataformas digitales: aspectos jurídicos*, obra colectiva, coordinadora Martínez Nadal, A., Thomson Reuters Aranzadi, Cizur Menor [Navarra], 2021, págs. 225-246.

Castelló Pastor, J.J., «El alertador fiable como notificador de contenido ¿ilícito? en la red», en *Plataformas digitales: aspectos jurídicos*, obra colectiva, coordinadora Martínez Nadal, A., Thomson Reuters Aranzadi, Cizur Menor [Navarra], 2021, págs. 49-70.

Castelló Pastor, J.J., «Nuevo régimen de responsabilidad de los servicios digitales que actúan como intermediarios a la luz de la propuesta de reglamento relativo a un mercado único de servicios digitales», en *Desafíos jurídicos ante la integración digital: aspectos europeos e internacionales*, obra colectiva, director Castelló Pastor, J.J., Aranzadi, Cizur Menor [Navarra], 2021, págs. 37-76.

Castelló Pastor, J.J., «Interrelación del Reglamento de Servicios Digitales con el Reglamento *Platform to Business* [P2B]: el necesario contrapeso de la Unión Europea al poder de las plataformas en línea», en *Análisis del Reglamento [UE] de servicios digitales y su interrelación con otras normas de la Unión Europea*, obra colectiva, director Castelló Pastor, J.J., Thomson Reuters Aranzadi, Cizur Menor [Navarra], 2024, págs. 361-398.

Castillo Parrilla, J.A., «El impulso normativo europeo en el marco de la estrategia para el mercado único digital de Europa y los principios de la contratación electrónica en España. Especial referencia al contrato para el suministro de contenidos digitales», en *Contratación electrónica y protección de los consumidores -una visión panorámica-,* obra colectiva, coordinador Pérez Gallardo, L.P., Editorial Reus, Madrid, 2017, págs. 101- 131.

Catalán Chamorro, M.J., «El ODR de consumo colectivo: una herramienta de futuro», en *La tutela de los derechos e intereses colectivos en la justicia del siglo XXI*, obra colectiva, directora Montesinos García, A., Tirant lo Blanch, Valencia, 2020, págs. 285-302.

Clemente Meoro, M.E., «La responsabilidad civil de los prestadores de servicios de la sociedad de la información», en *Responsabilidad civil y contratos en internet. Su regulación en la Ley de Servicios de la Sociedad de la Información y de Comercio Electrónico,* obra colectiva, coordinadores Clemente Meoro, M.E. y Cavanillas Múgica, S., Editorial Comares, Granada, 2003, págs. 1-116.

Cortés, P., «Online dispute resolution for consumers», en *Online dispute resolution: theory and practice*, obra colectiva, coordinadores Wahab, M. A., Katsh, E., y Rainey, D., Eleven international publishing, The Netherlands, 2012, págs. 139-162.

CREMADES GARCÍA, P., «Contrato de mediación y plataformas digitales de alojamiento turístico», en *El alojamiento colaborativo. Problemática jurídica actual de las viviendas de uso turístico*, obra colectiva, coordinador LÓPEZ SÁNCHEZ, C, Dykinson, Madrid, 2021, págs. 221-254.

DÍAZ FRAILE, J.M., «Aspectos jurídicos más relevantes de la directiva y del proyecto de ley español de comercio electrónico» en *Contratación y comercio electrónico,* obra colectiva, director ORDUÑA MORENO, F.J. y coordinadores CAMPUZANO LAGUILLO, A.B. y PLAZA PENADÉS, J., Tirant lo Blanch, Valencia, págs. 76-122.

ESPLUGUES MOTA, C., «Hacia una nueva noción de "acceso a la justicia" en la Unión Europea a través del fomento del recurso a los mecanismos de ADR. La Directiva 2008/52/CE y su transposición en los diversos Estados miembros», en *Entre Bruselas y La Haya: Estudios sobre la unificación internacional y regional del Derecho Internacional privado. Liber amicorum Alegría Borras*, obra colectiva, coordinadores FORNER I DELAYGUA, J.J., GONZÁLEZ BEILFUSS, C. y VIÑAS FARRÉ, R., Marcial Pons, Madrid, 2013, págs. 351-376.

ESPLUGUES MOTA, C., «Consumo, consumidor, derecho del consumo... Nuevos retos ¿nuevas respuestas?», en *Derecho del consumo y protección del consumidor sustentable en la sociedad digital del siglo XXI,* obra colectiva, editora BARONA VILAR, S., Universidad Autónoma de Chile, Chile, 2023, págs. 47-66.

ESTEBAN DE LA ROSA, F., «Régimen europeo de la resolución electrónica de litigios [ODR] en la contratación internacional de consumo», en *Mediación y arbitraje de consumo. Una perspectiva española, europea y comparada,* obra colectiva, directores ESTEBAN DE LA ROSA, F., y OROZCO PARDO, G., Tirant lo Blanch, Valencia, 2010, págs. 165-222.

ESTEBAN DE LA ROSA, F., «Introducción: el lanzamiento de la iniciativa europea para la resolución alternativa de litigios en materia de consumo», en *El arreglo pacífico de controversias internacionales,* obra colectiva, coordinadores VÁZQUEZ GÓMEZ E. M., ADAM MUÑOZ, M. D., y CORNAGO PRIETO, N., Tirant lo Blanch, Valencia, 2011, págs. 735-746.

FERNÁNDEZ MASIÁ, E., «Mecanismos de solución de controversias y servicios de intermediación en línea», en *Desafíos jurídicos ante la integración digital: aspectos europeos e internacionales*, obra colectiva, director CASTELLÓ PASTOR, J.J., Thomson Reuters Aranzadi, Cizur Menor [Navarra], 2021, págs. 109-131.

FERNÁNDEZ MASIÁ, E., «Medios alternativos de solución de controversias entre las plataformas en línea y los destinatarios del servicio en el Reglamento europeo de servicios digitales», en *Análisis del Reglamento [UE] de servicios digitales y su interrelación con otras normas de la Unión Eu-*

ropea, obra colectiva, director CASTELLÓ PASTOR, J.J., Thomson Reuters Aranzadi, Cizur Menor [Navarra], 2024, págs. 137-170.

FLAQUER RIUTORT, J., «Mecanismos de control del alquiler turístico vacacional ofertado en plataformas digitales de intermediación», en *Derecho digital y nuevas tecnologías*, obra colectiva, coordinadores MADRID PARRA, A. y ALVARADO HERRERA, L., Thomson Reuters Aranzadi, Cizur Menor [Navarra], 2022, págs. 145-172.

FRANCH FLUXÀ, J., «El Reglamento de Servicios Digitales y el mercado digital turístico», en *Mercados digitales y competencia*, obra colectiva, directores RUIZ PERIS, J.I., GONZÁLEZ CASTILLA, F. y ESTEVAN DE QUESADA, C., Tirant lo Blanch, Valencia, 2022, págs. 96-123.

GASCÓN MARCÉN, A., «La responsabilidad de los intermediarios de Internet en la Unión Europea: iniciativas recientes y perspectivas de futuro», en *Desafíos jurídicos ante la integración digital: aspectos europeos e internacionales*, obra colectiva, director CASTELLÓ PASTOR, J.J., Thomson Reuters Aranzadi, Cizur Menor [Navarra], 2021, págs. 133-160.

GEIGER, C., FROSIO, G., y IZYUMENKO, E., «Intermediary liability and fundamental rights», en *The Oxford Handbook of online intermediary liability*, obra colectiva, editor FROSIO, G., Oxford University Press, Oxford, 2020, págs. 138-154.

GOLDMAN, E., «Overview of the United States' Section 230 Internet Inmunity», en *The Oxford Handbook of online intermediary liability*, obra colectiva, editor FROSIO, G., Oxford University Press, Oxford, 2018, págs. 155-171.

GÓMEZ CASTILLO, J.D., «La autorregulación e internet» en *Comercio electrónico en Internet*, obra colectiva, director GÓMEZ SEGADE, J.A., Marcial Pons, Madrid, 2001, págs. 449-475.

GONZÁLEZ CAMPO, F.A., «Acceso a la justicia por el vulnerable digital: la comprensibilidad», en *Los vulnerables ante el proceso civil*, Obra colectiva, directores HERRERO PEREZAGUA, J.F. y LÓPEZ SÁNCHEZ, J., Atelier, Barcelona, 2022, págs. 89-110.

GRAMUNT FOMBUENA, M.D., «El estatuto jurídico de los prestadores de servicios de la sociedad de la información», en *La regulación del comercio electrónico. Totalmente adaptado a la LSSICE y a la modificación de la ley del comercio minorista*, obra colectiva, coordinadora BARRAL VIÑALS, I., Dykinson, Madrid, 2003, págs. 17-39.

GRIMALDOS GARCÍA, M.I., «El contrato de intermediación entre las plataformas colaborativas y sus usuarios», en *Retos jurídicos de la economía colaborativa en el contexto digital*, obra colectiva, coordinadores ALFONSO SÁNCHEZ, R. y VALERO TORRIJOS, J., Thomson Reuters Aranzadi, Cizur Menor [Navarra], 2017, versión en línea.

KATSH, E. y RABINOVICH-EINY, O., «Promesas y desafíos para la resolución en línea en Europa», en *La resolución de conflictos de consumo: la adaptación del derecho español al marco europeo de resolución alternativa [ADR] y en línea [ODR]*, obra colectiva, director ESTEBAN DE LA ROSA, F. y coordinador OLARIU, O., Aranzadi, Cizur Menor [Navarra], 2018, versión en línea.

KATSH, E. y RABINOVICH-EINY, O., «Artificial Intelligence and the Future of Dispute Resolution: The Age of AI-DR», en *Online Dispute Resolution: Theory and Practice*, obra colectiva, editores WAHAB, M.A., RAINEY, D., y KATSH, E., Eleven International Publishing, The Netherlands, 2021, págs. 1-20.

KELLER, D., «The EU's new Digital Services Act and the Rest of the World», en *Putting the DSA into Practice*, obra colectiva, editores HOBOKEN, J y otros., Verfassungsbooks, 2023, págs. 227-241. Accesible en línea: https://ssrn.com/abstract=4384266, último acceso el 12 de septiembre de 2024.

KUCZERAWY, A., «Social Media Councils under the DSA: A path to individual error correction at scale?», en *Platform Democracy – perspectives on platform power, public values and the potential of councils*, obra colectiva, editors KETTEMANN, M.C. y SCHULZ, W., Verlag Hans-Bredow-Institut, Hamburgo, 2023, págs. 43-49.

LILLÀ MONTAGNANI, M., «A new liability regime for ilegal content in the DSM stratety», en *The Oxford Handbook of online intermediary liability*, obra colectiva, editor FROSIO, G., Oxford University Press, Oxford, págs. 295-314.

LÓPEZ-TARRUELLA MARTÍNEZ y RODRÍGUEZ DOMÍNGUEZ, F., «Las implicaciones prácticas del Reglamento 2019/1150 sobre equidad y transparencia para las plataformas de comercio electrónico», en *Nuevas tecnologías*, obra colectiva, director ORTEGA BURGOS, E., Tirant lo Blanch, 2020, págs. 207-225.

LLOPIS NADAL, P., «Protección de los usuarios profesionales en el mercado interior en línea: la legitimación para ejercer acciones colectivas reconocida por el Reglamento 2019/1150», en *Desafíos jurídicos ante la integración digital: aspectos europeos e internacionales*, obra colectiva, director CASTELLÓ PASTOR, J.J., Thomson Reuters Aranzadi, Cizur Menor [Navarra], 2021, págs. 195-226.

LLOPIS NADAL, P., «La evolución del comercio digital: nuevos sujetos, nuevos conflictos y nuevas soluciones alternativas a la jurisdicción», en *Era Digital, Sociedad y Derecho*, obra colectiva, director FUENTES SORIANO, O., Tirant lo Blanch, Valencia, 2020, págs. 495-506.

LLOPIS NADAL, P., «Plataformas en línea y decisiones sobre contenidos: el sistema interno de reclamación y la resolución extrajudicial de litigios como vías de impugnación reguladas en la Ley de Servicios Digitales», en *La responsabilidad civil por servicios de intermediación prestados por plataformas digitales*, obra colectiva, coordinadores HERNÁNDEZ SAINZ, E., MATE SATUÉ, L.C. y ALONSO PÉREZ, M.T., Colex, A Coruña, 2023, págs. 140-173.

LUQUIN BERGARECHE, R., «Responsabilidad civil por el suministro de contenidos y servicios digitales», en *Inteligencia artificial y prevención de riesgos laborales: obligaciones y responsabilidades*, obra colectiva, directores EGÚSQUIZA BALMASEDA, M.A. y RODRÍGUEZ SANZ DE GALDEANO, B., Tirant lo Blanch, Valencia, 2023, págs. 391-467.

MALUQUER DE MOTES, C.J., «La solución extrajudicial de los conflictos: códigos de conducta y arbitraje electrónico», en *La regulación del comercio electrónico. Totalmente adaptado a la LSSICE y a la modificación de la ley del comercio minorista*, obra colectiva, coordinadora BARRAL VIÑALS, I., Dykinson, Madrid, 2003, págs. 111-130.

MARQUES CEBOLA, C., «La resolución en línea de litigios de consumo en la nueva plataforma europea ODR: perspectiva desde los sistemas español y portugués», en *La resolución de conflictos de consumo: la adaptación del derecho español al marco europeo de resolución alternativa [ADR] y en línea [ODR]*, obra colectiva, director ESTEBAN DE LA ROSA, F. y coordinador OLARIU, O., Thomson Reuters Aranzadi, Cizur Menor [Navarra], 2018, versión en línea.

MERCHÁN MURILLO, A., «Actuación horizontal de las normas digitales europeas: una visión desde el Reglamento [UE] de servicios digitales», en *Análisis del Reglamento [UE] de servicios digitales y su interrelación con otras normas de la Unión Europea*, obra colectiva, director CASTELLÓ PASTOR, J.J., Thomson Reuters Aranzadi, Cizur Menor [Navarra], 2024, págs. 399-432.

MORA ASTABURUAGA, A., «Naturaleza jurídica de las redes sociales», en *Derecho digital y nuevas tecnologías*, obra colectiva, coordinadores MADRID PARRA, A. y ALVARADO HERRERA, L., Thomson Reuters Aranzadi, Cizur Menor [Navarra], 2022, págs. 329-340.

MORENO CORDERO, G., «La tutela alternativa en los conflictos colectivos de consumo: directrices del derecho europeo y orientaciones para un nuevo modelo en el sistema español», en *La resolución de conflictos de consumo: la adaptación del derecho español al marco europeo de resolución alternativa [ADR] y en línea [ODR]*, obra colectiva, director ESTEBAN DE LA ROSA, F. y coordinador OLARIU, O., Thomson Reuters Aranzadi, Cizur Menor [Navarra], 2018, versión en línea.

PALAO MORENO, G., «La protección de los consumidores en el ámbito comunitario europeo», en *Derecho de consumo*, obra colectiva, coordinadora REYES LÓPEZ, M.J., Tirant lo Blanch, Valencia, 2002, págs. 37-54.

PALAO MORENO, G., «Mediación y Derecho internacional privado», en *El arreglo pacífico de las controversias internacionales. XXIV Jornadas de la Asociación española de Profesores de Derecho Internacional y Relaciones Internacionales [AEPDIRI]*, obra colectiva, coordinadores VÁZQUEZ GÓMEZ, E.M., ADAM MUÑOS, M.D. y CORNAGO PRIETO, N., Tirant lo Blanch, Valencia, 2013, págs. 649-674.

PALAO MORENO, G., «Stress-Testing EU Law in the Field of Consumer Redress», en *EU Law after the Financial Crisis*, obra colectiva, editores SCHMIDT, J., ESPLUGUES, C. y ARENAS, R., Intersentia, Cambridge, 2016, págs. 133-146.

PALAO MORENO, G., «De la contratación comercial electrónica a la incorporación de lo "electrónico" en la mediación en los trabajos de la Comisión de Naciones Unidas para el Derecho Mercantil Internacional [CNUDMI/UNCITRAL]», en *Justicia poliédrica en periodo de mudanza. [Nuevos conceptos, nuevos sujetos, nuevos instrumentos y nueva intensidad]*, obra colectiva, editora BARONA VILAR, S., Tirant lo Blanch, Valencia, 2022, págs. 291-312.

PALAO MORENO, G., «Mercado único y consumidores», en *GPS Consumo*, obra colectiva, coordinador PAJÍN ECHEVARRÍA, P., 6.ª ed., Tirant lo Blanch, Valencia, 2023, págs. 33-80.

PALAO MORENO, G., «Las órdenes de actuación contra contenidos ilícitos en el nuevo Reglamento europeo de Servicios Digitales», en *Análisis del Reglamento [UE] de servicios digitales y su interrelación con otras normas de la Unión Europea*, obra colectiva, coordinador CASTELLÓ PASTOR, J.J., Thomson Reuters Aranzadi, Cizur Menor [Navarra], 2024, págs. 109-136.

PAREDES PÉREZ, J.I., «La participación del centro europeo del consumidor en España en la resolución de litigios transfronterizos de consumo: ¿cambio de funciones? O ¿nuevas funciones?», en *La resolución de conflictos de consumo: la adaptación del derecho español al marco europeo de resolución alternativa [ADR] y en línea [ODR]*, obra colectiva, director ESTEBAN DE LA ROSA, F. y coordinador OLARIU, O., Thomson Reuters Aranzadi, Cizur Menor [Navarra], 2018, versión en línea.

PAREDES PÉREZ, J.I., «Aspectos internacionales de la responsabilidad civil de las plataformas en línea B2C frente a los contenidos ilícitos en materia de protección de los consumidores», en *Análisis del Reglamento [UE] de servicios digitales y su interrelación con otras normas de la Unión Europea*, obra colectiva, director CASTELLÓ PASTOR, J.J., Thomson Reuters Aranzadi, Cizur Menor [Navarra], 2024, págs. 245-282.

PÉREZ ESCOLAR, M., «El viajero, consumidor vulnerable. Consideraciones a la luz del moderno Derecho comunitario europeo», *Revista de Derecho Patrimonial,* núm. 44, 2017, págs. 33-67.

POBLET, M. y ROSS, G., «ODR in Europe», en *Online Dispute Resolution: theory and practice*, obra colectiva, coordinadores WAHAB, M. A., KATSH, E., y RAINEY, D., Eleven international publishing, The Netherlands, 2012, págs. 453-470.

REYES LÓPEZ, M.J., «Noción de consumidor y usuario», en *GPS Consumo*, obra colectiva, coordinador PAJÍN ECHEVARRÍA, P., 6.ª ed., Tirant lo Blanch, Valencia, 2023, págs. 81-108.

ROCHE LAGUNA, I., «Reglamento de servicios digitales: las nuevas reglas del juego en internet», en *Mercados digitales y competencia*, obra colectiva, coordinadores RODILLA MARTÍ, C., RUIZ PERIS, J.I. y GONZÁLEZ CASTILLA, F., Tirant lo Blanch, 2022, págs. 33-62.

RODRÍGUEZ MARTÍNEZ, I. y MONTERO, J., «La tipificación del contrato de intermediación en línea en el Reglamento de Servicios Digitales», en *Nuevas Tecnologías*, obra colectiva, coordinador GARCÍA VILLARRUBIA, M. y otros, Tirant lo Blanch, Valencia, 2023, versión en línea.

SANCHÍS CRESPO, C., «La economía de plataforma y la entidad Confianza Online», en *Plataformas digitales: aspectos jurídicos*, obra colectiva, coordinadora MARTÍNEZ NADAL, A., Thomson Reuters Aranzadi, Cizur Menor [Navarra], 2021, págs. 435-449.

SANDE MAYO, M.J., «Artículo 24. Actuaciones desarrolladas por medios electrónicos», en *Comentarios a la Ley 5/2012, de mediación en asuntos civiles y mercantiles,* obra colectiva, director CASTILLEJO MANZANARES, R. y coordinadores ALONSO SALGADO, C. y RODRÍGUEZ ÁLVAREZ, A., Tirant lo Blanch, Valencia, págs. 233-259.

SAVIN, A., «Designing EU digital laws», en *Research Handbook on EU Internet Law*, 2.ª ed., obra colectiva, coordinadores SAVIN, A. y TRZASKOWSKI, J., Edward Elgar Publishing, Reino Unido, 2023, págs. 63-79.

TEIXERA PEDRO, R., «¿Tres es una multitud? La contratación a través de plataformas online y los desafíos a la ortodoxia contractual», en *Innovación tecnológica, mercado y protección de los consumidores,* obra colectiva, coordinadora ÁLVAREZ MORENO, M.T., Editorial Reus, Madrid, 2018, págs. 111-130.

VÁZQUEZ DE CASTRO, E., «Las nuevas previsiones de mediación electrónica en España», en *Estudios jurídicos en homenaje a Vicente L. Montés Penadés*, obra colectiva, coordinadores BLASCO, F. y otros, Tomo II, Tirant lo Blanch, Valencia, 2011, págs. 2737-2762.

VILALTA NICUESA, A.E., «Resolución electrónica de conflictos», en *Principios de derecho de la sociedad de la información*, obra colectiva, coordinadores PEGUERA POCH, M. y BELTRÁN DE HEREDIA RUIZ, I., Aranzadi Thomson Reuters, Cizur Menor [Navarra], 2010, págs. 391-442.

VILALTA, A. E., «ODR and e-commerce», en *Online dispute resolution: theory and practice*, obra colectiva, coordinadores WAHAB, M. A., KATSH, E., y RAINEY, D., Eleven international publishing, The Netherlands, 2012, págs. 113-128.

ZINGALES, N., «Hail to meta-regulation», en *Putting the DSA into Practice,* obra colectiva, editores HOBOKEN, J. y otros, Verfassungsbooks, 2023, págs. 211-226. Versión en línea accesible en: https://ssrn.com/abstract=4384266, último acceso el 12 de septiembre de 2024.

Artículos doctrinales

ALLEN LARSON, D., « "Brother, Can You Spare a Dime?" Technology Can Reduce Dispute Resolution Costs When Times Are Tough and Improve Outcomes», en *Nevada Law Journal*, vol. 11, núm. 2, 2011, págs. 523-559.

ARGUELICH COMELLES, C., «Del consumidor vulnerable de la Ley 4/2022 y el derecho europeo de consumo al "consumidor vulnerable digital" y su protección», págs. 1-11, 2022, versión en línea disponible en https://papers.ssrn.com/sol3/papers.cfm?abstract_id=4434578, último acceso el 12 de septiembre de 2024.

ARROYO AMAYUELAS, E., «La responsabilidad de los intermediarios en internet ¿puertos seguros a prueba de futuro?», en *Cuadernos de Derecho Transnacional*, vol. 12, núm. 1, 2020, págs. 808-837.

BARRAL VIÑALS, I., «La mediación y el arbitraje de consumo: explorando sistemas de ODR», en *Revista de Internet, Derecho y Política,* núm. 11, 2010, págs. 1-12.

BARRERA ORELLANA, F., «Traditional mediation versus e-mediation: does online technology have a negative impact in the effectiveness of mediation?», en *Revista Chilena de Derecho,* vol. 50, núm. 1, 2023, págs. 33-48.

BECKER CASTELLARO, S. y PENFRAT, J., «The DSA fails to reign in the most harmful digital platform businesses – but it is still useful», en Verdassungsblog, 2022. Versión en línea accesible en: https://verfassungsblog.de/dsa-fails/, último acceso el 12 de septiembre de 2024.

BERETTA, R., «The use of technology in dispute resolution; a framework for the study of ODR», en *Vilnius University Open Series*, 2023, págs. 16-29. Versión en línea accesible en: https://www.researchgate.net/publication/370245479_The_use_of_technology_in_dispute_resolution_A_framework_for_the_study_of_ODR, último acceso el 12 de septiembre de 2024.

BRADFORD, A., «The Brussels Effect», en *Northwestern University Law Review*, vol. 107, núm. 1, 2012, págs. 1-68.

BRUNET, E., «Questioning the quality of alternative dispute resolution», en *Tulane Law Review*, vol. 62, núm. 1, 1987, págs. 1-56.

BUJOSA VADELL, L., y **PALOMO VÉLEZ, D.**, «Mediación electrónica: perspectiva Europea», en *Ius et Praxis*, vol. 23, núm. 2, 2017, págs. 51-78.

BUSCH, C., «Platform regulation beyond DSA and DMA: Which role for the P2B Regulation? », en *Journal of Antitrust Enforcement*, núm. 12, 2024, págs. 201-206.

BUSCH, C. y **MAK, V.**, «Putting the Digital Services Act into Context: Bridging the Gap between EU Consumer Law and Platform Regulation», en *Journal of European Consumer and Market Law,* núm. 109, págs. 1-13. Versión en línea accesible en: https://ssrn.com/abstract=3933675, último acceso el 12 de septiembre de 2024.

CALLIESS, G.P., «Online Dispute Resolution: Consumer Redress in a Global Market Place», en *German Law Journal,* 2006, vol. 7, núm. 8, págs. 647-660.

CAPPELLETTI, M., «Alternative Dispute Resolution Processes within the Framework of the World-Wide-Access-to-Justice Movement», en *The Modern Law Review,* vol. 56, núm. 3, 1993, págs. 282-296.

CARRILLO DONAIRE, J.A., «Autorregulación y corregulación en el sector audiovisual», en *Revista General de Derecho Administrativo*, núm. 63, 2023, págs. 1-25.

CASAROSA, F., «Out-of-court dispute settlement mechanisms for failures in content moderation», *Jipitec,* vol. 14, núm. 3, págs. 391-402.

CASTELLÓ PASTOR, J.J., «El ranquin de los resultados ofrecidos por buscadores, asistentes digitales y altavoces inteligentes. Un problema no resuelto», *Actas de derecho industrial y derecho de autor,* Tomo 40, 2019-2020, págs. 283-298.

CASTELLÓ PASTOR, J.J., «Exoneración de responsabilidad de los prestadores de servicios de la información en la sección 230 de la *communications decency act* estadounidense», en *Revista aranzadi de derecho y nuevas tecnologías,* núm. 39, 2015, versión en línea.

CATALÁN CHAMORRO, M. J., «El derecho a la información de las ADR de consumo tras el caso c-380/19», en *Cuadernos de Derecho Transnacional*, vol. 13, núm 1, 2021, págs. 811-824.

CAUFFMAN, C., y **GOANTA, C.**, «A new order: the Digital Services Act and consumer protection», en *European Journal of Risk Regulation*, vol. 12, núm. 4, 2021, págs. 758-774.

CELESTE, E., «Digital Constitutionalism: Mapping the Constitutional Response to Digital Technology's Challenges», en *HIIG Discussion Paper Series, núm. 2018-02*, págs. 1-24.

CLARK, E., GEORGE, C., y **HOYLE, A.**, «Online Dispute Resolution: Present Realities, Pressing Problems and Future Prospects», en *International Review of Law, Computers & Technology,* vol. 17, núm. 1, 2003, págs. 7-25.

COLÓN-FUNG, I., «Protecting the New Face of Entrepreneurship: Online Appropriate Dispute Resolution and International Consumer-to-Consumer Online Transactions», en *Fordham Journal of Corporate and Financial Law*, vol. 12, núm. 1, 2007, págs. 233-258.

CONA, F.A., «Application of Online Systems in Alternative Dispute Resolution», en *Buffalo Law Review*, vol. 45, núm. 3, 1997, págs. 975-999.

CONLEY TYLER, M. y **BRETHERTON, D.**, «Developing an online mediation culture: the fourth generation of online ADR», 2003, págs. 1-19. Versión en línea accesible en: http://www.asiapacificmediationforum.org/resources/2003/tyler.pdf, último acceso el 12 de septiembre 2024.

COROADO, S., «Leviathan vs. Goliath or States vs. Big Tech and what the digital services act can do about it», en *Working Papers, Forum Transregionale Studien*, núm. 25, 2023, págs. 4-26.

CORTÉS, P, «Can I Afford Not to Mediate? Mandatory Online Mediation for European Consumers: Legal Constraints and Policy Issues», en *Rutgers University Computer & Technology Law Journal,* 2008, págs. 1-36.

CORTÉS, P., «Accredited online dispute resolution services: creating European legal standards for ensuring fair and effective processes», en *Information & communications technology law,* vol. 17, núm. 3, 2008, págs. 221-237.

CORTÉS, P., «Developing Online Dispute Resolution for Consumers in the EU: A proposal for the Regulation of Accredited Providers», en *International Journal of Law and Information Technology*, vol. 19, núm. 1, 2010, págs. 1-28.

CORTÉS, P., «Using technology and ADR Methods to Enhance Access to Justice», en *International Journal of Online Dispute Resolution,* núm. 5, 2018, págs. 103-121.

Cotino Hueso, L., «Quién, cómo y qué regular [o no regular] frente a la desinformación», en *Teoría y Realidad Constitucional*, núm. 49, 2022, págs. 199-238.

Cuena Casas, M., «La contratación a través de plataformas intermediarias en línea», en *Cuadernos de Derecho Transnacional*, 2020, vol. 12, núm. 2, págs. 283-348.

De Aríñano Marra, P., «Responsabilidad civil de plataformas de mediación electrónica. Dificultades en su determinación», en *Revista Crítica de Derecho Inmobiliario,* núm. 789, 2022, págs. 569-586.

De Franchesci, A., «Uber Spain and the «Identity Crisis» of Online Platforms», *EuCML,* núm. 1, 2018, págs. 1-4.

De Lucchi López-Tapia, Y., «Armonización europea de la tutela colectiva de personas consumidoras y usuarias: la proyectada transposición al ordenamiento jurídico español de la Directiva [UE] 2020/1828 sobre acciones de representación», en *Últimos avances en el camino hacia un Derecho procesal civil de la Unión Europea*, obra colectiva, coordinadora Romero Pradas, M.I., Tirant lo Blanch, Valencia, 2024, págs. 145-188.

De Miguel Asensio, P.M., «Obligaciones de diligencia debida y responsabilidad de los intermediarios: el Reglamento [UE] de servicios digitales», en *La Ley Unión Europea*, núm. 109, 2021, págs. 1-47.

De Miguel Asensio, P., «Reglamento [UE] 2021/784 sobre la lucha contra la difusión de contenidos terroristas en línea: segunda parte», en *Blog Pedro de Miguel Asensio*, 2021. Versión en línea accesible en: https://pedrodemiguelasensio.blogspot.com/2021/05/reglamento-ue-2021784-sobre-la-lucha_21.html, último acceso el 12 de septiembre de 2024.

Edwards, L. y Wilson, C., «Redress and Alternative Dispute Resolution in EU Cross-Border E-Commerce Transactions», en *International Review of Law Computers & Technology,* vol. 21, núm. 3, 2007, págs. 315-333.

Escajedo San Epifanio, L., «La base jurídico-constitucional de la protección de los consumidores en la UE», en *Revista de Derecho Político*, núm. 70, 2007, págs. 225-254.

Esplugues Mota, C., «El régimen jurídico de la mediación civil y mercantil en conflictos transfronterizos en España tras la Ley 5/2012, de 6 de julio», en *Boletín Mexicano de Derecho Comparado*, núm. 136, 2013, págs. 165-199.

Esteban de la Rosa, F., «Principios de protección del consumidor para una iniciativa europea en el ámbito de la resolución electrónica de diferencias [ODR] de consumo transfronterizas», en *Revista General de Derecho Europeo*, núm. 25, 2011, págs. 1-41.

ESTEBAN DE LA ROSA, F., «ADR-Rooted ODR Design in Europe – A Bet for the Future», en *International Journal on Online Dispute Resolution*, núm. 5, 2018, págs. 154-162.

EVANS, H.F.G., y otros, «Enhancing worldwide understanding through ODR: Designing Effective Protocols for Online Communications», en *University of Toledo Law Review*, vol. 38, núm. 1, 2006, págs. 423-434.

FERNÁNDEZ MASIÁ, E., «Protección de los intereses colectivos de los consumidores y actividades ilícitas transfronterizas en la Unión Europea», en *Estudios sobre consumo*, núm. 56, 2001, págs. 9-26.

FLAQUER RIUTORT, J., «Obligaciones de transparencia y equidad en la prestación de servicios de intermediación en línea: orientaciones futuras en el Ordenamiento comunitario», en *Revista Aranzadi de Derecho y Nuevas Tecnologías*, núm. 50, 2019, versión en línea.

FRANCO CONFORTI, O. D., «Mediación on-line: de dónde venimos, dónde estamos y a dónde vamos», en *InDret Revista para el análisis del derecho*, núm. 4, 2015, págs. 1-27.

FRANCO CONFORTI, O. D. F., «Mediación electrónica [e-Mediación]», en *La Ley*, 2015, págs. 6-13.

FROSIO, G., y **GEIGER, C.**, «Taking fundamental rights seriously in the Digital Services Act's Platform liability regime», en *European Law Journal*, vol. 29, núm. 1-2, 2023, págs. 31-77.

GABRIELE, S., «La Unión europea regula el internet: contenidos, transparencia y algoritmos en la nueva DSA», en *Revista del gabinete jurídico de Castilla-La Mancha*, núm. 33, 2023, págs. 389-477.

GALANTER, M., «Why the "Haves" Come out Ahead: Speculations on the Limits of Legal Change», en *Law and Society review,* vol. 9, núm. 1, 1974, págs. 95-160.

GALANTINO, S., «How Will the EU Digital Services Act Affect the Regulation of Disinformation? », en *SCRIPTed: Journal of Law*, vol. 20, núm. 1, 2023, págs. 89-129.

GARCÍA ÁLVARO, J.A., «Online Dispute Resolution Uncharted Territory», en *The Vindobona Journal of International Commercial Law and Arbitration*, núm. 175, 2003, págs. 1-10.

GARCÍA COSO, E., «Las bases legales del comercio electrónico en la UE», en *Revista de estudios jurídicos, económicos y sociales*, vol. 1, 2003, págs. 1-7.

GARCÍA DEL POYO, R., «La mediación electrónica», en *Revista jurídica de Castilla y León*, núm. 29, 2013, págs. 1-19.

GASCÓN MARCÉN, A., «Reglamento general de protección de datos como modelo de las recientes propuestas de legislación digital europea», en *Cuadernos de Derecho Transnacional*, vol. 13, núm. 2, 2021, págs. 209-232.

GAWITH, D., «Litigation for International Online Consumer Transactions is not Cost Effective – A case for reform? », en *eLaw Journal: Murdoch University Electronic Journal of Law,* vol. 14, núm. 1, 2007, págs. 196-244.

GENTILE, G., «Between Online and Offline Due Process: the Digital Services Act», 2023, págs. 1-19. Versión en línea accesible en: https://papers.ssrn.com/sol3/papers.cfm?abstract_id=4550655, último acceso el 12 de septiembre de 2024.

GILLESPIE, T., «Custodians of the Internet: Platforms, Content Moderation and Decisions that Shape Social Media», en *Yale University Press*, 2018. Versión en línea accesible en: https://www.researchgate.net/publication/327186182, último acceso el 12 de septiembre de 2024.

GILLIÉRON, P., «From Face-to-Face to Screen-to-Screen: Real Hope or True Fallacy? », en *Ohio State Journal on Dispute Resolution*, vol. 23, núm. 2, 2008, págs. 301-344.

GÓMEZ CARDONA, G.A., «De la protección de los consumidores a la protección del empresario débil de las cláusulas abusivas», 2015, págs. 1-44. Versión en línea accesible en https://repository.upb.edu.co/bitstream/handle/20.500.11912/2933/Germ%C3%A1n%20Andr%C3%A9s%20G%C3%B3mez.pdf?sequence=2, último acceso el 12 de septiembre de 2024.

GÓMEZ GARCÍA, M. y **HOSPIDO, L.**, «El reto de la medición del trabajo en plataformas digitales», en *Boletín económico del Banco de España, Artículos analíticos*, núm. 1, 2022.

GOODMAN, J., «The Pros and Cons of Online Dispute Resolution: An Assessment of Cyber-Mediation Websites», en *Duke Law & Technology Review*, núm. 2, 2003, págs. 1-16.

HAMMOND, A. G., «How do you write "yes"? A study on the effectiveness of Online Dispute Resolution», en *Conflict resolution quarterly*, vol. 20, núm. 2, 2003, págs. 261-286.

HOLZNAGEL, D., «How the DSA will introduce competition for the Meta Oversight Board [and the German FSM] and why we should be worried about this», en *Verfassungsblog*, 2022. Accesible en línea: https://verfassungsblog.de/a-self-regulatory-race-to-the-bottom-through-art-18-digital-services-act/, último acceso el 12 de septiembre de 2024.

HÖRNLE, J., «Online Dispute Resolution in Business to Consumer E-commerce Transactions», en *Journal of Information, Law and Technology*, vol. 2, 2002, págs. 3-16.

HÖRNLE, J., «Encouraging Online Dispute Resolution in the EU and Beyond – Keeping Costs Low or Standards High?», en *Queen Mary School of Law Legal Studies Research Paper*, núm. 122, 2012, págs. 1-27.

HOVENKAMP, H., «Antitrust and Platform Monopoly», en *The Yale Law Journal*, núm. 130, 2021, págs. 1952-2050.

HUGHES, T., «Practical Considerations for Out-of-court dispute settlement [ODS] under Article 21 of the EU Digital Services Act [DSA]», 2024. Accesible en: https://dsa-observatory.eu/2024/02/08/practical-considerations-for-out-of-court-dispute-settlement-ods-under-article-21-of-the-eu-digital-services-act-dsa/, último acceso el 12 de septiembre de 2024.

HUSOVEC, M., «Certification of Out-of-Court Dispute Settlement Bodies under the Digital Services Act», 2023, págs. 1-12. Versión en línea accesible en: https://ssrn.com/abstract=4501726, último acceso el 12 de septiembre de 2024.

HUSOVEC, M., «Accountable, Not Liable: Injunctions Against Intermediaries», 2016, págs. 1-77. Versión en línea accesible en: http://ssrn.com/abstract=2759803, último acceso el 12 de septiembre de 2024.

HUSOVEC, M. y **ROCHE LAGUNA, I.**, «Digital Services Act: A Short Primer», 2022, págs. 1-12. Versión en línea accesible en: https://papers.ssrn.com/sol3/papers.cfm?abstract_id=4153796, último acceso el 12 de septiembre de 2024.

KATSH, E., «Bringing Online Dispute Resolution to Virtual Worlds: Creating Processes Through Code», en *New York Law School Review*, vol. 49, núm. 1, 2004, págs. 270-291.

KATSH, E. y **RABINOVICH-EINY, O.**, «Promesas y desafíos para la resolución en línea en Europa», en *La resolución de conflictos de consumo: la adaptación del derecho español al marco europeo de resolución alternativa [ADR] y en línea [ODR]*, obra colectiva, director ESTEBAN DE LA ROSA, F. y coordinador OLARIU, O., Thomson Reuters Aranzadi, Cizur Menor [Navarra], 2018, versión en línea.

KHAN, L.M., «Amazon's Antitrust Paradox», en *The Yale Law Journal*, núm. 126, 2017, págs. 710-805.

KUCZERAWY, A., «The EU Comission on voluntary monitoring: Good Samaritan 2.0 or Good Samaritan 0.5?», *KU Leuven*, 2018, versión en línea accesible en: https://www.law.kuleuven.be/citip/blog/the-eu-commission-on-voluntary-monitoring-good-samaritan-2-0-or-good-samaritan-0-5/, último acceso el 12 de septiembre de 2024.

KUCZERAWY, A., «The Good Samaritan that wasn't: voluntary monitoring under the [draft] Digital Services Act», 2021. Versión en línea disponible en: https://verfassungsblog.de/good-samaritan-dsa/, último acceso el 12 de septiembre de 2024.

LARSON, D. A., «Technology Mediated Dispute Resolution [TMDR]: Opportunities and Dangers», en *University of Toledo law review*, vol. 38, núm. 1, 2006, págs. 213-238.

LEERSSEN, P., «An end to shadow banning? Transparency rights in the Digital Services Act between content moderation and curation», en *Computer Law & Security Review,* núm. 48, 2023, págs. 1-13.

LLANSÓ, E., «Platforms want centralized censorship. That should scare you», en *Wired,* 2019. Accesible en línea en: https://www.wired.com/story/platforms-centralized-censorship/, último acceso el 12 de septiembre de 2024.

LODDER, A. R., «The Third Party and Beyond. An Analysis of the Different Parties, in particular the Fifth, Involved in Online Dispute Resolution», en *Information & Communications Technology Law*, vol. 2, núm. 15, 2006, págs. 143-155.

LÓPEZ-TARRUELLA MARTÍNEZ, A., «El futuro Reglamento de Inteligencia Artificial y las relaciones con terceros estados», en *Revista electrónica de Estudios Internacionales*, núm. 45, 2023, págs. 1-29.

LÓPEZ RICHART, J., «El reglamento de servicios digitales. Un nuevo marco de responsabilidad para los prestadores de servicios intermediarios en la Unión Europea», en *Revista Aranzadi de derecho y nuevas tecnologías*, núm. 62, 2023, versión en línea.

MADIEGA, T., «Reform of the EU liability regime for online intermediaries. Background on the forthcoming digital services act», en *European Parliament*, 2020, págs. 1-25.

MARCHAL ESCALONA, N., «Las relaciones entre las entidades RAL de consumo y los sistemas judiciales en las reclamaciones transfronterizas: especial referencia al proceso europeo de escasa cuantía», en *La resolución de conflictos de consumo: la adaptación del derecho español al marco europeo de resolución alternativa [ADR] y en línea [ODR]*, obra colectiva, coordinador ESTEBAN DE LA ROSA, F., Thomson Reuters Aranzadi, Cizur Menor [Navarra], 2018, versión en línea.

MARTÍNEZ RODRÍGUEZ, N., «Un paso adelante en la protección del consumidor en el comercio electrónico: la resolución de litigios en línea», en *Revista Doctrinal Aranzadi Civil-Mercantil*, núm. 1, Pamplona, 2018, versión en línea.

MAYORGA TOLEDANO, M.C., «Servicios de intermediación en línea: régimen jurídico de las relaciones de los proveedores con los usuarios prestadores de servicios. Referencias al alojamiento turístico», en *Revista General de Derecho del turismo*, núm. 2, 2020, págs. 1-44.

MORAIS CARVALHO, J., ARGA LIMNA, F. y FARINHA, M., «Introduction to the digital services act, content moderation and consumer protection», en *RDTec*, 2021, págs. 71-104.

MOREK, R., «The regulatory framework for online dispute resolution: a critical view», en *University of Toledo Law Review*, vol. 38, núm. 1, págs. 163-192.

ORJI, U.J., «Technology mediated dispute resolution: challenges and opportunities for dispute resolution in Nigeria», en *Computer and Telecommunications Law Review*, vol. 18, núm. 5, 2012, págs. 124-134.

ORTOLANI, P., «The resolution of content moderation disputes under the Digital Services Act», en *Giustizia Consensuale*, núm. 2, 2022, págs. 1-21.

PALACIO, A., «La Unión Europea y el comercio electrónico», en *Arbor*, núm. 690, junio de 2003, págs. 827-840.

PALAO MORENO, G., «Avances en el sistema de resolución alternativa de litigios de consumo europeo adaptado a las controversias transfronterizas en el mercado digital», en *Revista e-mercatoria*, vol. 23, núm. 2, 2024, págs. 67-104.

PAPPAS, B. A., «ONLINE COURT: Online Dispute Resolution and the Future of Small Claims», en *UCLA Journal of Law & Technology*, vol. 12, núm. 2, 2008, págs. 1-25.

PAREDES PÉREZ J. I., «La Directiva 2013/11/UE, relativa a la resolución alternativa de litigios en materia de consumo y su futura incorporación al ordenamiento jurídico español», en *Anuario Español de Derecho Internacional Privado*, núm. 14-15, 2014-2015, págs. 587-632.

PAZOS CASTRO, R., «Uber, Airbnb y la llamada "influencia decisiva" de las plataformas digitales», en *Revista de internet, derecho y política*, núm. 31, 2020, págs. 1-14.

PEGUERA POCH, M.: «Solo sé que no sé nada [efectivamente]: la apreciación del conocimiento efectivo y otros problemas en la aplicación judicial de la LSSI» en, *Revista de Internet, Derecho y Política*, núm. 5, 2007, págs. 2-18.

PEGUERA POCH, M., «The Platform Neutrality Conundrum and the Digital Services Act», en *IIC*, núm. 53, 2022, págs. 681-684.

PÉREZ GALINDO, R., «La nueva regulación europea de intermediarios digitales: *digital services act*», en *Plataformas digitales: regulación y competencia*, núm. 925, 2022, págs. 41-51.

PLANCHADELL GARGALLO, A., «*Collective Redress*: acceso a la justicia y representación de los miembros del grupo», en *Revista de la Asociación de profesores de Derecho Procesal de las universidades españolas*, núm. 5, 2022, págs. 273-306.

POBLET, M., «Introduction: Bringing a New Vision to Online Dispute Resolution», en *Institute of Law and Technology, Autonomous University of Barcelona*, 2008, págs. 1-7.

RABINOVICH-EINY, O., y **KATSH, E**., «Reshaping Boundaries in an Online Dispute Resolution Environment», en *International Journal of Online Dispute Resolution,* vol. 1, núm. 1, 2014, págs. 5-36.

RODRÍGUEZ DE LAS HERAS BALLELL, T., «Las plataformas: nuevos actores [y reguladores] de la actividad económica», en *Afduam extraordinario*, 2021, págs. 403-417.

RODRÍGUEZ DE LAS HERAS BALLELL, T, «The background of the Digital Services Act: looking towards a platform economy», en *Era Forum*, núm. 22, 2021, págs. 75-86.

RODRÍGUEZ MARTÍNEZ, I., «El servicio de mediación electrónica y las plataformas de economía colaborativa», en *Revista de derecho mercantil*, núm. 305, 2017, versión en línea.

SAGAR, S., y **HOFFMAN, T**., «Intermediary liability in the EU Digital Common Market – from the E-Commerce Directive to the Digital Services Act», en *Revista d'internet, dret y política*, núm. 34, 2021, págs. 1-12.

SANTISTEBAN GALARZA, M., «Garantías frente a la moderación de contenidos en la Propuesta de Reglamento Único de Servicios Digitales», en *Revista CESCO de Derecho de Consumo*, núm. 41, 2022, págs. 159-179.

SCHMITZ, A. J., « "Drive-Thru" Arbitration in the Digital Age: Empowering Consumers Through Regulated ODR», en *University of Colorado Law Legal Studies Research Paper,* vol. 62, núm. 10-18, 2010, págs. 178-244.

SCHMITZ, A. J., «Evolution and Emerging Issues in Consumer Online Dispute Resolution [ODR]», en *Ohio State Legal Studies*, núm. 714, 2022, págs. 1-18.

SCHULTZ, T., «Online Arbitration: Binding or Non-Binding?», en *ADR Online Monthly*, 2002. Versión en línea disponible en: https://www.ombuds. org/center/adr2002-11-schultz.html, último acceso el 12 de septiembre de 2024.

SCHULTZ, T., «An Essay on the Role of the Government for ODR: Theoretical Considerations about Future of ODR», en *Proceedings of the UNECE Forum on ODR*, 2003, págs. 1-10. Versión en línea accessible en: http://www.odr.info/unece2003, último acceso el 12 de septiembre de 2024.

SCHULTZ, T., y otros, «Electronic Communication Issues Related to Online Dispute Resolution Systems», en *The Eleventh International World Wide Web Conference*, 2002, págs. 1-15.

SCHWEMER, S.F., MAHLER, T. y STYRI, H., «Liability exemptions of non-hosting intermediaries: Sideshow in the Digital Services Act?», en *Oslo Law Review*, vol. 8, núm. 1, 2021, págs. 1-26.

SELA, A., «The effect of online technologies on dispute resolution system design: antecedents, current trends and future directions», en *Lewis & Clark Law Review*, vol. 21, núm. 18, 2017, págs. 633-682.

SELA, A., «Can Computers Be Fair? How Automated and Human-Powered Online Dispute Resolution Affect Procedural Justice in Mediation and Arbitrarion», en *Ohio State Journal on Dispute Resolution*, vol. 33, núm. 1, 2018, págs. 91-148.

SHAH, A., «Using ADR to Resolve Online Disputes», en *Richmond Journal of Law and Technology*, vol. 10, núm. 3, 2004, págs. 1-24.

STROWEL, A. y DE MEYERE, J., «The Digital Services Act: transparency as an efficient tool to curb the spread of disinformation on online platforms», en *Jipitec*, núm. 14, 2023, págs. 66-83.

SULISTIANINGSIH, D., y otros, «Online Dispute Resolution: Does the system actually enhance the mediation framework? », en *Cogent Social Sciences*, núm. 9, 2023, págs. 1-14.

TOURKOCHORITI, I., «The Digital Services Act and the EU as the Global Regulator of the Internet», en *Chicago Journal of International Law*, vol. 24, núm. 1, 2023, págs. 129-147.

VAN ARSDALE, S., «User Protections in Online Dispute Resolution», en *Harvard Negotiation Law Review*, vol. 21, núm. 1, 2015, págs. 107-142.

VILALTA NICUESA, A.E., «La regulación europea de las plataformas de intermediarios digitales en la era de la economía colaborativa», en *Revista Crítica de Derecho Inmobiliario*, núm. 765, 2018, págs. 275-330.

VILALTA NICUESA, A. E., «Análisis crítico del procedimiento simplificado de mediación en línea para reclamaciones de cantidad de la Ley 5/2012, de mediación civil y mercantil», en *Revista d'internet, dret i política*, núm. 25, 2017, págs. 69-82.

WAHAN, M., «Globalisation and ODR: Dynamics of Change in E-Commerce Dispute Settlement», en *International Journal of Law and Information Technology*, vol. 12, núm. 1, 2004, págs. 123-152.

WAGNER, G. y EIDENMÜLLER, H., «Digital Dispute Resolution», 2021. Versión en línea accesible en: https://papers.ssrn.com/sol3/papers.cfm?abstract_id=3871612, último acceso el 12 de septiembre de 2024.

WIMMERS, J., «The out-of-court dispute settlement mechanism in the Digital Services Act. A disservice to its own goals», en *Jipitec*, núm. 12, 2021, págs. 381-401.

WING, L., «Mapping the Parameters of Online Dispute Resolution», en *International Journal of Online Dispute Resolution,* vol. 1, núm. 9, 2022, págs. 3-16.

Informes y otras referencias

BARATA, J. y otros, «Unravelling the Digital Services Act package», en *European Audiovisual Observatory*, Estrasburgo, 2021.

COMISIÓN EUROPEA, «Libro blanco sobre crecimiento, competitividad y empleo. Retos y pistas para entrar en el siglo XXI», en Boletín de las Comunidades Europeas, Suplemento 6/93, Luxemburgo, 1993. Versión en línea accesible en: https://cefyca.catedu.es/wp-content/uploads/sites/203/2019/10/LB1993CrecimientoCompetitividadYEmpleol.pdf, último acceso el 12 de septiembre de 2024.

COMISIÓN EUROPEA, «Study on the Transparency of Costs of Civil Judicial Proceedings in the European Union», 2007. Versión en línea disponible en: https://e-justice.europa.eu/content_costs_of_proceedings-37-en.do, último acceso el 12 de septiembre de 2024.

COMISIÓN EUROPEA, «Consumer Conditions Scoreboard. Consumers at home in the single market», 2011. Versión en línea disponible en: https://data.europa.eu/doi/10.2772/57578, último acceso el 12 de septiembre de 2024.

COMISIÓN EUROPEA, Consulta pública, de 24 de septiembre de 2015, sobre «Regulatory environment for platforms, online intermediaries, data and cloud computing and the collaborative economy». Versión en línea accesible en: https://digital-strategy.ec.europa.eu/en/consultations/public-consultation-regulatory-environment-platforms-online-intermediaries-data-and-cloud-computing, último acceso el 12 de septiembre de 2024.

COMISIÓN EUROPEA, «Consumer vulnerability across the key markets in the European Union», 2016, versión en línea accesible en: https://commission.europa.eu/system/files/2018-04/consumers-approved-report_en.pdf, último acceso el 12 de septiembre de 2024.

COMISIÓN EUROPEA, «Study for an evaluation and implementation of Directive 2008/52/EC – the Mediation Directive», 2016. Versión en línea disponible en https://op.europa.eu/en/publication-detail/-/publication/bba3871d-223b-11e6-86d0-01aa75ed71a1/language-en, último acceso el 12 de septiembre de 2024.

COMISIÓN EUROPEA, Informe de la Comisión Europea, de 26 de agosto de 2016, sobre la aplicación de la Directiva 2008/52/CE del Parlamento Europeo y del Consejo sobre ciertos aspectos de la mediación en asuntos civiles y mercantiles, COM [2016] 542 final.

COMISIÓN EUROPEA, «Orientaciones políticas para la próxima Comisión Europea 2019-2024», 2019. Versión en línea accesible en: https://commission.europa.eu/document/download/063d44e9-04ed-4033-acf9-639ecb187e87_es?filename=political-guidelines-next-commission_es.pdf, último acceso el 12 de septiembre de 2024.

COMISIÓN EUROPEA, Informe de la Comisión Europea, de 25 de septiembre de 2019, sobre la aplicación de la Directiva 2013/11/UE del Parlamento Europeo y del Consejo, relativa a la resolución alternativa de litigios en materia de consumo, y del Reglamento [UE] 524/2013 del Parlamento Europeo y del Consejo sobre resolución de litigios en línea en materia de consumo, COM [2019] 425 final.

COMISIÓN EUROPEA, «Shaping Europe's Digital Future», Publicaciones Oficiales de la Unión Europea, Luxemburgo, 2020. Versión en línea accesible en: https://commission.europa.eu/system/files/2020-02/communication-shaping-europes-digital-future-feb2020_en_4.pdf, último acceso el 12 de septiembre de 2024.

COMISIÓN EUROPEA, «Consumer Conditions Scoreboard», 2023. Versión en línea disponible en: https://commission.europa.eu/system/files/2023-10/consumer_conditions_scoreboard_2023_v1.1.pdf, último acceso el 12 de septiembre de 2024.

COMISIÓN EUROPEA, «The Digital Decade, Special Eurobarometer 532», 2023. Versión en línea accesible en: ebs_532_digital_decade_report.pdf, último acceso el 12 de septiembre de 2024.

COMISIÓN EUROPEA, Informe de la Comisión Europea, de 17 de octubre de 2023, sobre la aplicación de la Directiva 2013/11/UE del Parlamento Europeo y del Consejo, relativa a la resolución alternativa de litigios en materia de consumo y del Reglamento [UE] 524/2013 del Parlamento Europeo y del Consejo sobre resolución de litigios en línea en materia de consumo, COM [2023] 648 final.

COMISIÓN EUROPEA, Documento de trabajo de los servicios de la Comisión, de 17 de octubre de 2023, Resumen del informe de la evaluación de impacto que acompaña al documento Propuesta de Directiva del Parlamento Europeo y del Consejo por la que se modifica la Directiva 2013/11/UE, relativa a la resolución alternativa de litigios en materia de consumo, así como las Directivas [UE] 2015/2302, [UE] 2019/2161 y [UE] 2020/1828, SWD [2023] 337 final.

COMISIÓN EUROPEA, «Comission Staff Working Document impact assessment report accompanying the document Proposal for a Directive of the European Parliament and of the Council amending Directive 2013/11/EU on alternative dispute resolution for consumer disputes, as well as Directives [EU] 2015/2303, [EU] 2019/2161 and [EU] 2020/1828, SWD [2023] 335 final [Part I]». Versión en línea accesible en: https://commission.europa.eu/system/files/2023-10/SWD_2023_335_1_EN_impact_assessment_part1_v2.pdf, último acceso el 12 de septiembre de 2024.

COMISIÓN EUROPEA, «Comission Staff Working Document impact assessment report accompanying the document Proposal for a Directive of the European Parliament and of the Council amending Directive 2013/11/EU on alternative dispute resolution for consumer disputes, as well as Directives [EU] 2015/2302, [EU] 2019/2161 and [EU] 2020/1828, SWD [2023] 335 final [Part II]». Versión en línea accesible en: https://commission.europa.eu/system/files/2023-10/SWD_2023_335_1_EN_impact_assessment_part2_v3.pdf, último acceso el 12 de septiembre de 2024.

CONSEJO EUROPEO, «Conclusiones de la Presidencia del Consejo Europeo de Tampere de 15 y 16 de octubre de 1999». Versión en línea disponible en https://www.europarl.europa.eu/summits/tam_es.htm, último acceso el 12 de septiembre de 2024.

CONSEJO EUROPEO, «Conclusiones de la Presidencia del Consejo Europeo de Lisboa de 23 y 24 de marzo de 2000». Versión en línea disponible en https://www.europarl.europa.eu/summits/lis1_es.htm, último acceso el 12 de septiembre de 2024.

CONSEJO EUROPEO, «Conclusiones de la Presidencia del Consejo Europeo de Santa Maria da Feira de 19 y 20 de junio de 2000». Versión en línea disponible en: https://www.europarl.europa.eu/summits/fei2_es.htm, último acceso el 12 de septiembre de 2024.

CONSEJO EUROPEO, «Programa de Estocolmo – Una Europa abierta y segura que sirva y proteja al ciudadano». *DO núm. C 115, de 4 de mayo de 2010*.

DE STREEL, A. y **HUSOVEC, M**., «The e-commerce Directive as the cornerstone of the Internal Market. Assessment and options for reform», Study for the committee on Internal Market and Consumer Protection, Policy Department for Economic, Scientific and Quality of Life Policies, European Parliament, Luxembourg, 2020. Versión en línea accesible en: https://www.europarl.europa.eu/RegData/etudes/STUD/2020/648797/IPOL_STU%282020%29648797_EN.pdf, último acceso el 12 de septiembre de 2024.

DG SANCO, «Study on the use of Alternative Dispute Resolution in the European Union». Versión en línea accesible en https://www.civic-consulting.de/reports/adr_study.pdf, último acceso el 12 de septiembre de 2024.

DIGITALEUROPE, «Digital Services Act position paper», 2021, págs. 1-20. Versión en línea accesible en: https://www.digitaleurope.org/resources/digital-services-act-position-paper/, último acceso el 12 de septiembre de 2024.

E-COMMERCE EUROPE, «2021. European e-commerce report», 2021. Versión en línea accesible en: https://ecommerce-europe.eu/wp-content/uploads/2021/09/2021-European-E-commerce-Report-LIGHT-VERSION.pdf, último acceso el 12 de septiembre de 2024.

COMMERCE EUROPE, «Cross-border ADR roundtable discussion», 2022. Versión en línea accesible en: https://commission.europa.eu/system/files/2022-08/digitalisation_in_cross-border_adr.pdf, último acceso el 12 de septiembre de 2024.

EUROSTAT, «Digitalisation in Europe – 2024 edition», 2024. Accesible en: https://ec.europa.eu/eurostat/web/interactive-publications/digitalisation-2024#businesses-online, último acceso el 12 de septiembre de 2024.

EUROSTAT, «Individuals using the internet for buying goods or services», accesible en: https://ec.europa.eu/eurostat/databrowser/view/tin00096/default/table?lang=en, último acceso el 12 de septiembre de 2024.

EUROSTAT, «Internet purchases by individuals [until 2019]», accesible en: https://ec.europa.eu/eurostat/databrowser/view/isoc_ec_ibuy/default/table?lang=en, último acceso el 12 de septiembre de 2024.

PARLAMENTO EUROPEO, Informe del Parlamento Europeo, de 15 de julio de 2011, sobre la aplicación de la Directiva sobre la mediación en los Estados miembros, su impacto en la mediación y su aceptación por los Tribunales. 2011/2026/[INI].

PARLAMENTO EUROPEO, Informe de la Comisión de Mercado Interior y Protección del consumidor, de 11 de mayo de 2017, sobre una Agenda Europea para la economía colaborativa, de 11 de mayo de 2017, 2016/0000[INI].

PARLAMENTO EUROPEO, Informe de la Comisión de Industria, Investigación y Energía, de 31 de mayo de 2017, sobre las plataformas en línea y el mercado único digital 2016/2276[INI].

VAN HOBOKEN. J. y otros, «Hosting intermediary services and ilegal content online. An analysis of the scope of articule 14 ECD in light of the developments in the online service landscape», en *Publicaciones Oficiales de la Unión Europea*, 2019, págs. 1-48. Versión en línea accesible en https://op.europa.eu/en/publication-detail/-/publication/7779caca-2537-11e9-8d04-01aa75ed71a1/language-en, último acceso el 12 de septiembre de 2024.

NORMATIVA CITADA

Normativa de la UE

Decisión del Parlamento Europeo, de 14 de diciembre de 2022, por la que se establece el programa estratégico de la Década Digital para 2030, *DO núm. L 323 de 19 de diciembre de 2022.*

Directiva 84/450/CEE del Consejo, de 10 de septiembre de 1984, relativa a la aproximación de las disposiciones legales, reglamentarias y administrativas de los Estados Miembros en materia de publicidad engañosa, *DO núm. L 250 de 19 de septiembre de 1984.*

Directiva 85/577/CEE del Consejo, de 20 de diciembre de 1985, referente a la protección de los consumidores en el caso de contratos negociados fuera de los establecimientos comerciales, *DO núm. L 372 de 31 de diciembre de 1985.*

Directiva 93/13/CEE del Consejo, de 5 de abril de 1993, sobre las cláusulas abusivas en los contratos celebrados con consumidores, *DO núm. L 95 de 21 de abril de 1993.*

Directiva 95/46/CE del Parlamento Europeo y del Consejo, de 24 de octubre de 1995, relativa a la protección de las personas físicas en lo que respecta al tratamiento de datos personales y a la libre circulación de estos datos, *DO núm. L 281, de 23 de noviembre de 1995.*

Directiva 97/7/CE del Parlamento Europeo y del Consejo de 20 de mayo de 1997, relativa a la protección de los consumidores en materia de contratos a distancia, *DO núm. L 144, de 04 de junio de 1997.*

Directiva 98/27/CEE del Parlamento Europeo y del Consejo de 19 de mayo de 1998 relativa a las acciones de cesación en materia de protección de los intereses de los consumidores, *DO núm. L 166 de 11 de junio de 1998.*

Directiva 1999/93/CE del Parlamento Europeo y del Consejo, de 13 de diciembre de 1999, por la que se establece un marco comunitario para la firma electrónica, *DO núm. L 13, de 19 de enero de 2000.*

Directiva 2000/31/CE del Parlamento Europeo y del Consejo, de 8 de junio de 2000, relativa a determinados aspectos jurídicos de los servicios de la sociedad de la información, en particular el comercio electrónico en el mercado interior [Directiva sobre el comercio electrónico]. *DO núm. L 178 de 17 de julio de 2000.*

Directiva 2001/29/CE del Parlamento Europeo y del Consejo, de 22 de mayo de 2001, relativa a la armonización de determinados aspectos de los derechos de autor y derechos afines a los derechos de autor en la sociedad de la información, *DO núm. L 167, de 22 de junio de 2001.*

Directiva 2002/22/CE del Parlamento Europeo y del Consejo, de 7 de marzo de 2002, relativa al servicio universal y los derechos de los usuarios en relación con las redes y los servicios de comunicaciones electrónicas [Directiva servicio universal]. *DO núm. L 108 de 24 de abril de 2002.*

Directiva 2002/58/CE del Parlamento Europeo y del Consejo, de 12 de julio de 2002, relativa al tratamiento de los datos personales y a la protección de la intimidad en el sector de las comunicaciones electrónicas [Directiva sobre la privacidad y las comunicaciones electrónicas], *DO núm. L 201 de 31 de julio de 2002.*

Directiva 2002/92/CE del Parlamento Europeo y del Consejo, de 9 de diciembre de 2002, sobre la mediación en los seguros. *DO núm. L 9 de 15 de enero de 2003.*

Directiva 2004/39/CE del Parlamento Europeo y del Consejo, de 21 de abril de 2004, relativa a los mercados de instrumentos financieros, por la que se modifican las Directivas 85/611/CEE y 93/6/CEE del Consejo y la Directiva 2000/12/CE del Parlamento Europeo y del Consejo y se deroga la Directiva 93/22/CEE del Consejo. *DO núm. L 145 de 30 de abril de 2004.*

Directiva 2004/48/CE del Parlamento Europeo y del Consejo de 29 de abril de 2004 relativa al respeto de los derechos de propiedad intelectual, *DO núm. L 157 de 30 de abril de 2004.*

Directiva 2007/64/CE del Parlamento Europeo y del Consejo, de 13 de noviembre de 2007, sobre servicios de pago en el mercado interior, por la que se modifican las Directivas 97/7/CE, 2002/65/CE, 2005/60/CE y 2006/48/CE y por la que se deroga la Directiva 97/5/CE, *DO núm. L 319 de 05 de diciembre de 2007.*

Directiva 2008/6/CE del Parlamento Europeo y del Consejo, de 20 de febrero de 2008, por la que se modifica la Directiva 97/67/CE en relación con la plena realización del mercado interior de servicios postales comunitarios. *DO núm. L 52 de 27 de febrero de 2008.*

Directiva 2008/48/CE del Parlamento Europeo y del Consejo, de 23 de abril de 2008, relativa a los contratos de crédito al consumo y por la que se deroga la Directiva 87/102/CEE del Consejo. *DO núm. L 133 de 22 de mayo de 2008.*

Directiva 2008/52/CE del Parlamento Europeo y del Consejo, de 21 de mayo de 2008, sobre ciertos aspectos de la mediación en asuntos civiles y mercantiles. *DO núm. L 136 de 24 de mayo de 2008.*

Directiva 2008/122/CE del Parlamento Europeo y del Consejo, de 14 de enero de 2009, relativa a la protección de los consumidores con respecto a determinados aspectos de los contratos de aprovechamiento por turno de bienes de uso turístico, de adquisición de productos vacacionales de larga duración, de reventa y de intercambio, *DO núm. L 33, de 03 de febrero de 2009.*

Directiva 2009/22/CE del Parlamento Europeo y del Consejo, de 23 de abril de 2009, relativa a las acciones de cesación en materia de protección de los intereses de los consumidores, *DO núm. L 110, de 1 de mayo de 2009.*

Directiva 2009/65/CE del Parlamento Europeo y del Consejo, de 13 de julio de 2009, por la que se coordinan las disposiciones legales, reglamentarias y administrativas sobre determinados organismos de inversión colectiva en valores mobiliarios [OICVM]. *DO núm. L 302 de 17 de noviembre de 2009.*

Directiva 2009/73/CE del Parlamento Europeo y del Consejo de 13 de julio de 2009 sobre normas comunes para el mercado interior del gas natural y por la que se deroga la Directiva 2003/55/CE. *DO núm. L 211 de 14 de agosto de 2009.*

Directiva 2009/136/CE del Parlamento y del Consejo de 25 de noviembre de 2009 por la que se modifican la Directiva 2002/22/CE relativa al servicio universal y los derechos de los usuarios en relación con las redes y los servicios de comunicaciones electrónicas, la Directiva 2002/58/CE relativa al tratamiento de los datos personales y a la protección de la intimidad en el sector de las comunicaciones electrónicas y el Reglamento [CE] no 2006/2004 sobre la cooperación en materia de protección de los consumidores. *DO núm. L 337 de 18 de diciembre de 2009.*

Directiva 2011/83/UE del Parlamento Europeo y del Consejo, de 25 de octubre de 2011, sobre los derechos de los consumidores, por la que se modifican la Directiva 93/13/CEE del Consejo y la Directiva 1999/44/CE del Parlamento Europeo y del Consejo y se derogan la Directiva 85/577/CEE del Consejo y la Directiva 97/7/CE del Parlamento Europeo y del Consejo, *DO núm. L 304 de 22 de noviembre de 2011.*

Directiva 2011/93/UE del Parlamento Europeo y del Consejo, de 13 de diciembre de 2011, relativa a la lucha contra los abusos sexuales y la explotación sexual de los menores y la pornografía infantil y por la que se sustituye la Decisión marco 2004/68/JAI del Consejo, *DO núm. L 335, de 17 de diciembre de 2011.*

Directiva 2013/11/UE del Parlamento Europeo y del Consejo, de 21 de mayo de 2013, relativa a la resolución alternativa de litigios en materia de consumo y por la que se modifica el Reglamento [CE] n o 2006/2004 y la Directiva 2009/22/CE [Directiva sobre resolución alternativa de litigios en materia de consumo]. *DO núm. L 165 de 18 de junio de 2013.*

Directiva [UE] 2015/2366 del Parlamento Europeo y del Consejo de 25 de noviembre de 2015 sobre servicios de pago en el mercado interior y por la que se modifican las Directivas 2002/65/CE, 2009/110/CE y 2013/36/UE y el Reglamento [UE] no 1093/2010 y se deroga la Directiva 2007/64/CE. *DO núm. L 337 de 23 de diciembre de 2015.*

Directiva [UE] 2016/97 del Parlamento Europeo y del Consejo de 20 de enero de 2016 sobre la distribución de seguros. *DO núm. L 26 de 02 de febrero de 2016.*

Directiva [UE] 2017/541 del Parlamento Europeo y del Consejo, de 15 de marzo de 2017, relativa a la lucha contra el terrorismo y por la que se sustituye la Decisión marco 2002/475/JAI del Consejo y se modifica la Decisión 2005/671/JAI del Consejo, *DO núm. L 88 de 31 de marzo de 2017.*

Directiva [UE] 2018/1808 del Parlamento Europeo y del Consejo, de 14 de noviembre de 2018, por la que se modifica la Directiva 2010/13/UE sobre la coordinación de determinadas disposiciones legales, reglamentarias y administrativas de los Estados miembros relativas a la prestación de servicios de comunicación audiovisual [Directiva de servicios de comunicación audiovisual], *DO núm. L 3030, de 28 de noviembre de 2018*

Directiva [UE] 2019/944 del Parlamento Europeo y del Consejo, de 5 de junio de 2019, sobre normas comunes para el mercado interior de la electricidad y por la que se modifica la Directiva 2012/27/UE. *DO núm. L 158 de 14 de junio de 2019.*

Directiva [UE] 2019/770 del Parlamento Europeo y del Consejo, de 20 de mayo de 2019, relativa a determinados aspectos de los contratos de suministro de contenidos y servicios digitales, *DO núm. L 136 de 22 de mayo de 2019.*

Directiva [UE] 2019/790 del Parlamento Europeo y del Consejo, de 17 de abril de 2019, sobre los derechos de autor y derechos afines en el mercado único digital y por la que se modifican las Directivas 96/9/CE y 2001/29/CE, *DO núm. L 130, de 17 de mayo de 2019.*

Directiva [UE] 2020/1828 del Parlamento Europeo y del Consejo de 25 de noviembre de 2020 relativa a las acciones de representación para la protección de los intereses colectivos de los consumidores, y por la que se deroga la Directiva 2009/22/CE, *DO núm. L 409 de 4 de diciembre de 2020*.

Directiva [UE] 2021/514 del Consejo de 22 de marzo de 2021 por la que se modifica la Directiva 2011/16/UE relativa a la cooperación administrativa en el ámbito de la fiscalidad, *DO núm. L 104, de 25 de marzo de 2021*.

Directiva [UE] 2022/2555 del Parlamento Europeo y del Consejo de 14 de diciembre de 2022 relativa a las medidas destinadas a garantizar un elevado nivel común de ciberseguridad en toda la Unión, por la que se modifican el Reglamento [UE] 910/2014 y la Directiva [UE] 2018/1972 y por la que se deroga la Directiva [UE] 2016/1148 [Directiva SRI 2], *DO núm. L 333, de 27 de diciembre de 2022*.

Directiva [UE] 2023/2673 del Parlamento Europeo y del Consejo, de 22 de noviembre de 2023, por la que se modifica la Directiva 2011/83/UE en lo relativo a los contratos de servicios financieros celebrados a distancia y se deroga la Directiva 2002/65/CE, *DO núm. L de 28 de noviembre de 2023*.

Reglamento [CE] 1896/2006 del Parlamento Europeo y del Consejo, de 12 de diciembre de 2006, por el que se establece un proceso monitorio europeo, *DO núm. L 339, de 30 de diciembre de 2006*.

Reglamento [CE] 861/2007 del Parlamento Europeo y del Consejo, de 11 de julio de 2007, por el que se establece un proceso europeo de escasa cuantía, *DO núm. L 199, de 31 de julio de 2007*.

Reglamento [UE] 1215/2012 del Parlamento Europeo y del Consejo, de 12 de diciembre de 2012, relativo a la competencia judicial, el reconocimiento y la ejecución de resoluciones judiciales en materia civil y mercantil, *DO núm. L 351, de 20 de diciembre de 2012*.

Reglamento [UE] 524/2013 del Parlamento Europeo y del Consejo, de 21 de mayo de 2013, sobre resolución de litigios en línea en materia de consumo y por el que se modifica el Reglamento [CE] n o 2006/2004 y la Directiva 2009/22/CE. *DO núm. L 165 de 18 de junio de 2013*.

Reglamento [UE] 910/2014 del Parlamento Europeo y del Consejo, de 23 de julio de 2014, relativo a la identificación electrónica y los servicios de confianza para las transacciones electrónicas en el mercado interior y por la que se deroga la Directiva 1999/93/CE, *DO núm. L 257, de 28 de agosto de 2014*.

Reglamento [UE] 2015/2421 del Parlamento Europeo y del Consejo, de 16 de diciembre de 2015, por el que se modifican el Reglamento [CE] n.º 861/2007 por el que se establece un proceso europeo de escasa cuantía, y el Reglamento [CE] n.º 1896/2006 por el que se establece un proceso monitorio europeo, *DO núm. L 341, de 24 de diciembre de 2015*.

Reglamento [UE] 2016/679 del Parlamento Europeo y del Consejo, de 27 de abril de 2016, relativo a la protección de las personas físicas en lo que respecta al tratamiento de datos personales y a la libre circulación de estos datos y por el que se deroga la Directiva 95/46/CE [Reglamento general de protección de datos], *DO núm. L 119, de 04 de mayo de 2016*.

Reglamento [UE] 2019/881 del Parlamento Europeo y del Consejo, de 17 de abril de 2019, relativo a ENISA [Agencia de la Unión Europea para la Ciberseguridad] y a la certificación de la ciberseguridad de las tecnologías de la información y la comunicación y por el que se deroga el Reglamento [UE] 526/2013 [«Reglamento sobre la Ciberseguridad»], *DO núm. L 151, de 7 de junio de 2019*.

Reglamento [UE] 2019/1150 del Parlamento Europeo y del Consejo, de 20 de junio de 2019, sobre el fomento de la equidad y la transparencia para los usuarios profesionales de servicios de intermediación en línea [Texto pertinente a efectos del EEE], *DO núm. L 186, de 11 de julio de 2019*.

Reglamento [UE] 2021/784 del Parlamento Europeo y del Consejo, de 29 de abril de 2021, sobre la lucha contra la difusión de contenidos terroristas en línea [Texto pertinente a efectos del EEE], *DO núm. L 172, de 17 de mayo de 2021*.

Reglamento [UE] 2022/868 del Parlamento Europeo y del Consejo de 30 de mayo de 2022 relativo a la gobernanza europea de datos y por el que se modifica el Reglamento [UE] 2018/1724 [Reglamento de Gobernanza de Datos]. *DO núm. L 152 de 03 de junio de 2022*.

Reglamento [UE] 2022/1925 del Parlamento Europeo y del Consejo de 14 de septiembre de 2022 sobre mercados disputables y equitativos en el sector digital y por el que se modifican las Directivas [UE] 2019/1937 y [UE] 2020/1828 [Reglamento de Mercados Digitales]. *DO núm. L 265 de 12 de octubre de 2022*.

Reglamento [UE] 2022/2065 del Parlamento Europeo y del Consejo de 19 de octubre de 2022 relativo a un mercado único de servicios digitales y por el que se modifica la Directiva 2000/31/CE [Reglamento de Servicios Digitales]. *DO núm. L 277 de 27 de octubre de 2022*.

Reglamento [UE] 2023/2854 del Parlamento Europeo y del Consejo de 13 de diciembre de 2023 sobre normas armonizadas para un acceso justo a los datos y su utilización, y por el que se modifican el Reglamento [UE] 2017/2394 y la Directiva [UE] 2020/1828 [Reglamento de Datos], *DO núm. L 2023/2854, de 22 de diciembre de 2023.*

Reglamento [UE] 2024/1689 del Parlamento Europeo y del Consejo de 13 de junio de 2024 por el que se establecen normas armonizadas en materia de inteligencia artificial y por el que se modifican los Reglamentos [CE] n.º 300/2008, [UE] n.º 167/2013, [UE] n.º 168/2013, [UE] 2018/858, [UR] 2018/1139 y [UE] 2019/2144 y las Directivas 2014/90/UE, [UE] 2016/797 y [UE] 2020/1828 [Reglamento de Inteligencia Artificial], *DO núm. L 2024/1689, de 12 de julio de 2024.*

Reglamento (UE) 2024/3228 del Parlamento Europeo y del Consejo, de 19 de diciembre de 2024, por el que se deroga el Reglamento (UE) n. o 524/2013 y se modifican los Reglamentos (UE) 2017/2394 y (UE) 2018/1724 en lo que respecta a la supresión de la plataforma europea de resolución de litigios en línea. *DO núm. L de 30 de diciembre de 2024.*

Normativa española

Ley 34/2002, de 11 de julio, de servicios de la sociedad de la información y de comercio electrónico, *BOE núm. 166 de 12 de julio de 2002.*

Ley 5/2012, de 6 de julio, de mediación en asuntos civiles y mercantiles, *BOE núm. 162 de 7 de julio de 2012.*

Ley 3/2014, de 27 de marzo, por la que se modifica el texto refundido de la Ley General para la Defensa de los Consumidores y Usuarios y otras leyes complementarias, aprobado por el Real Decreto Legislativo 1/2007, de 16 de noviembre, *BOE núm. 76, de 28 de marzo de 2014.*

Ley 7/2017, de 2 de noviembre, por la que se incorpora al ordenamiento jurídico español la Directiva 2013/11/UE, del Parlamento Europeo y del Consejo, de 21 de mayo de 2013, relativa a la resolución alternativa de litigios en materia de consumo. *BOE núm. 268 de 4 de noviembre de 2017.*

Ley 4/2020, de 15 de octubre, del Impuesto sobre Determinados Servicios Digitales, *BOE núm. 274, de 16 de octubre de 2020.*

Ley 13/2022, de 7 de julio, General de Comunicación Audiovisual, *BOE núm. 163, de 8 de julio de 2022.*

Real Decreto 1163/2005, de 30 de septiembre, por el que se regula el distintivo público de confianza en los servicios de la sociedad de la información y de comercio electrónico, así como los requisitos y el procedimiento de concesión, *BOE núm. 241 de 8 de octubre de 2005.*

Real Decreto 980/2013, de 13 de diciembre, por el que se desarrollan determinados aspectos de la Ley 5/2012, de 6 de julio, de mediación en asuntos civiles y mercantiles, *BOE núm. 310 de 17 de diciembre de 2013*.

Real Decreto Legislativo 1/2007, de 16 de noviembre, por el que se aprueba el texto refundido de la Ley General para la Defensa de los Consumidores y Usuarios y otras leyes complementarias, *BOE núm. 287 de 30 de noviembre de 2007*.

Real Decreto-ley 9/2021, de 11 de mayo, por el que se modifica el texto refundido de la Ley del Estatuto de los Trabajadores, aprobado por el Real Decreto Legislativo 2/2015, de 23 de octubre, para garantizar los derechos laborales de las personas dedicadas al reparto en el ámbito de plataformas digitales, *BOE núm. 113, de 12 de mayo de 2021*.

Real Decreto-ley 24/2021, de 2 de noviembre, de transposición de directivas de la Unión Europea en las materias de bonos garantizados, distribución transfronteriza de organismos de inversión colectiva, datos abiertos y reutilización de la información del sector público, ejercicio de derechos de autor y derechos afines aplicables a determinadas transmisiones en línea y a las retransmisiones de programas de radio y televisión, exenciones temporales a determinadas importaciones y suministros, de personas consumidoras y para la promoción de vehículos de transporte por carretera limpios y energéticamente eficientes, *BOE núm. 263, de 3 de noviembre de 2021*.

Documentación de la UE citada

Comunicación de la Comisión Europea, de 4 de enero de 1985, relativa a las vías de reparación de los consumidores, COM [84] 692 final.

Comunicación de la Comisión Europea, de 7 de mayo de 1987, relativa a una comunicación complementaria de la Comisión sobre las vías de reparación de los consumidores, COM [87] 210 final.

Comunicación de la Comisión Europea, de 10 de marzo de 1992, relativa a las finanzas de la Comunidad desde ahora hasta 1997, COM [92] 2001 final.

Comunicación de la Comisión, de 20 de diciembre de 1992, Libro Verde sobre el proceso monitorio europeo y las medidas para simplificar y acelerar los litigios de escasa cuantía, COM [2002] 746 final.

Comunicación de la Comisión, de 16 de noviembre de 1993, relativa al Libro Verde sobre acceso de los consumidores a la justicia y solución de litigios en materia de consumo en el mercado único, COM [93] 576 final.

Comunicación de la Comisión, de 19 de julio de 1994, sobre una Europa en marcha hacia la sociedad de la información. Plan de actuación, COM [94] 347 final.

Comunicación de la Comisión Europea, de 14 de febrero de 1996, relativa a un Plan de Acción sobre el acceso de los consumidores a la justicia y la solución de litigios en materia de consumo en el mercado interior, COM [96]13 final.

Comunicación de la Comisión, de 24 de julio de 1996, sobre la sociedad de la información: las nuevas prioridades surgidas entre Corfú y Dublín, COM [96] 395 final.

Comunicación de la Comisión, de 27 de noviembre de 1996, sobre «Europa en la vanguardia de la sociedad mundial de la información. Plan de actuación móvil», COM [96] 607 final.

Comunicación de la Comisión, de 16 de octubre de 1996, sobre contenidos ilícitos y nocivos en Internet, COM [96] 487 final.

Comunicación de la Comisión, de 16 de octubre de 1996, libro verde sobre la protección de los menores y de la dignidad humana en los nuevos servicios audiovisuales y de información, COM [96] 483 final.

Comunicación de la Comunicación, de 16 de abril de 1997, sobre iniciativa europea de comercio electrónico, COM [97] 157 final.

Comunicación de la Comisión, de 8 de octubre de 1997, sobre el fomento de la seguridad y la confianza en la comunicación electrónica, COM [97] 503 final.

Comunicación de la Comisión, de 4 de febrero de 1998, sobre la mundialización y la sociedad de la información. Necesidad de reforzar la coordinación internacional, COM [1998] 50 final.

Comunicación de la Comisión, de 4 de abril de 2001, relativa a la mejora del acceso de los consumidores a mecanismos alternativos de solución de litigios, COM [2001] 161 final.

Comunicación de la Comisión, de 19 de abril de 2002, relativo al Libro Verde sobre las modalidades alternativas de solución de conflictos en el ámbito del derecho civil y mercantil, COM [2002] 196 final.

Comunicación de la Comisión, de 19 de mayo de 2010, sobre una Agenda Digital para Europa, COM [2010]245 final.

Comunicación de la Comisión Europea, de 13 de abril de 2011, relativa al Acta del Mercado Único. Doce prioridades para estimular el crecimiento y reforzar la confianza «Juntos por un nuevo crecimiento», COM [2011] 206 final.

Comunicación de la Comisión, de 6 de mayo de 2015, sobre Una Estrategia para el Mercado Único Digital de Europa, COM [2015] 192 final.

Comunicación de la Comisión, de 25 de mayo de 2016, relativa a las plataformas en línea y el mercado único digital. Retos y oportunidades para Europa, COM [2016] 288 final.

Comunicación de la Comisión, de 28 de septiembre de 2017, sobre la lucha contra los contenidos ilícitos en línea. Hacia una mayor responsabilidad de las plataformas en línea, COM [2017] 555 final.

Comunicación de la Comisión, de 13 de noviembre de 2020, sobre una Nueva Agenda del Consumidor, Reforzar la resiliencia del consumidor para una recuperación sostenible, COM [2020] 696 final.

Comunicación de la Comisión, de 9 de marzo de 2021, sobre la Brújula Digital 2030: el enfoque de Europa para el Decenio Digital, COM [2021] 118 final.

Comunicación de la Comisión, de 4 de junio de 2021, relativa a Orientaciones sobre el artículo 17 de la Directiva 2019/790 sobre los derechos de autor en el mercado único digital, COM [2021] 288 final.

Comunicación conjunta de la Comisión, de 6 de diciembre de 2023, sobre No hay lugar para el odio: una Europa unida contra el odio, JOIN [2023] 51 final.

Convención sobre el Reconocimiento y la Ejecución de las Sentencias Arbitrajes Extranjeras de Nueva York, de 10 de junio de 1958.

Propuesta de directiva del Parlamento Europeo y del Consejo relativa a determinados aspectos jurídicos del comercio electrónico en el mercado interior, COM [1998] 586 final — 98/0325[COD]. *DO núm. C de 05 de febrero de 1999.*

Propuesta de Directiva del Parlamento Europeo y Del Consejo de 9 de diciembre de 2021 relativa a la mejora de las condiciones laborales en el trabajo en plataformas digitales, COM [2021] 762 final.

Propuesta de Directiva del Parlamento Europeo y del Consejo, de 17 de octubre de 2023, por la que se modifica la Directiva 2013/11/UE, relativa a la resolución alternativa de litigios en materia de consumo, así como las Directivas [UE] 2015/2302, [UE] 2019/2161 y [UE] 2020/1828, COM [2023] 649 final.

Propuesta de Reglamento del Parlamento Europeo y del Consejo, de 17 de octubre de 2023, por el que se deroga el Reglamento [UE] n.º 524/2013 y se modifican los Reglamentos [UE] 2017/2394 y [UE] 2018/1724 en lo que respecta a la desaparición de la plataforma europea de resolución de litigios en línea, COM [2023] 647 final.

Recomendación de la Comisión 98/257/CE, de 30 de marzo de 1998, relativa a los principios aplicables a los órganos responsables de la solución extrajudicial de los litigios en materia de consumo. *DO núm. L 115 de 17 de abril de 1998*.

Recomendación de la Comisión 2001/310/CE, de 4 de abril de 2001, relativa a los principios aplicables a los órganos extrajudiciales de resolución consensual de litigios en materia de consumo. *DO núm. L 109 de 19 de abril de 2001*.

Recomendación de la Comisión 2003/361/CE, de 6 de mayo de 2003, sobre la definición de microempresas, pequeñas y medianas empresas, *DO núm. L 124, de 20 de mayo de 2003*.

Recomendación de la Comisión 2013/396/UE, de 11 de junio de 2013 sobre los principios comunes aplicables a los mecanismos de recurso colectivo de cesación o de indemnización en los Estados miembros en caso de violación de los derechos reconocidos por el Derecho de la Unión, *DO núm. L 201 de 26 de julio de 2013*.

Recomendación [UE] 2018/334 de la Comisión, de 1 de marzo de 2018, sobre medidas para combatir eficazmente los contenidos ilícitos en línea, *DO núm. L 63, de 6 de marzo de 2018*.

Recomendación [UE] 2023/2211 de la Comisión, de 17 de octubre de 2023, relativa a los requisitos de calidad de los procedimientos de resolución de litigios ofrecidos por los mercados en línea y las asociaciones empresariales de la Unión, *DO núm. L de 19 de octubre de 2023*.

Resolución del Consejo, de 14 de abril de 1975, relativa a un programa preliminar de la Comunidad Económica Europea para una política de protección e información de los consumidores, *DO núm. C 092 de 25 de abril de 1975*.

Resolución del Consejo, de 19 de marzo de 1981, relativa a un Segundo programa para una política de protección e información de los consumidores, *DO núm. C 133 de 03 de junio de 1981*.

Resolución del Consejo, de 23 de junio de 1986, relativa a la orientación futura de la política de la Comunidad Económica Europea para la protección de los intereses de los consumidores, *DO núm. C 167 de 05 de julio de 1996*.

Resolución del Consejo, de 25 de junio de 1987, sobre el acceso de los consumidores a la justicia, *DO núm. C 176 de 04 de julio de 87*.

Resolución del Consejo, de 9 de noviembre de 1989, sobre futuras prioridades para el relanzamiento de la política de protección del consumidor, *DO núm. C 294 de 22 de noviembre de 1989*.

Resolución del Consejo, de 7 de diciembre de 1992, relativa al funcionamiento del mercado único, *DO núm. C 334 de 18 de diciembre de 1992*.

Resolución del Consejo, de 25 de mayo del 2000, relativa a una red comunitaria de órganos nacionales encargados de la solución extrajudicial de litigios de consumo, *DO núm. C 155 de 06 de junio de 2000.*

Resolución del Parlamento Europeo, de 20 de mayo de 2010, sobre cómo ofrecer un mercado único a los consumidores y los ciudadanos. 2010/2011[INI]].

Resolución del Parlamento Europeo, de 25 de octubre de 2011, sobre modalidades alternativas de solución de conflictos en el ámbito del Derecho civil, mercantil y de familia. 2011/2117[INI]].

Resolución del Parlamento Europeo de 22 de mayo de 2012, sobre una estrategia de refuerzo de los consumidores vulnerables, 2011/2272[INI].

Resolución del Parlamento Europeo, de 13 de marzo de 2024, sobre la propuesta de Reglamento del Parlamento Europeo y del Consejo por el que se deroga el Reglamento [UE] n.° 524/2013 y se modifican los Reglamentos [UE] 2017/2394 y [UE] 2018/1724 en lo que respecta a la desaparición de la plataforma europea de resolución de litigios en línea [COM [2023]0647 – C9-0380/2023 – 2023/0375[COD]].

Resolución del Parlamento Europeo, de 13 de marzo de 2024, sobre la propuesta de Directiva del Parlamento Europeo y del Consejo por la que se modifica la Directiva 2013/11/UE, relativa a la resolución alternativa de litigios en materia de consumo, así como las Directivas [UE] 2015/2302, [UE] 2019/2161 y [UE] 2020/1828 [COM [2023]0649 – C9-0384/2023 – 2023/0376[COD]].

JURISPRUDENCIA

Jurisprudencia del TEDH

STEDH, de 16 de junio 2015, *caso de Delfi AS contra Estonia, núm. 64569/09*

STEDH, de 1 de marzo de 2016, *caso Cengiz y otros contra Turquía, núm. 48226/10 y 14027/11*

Jurisprudencia del TJUE

STJUE de 22 de noviembre de 2001, en los asuntos acumulados C-541/99 y C-542/99, asunto *Cape Snc e Idealservice Srl* [ECLI:EU:C:2001:625].

STJUE de 23 de marzo de 2010, en el asunto C-236/08, *Google France contra Louis Vuitton* [ECLI:EU:C:2010:159].

STJUE de 12 de julio de 2011, en el asunto C.324/09, *L'Oréal SA contra eBay* [ECLI:EU:C:2011:474].

STJUE de 16 de febrero de 2012, en el asunto C-360/10, *SABAM contra Netlog* NV [ECLI:EU:C:2012:85].

STJUE de 20 de diciembre 2017, en el asunto C434/15, *Asociación Profesional Élite Taxi contra Uber España* [ECLI:EU:C:2017:981].

STJUE de 12 de septiembre de 2019, en el asunto C-299/17, *VG Media contra Google LLC* [ECLI:EU:C:2019:1112].

STJUE de 19 de diciembre de 2019, en el asunto C-390/18, asunto *Airbnb* [ECLI:EU:C:2019:1112].

STJUE de 22 de junio de 2021, en el asunto C-682/18, *Youtube y Cyando* [ECLI:EU:C:2021:503].

STJUE de 26 de abril 2022, en el asunto C-401/19, *Polonia contra el Parlamento Europeo y el Consejo de la Unión Europea* [ECLI:UE:C:2022:297].

STJUE de 21 de diciembre de 2022, en los asuntos acumulados C-148/21 y 184/21, *Loubotin [Usage d'un signe contrefaisant sur un marché en ligne]* [ECLI:UE:C:2022:1016].

Jurisprudencia del TS

STS [Civil], sentencia núm. 1579/2024, de 20 de marzo de 2024 [ECLI:ES:TS:2024:1579].